사랑

고대로부터 현대에 이르기까지의
사랑의 의미

사랑

고대로부터 현대에 이르기까지의
사랑의 의미

초판 1쇄 발행 2020년 2월 28일

지은이 진교훈·박찬구 외
펴낸이 오세정

디자인 장혜원
인쇄 수이북스

펴낸곳 서울대학교출판문화원
주소 08826 서울 관악구 관악로 1
도서주문 02-889-4424, 02-880-7995
홈페이지 www.snupress.com
페이스북 @snupress1947
인스타그램 @snupress
출판등록 제15-3호

ISBN 978-89-521-2026-7 03100

고대로부터 현대에 이르기까지의 사랑의 의미

사랑

진교훈 · 박찬구 외

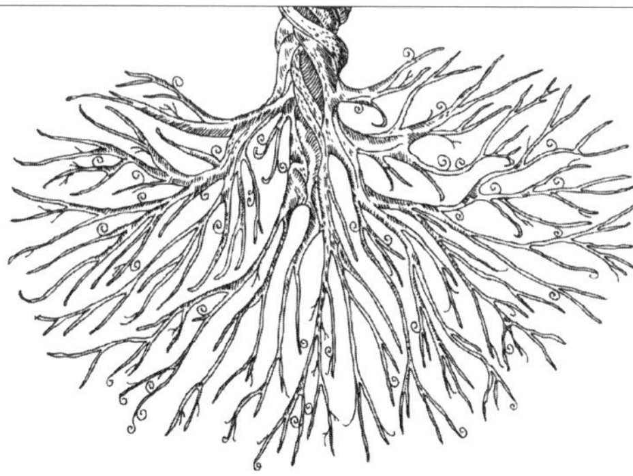

서울대학교출판문화원

머리말

동서고금을 막론하고 사랑은 '사람다움'의 근간이다. 신자유주의의 냉엄한 질서와 과학기술의 비약적 발전으로 인해 인간성 상실이 우려되는 시대에, 우리는 사람다움의 본질을 회복하기 위한 철학적 작업으로서 사랑의 의미에 천착하지 않을 수 없었다. 한스 라이너는 윤리의 원리로서 정의의 원리, 사랑의 원리, 황금률의 원리, 이성의 이념으로서 법칙 존중의 원리, 생명에 대한 외경의 원리, 가치실서의 원리를 제창했지만, 그중에서 '사랑의 원리'를 가장 중시한다. 셸러는 사랑을 인격의 핵심으로 간주했고, 빈스방거는 사랑의 결핍을 정신질환이라고 말했다. 바이츠제커도 사랑의 의미에서 인간적인 것을 터득할 수 있다고 생각했다.

이 책은 『인격』(2007)과 『양심』(2012)에 이어 한국철학적인간학회가 기획하고 서울대학교출판문화원에서 발행하는 세 번째 단행본이다. 인격, 양심, 사랑 모두 사람다움의 심연을 보여 주는 핵심어인데, 이에 대한 동서양의 철학적 담론을 단행본으로 엮어 낸다는 것은 학술적으로 의미 있는 작업이다. 세 권 모두 학회에서 발표한 원고와 학회 외부 필자를 섭외하여 구성한 것이지만, 이번 단행본은 특별히 오랫동안 곰삭힌 정신적 산물이다. 스무 명에 이르는 저자들의 개인적인 사정도 있었지만, 사랑에 담긴 실천적 무게로 인한 느림과 더딤의 탓이기도 했다.

사랑과 관련된 연구 방향은 동방사상과 서양철학으로 구분하여 살펴볼 수 있다. 먼저 동방사상(제1부 "동방사상에서 본 사랑의 의미") 중 유가에서 본 사랑은 인(仁), 친(親), 애(愛) 등과 관련하여 찾아볼 수 있는데, 이 책에서는 공자, 맹자와 왕수인, 한철학, 다산 사상 등을 논구하고자 한다. 나아가 묵가의 겸애(兼愛) 사상, 그리고 연기의 인식에 근거한 불가의 자비 사상과 그 현대적 함의를 다루고자 한다. 이 책에서는 다루지 못했지만 향후에는 동방사상의 한 부분인 힌두교나 이슬람의 사랑 개념에 대해서도 살펴볼 필요가 있다.

서양철학에서 사랑에 대한 담론은 우애(philia), 에로스(eros), 스토르게(storge), 아가페(agape) 등으로 그 초점에 따라 다양하게 전개되어 왔다.[1] 고대 그리스 철학에서는 엠페도클레스의 사랑과 미움, 플라톤에게서 사랑과 진선미의 관계, 아리스토텔레스의 우애론, 중세 교부철학에서 아우구스티누스의 신적 사랑(amor dei)과 사랑의 질서(ordo amoris), 토마스 아퀴나스의 사랑에 대한 존재론적이고 인간학적인 이해 및 하느님의 자기사랑과 이웃사랑, 그리고 예수의 구세론(救世論) 등을 살펴볼 수 있다. 한편 서양 근세에 이르러 데카르트를 필두로 한 계몽주의 시대에는 사랑의 철학적 의미가 퇴색되는 경향이 있지만, 이에 대한 반동으로 라이프니츠, 파스칼, 스피노자 등의 순수한 사랑이 부각된다. 그런가 하면 독일 관념론의 칸트와 헤겔에게서도 사랑의 의미가 유의미한 담론으로 전개된다. 19세기 무신론적 경향을 띠는 헤겔 좌파 포이어바흐를 비롯하여 마르크

1 서양철학에서 사랑에 관한 대표적인 논저는 다음과 같다. H. Kuhn, "Eros-Philia-Agape," *Philosophische Rundschau II*, 1954-1955; J. B. Lotz, *Die drei Stufen der Liebe*, 1971; J. Pieper, *Über die Liebe*, 1972; C. S. Lewis, *The Four Loves*, 1960; K. Adam, *Glaube und Liebe*, 1927; H. Scholz, *Eros und Caritas: Die platonische Liebe und die Liebe im Sinne des Christentums*, 1929; E. Brunner, *Eros und Liebe*, 1937; H. Kuhn, *Liebe, Geschichte eines Begriffs*, 1983.

스, 엥겔스 등에게서는 동지애와 같은 독특한 사랑 개념이 부각된다는 점이 특기할 만하다. 독일의 낭만주의, 생철학에서는 사랑이 철학의 중심 과제로 등장한다. 서양철학사에서 사랑 개념은 특히 20세기 현상학에서 풍부하게 논의되는데, 현상학의 시조로서 후설, 그리고 에디트 슈타인에게서 사랑은 상호주관성, 감정이입과 함께 중요한 개념으로 자리 잡게 된다. 셸러와 하르트만과 같은 현상학적 윤리학자에게서도 사랑론이 논의되는데, 특히 셸러는 그 이전의 사랑에 관한 담론을 총망라하여 완결하였다. 셸러에게서 사랑은 현상학적 사고의 중심이 된다. 아울러 사랑은 대화철학의 핵심 주제가 되기도 한다.[2]

제2부 "고대 및 중·근세 사상에서 본 사랑의 의미"에서는 플라톤의 에로스론, 아리스토텔레스의 우애론, 토마스 아퀴나스의 사랑 개념, 칸트와 헤겔의 사랑 이해를, 제3부 "서양 현대 및 탈현대 사상에서 본 사랑의 의미"에서는 슈타인·셸러·하르트만·프롬의 사랑론, 마르쿠제의 에로스 개념, 베르그손의 사랑 이해, 레비나스의 에로스론을 다룬다.

사랑은 정신의학 및 신학에서도 중요한 개념이다(제4부 "정신의학·신학에서 본 사랑의 의미"). 이 책에서는 정신의학과 관련하여 융의 아니마·아니무스에 근거한 사랑론과 빈스방거의 사랑 이해, 신학과 관련한 성서의 사랑 이해 및 초월적 사랑과 테야르의 사랑론을 논구한다.

사랑은 다층적이며 여러 의미를 가지고 있는 개념이다. 그러므로 사랑이라는 개념은 철학적 사색뿐만 아니라 개별 학문의 관점에서도 다루어져야 할 것이다. 이렇게 볼 때, 사랑의 의미를 입체적으로 이해하기 위해서는 이 책에서 다루는 사상가들뿐만 아니라 다양한 개별 학문에 근거

2 M. Theunissen, *Der Andere*, 1965; B. Casper, *Das dialogisches Denken*, 1967; F. Ebner, *Wort und Liebe*, 1931.

한 추가 연구도 필요하다.

끝으로 동서양의 사랑에 관한 담론을 수록한 이 책은 특히 철학도와 신학도, 그리고 인간교육에 관심을 가지고 있는 사람들에게 사랑 이해를 위한 좋은 지침서가 될 것이라고 우리는 확신한다.

2020년 1월

공저자를 대표하여

진교훈·박찬구

차례

머리말 4

제1부 동방사상에서 본 사랑의 의미

1장 공자 사상에서 사랑의 의미 • 장승희 12
2장 측은지심의 사랑: 맹자와 왕수인 • 이혜경 34
3장 묵가의 사랑과 평화 • 윤무학 55
4장 불교의 자비와 사랑, 시민윤리 • 박병기 75
5장 한철학의 사랑론 • 김연숙 98
6장 다산 사상에서 사랑의 의미 • 장승구 121

제2부 고대 및 중·근세 사상에서 본 사랑의 의미

1장 플라톤의 에로스론 • 윤영돈 144
2장 아리스토텔레스의 우애론 • 홍석영 166
3장 아퀴나스의 사랑 개념 • 이경재 182
4장 칸트의 사랑 이해 • 박찬구 205
5장 헤겔의 사랑 이해 • 김남준 224

제3부 서양 현대 및 탈현대 사상에서 본 사랑의 의미

1장 슈타인의 사랑론 ● 이은영 246

2장 셸러의 사랑론 ● 금교영 264

3장 하르트만의 사랑론 ● 이을상 280

4장 프롬의 사랑론 ● 추정완 308

5장 마르쿠제의 에로스 개념 ● 임채광 328

6장 베르그손의 사랑 이해 ● 백춘현 344

7장 레비나스의 에로스론 ● 김연숙 361

제4부 정신의학·신학에서 본 사랑의 의미

1장 융의 사랑론 ● 윤영돈 380

2장 빈스방거의 사랑 이해 ● 진교훈 397

3장 사랑에 대한 종교철학적 성찰 ● 박병준 439

4장 테야르의 사랑론 ● 김성동 467

찾아보기 493

제1부

동방사상에서 본 사랑의 의미

1장 공자 사상에서 사랑의 의미

2장 측은지심의 사랑: 맹자와 왕수인

3장 묵가의 사랑과 평화

4장 불교의 자비와 사랑, 시민윤리

5장 한철학의 사랑론

6장 다산 사상에서 사랑의 의미

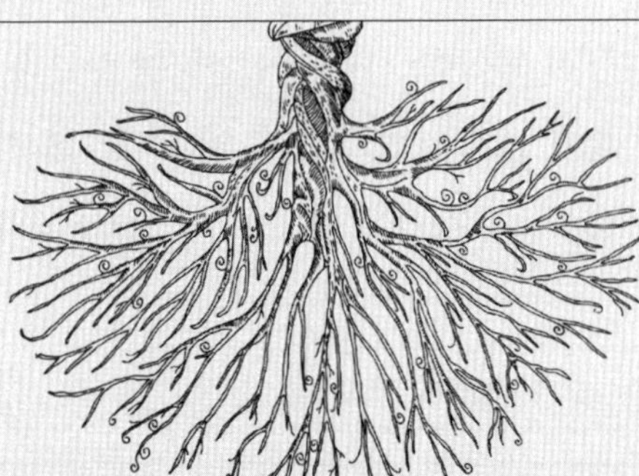

1장

공자 사상에서 사랑의 의미

'인(仁)'의 개념사와 철학적 인간학

● 장승희

유교의 인(仁)은 공자에 의해 구체화된 사랑 개념이자 '인(人)'과 '이(二)'가 합쳐진 말로, 두 사람 사이의 관계성을 전제로 한 것이다. 번지가 인에 대해 묻자 공자가 "애인(愛人)"이라고 답한 데서[1] 인의 가장 일반적인 의미는 '사람을 사랑함'이 되었다. 사랑은 인간이면 누구나 지녀야 하는 성품이어야 한다는 데서 넓게 보면 '인간다움'이라고 해석된다. '인(仁)=인(人)' → '인(仁)=두 사람[二人]'이라는 것을 보면, '인=인간다움'이며, 인간이

1 『論語』「顔淵」 제22장: 樊遲問仁, 子曰, 愛人.

인간으로서 지니는 특성이 바로 사랑인 것이다. 그래서 유교를 '사랑의 철학'이라고도 하였다(성균관대학교유학과교재편찬위원회, 2004: 42). 이처럼 유교의 사랑인 인은 보편적으로 '인간다움'으로 이해되지만, 그 내포와 외연은 역사적으로 변화를 거듭했고, 또 동일한 시대라 하더라도 다양한 의미로 해석되었다.

공자 사상에서 사랑은 넓게는 '인(仁)'으로 파악되지만, 사랑의 가장 기본적인 정서인 아끼고 애틋해하는 '애(愛)'의 관점에서 보면 그 대상은 민(民)이 되기도 했고, 지(知)가 되기도 했으며, 요산(樂山)과 요수(樂水)처럼 자연이 되기도 했다. 그러나 애민(愛民), 애지(愛知), 요산(樂山), 요수(樂水)의 궁극적인 목적이 민(民)과 지(知), 산(山)과 수(水)에 있다기보다 본질적인 인간으로서의 인간다움에 있다는 점에서 인과 상통한다. 이처럼 인간으로서 지니는 '대상에 대한 정서적 본질'로서 인은 사랑인 것이다.

1. 들어가는 말: 동서양의 사랑 개념

'사랑'이라는 말이 그리스도교의 사랑, 불교의 자비, 유교의 인을 아우르며 상통하기는 하지만, 그것들이 동일한 것은 아니다. 이 세 개념은 구체적인 내용에서 차이가 있는데, 동양과 서양의 사랑 개념도 지향하는 이념은 유사하지만 차이가 있다. 그 차이는 단지 개념적 차이, 즉 언어나 용어 사용의 차이를 넘어 동서양 문화와 사유구조에 기인한다는 데서 연구대상이 되고 있다. 동양과 서양의 사랑 개념에서 보편적 공통분모를 찾으려면 구체적이고 미묘한 차이에 대한 이해가 선행되어야 한다. 용어와 개념에서 그 차이점을 살펴보자.

우리나라 어원사전은 사랑을 "사람이 사람을 생각하는 것"이라고 매우 넓게 규정하고 있다(서정범, 2000: 341).[2] 국어사전에서는 중세의 'ᄉᆞ랑'이 사랑으로 된 것이라 설명하면서, "① 애틋이 여기어 아끼고 위하는 일. 또, 그러한 마음. ② 남녀가 서로 정을 들이어 애틋하게 그리는 일, 또 그 애인. ③ 동정하여 친절히 대하고 너그럽게 베푸는 마음"이라 하여, 주로 사랑을 받는 객체보다 사랑하는 주체의 마음에 초점을 두고 있고, 그리스도교의 사랑은 아예 항목을 달리하여 설명하고 있다(이희승, 1994: 1800).[3] 한자를 살펴보면, 애(愛)는 형성(形聲) 글자로, 본래는 夊[①]와 애(旡+心)[②]의 합성어이고, ②의 '애'는 회의(會意) 글자인데, 기(旡)란 머리를 돌려 돌아다보는 사람의 상형으로 돌아다보는 마음의 모양에서 '어여삐 여기다'라는 뜻이 되었다. '쇠(夊)'는 발의 상형으로, '어여삐 여기는 마음이 향해 가서 미치다'라는 뜻이다(민중서림편집국, 1998: 768). 뜻글자인 한자의 특성상 의미가 여러 가지이며, 동사와 명사를 모두 포함하고 있다(민중서림편집국, 1998: 768).[4] 정리하면 우리 일상생활에서 사랑이라는 말은 단순히 남녀 간의 좋아하는 마음을 넘어 보다 넓은 의미로 사용되고 있으며, 특히 한자에서는 '아끼다', '애틋해하다' 등 동사적 의미도 포함하고 있음을 알 수 있다.

서양에서 사랑은 희랍어로는 'erōs, philā, agapē', 라틴어로는 'amor, c(h)āritās', 영어로는 'love', 독일어로는 'Liebe', 프랑스어로는 'amour'인

---

2 "몽골어에서 sanal이 사랑, 생각, 아버지, 사상(愛, 思, 考, 思想) 등의 어원과 같음을 보여 주고 있다. 몽골어에서 saton이 친척, 애인의 두 뜻을 지니고 있다. saton의 어근 sat은 본디 사람의 뜻을 지닌다. 이러한 현상은 몽골어에서 사랑과 사람의 뜻을 지니고 있는 말은 같은 어원임을 보여 주고 있다. 국어 '사람'과 '사랑'도 몽골어에서와 같이 동원어라고 하겠다. 사랑은 사람을 생각하는 것이라 하겠다"(서정범, 2000: 341).

3 "④ (성) 육정적(肉情的)·감각적이 아닌 동정·긍휼·구원, 행복의 실현을 지향하는 정념. 곧 독생자 예수를 보낸 하느님의 사랑, 이웃 사람에 대한 사랑, 하느님을 사모하는 사람의 사랑으로 나눔"(이희승, 1994: 1800).

4 ① 사랑할 애[㉠귀애함, ㉡친밀하게 대함, ㉢이성을 그리워함, ㉣위함, 소중히 여김, ㉤좋아함, ㉥은혜를 베풂], ② 사랑 애, ③ 그리워할 애[사모함], ④ 아낄 애[탐냄, 인색함], ⑤ 성(姓)의 하나 등.

데, 정신생활의 기본적 감정이자, 윤리학사(倫理學史)상 가장 중요한 개념 가운데 하나로 간주되며, 특히 그리스도교의 영향을 많든 적든 받고 있는 서양철학에 있어서는 대단히 큰 의미를 가지고 있는 말이다(철학사전편찬회, 1988: 199). 라틴어 'amor'는 '사랑', '애정', '강렬한 욕망'을 뜻하고, 일상적으로는 "두 사람 사이의 육체적·정신적 애정", "어떤 가치, 이상, 관념에 대한 애착이나 여기에 헌신하려는 의도 또는 의지"이며, 철학적으로는 "타자와 합일하려는 경향, 타자와 하나가 되려는 경향"(클레망 외, 1996: 142)으로, 플라톤(클레망 외, 1996: 142),[5] 칸트(철학사전편찬회, 1988: 200),[6] 프로이트(클레망 외, 1996: 143)[7] 등 철학자들에 따라 개념이 사뭇 다르다(철학사전편찬회, 1988: 200).[8] 특히 아우구스티누스는 사랑을 모든 인식행위의 결정적인 조건으로 보면서 "우리들이 사랑하는 것만큼 우리들은 인식한다"(뮐러 외, 1996: 134)고 했다. 그리스도교에서 사랑은 모든 덕 가운데 최고의 것으로 여겨졌고, 예언이나 로고스(logos)나 지식보다도 상위에 있었다. 그리고 그것은 신의 율법으로서 신의 사랑과 이웃에 대한 사랑으로 요약된다. 신의 사랑, 즉 신을 직접적인 목적으로 하여 그 은총에 의하여 주어지는 사랑

5 플라톤에게 사랑은 선과 미에 대한, 즉 절대에 대한 갈망이자, 철학의 원동력이며, 일차적으로 '지혜에 대한 사랑'으로 정의된다.

6 칸트는 경향성에 의거하는 감성적(pathologisch) 사랑과 이성적 의지에 의거하는 실천적(praktisch) 사랑을 구별하여, 후자만이 도덕적인 것이라고 하였다.

7 프로이트에게서 사랑은 에로스의 의미가 된다. 알랭 핑켈크로트는 "도덕적인 마음과 사랑의 마음 사이에는 은밀한 연관성이 존재한다"고 보았다(클레망 외, 1996: 143).

8 "헤겔은 정신의 통일성으로 그 자신을 느끼고 있는 것이 사랑이라고 하였다. 사랑은 일반적으로 나와 타인의 통일의 의식이다. … 사랑의 첫째의 계기는 내가 나만의 독립적인 인간임을 바라지 않고, 그와 같은 나를 결함이 있고 불완전한 인간으로서 느낀다는 것이고, 둘째의 계기는 내가 남에게 있어서 나 자신을 인정받고 남이 나 자신 속에서 존재한다는 것이다. 따라서 사랑은 오성(悟性)이 해결할 수 없는 가장 큰 모순의 산출인 동시에 그 해제(解除)이다. 그리고 그 해제로서의 사랑을 인륜적인 결합이라고 말한다. 쇼펜하우어는 〈모든 형식의 사랑이 모든 삶(生)에의 맹목적 의지로 인간을 속박한다〉 하여 사랑을 거부한다"(철학사전편찬회, 1988: 200).

은 애덕(愛德, chāritās)이라 불리는데, 이는 스콜라 철학의 정신적 사랑(amor intellectivus), 자선적 사랑(amor benevolence) 중에서 최상의 것으로 여겨진다(철학사전편찬회, 1988: 200). 이처럼 철학(윤리학)에서 큰 의미를 지닐 뿐만 아니라 '사랑의 종교'라 불리는 그리스도교에서 핵심으로 중시되는 서양의 사랑 개념은 학자나 관점에 따라 다양하며 긍정과 부정을 모두 포함한다.

그에 비하면, 한자의 사랑[愛]이나 우리말의 사랑은 소박한 편이다. 우리의 사랑이 생활에서 사용되는 일상적 용어인 반면, 서양의 사랑은 철학적·종교적으로 중요한 의미를 지니고, 긍정과 부정의 역설적 의미를 내포한 개념이기도 하다. 즉 서양에서는 "주는 행위와 받는 행위, 자비와 탐욕, 자선과 소유욕을 동시에 의미하는 낱말"이고, 거기에는 "자기를 충족시켜 줄 수 있는 모든 것 중에서, 어떤 존재가 갖게 되는 격렬한 욕망과 무조건적인 헌신이 같은 어휘 안에 역설적으로 담겨" 있으며, "자기를 염려하는 마음의 극치를 일컬을 때에도, 또 타자를 생각하는 마음을 일컬을 때에도 모두 사랑이라는 말을 사용한다"(핑켈크로트, 1998: 3). 이를 보면 서양의 사랑은 형이하학적 차원에서 종교적 개념까지 아우르고 있음을 알 수 있다.

우리가 일반적으로 사용하는 '사랑'이라는 말의 특성을 용어의 의미에 국한해서 보면, 첫째로 서양에서는 철학적·종교적 의미를 지닌 개념인 데 비해 일상적이고 소박한 용어이고, 둘째로 행위 대상보다는 주로 행위 주체의 '마음'에 초점이 있으며, 셋째로 그 의미가 부정적으로 사용되기보다 긍정적인 의미를 함축하고 있음을 알 수 있다. 우리 삶에서 일상화된 사랑 개념이 그리스도교적 사랑 개념과 동일한 것이 아닌 것처럼, 동양과 서양의 사랑 개념도 같을 수는 없다. 그럼에도 삶에서 추구하는 인간적 감정의 긍정적 현상이라는 의미에서 보편적인 특성, 공통적 방향성이 있기에 번역이 가능하였다. 다만 차이가 존재하므로 번역 과정에서 뉘앙스 전달에는 한계가 있을 수밖에 없었다.

2. 인(仁)의 개념사와 그 유기체적 성격

'개념사'란 "언어와 정치·사회적 실재, 혹은 언어와 역사의 상호 영향을 전제한 채 이 둘이 어떻게 얽혀 있는지를 탐구하는 역사의미론(historical semantics)의 한 분야다. 역사의미론이 지향하는 바는 사람들이 어떻게 자신들이 처한 삶의 현실을 인식하고 해석하며 표현했는가, 또한 이 주관적 인식과 개념적 정합의 세계가 시간의 흐름을 따라 어떻게 변화했는가를 재구성하는 것이다"(나인호, 2013: 13). 이것은 하나의 '개념'이 역사의 행간에서 어떻게 영향력을 발휘했는지 분석하고, 역사 행위자들이 그 개념을 사용하면서 표현하고자 했던 의미의 성층을 분석함으로써 그 시대의 경험, 세계관, 가치관, 사고방식, 희망과 공포를 읽어 내는 것이다.

인(仁)의 가장 이른 기록은 『시경(詩經)』과 『서경(書經)』 속에서 발견되었는데, 공자는 그로부터 200여 년 뒤에 인을 유교사상의 핵심 이념으로 제시하였다(신정근, 2011: 2-3, 93-108). 유교 이념인 인은 처해진 역사적 상황과 사상가들의 철학적 고민의 결과에 따라 다양하게 해석되었다. 그 해석들은 역사적 상황을 반영한 각 시대의 중요한 세계관이자 인생관이었고, 때로는 인 개념이 비판의 근거가 되기도 했다. 예컨대, 노자나 장자는 공자가 인을 핵심 이념으로 삼은 것이 오히려 불행의 씨앗이 될 것이라고 보았다(신정근, 2011: 9, 120-138). 이처럼 인 개념을 사용한 학자들이 추구한 의미들을 찾아내는 역사적 지점에서 '개념사'와 만나게 된다.

개념사에서 개념 분석은 일종의 담론사지만(나인호, 2013: 45),[9] 개념

9 "그러나 개념사는 전적으로 담론사로 환원되지는 않는다. 개념사는 고유의 정체성을 갖는다. 이는 개념이 단순히 특정 담론을 구성하는 요소, 즉 담론을 구성하는 단어 이상이기 때문이다"(나인호, 2013: 45).

을 만들어 내는 것은 담론이 아니라 인간이며, 인간 주체가 개념과 담론을 만들어 내고 변화시키기 때문에(나인호, 2013: 48) 궁극적으로 무엇보다 인간이해가 핵심이 되어야 한다. 개념사를 본격적으로 체계화한 라인하르트 코젤렉(Reinhart Koselleck)은 언어 없이 역사는 불가능하지만 역사는 결코 언어로 환원될 수 없고, 행위자가 기록한 텍스트로부터 발견할 수 없는 "전언어적(前言語的), 언어 외적(言語外的), 그리고 후언어적(後言語的)" 요소들, 다시 말하면 모든 역사들이 본질적으로 비언어적인 "선험적" 범주에 의해 조건 지어져 있다고 보고[10] 그것들의 의미를 강조한다(나인호, 2013: 48-49). 따라서 『논어』에 드러나는 인(仁)을 밝히기 위해서는 텍스트에서 발견할 수 없는 '언어를 넘어선 영역에서의 해석'을 시도해야만 하는 것이다. 『논어』에서 공자는 제자들과의 대화를 통해 자신이 파악한 인을 드러내고자 했다. 이 경우 우리가 그 담론에서 읽어 내어야 하는 것은 담론 자체가 아니라, 공자와 그 제자의 경험, 세계관, 가치관, 사고방식, 희망과 공포 등이다. 공자와 맹자, 노자와 장자, 주자와 다산의 인 개념에 대한 해석에는 차이가 있다. 또한 본원유교, 성리학, 실학, 나아가 오늘날 자본주의 사회에서의 인에 대한 해석과 이해는 결코 동일할 수가 없다. 결국 인을 개념사적 관점에서 탐구하게 되면 그것은 고정된 실체나 개념이 아니라 다양한 해석이 가능한 '유기체적 성격'을 지니게 되는 것이다.[11]

인의 유기체적 성격은 두 가지 관점에서 논의될 수 있다. 하나는 통

10 예를 들면, "탄생, 사랑, 죽음, 식사, 굶주림, 가난과 병, 행운, 약탈, 승리, 살인, 항복과 같은 원초적이고 생물학적이며 지리학적이고 동물적인 조건들에 속박된 요소들이 그것이다"(나인호, 2013: 48-49).

11 '인(仁)'이든 '사랑'이든 '자비'든 중요한 사상적 이념으로서 이들은 단순히 하나의 개념적 특성을 넘어 종교 혹은 사상을 보편화시키는 과정에서 '유기체적 성격'을 지니게 된다. 여기서는 개념들의 유기체적 성격에 주목하여 그것이 어떻게 실천의 원동력이 되는지 살펴본다.

시대적으로 포착되는 개념의 변화상이고, 다른 하나는 공시적으로 파악할 수 있는 개념의 다의성이다. 전자는 역사적 흐름 속에서 인에 대한 개념과 해석이 어떻게 변화하였는가의 문제이고, 후자는 동시대에 사용된 인 개념이 상황마다 어떻게 해석되고 있는가에 주목하는 것이다.

먼저, 인이 구체적 현실 상황에서 어떻게 이해되어 유교 이념으로 작용하고 있는지 그 역사적 변화상을 살펴보자.[12] 공자 이전, 『시경』, 『서경』, 『좌전』의 인은 후대의 도덕주의적 해석과 달리 후손이 선대 영웅적 인물의 '행적'을 충실히 재연하는 의미 맥락에서 사용되었다. 반면 『논어』에서는 후대의 심성론적 해석과는 달리 '행위자[己]'가 모범적 행실을 창출하는 맥락에서 운용되고(신정근, 1998: 1), 맹자의 인은 모든 사람 개개인이 마음에 현상하는 도덕감을 확충해 나가려는 자연주의 윤리설의 맥락에서 사용되었다. 맹자는 "사람들은 모두 차마 못하는 마음을 가지고 있으니, 차마 할 수 있는 바에까지 도달한다면 인(仁)이요, 사람들은 모두 하지 않는 바가 있으니, 할 수 있는 바에까지 도달한다면 의(義)다"[13]라고 하여 인간 본성으로 심리적 측면에서 인을 이해한다. 한편 정명도(程明道)는 "의학서에서 손발이 마비되는 것이 불인(不仁)한 것이라 했는데, 이 말이 인을 가장 잘 형용한 것이다. 인이라는 것은 천지만물을 한 몸으로 삼아 자기 자신이 아닌 것이 없는 것이다."[14]라고 하여, 인을 천지만물과 상통하는 것으로 해석한다. 주자(朱子)는 인을 "사랑의 원리요, 마음의

12 이와 관련해서는 신정근(1998) 참고. 이 논문은 '인'의 용례에 대한 실증적인 분석 작업과 의미의 문화 과정에 대한 추적 작업, 은유(隱喩)의 분석을 통해 인(仁)을 탐구하고 있는데, 개념사의 관점에서 주목할 만하다.

13 『孟子』「盡心下」 제31장: 孟子曰, 人皆有所不忍, 達之於其所忍, 仁也, 人皆有所不爲, 達之於其所爲, 義也. 번역은 성백효(2008b)를 기본으로 하였다.

14 『二程全書』 권2상, 3ab, 「識仁篇」: 醫書言, 手足痿痺爲不仁, 此言最善名狀, 仁者, 以天地萬物爲一體, 莫非己也.

덕"[15]이라고 하여 그 근원적 성격에 주목했고, 다산은 "인(仁)이란 두 사람이다. 자식이 어버이를, 신하가 임금을, 다스리는 자가 백성을 사랑하는 이 모든 것이 인이다"[16]라고 하여 어원으로서 인의 본질에 충실하고자 했으며, 또 "인은 사람을 향한 사랑이다"[17]라고 하여 공자의 인으로 돌아가고자 했다. 이처럼 각 학자들의 인 개념에 대한 이해와 해석은 고정된 것이 아니라 그들이 처한 정치적·사회적 실재에 대한 학문적·실존적 대응으로 이루어진 것이었다.

한편, 동시대적·보편적 이해를 바탕으로 함에도 불구하고 인은 동일한 내용으로 이해되거나 인식되지 않고 다양한 상황에서 '생생함', 즉 '살아 있음'을 확보하고 있다. 그러한 살아 있음에 근접할 수 있는 학문이 '철학적 인간학'이다. 개념사적 연구에서 주장하는 세계와의 관계에서 주체적 대응을 읽어 내기 위해서는 주체에 대한 이해가 선행되어야 한다. 이렇게 세계와의 관계에서 해석학적 이해 과정 중에 '철학적 인간학'이 존재한다. 철학적 인간학은 "우리가 우리 자신을 경험하고 이해하는 인간의 사기완성 현상으로부터 출발"(코레트, 1986: 14)하지 않을 수 없으며, "인간이 자기 자신을 경험하고 이해하는 전지평선(全地平線)을 주제로 삼을 것을 요구하고 있다. 이 전지평선은 순수한 주관성으로 현존하는 것이 아니라, 구체적으로 그의 세계 속의 인간으로 현존하고 있다. 그러므로 먼저 '인간의 세계'를 살펴보지 않을 수 없다(코레트, 1986: 21). 이제 '철학적 인간학'의 맥락에서 공자가 인을 어떻게 해석하고 있는지 살펴보자.

---

15 『論語』「學而」 제2장: 朱子註: 仁者, 愛之理, 心之德也. 이하 번역은 성백효(2008a)를 기본으로 하였다.

16 『與猶堂全書』 Ⅱ-12, 21a, 「論語古今註」: 仁者, 二人也. 子愛親臣愛君牧愛民, 皆仁也. 'Ⅱ-12, 21a'는 제2집 제12권 21장 앞면을 의미한다. 이하 표기 동일.

17 『與猶堂全書』 Ⅱ-9, 25a, 「論語古今註」: 自此至彼曰道, 心之正直曰德. 仁者, 嚮人之愛也.

3. 인(仁)의 철학적 인간학: 인간다움의 해명

1) 인(仁)의 본질: 역사의식과 유교 이념

『시경』과 『서경』에서 처음으로 등장한 인(仁) 개념은 '사람[人]'(물체적 의미)에서 '남자다움'(개념-구성적 의미)으로 일차적으로 변화하였고, (특수한 몇몇 사람의) '남자다움'이라는 형식적 의미로 고착되었지만 이때까지만 해도 도덕적 의미는 포함하고 있지 않았다(신정근, 1998: 59). 공자에 와서 인(仁)은 유교 이념으로 정립되었다. 공자의 시대는 정치적으로는 왕실의 쇠퇴(서연달 외, 1992: 80-90),[18] 경제적으로는 정전제(丁田制)의 와해와 봉건 생산관계의 성장(서연달 외, 1992: 91-95),[19] 신흥 지주계급의 정치투쟁 등으로 혼란스러운 상황이었다. 노(魯) 환공의 세 아들 계손씨(季孫氏), 맹손씨(孟孫氏), 숙손씨(叔孫氏)로 공실(公室)의 토지와 노예를 삼분하여 새로운 신흥지주계급이 정권을 장악하면서 더욱 혼란스러워졌다.

> ① 공자께서 계씨를 두고 평하셨다. "(천자의) 팔일무를 뜰에서 추니, 이 일을 차마 한다면 무엇을 차마 하지 못하겠는가?"[20]

> ② 공자께서 말씀하셨다. "체(禘)제사는 강신주(降神酒)를 따른 뒤로부터는 내 보고 싶지 않다."[21]

---

18 왕기(王畿)의 축소, 조빙(朝聘)의 폐지, 무력의 상실, 재원의 고갈, 제환공(齊桓公)의 패업, 진문공(晉文公)의 패업, 초장왕(楚莊王)의 패업, 진목공(秦穆公)의 칭패서융(稱霸西戎), 오(吳)·월(越)의 쟁패 등의 현상에서 알 수 있다.

19 철기의 보급, 우경의 확대로 생산력이 발전했고, 이에 따라 정전제가 와해되고 사전(私田)이 증가하여 봉건 생산관계가 급속히 성장하였다.

20 『論語』「八佾」 제1장: 孔子謂季氏, 八佾, 舞於庭, 是可忍也, 孰不可忍也.

③ 공자께서 말씀하셨다. "위대하도다! 요(堯)의 임금 되심이여. 높다랗게 오직 하늘이 크거늘, 오직 요임금만이 그것을 본받았도다! (그 공덕이) 넓고 넓어 백성들이 이름 붙일 수 없도다! 높고 높도다! 그 공을 이룬 모습이여. 찬란하도다! 그 문채 나는 모습이여.[22]

당시 사회질서가 무너지고 혼란스러운 상황에 대해 공자는 계씨의 행위를 두고 한탄하고[①], 제사의 예(禮)가 무너진 것을 탄식하였다[②]. 예악(禮樂)이 무너지는 당시의 상황에서 공자는 요순(堯舜) 시대를 그리워하면서[③] 무너져 가는 사회질서를 바로잡기 위해 고군분투하였다. 그래서 천하를 주유(周遊)하고 고적(古籍)을 정리했으며, 제자들을 모아서 교육하는 데 정성을 다하였다. 당시 "학(學)은 모두 관부(官府)에 있었으므로" 문화와 지식은 모두 귀족들이 독점하고 있던 상황에서 그는 처음으로 이런 고대의 전통을 타파하였고, 가르침에 귀천을 가리지 않을 것[有敎無類]을 강조하여 교육과 고대 문화를 전파한 것이다(서연달 외, 1992: 98-99).

공자가 노력한 결과 이루어진 것이 유가학파이며 유교사상이고, 이를 뒷받침하는 이념이 바로 '인'이다. 『논어』에서 드러나는 인은 다양하게 해석되고 있는데, 넓은 의미에서 보면 인간으로서 갖추어야 할 품성이자 인간으로서 해야 하는 모든 것, 즉 '인간다움'이라고 파악할 수 있다. 왜 공자는 많은 개념들이 있음에도 인을 핵심 이념으로 중시하였을까?

공자는 어려서 부친을 잃고 홀어머니 밑에서 빈궁한 생활을 하면서도 배우기를 좋아하고 묻기를 즐겨 박학다재하였다. 공자가 제자들에게

---

21 『論語』「八佾」 제10장: 子曰, 禘自旣灌而往者, 吾不欲觀之矣.

22 『論語』「泰伯」 제19장: 子曰, 大哉. 堯之爲君也. 巍巍乎唯天, 爲大, 唯堯則之, 蕩蕩乎民無能名焉. 巍巍乎其有成功也. 煥乎其有文章.

육예(六藝)를 가르치며 고대 전적(典籍)을 정리하고 산정(刪訂) 작업을 한 것은 당시 시대와 역사에 대한 사명의식의 결과다. 그것은 자신의 실존에 대한 자각과 고민을 바탕으로 한 결과였고, 그가 역사에 대한 철학적 성찰과 인식을 가지고 있었기에 가능했던 것이다. 이러한 역사의식을 바탕으로 그는 유교의 시조로서 역할을 다했고, 이전의 개념과는 다른 인을 새롭게 제시한 것이다(신정근, 1998: 2).[23]

인은 공자에 와서 비로소 인간이 보편적으로 갖추어야 할 '인간다움'이 되었다. 그러나 공자의 인은 공자 이전보다 일반적 의미를 획득하기는 하였지만, 다의적으로 쓰이고 있어 제자들마저 그것이 무엇인지 명확하게 파악하지 못해 공자에게 묻고 또 물었다. 공자의 '인'을 구체적으로 규정하기는 쉽지 않다. 그럼에도 불구하고 그것은 인간이 추구해야 할 도덕적 지향점이며 역사적 현실에서 구현해야 할 도덕적 의무로 이해된다.

> 군자는 밥을 다 먹는 동안도 인에서 어긋남이 없으니, 경황 중에도 반드시 이 인에 따라 행하며, 위급한 상황에도 반드시 이 인을 떠나지 말아야 한다.[24]

> 공자께서 말씀하셨다. "말을 듣기 좋게 하고 얼굴빛을 곱게 하는 사람 가운데 인한 이가 적다."[25]

---

23 "현대의 실증적인 연구 성과에 따르면, '仁' 문자는 갑골문자에서 나타나지 않고 적어도 서주 후기나 춘추시대에 이르러서야 문헌에 등장한다"(신정근, 1998: 2).

24 『論語』「里仁」 제5장: 君子無終食之間, 違仁, 造次, 必於是, 顚沛, 必於是.

25 『論語』「學而」 제3장: 子曰, 巧言令色, 鮮矣仁.

인은 넓은 의미로는 유교의 덕목을 총체화한 것이며, 좁게는 구체적 일상생활의 윤리적 실천이다. 공자 사상에서 드러나는 인의 내용들은 인간으로서 해야 하는 지향점이면서 인간이 지녀야 하는 '인간다움'의 총체인데, 그 본질에서 공자의 역사의식과 가치의식이 반영되어 있음을 알 수 있다.

2) 인(仁)의 확대: 탈중심성과 초월성

공자는 하·은·주 삼대(三代)의 이상사회, 주공(周公)의 시대를 그리워하였다. 그가 추구한 성인(聖人)과 대동사회는 지난날의 이상향이었다는 점에서 공자는 과거 지향적이다. 그것은 공자만이 아니라 정통 유학자들이 지니는 일반적 성격이기도 하다.

> 만일 예악(禮樂)을 쓴다면 나는 선배들을 따르겠다.[26]

> 공자께서 말씀하셨다. "심하도다. 나의 쇠함이여! 오래되었다. 내 다시는 꿈속에서 주공(周公)을 뵙지 못하였다."[27]

그러나 공자가 과거에만 머문 것은 아니었고, 당시 현실에서 자신이 해야 할 의무를 자각하고 있었으며, 그것은 당시 역사에 대한 책임감과 미래 인식의 결과였던 것 같다.

---

26 『論語』「先進」 제1장: 子曰, 先進, 於禮樂, 野人也, 後進, 於禮樂, 君子也, 如用之, 則吾從先進.

27 『論語』「述而」 제5장: 子曰, 甚矣. 吾衰也. 久矣. 吾不復夢見周公.

자장이 “열 왕조 뒤의 일을 미리 알 수 있습니까?” 하고 묻자, 공자께서 말씀하셨다. “은나라는 하나라의 예를 인습하였으니 손익(가감)한 것을 알 수 있으며, 주나라는 은나라의 예를 인습하였으니 손익한 것을 알 수 있다. 혹시라도 주나라를 계승하는 자가 있다면 비록 백세(百世) 뒤의 일이라도 알 수 있을 것이다.”[28]

공자 사상에서 인의 방향성은 그의 역사의식이 전제된 것으로, 인간이 역사의식을 가지게 되면 자기중심적 사고에서 벗어날 수 있으며, 이를 바탕으로 형이하학적 추구를 넘어서 더 높은 초월적 가치 추구로 나아가게 된다. 그것은 역사의식이 과거와 현재를 넘어 미래로 향하고 있었기 때문에 가능한 것이다. 유한성을 자각한 인간이 역사에 대한 인식이 확고해지면 자기 실존을 자각하게 되고, 그 결과 인간은 미래가 지니는 개방성, 즉 ‘탈중심성(Exzentrizität)’과 ‘초월성(Transzendenz)’을 지니지 않을 수 없다.[29] 탈중심성은 미래에 대한 인식에서 나오며, 그 결과 인간은 현재보다 나은 상태를 갈망하고 추구하며 현재를 극복하고 초월하고자 한다. 초월성은 인간이 자신의 한계와 현재 상황을 극복하여 이상적 추구를 가능케 하는 힘이자 보다 높은 경지로 자기를 끌어올리고자 하는 동기이기도 하다. 인간은 생물적·심리적·인격적 가치를 지니며, 그중 인격적 가치에 주목하여 보다 높은 가치를 지향하게 되는데, 그것은 인간에게 죽음이라는 피할 수 없는 사실, 즉 인간의 유한성에 대한 자각에서

28 『論語』「爲政」 제23장: 子張, 問十世可知也. 子曰, 殷因於夏禮, 所損益, 可知也, 周因於殷禮, 所損益, 可知也, 其或繼周者, 雖百世, 可知也.

29 이 글에서 ‘탈중심성’과 ‘초월성’이란 용어와 개념은 롯터(1993)에서 원용한 것이다. 이 책에서 저자는 ‘철학적 인간학’의 관점에서 윤리신학적 해석에 대한 고찰을 시도하고 있다. “왜냐하면 철학적 인간학은 윤리신학이 결코 포기할 수 없는 경험과학에 대한 연결 작업을 매우 강하게 발전시키기 때문이다”(롯터, 1993: 15).

기인한다. 다시 말해서 "한편으로는 죽음의 필연성을 의식하며, 다른 한편으로 인간은 미래와 무한성을 향해 정향되어 있다. 인간은 현재의 한계와 내재적 삶의 한계를 뛰어넘는 성취를 갈망한다"(롯터, 1993: 64). 그리스도교에서 하느님이 존재하듯, 이는 유교에서 천(天)으로 상징되는 '초월적 존재'에 대한 암묵적 인정에 의해 이루어지는 더 높은 경지로의 갈망인 것이다.

(1) 탈중심적 성격

공자의 인(仁)은 별애(別愛)와 박애(博愛)가 공존하는 양상으로 드러난다. 즉 유교적 질서로서 효제(孝悌)를 중심으로 한 차별적 사랑을 강조하면서도, 단순히 가족애에 머물지 않고 그것이 사회 영역으로 확장되어야 한다고 보는 것이다. 공자가 극기복례(克己復禮)[30]를 강조하는 것은 기(己)를 벗어나 관계로서의 인에서 사회적 관계망인 예(禮)로 나아가고자 했기 때문이다. 공자의 인이 기(己)에서 인(人)으로 넘어간 것은 유교의 사랑이 가족 중심의 별애(別愛)에만 그치지 않고 박애(博愛)로 넘어가야 한다는 보편성 획득을 위한 것이며, 사랑의 범위가 자신에서 밖으로 남에게까지 확대되어 가고 있는 것이다. 이것은 자아의 범위가 공간적으로 확대된 것이기도 하다. 이는 인을 언급할 때 매우 일상적이고 비근한 곳에서부터 출발하여 고차원적이고 관념적인 것에까지 이르고 있는 데서 드러난다. "군자는 근본을 힘쓰니, 근본이 확립되면 도가 생겨나는 것이다. 효제는 그 인을 행하는 근본일 것이다"[31]라고 하여 무엇보다 인을 행하는

30 『論語』「顔淵」 제1장: 顔淵, 問仁, 子曰, 克己復禮, 爲仁, 一日克己復禮, 天下歸仁焉, 爲仁由己, 而由人乎哉.

31 『論語』「學而」 제2장: 君子, 務本, 本立而道生, 孝弟也者, 其爲仁之本與.

근본은 가장 가까운 인간관계인 부모형제 사이에서 갖추어야 할 효제라고 보았다. 그렇다고 묵자가 비판한 것처럼 거기에만 머물러야 한다고 본 것은 아니다. 공자는 추기급인(推己及人)을 강조했고, 인은 궁극적으로 모든 사람에 대한 사랑으로 확대되어야 한다고 보았다. 그의 사랑의 대상에 민(民)이 포함된 것도 기(己)에서 인(人)으로 넘어가는 과정에서 수기이치인(修己而治人)에 대한 인식이 바탕이 되었다는 것을 알 수 있으며, 여기서 공자의 '인간다움'이 개방성을 추구하고 있음을 엿볼 수 있다.

또한 '인간다움'의 탈중심성은 '인간다움'의 실천 대상에 대한 확대로, 이는 공자가 인의 구체적 방법으로 강조한 도덕원칙인 '서(恕)'에서 잘 드러난다. 나와 남을 동등한 관계에서 보아 그 감정적 정서를 공유하는 '인간애의 보편성'을 획득하기 위한 방법이 바로 서다.

> 중궁(仲弓)이 인(仁)을 묻자, 공자께서 말씀하셨다. "집 문을 나서면 큰 손님을 대하듯이 공경하는 마음으로 행동하고, 백성에게 일을 시킬 때는 큰 제사를 받들듯이 신중을 기할 것이며, 자기가 원하지 않는 것을 다른 사람에게 행하지 말아야 한다."[32]

> "인자(仁者)는 자신이 서고자 함에 남도 서게 하며, 자신이 통달하고자 함에 남도 통달하게 하는 것이다. 가까운 데에서 취해 비유할 수 있다면 인(仁)을 하는 방법이라고 이를 만하다."[33]

> 자공이 "한 말씀으로서 종신토록 행할 만한 것이 있습니까?"라고 묻

32 『論語』「顔淵」 제2장: 仲弓, 問仁, 子曰, 出門如見大賓, 使民如承大祭, 己所不欲, 勿施於人, 在邦無怨, 在家無怨. 仲弓曰, 雍雖不敏, 請事斯語矣.

33 『論語』「雍也」 제28장: 夫仁者, 己欲立而立人, 己欲達而達人. 能近取譬, 可謂仁之方也已.

자, 공자께서 말씀하셨다. "서(恕)일 것이다. 자기가 하고자 하지 않는 것을 남에게 베풀지 말라는 것이다."[34]

이것은 『대학』에서 주자가 '평천하지요도(平天下之要道)'라고 한 '혈구지도(絜矩之道)'와 상통한다. 주자는 "위에서 싫어하는 것으로 아래를 부리지 말며, 아래에서 싫어하는 것으로 위를 섬기지 말라"고 하여 인간 감정의 '보편성'을 그 토대로 삼고 있다.[35] 인간에게 더 중요하게 적용되고 있지만 결코 인간에게만 한정된 것은 아니고, 동물이나 음식에 대해서도 '존중'의 마음을 지니고 있었던 것이며, 이것이 인간의 만물에 대한 도덕의식으로, 구체적으로는 '서(恕)'로 표현된 것이다.

(2) 초월성 추구

'인간다움'의 초월성은 형이상학적 지향성에서 드러난다. 기본적으로 공자가 강조한 것은 현실에서의 인간의 도덕적 지향이지만, 그 지향은 단순한 형이하학적 구체성을 넘어 형이상학적 관념성에까지 이르고 있다. 그것은 천(天) 개념에서 잘 드러난다.

> 하늘에 죄를 얻으면 빌 곳이 없다.[36]

> 내 맹세코 잘못된 짓을 하였다면 하늘이 나를 싫어하시리라.
> 하늘이 나를 싫어하시리라.[37]

---

34 『論語』「衛靈公」 제23장: 子貢, 問曰, 有一言而可以終身行之者乎. 子曰, 其恕乎. 己所不欲, 勿施於人.

35 『大學』傳文 十章과 朱子註 참고.

36 『論語』「八佾」 제13장: 獲罪於天, 無所禱也.

공자는 당시 현실에서 자신의 역사적 사명과 역할이 하늘의 뜻임을 확신하고 있는 듯하다.

> 안연(顔淵)이 죽자, 공자께서 말씀하셨다. "아! 하늘이 나를 망하게 하였구나. 하늘이 나를 망하게 하였구나."[38]

> 봉황새가 오지 않으며 황하에서 하도(河圖)가 나오지 않으니, 나는 끝났구나.[39]

> 싹이 났으나 꽃이 피지 못하는 것도 있고, 꽃이 피었으나 열매를 맺지 못하는 것도 있다.[40]

이러한 좌절감의 표현과 한탄, 완성하지 못하는 것에 대한 아쉬움에서, 자신의 역사적 소명을 이루기가 쉽지 않음을 알고 있었던 것 같다. 그럼에도 불구하고 공자는 결코 포기하지 않고 끊임없이 노력해야 함을 강조하였다. 공자의 노력은 교육에서 꽃이 피는데, 그의 제자 증자(曾子)의 말에서 그 전수(傳授)와 수승(受承)을 볼 수 있다.

> 증자가 말씀하셨다. "선비는 마음이 넓고 뜻이 굳세지 않으면 안 된다. 책임이 무겁고 길이 멀기 때문이다. 인(仁)으로써 자신의 임무를 삼으니 무겁지 않은가. 죽은 뒤에야 끝나니 멀지 않은가."[41]

---

37 『論語』「雍也」 제26장: 予所否者, 天厭之, 天厭之.
38 『論語』「先進」 제8장: 顔淵, 死, 子曰, 噫. 天喪予. 天喪予.
39 『論語』「子罕」 제8장: 鳳鳥不至, 河不出圖, 吾已矣夫.
40 『論語』「子罕」 제21장: 苗而不秀者, 有矣夫, 秀而不實者, 有矣夫.

당시 상황에서 시대에 대한 책임과 의무, 인(仁)을 임무로 삼아 죽을 때까지 노력해야 하는 것이 공자를 포함한 유가(儒家)들의 역사적 과제였다. 공자는 책임감으로 전적(典籍)을 찬술하고, '인간다움'의 추구를 통해 유교를 성립시켰던 것이다.

4. 나오는 말

공자는 춘추시대라는 혼란한 역사적 상황에서 역사에 대한 철학적 인식과 실존에 대한 자각을 바탕으로 유교사상을 성립시켰고, '인(仁)'이란 말을 통해 자신이 추구하는 세상의 지향점을 제시하고 유교사상의 총체적인 틀을 구상하였다. 인은 역사를 살아가는 인간으로서 공자가 당시 세계에 대응한 노력이며, 궁극적으로 자기실현의 이상이자 방법으로서의 '인간다움'인 것이다.

오늘날 사랑은 살아 있지만 인은 죽었다. 인 '개념'이 죽은 것이 아니라 인이란 '말'이 죽은 것이다. 용어는 죽었으되 그 의미와 해석은 여전히 살아 움직이고 있다. 인은 죽었지만 그 의미는 유기체와 유사하게 살아 움직이면서 새로운 해석을 낳고 있다. 인은 사랑으로, 인간다움으로 살아 있지만 그 단어가 죽은 것처럼 본래적 의미로서의 인간다움의 내용도 변하였다. 그럼에도 변하지 않은 무엇인가가 있어 통시적으로 인간다움의 본질을 찾고자 한다. 과거에는 최대한의 도덕으로서의 인간다움을 요구했다면, 요즘은 최소한의 도덕으로서의 인간다움마저도 가능한가 의심하

41 『論語』「泰伯」 제7장: 曾子曰, 士不可以不弘毅, 任重而道遠. 仁以爲己任, 不亦重乎. 死而後已, 不亦遠乎.

게 된다.

그러나 사람에 대한 사랑으로서의 인간다움은 여전히 존재하고 있다. 인간다움이 유효한 것은 인간이 인간인 한 인의 본래적 의미, 두 사람, 즉 관계성에 대한 기대를 저버릴 수 없기 때문이다. 오늘날, 나아가 과학기술이 최고조로 발달한 미래에도, 인간이 인간을 그리워하는 인간다움은 변치 않는 인간의 본성으로 영원히 남을 것이며, 그런 점에서 인에 대한 해석은 다양하게 이루어질지언정 인간다움의 큰 맥락은 유지되지 않을까 생각한다.

참고문헌

『論語』(論語集註大全 影印). (1990). 학민문화사.

『大學 · 中庸』(大學 · 中庸章句大全 影印本). (1990). 학민문화사.

『孟子』(孟子集註大全 影印). (1990). 학민문화사.

『與猶堂全書』(全21冊)(1936年 新朝鮮社本 影印). (1989). 여강출판사.

『二程全書』(影印本). (1981). 경문사.

『韓昌黎集』(國學基本叢書本). (1968). 臺北: 臺灣商務印書館.

나인호. (2013). 『개념사란 무엇인가』. 역사비평사.

니스벳, 리처드. (2004). 『생각의 지도: 동양과 서양, 세상을 바라보는 서로 다른 시선』. 최인철 옮김. 김영사.

롯터, 한스. (1993). 『윤리의 기초』. 안명옥 옮김. 분도출판사.

마스페로, 앙리. (1995). 『고대 중국』. 김선민 옮김. 까치.

뮐러, 막스·알로이스 할더. (1996). 『철학 소사전』. 강성위 옮김. 이문출판사.

민중서림편집국 엮음. (1998). 『漢韓大字典』. 민중서림.

서연달 외. (1992). 『중국통사』. 중국사연구회 옮김. 청년사.

서정범. (2000). 『국어어원사전』. 보고사.

성균관대학교유학과교재편찬위원회. (2004). 『유학 사상』. 성균관대학교출판부.

성백효. (2008a). 『論語集註』. 전통문화연구회.

성백효. (2008b). 『孟子集註』. 전통문화연구회.

신정근. (1998). 「고대 중국 '仁' 사상의 형성과 발전에 관한 연구」. 서울대학교 철학과 박사 학위 논문.

신정근. (2011). 『사람다움이란 무엇인가』. 글항아리.

유승국. (1988). 『동양철학연구』. 동방학술연구원출판부.

이희승. (1994). 『국어대사전』 제3판. 민중서림.

진교훈. (1990). 『철학적 인간학 연구 I』. 경문사.

철학사전편찬회 엮음. (1988). 윤명로 감수. 『최신 철학사전』. 일신사.

최홍순. (1995). 『비교철학연구』. 서광사.

코레트, 에머리히. (1986). 『철학적 인간학』. 진교훈 옮김. 종로서적.

클레망, 엘리자베스 외. (1996). 『철학사전: 인물들과 개념들』. 이정우 옮김. 동녘.

핑켈크로트, 알랭. (1998). 『사랑의 지혜』. 권유현 옮김. 동문선.

다음 백과사전, "사랑[love]". [http://100.daum.net/encyclopedia/view.do?docid=b10s4288a, 검색일: 2014.05.08].

임정훈.「'사랑' 갖고 이랬다저랬다... 국립국어원의 '폭력'」. (2014.04.05). [http://www.ohmynews.com/NWS_Web/View/at_pg.aspx?CNTN_CD=A0001976915&CMPT_CD=P0001, 검색일: 2014.04.10].

2장

측은지심의 사랑

맹자와 왕수인

● 이혜경

맹자에 의하면 사람은 타인의 감정을 느끼는 마음을 천성적으로 갖고 태어난다. 그래서 맹자에게 사랑은 그 천성을 발휘하는 것으로, 나를 위하듯이 남을 위하는 것이라고 할 수 있다. 맹자의 사랑은 한 가지 근본에서 나온다. 맹자는 부모와 형제에 대한 사랑은 가르치거나 생각하지 않아도 저절로 아는 것이라고 말한다. 이 자연의 마음은 다른 동력 없이도 스스로 발휘되어 점점 더 넓은 주위의 타인을 감싸 안는다.

모든 사랑이 하나의 뿌리에서 나오는 것이라고 한다면, 부모의 애절한 자식 사랑과 남녀 사이의 열정적인 사랑도 같은 뿌리에서 나온 것인가? 사랑이란 공감의 활동이므로, 모든 사랑의 뿌리는 하나라고 할 수 있다. 그런데 공감의 마음만으로 사랑이 일어나지는 않는다. 남녀 사이의 사랑과 부모의 자식 사랑 모두 공감의 마음과 감각기관의 협업으로 이루어진다. 남녀 사이의 사랑에서 작동하는 감각은 부모의 사랑에서 작동하는 감각과 다를 것이다. 공감의 마음이란 상대의 마음을 함께 느끼는 것이다. 부모가 내게 원하는 것과 애인이 내게 원하는 것이 다르므로, 내가 그들에게 공감할 수 있다면 각자를 배려하는 사랑을 보여 줄 것이다.

우리가 천성적으로 갖고 태어났다는 공감의 마음은 감각기관의 활동에 압도되지 않아야 제 기능을 발휘할 수 있다. 또 이 공감의 마음은 감각기관처럼 역시 대상에 자극받아 움직이는 것이므로, 많은 사람을 만나야 한다. 그러므로 우리가 태어나서 점점 많은 사람들과 만나고 점점 더 넓은 세상에 나가야 하는 이 과정은 그대로 공감의 마음을 넓고 깊게 하는 성장의 과정이 되어야 한다.

1. 들어가는 말: 사랑이란 무엇인가

'사랑'이라고 하면 우선 남녀 간의 로맨스가 떠오른다. 한국인의 정서에서는 어머니의 자식 사랑도 그에 못지않게 강렬한 이미지를 갖고 있다. 그런가 하면 "원수를 사랑하라"고 했던 예수의 사랑만큼 이해하고 실천하기 어려운 사랑도 없을 것이다. 이 사랑들은 우리말로 모두 '사랑'으로 불리지만, 아마도 다른 종류의 사랑일 것이라고 짐작된다. 실제로 역사적으로 여러 이론들이 이런저런 방식으로 사랑의 종류를 나눠 왔다.

'사랑'이라는 한글은 중세부터 사용되었다고 하는데(박영순, 2004), 이 한글에 직접 대응하는 한자어는 '愛'이고 영어로는 'love'다. 그런데 사랑이 한 가지가 아닌 것처럼, 한 단어만이 사랑을 전담한다고 하기는 어렵다. 특히 한자에서는 '인(仁)'이 무엇보다 사랑에 가깝다. 우리가 여기에서 살펴보려고 하는 맹자(孟子, 기원전 372-289) 역시 인과 애(愛)를 명확한 규정 없이 섞어서 사용했다. 그리고 '가엾고 안타깝게 여기는 마음'이라는 의미를 갖는 '측은지심(惻隱之心)'은 『맹자』 안에서 '인'과 같은 계열에서 논의된다. 또 측은지심과 거의 같은 의미를 갖는 '불인지심(不忍之心)'이라는 말도 자주 등장한다. 측은지심이나 불인지심이 곧바로 인은 아니지만 인의 단초 혹은 시작이 되는 마음이다. 맹자가 스승으로 섬긴 공자의 어록 『논어』에는 인이 무엇인가를 알려 주기 위한 수십 조항의 문답이 등장한다. 공자는 직접 '인'이 무엇이라고 규정하는 대신, 이러저러한 상황은 '인'이거나 '인이 아니라'거나 하는 식으로 인에 대해 설명한다. 그러한 가운데, 공자는 인은 "사람을 사랑[愛]하는 것"이라고 직접적으로 풀이하기도 했다.[1]

그렇다면 이렇게 여러 종류의 활동과 여러 종류의 단어들을 '사랑'이라고 부를 수 있게 해 주는, 사랑의 핵심은 무엇일까? 그 대답도 한가지로 모아지지 않을 것이나, 어떤 대답에도 통하는 것은 있을 것이다. 맹자에게 묻는다면, 사랑이란 남이 남처럼 생각되지 않아서, 내가 나의 행복을 원하고 추구하듯이 그의 행복을 원하고 추구하는 것이라고 대답할 것이다.

맹자는 사람이 타인의 감정을 함께 느끼는 마음을 천성적으로 갖고 태어난다고 주장했다. 특히 그는 타인의 불행을 공감하는 마음을 강조하면서 그 천성의 마음을 설명했다. 그것이 바로 측은지심이다. 타인이 경험하는 공포나 불안의 감정상태를 옆에서 지켜보는 나는 그의 공포와 불안을 마치 나의 일처럼 느끼므로, 나의 공포나 불안을 해소하려는 나의 마

1 『論語』「顔淵」: 樊遲問仁, 子曰, 愛人.

음이 행동을 부르듯이, 타인의 공포와 불안을 함께 느끼는 나의 마음도 행동을 유발할 것이다. 맹자는 그 마음을 타인의 불행을 보고 견딜 수 없는 마음이라는 의미로 '불인지심'이라고도 불렀다. 즉 '측은지심'과 '불인지심'은 같은 마음을 가리킨다. 그리고 그 마음이 나의 습성처럼 되어서 일관된 상태를 유지할 때, 맹자는 그것을 '인'이라고 불렀다.

즉 맹자의 사랑은 나를 위하듯이 남을 위하는 것이라고 할 수 있다. 더 정확히 말하면 맹자에게 사랑이란 공감하는 마음이다. 내 앞에 있는 사람의 기쁨을 같이 느끼므로 기쁨을 느낄 수 있는 상황을 만들어 주려고, 또는 내 앞에 있는 사람의 슬픔을 같이 느끼므로 그 슬픔을 만드는 상황을 없애려고 애쓸 것이다. 스스로 귀한 사람이 되고 부유한 사람이 되기를 원하듯이, 타인을 사랑하게 되면 그 사람을 귀하고 부유하게 만들어 주고 싶을 것이다.[2]

2. 하나인 사랑의 차등적 발현

우리가 타인의 감정을 함께 느끼는 마음을 타고났다면, 그러한 공감의 마음은 대상과 관계없이 발현되는 것일까? 바꿔 묻는다면 우리의 사랑은 모든 대상을 향하는 것일까? 맹자라면 그렇기도 하고 그렇지 않기도 하다고 대답할 것이다.

공자를 비판했던 묵자(墨子)의 사랑에 대해 간략히 알아 두는 것이 맹자를 이해하는 데 도움이 될 것이다. 공자와 묵자, 맹자 이 세 사람의

2 『孟子』「萬章上」: 仁人之於弟也, 不藏怒焉, 不宿怨焉, 親愛之而已矣. 親之, 欲其貴也, 愛之, 欲其富也. 封之有庳, 富貴之也. 身爲天子, 弟爲匹夫, 可謂親愛之乎.

생존 시기는 겹쳐지는 기간이 없다.[3] 공자가 사망한 직후에 태어난 묵자는 공자를 비판했고,[4] 묵자 사후에 태어난 맹자는 공자의 후계자를 자처하며 묵자를 비판하는 것을 자신의 중요한 사상적 과제로 여겼다.[5]

묵자는 수공업자 출신으로서 자신과 같은 하층계급을 옹호하는 사상을 폈는데, 그는 공자를 비판하면서 자신의 사상을 정립했다. 그의 비판에 의하면, 공자가 주장한 '인'은 이기적인 사랑이며 그 이기적 사랑이 당시의 일상적 전쟁상태를 초래한 주범이었다. 그리고 자신은 그 비극을 극복하기 위해 평등한 사랑을 주장하겠다고 선언했다. 묵자의 용어로 평등한 사랑은 '겸애(兼愛)'다. 세상 사람 누구나 똑같이 공평하게 사랑하겠다는 의미다. 묵자는 자신의 사랑을 그렇게 부르고, 공자의 사랑을 '차등의 사랑[別愛]'이라고 불렀다.[6]

공자는 부모와 형에 대한 사랑을 뜻하는 '효제(孝悌)'가 사랑[仁]을 실천하는 시작이라고 주장했다.[7] 가족 안의 사랑을 불씨로 해서 사회로 그 사랑을 확대해 나가려는 이 사상은 공자를 시조로 하는 유학의 핵심이 되었고, 맹자는 이를 계승하여 보다 체계 있는 이론을 만들었다. 즉 맹자의 사랑 역시 이 연장선상에 있다.

맹자는 가족 사이의 사랑을 뜻하는 '효제'라는 말 대신에 일반적인 인간관계에서도 통용되는 언어를 사용했다. 그것이 '측은지심'이다. 측은

---

3 공자의 생몰연대는 기원전 551-479년으로 추정되고, 묵자는 기원전 479-381년, 맹자는 기원전 372-289년이다.

4 맹자는 공자의 허락과는 관계없이, 공자의 학문을 흠모해서 공자를 스승으로 삼았다고 밝힌다.(『孟子』「離婁下」: 君子之澤, 五世而斬, 小人之澤, 五世而斬. 予未得爲孔子徒也, 予私淑諸人.)

5 맹자는 묵자와 함께 개인주의를 주장한 양주(楊朱)를 비판하면서 자신의 사상체계를 선명하게 구축했다.

6 묵자가 공자의 사상을 비판하는 부분은 제1부 제3장 「묵가의 사랑과 평화」 참조.

7 『論語』「學而」: 孝弟也者, 其爲仁之本與.

지심은 가족에 한정되지 않고 모든 사람을 향한다. 맹자는 자신이 사랑하는 범위를 점점 넓혀 가는 것이 자신의 마음을 키우면서 인간으로서 성장해 가는 과정이라고 설명했다. 그는 그 사랑의 마음을 샘물에 비유해 설명하기도 했다. 원천이 있는 샘은 마르지 않고 물을 뿜어내며, 그 물은 흘러서 바다에까지 이를 수 있다. 그러므로 그 마음을 바다에까지 흐르도록 키운 사람은 이 세상에 사랑하지 않는 존재가 없게 될 것이다.[8] 즉 사랑의 샘물은 세상 끝까지 흘러가 온 세상을 적실 수 있다. 그러므로 이 장의 앞부분에서 던진, '천성으로 타고난 사랑의 마음은 대상과 관계없이 모든 이들에게 발휘되는가'라는 질문의 대답은 '그렇다'이다.

그런데 이 세상 사람을 모두 사랑한다고 해도, 내 부모나 내 형제보다 남을 더 사랑하지는 않는다. 내 부모나 형제가 아닌 타인을 사랑하지 않는 것이 아니라 덜 사랑하는 것이다. 맹자는 대상에 따라 정도가 달라지는 이 사랑을 다음과 같이 표현하기도 했다.

> 군자는 동물은 아끼기는[愛] 하지만 인(仁)으로 대하지는 않고, 백성에 대해서는 인으로 대하기는 하지만 친족에 대한 사랑으로 대하지는 않는다. 어버이를 친애[親]하고 백성은 인으로 대한다. 백성은 인으로 대하고 동물은 아낀다.[9]

이는 가장 사랑하는 사람을 중심으로 해서 동심원적으로 퍼져 가는 사랑이다. 중심에서 멀어질수록 사랑이 옅어진다. 백성을 사랑하는 마음이 자기 육친을 사랑하는 마음에 미칠 수는 없으며, 다른 생명체를 사랑

8 『孟子』「盡心上」: 知者無不知也, 當務之爲急, 仁者無不愛也, 急親賢之爲務.
9 『孟子』「盡心上」: 君子之於物也, 愛之而弗仁, 於民也, 仁之而弗親. 親親而仁民, 仁民而愛物.

하는 마음이 사람을 사랑하는 마음에 미칠 수도 없다. 자신과 가장 가깝게, 가장 오래 옆에 있는 혈육에게 사랑이 더 가는 것은 자연스러운 일이라고 인정해 주고, 그 사랑을 키워서 더 넓은 세상에 발휘하라고 독려하는 것이다.

그러므로 공자나 맹자의 진의는 아니지만, 묵자가 이 사랑을 이기적이라고 비난한 것도 일리는 있다. 자기 가족과 자기 나라를 더 사랑하므로 다른 가족이나 다른 나라를 공격하는 일이 발생하기 때문이다.

가족애를 이기적이라고 비판한 묵자는 혈연의 가족을 이루지 않고 공동체를 형성해서 함께 생활했다고 한다. 묵자는 '똑같이 사랑해서 서로 이롭게 해 주자[兼相愛交相利]'라는 기치를 내걸었다. 수공업자 집단이었던 이들은 노동을 통해 이익을 창출하고 그 이익을 같이 누리는 것이 사랑이라고 생각했다. 생산에는 직접 가담하지 않고 제후나 귀족들과 사귀면서 그들에게 예법에 대해 조언하는 것으로 먹고사는 유학자들이, 이들의 눈에는 생산은 하지 않은 채 낭비만 조장하는 기생 집단으로 보였다.

그러나 맹자의 눈에 묵자와 묵가 집단은 부모도 모르는 패륜 집단이었다. 『맹자』에는 묵가 가운데 맹자와 동시대인인 이지(夷之)라는 사람과 맹자 사이에 오간 논쟁이 실려 있다.[10] 묵가인 이지는 자신의 이론과는 달리 아버지의 장례를 성대히 치렀다고 한다. 이를 비난하는 맹자의 말에 그는 "사랑함에는 차별이 없으나, 사랑을 실천하는 것은 어버이부터 시작한다"라는 것이 자신들의 주장이라고 해명했다. 이에 대해 맹자는 "하늘이 만물을 낼 때에 근본을 하나로 하였는데, 이지는 근본을 둘로 여겼기 때문에 그처럼 잘못 이해한 것"[11]이라고 비판했다.

---

10 직접 만난 것은 아니고 중간에 맹자의 제자가 다리 역할을 했다.

11 『孟子』「藤文公上」: 且天之生物也, 使之一本, 而夷子二本故也.

맹자는 사랑의 근본은 하나라는 자신의 입장에서 묵자가 두 가지 근본을 세웠기 때문에 논리적으로 어긋났다고 비판한 것이다. 맹자의 한 가지 근본은 천부적인 공감의 마음이고, 그 마음은 자연히 차등적으로 발휘된다는 것이 유학의 입장이다. 이는 앞에서 언급했듯이, 어버이를 사랑하는 마음이 불씨가 되어 타인을 향하는 마음으로 타오른다고 하는, 한 가지 사랑의 차등적 발현이다.

묵자의 두 가지 근본이란, 자연적으로 자기 부모를 더 사랑하는 마음과 그들이 인위적으로 세운 '평등한 사랑'을 말한다. 묵자의 평등한 사랑은 모두의 이익을 선한 것으로 정하고, 그 선을 의지적으로 실천하는 것이다. 그러므로 자연스럽게 실천되지는 않을 것이다. 묵자의 평등한 사랑은 이익을 계산하고 그 이익을 많이 만들어 내는 사랑이다. 맹자는 자신이 말하는 사랑은 사람의 본성이므로, 그 선한 본성을 실현하는 데는 다른 이해타산이 개입하지 않는다고 주장한다.

맹자의 사랑은 한 가지 근본에서 나온다. 가족에 대한 사랑, 친구에 대한 사랑, 이웃에 대한 사랑, 사회구성원에 대한 사랑 모두 나의 측은지심에서 나와, 그 영향 범위가 확대되어 발휘되는 것이다. 맹자는 부모와 형제에 대한 사랑은 가르치거나 생각하지 않아도 저절로 아는 것이라고 말한다. 즉 자연이라고 주장한다. 이 자연의 마음은 다른 동력 없이도 스스로 발휘되어 내 주위의 타인을 감싸 안는다. 부모에 대한 사랑이 자연스럽게 받아들여지듯이, 타인을 가족보다 덜 사랑하는 것 역시 자연스럽게 받아들여지는 일이다. 우리 모두 자신을 중심으로 자기에게 가까운 사람을 더 사랑하며, 그러면서도 이웃에게 관심과 배려를 확대해 나간다. 이것이 맹자가 말하는 한 가지 근본에서 차등적으로 발휘되는 사랑이다.

3. 사랑을 구성하는 두 갈래 마음

모든 사랑이 하나의 뿌리에서 나오는 것이라고 한다면, 맹자는 부모의 애절한 자식 사랑과 남녀 사이의 열정적인 사랑도 같은 뿌리라고 말하는 것인가? 이 질문에 대답하기 위해, 맹자가 말하는 사랑의 뿌리, 즉 측은지심이 사람의 마음 전체에서 어느 정도의 비중을 차지하는 마음인지 알아볼 필요가 있다. 맹자는 다음과 같이 '이목의 기관'과 '마음의 기관'을 나눈다.

> 이목의 감각기관은 생각하지 않으므로, 사물과 사물이 번갈아 자극하면 거기에 끌려간다. 마음의 기관은 생각한다. 생각하면 얻고 생각하지 않으면 얻지 못하니, 이는 하늘이 내게 준 것이다. 먼저 그 큰 것을 세우면 작은 것이 빼앗을 수 없다. 이러한 사람이 대인이다.[12]

목적어가 생략된 문장이라 얼른 이해하기 쉽지 않은데, 요컨대 마음과 이목구비의 감각기관이 각자의 기능을 갖고 있다는 것이다. 감각기관은 외부대상이 주는 자극에 반응하는 역할을 한다. 능동적으로 차단한다든지 선택한다든지 하는 기능 없이 그저 외부자극에 반응하는 기능이다 보니, 외부자극에 휘둘릴 수밖에 없다고 말한다. 즉 이목구비의 감각은 좋은 냄새, 맛있는 음식, 편안한 사지, 아름다운 이성 등을 좋아하고 또 원한다. 그러다 탐닉하게 되고, 탐닉하게 되면 타인의 이목구비는 안중에서 떠난다. 즉 자신의 이목구비만 충족시키는 데 바빠진다. 그 이유를 맹

12 『孟子』「告子上」: 耳目之官不思, 而蔽於物. 物交物. 則引之而已矣. 心之官則思, 思則得之, 不思則不得也. 此天之所與我者. 先立乎其大者, 則其小者不能奪也. 此爲大人而已矣.

자는 감각기관에는 '생각'하는 기능이 없기 때문이라고 말한다. 앞의 인용문에서 "생각하면 얻고 생각하지 않으면 얻지 못하니"는 문장의 목적어가 생략되어 있는데, 그것은 타고난 공감의 마음, 즉 측은지심이다. 생각하는 기능인 마음은 측은지심을 놓치지 않고 계속 불러내서 작동하게 하는 것이다. 측은지심이 작동하면 나의 미각뿐 아니라 타인의 미각, 타인의 촉각, 타인의 청각도 배려하게 된다.

그렇다면, 남녀 간의 사랑은 어떤 것의 작용일까? 이목의 작용인 것일까? 이것도 맹자가 말하는 하나의 뿌리인 사랑과 같은 것일까, 다른 것일까? 다음은 맹자가 제나라 선왕[齊宣王]에게 도덕적인 정치를 하라고 설득하는 가운데 나온 대화로, 우리의 의문에 해답의 실마리를 던져 줄 것이다.

> 왕이 말했다. "과인은 병이 있으니, 과인은 예쁜 여자를 좋아합니다." 맹자가 대답했다. "옛날 태왕도 예쁜 여자를 좋아해서, 그 비를 사랑했습니다. … 이때에는 안으로는 원망을 품은 여인이 없었고 밖으로는 홀아비가 없었습니다. 왕이 예쁜 여자를 좋아하는 일을 백성과 함께한다면, [덕의 정치를 하는] 왕이 되는 데 어떤 어려움이 있겠습니까?"[13]

이 대화의 바로 앞에서 선왕은 자신이 재화를 좋아하는데, 그래도 이러한 덕의 정치를 할 수 있느냐고 물었고, 맹자는 이 질문에도 재화를 좋아하는 마음을 백성과 함께한다면 문제가 없다는 대답을 했다. 왕 자신이 재화를 좋아하는 것을 '병'이라고 한 것은, 덕의 정치를 행하라는 맹

---

13 『孟子』「梁惠王下」: 王曰, 寡人有疾, 寡人好色. 對曰, 昔者太王好色, 愛厥妃. … 當是時也, 內無怨女, 外無曠夫. 王如好色, 與百姓同之, 於王何有?

자를 앞에 두고 재화를 좋아하는 일은 덕과 관계가 없을 것이라고 스스로 판단하고, 또 그럼에도 그 '병'을 고칠 생각이 없다는 의도도 내비친 것이라고 보인다.

맹자에 의하면, 재화를 좋아하든 예쁜 여자를 좋아하든 그것이 문제 될 것은 없다. 그것은 감각기관의 자연스러운 활동이다. 문제는 그 감각을 자신만 누릴 줄 알고, 주위 사람의 사정은 안중에 들어오지 않을 때 일어난다. 주위 사람도 안중에 넣고 마음에 넣는 것이 바로 사랑이다. 즉 사랑은 감각기관과 별도로 일어나는 일이 아니다.

감각기관은 쾌와 불쾌를 느낀다. 사람은 외부자극에 수동적이어서 한정 없이 외부의 자극원에 끌려갈 수 있다. 우리가 알고 있는 여러 가지 중독은 이러한 끌려감의 극단적 상황이다. 감각기관이 행동의 주인이 아니라 외부의 자극이 주인이어서, 내 몸이 내 마음대로 안 되고 외부의 자극에 굴복해서 노예처럼 된 상태를 우리는 중독이라고 부른다.

그런데 우리는 그것을 멈출 수 있는 능력도 있다. 맹자는 이것을 생각하는 마음이라고 했고, 이 생각은 우리의 공감능력을 불러낸다. 우리의 공감능력이 활성화되면, 맛있는 것을 쫓던 내 미각과 함께 내 주변의 사람들을 생각하는 마음도 같이 작동하여 그들에게도 이 맛을 경험하게 해 주려는 생각을 하게 된다.

그러므로 맹자가 말하는 사랑은 감각기관과 생각하는 마음의 협업이라고 할 수 있다. 그것이 나를 즐겁게 하고 나를 편안하게 한다는 것을 알기 때문에 내 앞의 사람과 그 즐거움과 편안함을 나누고 싶다고 느끼는 것이 사랑이다. 귀하고 부유해지는 것이 좋다는 것을 알기 때문에 그것을 나누고 싶어 하는 것이 사랑이다.

앞에서 던진 질문, 즉 '부모의 애절한 자식 사랑과 남녀 사이의 열정적인 사랑도 같은 뿌리라고 할 수 있는가'라는 질문에 대답해 보자. 맹자에게 사랑이란 공감의 마음이므로, 모든 사랑의 뿌리는 하나라고 할 수 있다. 즉 어떤 사랑도 공감의 마음 없이는 가능하지 않다. 그런데 사랑이 공감의 마음만으로 일어나는 것도 아니다. 남녀 사이의 사랑도 부모의 자식 사랑도 모두 공감의 마음과 감각기관의 협업으로 이루어진다. 다만 남녀 사이의 사랑에서 작동하는 감각은 부모의 사랑에서 작동하는 감각과 다를 것이다.

사람이 맛있는 음식을 쫓다가 점점 더 강렬한 '맛있음'을 원하게 되고, 그러한 마음이 결국에는 공감의 마음을 발붙이지 못하게 하면서 자기 자신은 외부의 미각에 휘둘리는 상황이 아름다운 이성을 쫓으면서도 똑같이 일어날 수 있다. 그런데 우리는 맛있는 음식을 찾으면서 그 음식을 배려하지는 않는다. 즉 그 음식이 어떻게 느낄지, 행복할지 불행할지는 고려하지 않는다. 고통을 느낄 수 있는 살아 있는 것을 먹는다면 사정이 다르겠지만, 보통 우리가 먹는 음식은 고통을 느낄 수 없으므로 음식을 배려하는 일은 하지 않아도 된다.

그런데 우리는 사람에게도 음식 대하듯이 할 수 있다. 만약 자신의 감각과 욕망만으로 이성을 원한다면 그것은 감각의 질주일 뿐이지 사랑이 아니다. 그때 내 욕망의 대상이 느끼는 감정은 안중에 없고, 그저 자신의 욕망과 그 충족만이 중요할 뿐이라면 그것은 사랑이 아니다. 사랑은 그런 것이 아니라고 맹자는 대답할 것이다.

이성에 대한 사랑이나 부모에 대한 사랑이 달라지는 지점은, 애인과 부모가 느끼는 행복과 불행이 달라지는 데 있다. 즉 우리는 상대에 따라 원하는 것도 다르고 기대하는 것도 다르다. 공감의 마음이란 상대의 마음을 함께 느끼는 것이다. 부모가 내게 원하는 것과 애인이 내게 원하는 것이 다르므로, 내가 그들에게 공감할 수 있다면 각자를 배려하는 사랑을 보여 줄 것이다.

맹자는 부모와 자식 사이의 사랑을 '친(親)'이라고 표현했고, 부부 사이의 사랑을 '별(別)'이라고 규정했다. '친'이란 옳고 그름을 뛰어넘은 무조건적인 사랑이다. 부모가 잘못해도 자식은 부모를 버릴 수 없고, 자식이 잘못해도 부모는 자식을 감싼다. 이러한 사랑은 현대 한국인에게도 어느 정도는 남아 있는 정서다.

아마도 맹자에게 정당한 남녀관계는 부부관계였던 모양으로, 맹자는 부부 사이의 사랑만으로 남녀관계를 정리했다. 부부 사이의 사랑이라는 '별'은 오늘날에는 받아들여지기 어려운 사랑이다. 남편은 바깥의 일을, 아내는 집안일을 잘 나눠서 하라는 내용이기 때문이다. 맹자의 의도는 서로 노동을 분담하고 각자의 영역은 인정해 주는 것이 가정의 평화를 가져온다는 것이었으리라 짐작된다. 이것은 나름대로 당시 상황에서 현명한 부부생활 요령이었을 것이다. 오늘날에는 아내도 바깥일을 하는 것이 일반적이므로, 집안일을 나눠서 하는 배려가 필요하다. 남과 남이 만나서 함께 생활하는 것이므로, 일상의 갈등을 차단해 주는 배려가 부부 사이에서 가장 중요할지도 모른다.

상대에 따라 내가 해야 할 배려가 다르다는 것, 사람에 따라 희로애락을 유발하는 조건이 다르다는 것을 파악하는 것도 사랑이다. 시대와 장소가 달라지더라도 상대에게 집중한다면, 상대와 함께하고자 하는 감각과 그것을 나누고자 하는 공감이, 변함없이 사랑이 될 것이다.

4. 키우기가 필요한 사랑

사랑의 마음을 발휘하는 데는 감각기관과 생각하는 마음의 협업이 있어야 한다. 그런데 생각하는 마음은 그 기능을 태만히 할 수도 있어서 타고난 사랑의 마음을 정말로 잘 발휘하는 사람이 되려면 노력이 필요하다. 맹자는 타고난 그 마음을 잘 쓰지 못하는 상황을 다음과 같이 말하기도 했다.

> 슬프구나. 사람이 닭이나 개를 잃어버리면 찾을 줄 알면서, 마음을 잃어버렸는데도 찾을 줄 모르는구나! 학문의 길이란 다른 것이 아니라 잃어버린 마음을 찾는 것일 뿐이다.[14]

감각에도 변화는 있을 것이다. 자극에 노출되는 일이 드물어서 무감해지는 일도 있겠지만, 자극에 쉽게 노출되어 보다 강한 자극을 원하는 방향으로 된다는 의미에서 무뎌지는 일도 드물지는 않을 것이다. 맹자는 그렇게 되면 점점 더 공감의 마음을 되새기기는 어려워질 거라고 염려한다. 앞 절에서 인용한 글에서 "먼저 그 큰 것을 세우면 작은 것이 빼앗을 수 없다"고 한 것은 그와 같은 상황을 두고 한 말이다. 큰 것이란 공감의 마음이고 작은 것이란 감각기관이다. 감각이 커지기 전에 먼저 공감의 마음을 단단히 세워야 한다는 것이다. 맹자는 마음을 키우는 데는 욕심을 줄이는 것보다 더 좋은 것이 없다는 말도 했다.[15] 감각의 욕구가 너무 커져 버리면 남을 생각하는 마음이 작동하기 어렵다는 사정을 전하는 말이다.

위의 인용문에서는 마음을 닭이나 개에 비유하면서 잃어버린 마음을 찾는다고 표현하는데, 다른 곳에서는 마음을 키우는 일을 나무를 키우는 것에 비유하기도 했다. 어쨌든 사랑의 마음이 제대로 작동하도

14 『孟子』「告子上」: 孟子曰, 仁, 人心也, 義, 人路也. 舍其路而弗由, 放其心而不知求, 哀哉! 人有雞犬放, 則知求之, 有放心而不知求. 學問之道無他, 求其放心而已矣.

15 『孟子』「告子下」: 養心莫善於寡欲. 其爲人也寡欲.

록 하는 데는 노력이 필요하다는 것이고, 맹자는 그것이 '학문의 길'이라고 말한다. 학문이란 묻고 배운다는 의미로, 오늘날 통용되는 것처럼 책을 읽는 것만을 뜻하지는 않는다. 잃어버린 마음을 잘 간직하고 발휘하고 있는 사람에게 직접 배울 수도 있고, 그런 사람이 남겨 놓은 책을 통해 간접적으로 배울 수도 있다. 가장 좋은 것은 그러한 마음을 가진 사람 옆에서 살며 일상에서 저절로 배우는 것이리라. 맹자는 다음과 같이 말한다.

> 순임금은 깊은 산속에서 살 때 나무나 돌과 함께 살며 사슴과 멧돼지와 함께 놀았는데, 산속에서 사는 일반 사람들과 다른 점이 거의 없었다. 그러나 한마디의 선한 말을 듣거나 하나의 선한 행위를 보면 곧 그것을 실천했는데, 마치 강물이 막혔다가 터지는 것처럼 기세가 대단해서 그 무엇도 막을 수가 없었다.[16]

선한 이웃은 막힌 강물을 터주는 존재다. 잠재되어 있는 내 공감의 마음을 건드리고 움직이게 하는 존재다. 그러나 특별하게 선한 사람을 가까이 두고 살 수 있는 일은 누구에게나 언제나 허용되는 일은 아니므로, 그러한 사람들이 남겨 놓은 책을 읽는 것이 일반적으로 좋은 공부 방법일 것이다.

모범이 될 만한 마음을 책을 통해 배우는 일은 책상 앞에 앉아서 하는 일이지만, 사실은 일상에서 사람들과 마주하면서 겪는 모든 일들 역시 공부다. 맹자는 제사의 제물이 되기 위해 끌려가는 공포에 질린 소를 목격

16 『孟子』「盡心上」: 舜之居深山之中, 與木石居, 與鹿豕遊, 其所以異於深山之野人者幾希. 及其聞一善言, 見一善行, 若決江河, 沛然莫之能禦也.

하고, 소가 불쌍하니 양으로 바꾸라는 명령을 내렸던 양나라의 혜왕에게 다음과 같은 말을 한다. 그 일 때문에 왕은 백성들에게서, 양보다 소가 비싸기 때문에 소를 아끼려고 양으로 바꿨다는 비난을 받는 터였는데, 왕 자신도 자신이 왜 그랬는지 설명할 수 없어서 답답해하던 처지였다.

> 왕께서 소와 양을 차별하신 것은, 소는 직접 보았지만 양은 보지 못했기 때문입니다. 군자가 금수를 대할 때, 살아 있는 모습을 보고서는 차마 그것이 죽어 가는 것을 보지 못하며, 애처롭게 우는 소리를 듣고서는 차마 그 고기를 먹지 못합니다. 그래서 군자는 주방을 멀리하는 것입니다.[17]

이 일화는 경험의 중요성을 이야기해 준다. 아무도 만나지 않고 혼자 방 안에 갇혀 있는 사람이 누군가를 사랑하기는 쉽지 않을 것이다. 나에게 잠재되어 있는 사랑의 마음을 자극하는 가장 좋은 것은 자신에게 오는 사랑이다. 진한 사랑에 지속적으로 노출되는 것이 자신이 갖고 있는 사랑의 마음을 키우는 가장 좋은 자극이 될 것이다. 그리고 사람들을 만나서 그들의 기쁨, 그들의 슬픔, 그들의 분노를 보지 않는다면 공감할 기회조차 얻지 못할 것이다. 그래서 조선의 정약용(丁若鏞)은 맹자의 '인(仁)'을 해석하면서, '仁'이라는 한자가 '사람[人]'이 '둘[二]'이라는 의미로 만들어진 글자라고 풀이하며 사람이 사람을 만나지 않으면 인이라는 덕이 성립하지 않는다고 강조했다.[18]

---

17 『孟子』「梁惠王上」: 無傷也, 是乃仁術也, 見牛未見羊也. 君子之於禽獸也, 見其生, 不忍見其死, 聞其聲, 不忍食其肉. 是以君子遠庖廚也.

18 丁若鏞, 『孟子要義』「盡心上」: 二人爲仁. 人與人相按, 方可有仁之名. 於物不當仁也. 佛氏之禁殺, 是仁於物也, 墨氏之兼愛, 是親於人也.("두 사람이 인이 된다. 사람과 사람이 서

우리가 천성적으로 갖게 되는 공감의 마음은 감각기관과 협업해야 비로소 제 기능을 발휘할 수 있다. 기쁨과 슬픔, 즐거움과 공포를 느낄 수 있어야 그 느낌을 나눌 생각도 할 수 있으니, 욕망을 부정하거나 억누르면 안 된다. 오히려 감정은 공감에 없어서는 안 될 바탕이다. 공감의 마음 또한 구체적인 대상이나 상황에서 움직이는 것이므로, 혼자 골방에 갇혀 책을 읽거나 명상을 하는 것으로는 그 마음을 키울 수 없다. 맹자가 말하는 사랑은 우리가 사는 일상 안에서 그 마음을 점점 더 많은 사람에게로, 점점 더 넓은 곳으로 뻗어 가게 하면서 성장하는 마음이다.

5. 이 사랑의 끝: 왕수인이 보여 준 사랑

맹자가 말한 사랑의 마음은 후대에 와서 철학적으로 더욱 위대한 것으로 재해석된다. 가령 12세기에 성립된 주자학(朱子學)은 “본성이 바로 진리[性卽理]”라는 주장을 그 학파를 대표하는 명제로 내세웠는데, 이 명제는 맹자가 말한 공감의 마음을 철학적으로 정식화한 것이다. ‘진리’란 우주를 질서 있게 만드는 원리를 의미하는데, 본성이 바로 진리라는 명제는 타고난 나의 본성에 그 진리가 들어 있다고 하는 것이다. 15세기에 성립한 양명학은 이 명제를 일부분 비판하면서 “마음이 바로 진리[心卽理]”라는 명제를 내세웠다. ‘양명’은 그 학파의 창시자인 왕수인(王守仁, 1472-1529)의 호이다. 주자학도 맹자를 계승한다고 천명했지만, 왕수인 역시

로 접촉해야 바야흐로 인이라는 이름이 있을 수 있다. 사물에 대해서는 인이 합당하지 않다. 불가에서 살생을 금하는 것은 사물에게 인하는 것이며, 묵자의 겸애는 타인을 [어버이처럼] 친애하는 것이다.”)

맹자의 사상을 대단히 중요한 원천으로 삼았다. 양명학의 핵심어 가운데 하나인 '양지(良知)' 역시 맹자의 용어다. 앞에서 설명한 것처럼 공자나 맹자는 사람이 천성적으로 타고난 공감의 마음을 가족에 대한 사랑으로 증명하고자 했다. 양지는 갓난아이에게서도 확인할 수 있는, "가르치지 않아도 부모를 사랑할 줄 아는 마음"[19]이다. 부모를 사랑하는 이 마음은 샘의 원천 같은 사랑으로, 이 마음이 확대되어 점점 멀리 흘러가 타인에게로 흐른다.

왕수인은 맹자가 말한 그 공감의 사랑을 가장 진지하고 가장 적극적으로 받아들이고 실천한 사람이다. 왕수인은 누구나 가진 그 마음, 즉 양지만이 자신의 스승이라고 할 정도로 그 마음의 위대함을 절절하게 깨달았다. 자기 안에 그 위대한 것이 있으므로 밖에서 스승을 찾을 필요가 없었다. 심지어 그는 "수많은 성인도 모두 지나가는 그림자일 뿐"이라고 말한다. 누구나 같은 마음을 가지고 있으므로, 우리 모두는 자신의 마음을 깨달으면 누구나 성인이다.

성인이란 자신의 마음, 그 마음이 갖고 있는 공감의 마음을 이 세상 끝까지 발휘하는 사람이다. 그 마음에 대해 왕수인은 다음과 같이 말한다.

> 나의 부모를 사랑하고 봉양하여 그 사랑을 남의 부모에게 확장하고 나아가 천하 백성들의 부모에게 이른다. 그런 후에야 나의 인(仁)이 실로 나의 부모, 남의 부모, 천하 사람들의 부모와 함께 일체가 된다. 이들과 일체가 되고 난 후에라야 비로소 효(孝)의 명덕(明德)이 밝아진다. 나의 형을 사랑하고 우애 있게 대하여 남의 형에게 미치고 천

19 『孟子』「盡心上」: 人之所不學而能者, 其良能也, 所不慮而知者, 其良知也. 孩提之童無不知愛其親者, 及其長也, 無不知敬其兄也. 親親, 仁也, 敬長, 義也, 無他, 達之天下也.

> 하 사람들의 형에게 미치며, 그런 후에야 나의 인이 실로 나의 형, 남의 형, 천하 사람들의 형과 함께 일체가 된다. 그런 후에라야 제(弟)의 명덕이 비로소 밝아진다. … 군신, 부부, 붕우, 나아가서 산천, 귀신, 조수, 초목에 이르기까지 실로 나의 가족에게 대하는 태도로써 천하의 사람들과 사물에게 친애하여 내가 모든 인을 완전히 달성한 후에야 비로소 나의 명덕이 모두 밝아지고, 진정으로 천지만물을 일체로 할 수 있다. 이것을 일러 명덕을 천하에 밝힌다고 한다.[20]

특히 '효'는 나의 마음이 부모에게 향했을 때를 일컫는 이름이다. 이 인용문에서처럼 왕수인의 해석에 의하면, 효의 마음이 있는 사람이라는 평가가 성립하려면 이 세상 모든 부모를 사랑하는 마음을 가져야 한다. 그런 이후에야 효라는 평가를 얻을 수 있다.

실제로 맹자는 세상 사람 모두에게 미치는 사랑의 마음을 촌부에게도 요구한 것은 아니다. 한 나라의 군주라면 나라 안 구석구석에 애정이 미쳐야 한다고 요구했지만, 들에서 농사짓는 촌부에게는 자식을 교육시키고 부모를 잘 부양하는 정도의 선량함만을 기대했다. 그런데 양명의 해석에 의하면, 이 세상에 불효 때문에 우는 부모가 있다면 나의 효도 실천되지 않은 것이다. 즉 왕수인은 촌부도 자신의 그 마음을 깨달으면 성인이니, 성인이 되기를 기대한 것이다.

우리의 마음을 성장시켜 갈 것을 장려하면서 그 단계 단계에서 확대되는 사랑을 인정한다면, 우리는 단계를 거듭하며 더욱 '인'한 사람이나

---

20 『陽明全書』「大學問」: 是故親吾之父, 以及人之父, 以及天下人之父, 而後吾之仁, 實與吾之父, 人之父, 與天下人之父而爲一體矣. 實與之爲一體而後, 孝之明德始明矣. 親吾之兄, 以及人之兄 … 君臣也, 夫婦也, 朋友也, 以至於山川鬼神鳥獸草木也, 莫不實有以親之以達吾一體之仁. 然後吾之明德, 始無不明, 而眞能以天地萬物爲一體矣. 夫是之謂明明德於天下.

효성스러운 사람이 될 수 있다. 맹자의 방식대로 아이를 교육한다면, 그러한 단계를 거쳐 가면서 그 마음을 확대해 가기를 바랄 것이다. 그런데 왕수인은 이미 내 마음이 우주에 가득 차 있다고 전제하므로, 나의 자아는 우주만큼 넓어져 있다. 그러므로 내가 존재 전체의 즐거움과 기쁨과 안전을 염두에 두고 그것을 위해 애쓰지 않는다면, 나는 어떤 도덕성도 성취하지 못한 사람이 된다.

6. 나오는 말

맹자가 말하는 사랑은 비근한 일상에서 출발한다. 부모와 자식 사이에 너무나 자연스럽고 자명한 것이어서 증명할 필요도 없는 것이다. 그런데 그 사랑은 온 세상의 부모를 생각하고 온 인류의 불행을 아파하는 데까지 성장할 수 있다. 왕수인은 자신의 마음이 그만큼 크다는 것을 깨달았고, 세상 모든 사람들도 자신들의 마음이 그처럼 큰 것임을 깨닫기를 바랐다. 맹자나 왕수인에게 사랑의 성장은 곧 인격의 성장이다. 그 시작의 마음은 누구에게나 주어져 있고, 그 마음을 키우는 일 역시 이 세상을 함께 사는 누구나 할 수 있으며, 해야 할 일이다.

참고문헌

『論語』(論語集註大全 影印). (1990). 학민문화사.

『孟子』(孟子集註大全 影印). (1990). 학민문화사.

王守仁. (1992). 「大學問」『王陽明全集』 下. 上海: 上海古籍出版社.

丁若鏞. (2012). 『孟子要義』, 定本與猶堂全書 권7. 다산학술문화재단.

박영순. (2004). 『한국어 의미론』. 고려대학교출판부.

이혜경. (2008). 『맹자, 진정한 보수주의자의 길』. 그린비.

3장

묵가의 사랑과 평화

보편애의 의미와 한계

윤무학

동양 고전에서 '사랑'이라는 개념에 해당하는 글자는 '인(仁)', '친(親)', '애(愛)' 등이 있다. 여기에는 가족이나 집단과 사회에서의 관계에 따른 상호 공경이나 존경, 배려 등의 의미가 포함된다. 제자백가 가운데 노자는 '성인불인(聖仁不仁)' 혹은 '천지불인(天地不仁)'이라고 하였다. 이것은 역설적으로 성인과 천지(자연)는 인간과 만물에 대해 '사랑하지 않는다'는 의미로서 현실적 사랑의 차별성과 편협성을 비판한 것이다. 유가는 기본적으로 가족애에 근거하여 부자관계의 사랑을 무엇보다 우선하며 그것을 '친'으로 표현하였다. 이는 부모의 자애(慈愛)와 자식의 효성(孝誠)으로 표현된다. 유가에 따르면, 자신의 부모와 가족을 사랑한 다음에야 타인과 사물을 사랑할 수 있다. 이처럼 사랑에 대한 도가와 유가의 인식은 완전히 대립된다. 그러나 사랑 자체를 별도의 주제로 부각시킨 것은 도가도 유가도 아닌 묵가다.

1. 들어가는 말: 묵자와 묵가

묵가는 기원전 5세기 후반 개조 묵자의 활동으로부터 시작하여, 약 2세기간 동안 번영을 거친 후 기원전 221년 진제국의 형성과 함께 급속히 쇠락하였다. 그들의 가장 큰 특징은 다른 학파와는 달리 집단을 이루어 공동생산과 각자의 노동 성과에 따른 분배를 했다는 점이며, 주요 구성원은 노동자, 농민, 수공업자 등이었다. 또한 묵가는 그들의 눈높이에 맞추어 상제와 귀신의 존재를 증명함으로써 자신의 이념적 기반을 확보하고 집단 운영의 효율성을 도모하였다.

묵자는 일찍이 유학 교육을 받았다고 전해지지만, 그는 유가의 예악(禮樂)이 지나치게 번거로우며 재물을 낭비하는 것으로 판단하고 포기했다고 한다. 묵가의 유가 비판 내용을 요약하면, 인애(仁愛)에 대해 겸애(兼愛)를, 예악에 대해 절용(節用)을, 후장구상(厚葬久喪)에 대해 절장(節葬)을, 천명론에 대해 비명론(非命論)을 주장하고, 유가의 분업의식에 대해 직접 노동을 주장하는 것이다. 전국 중기에 묵가는 유가를 압도할 정도로 세력이 왕성했으며, 말기에 이르기까지 유가와 더불어 양대 학파로서 활동하였다.[1]

1 묵가는 흔히 전기와 후기로 나뉘는데, 현행본 『묵자』 가운데 '묵경' 혹은 '묵변'으로 칭

묵자가 제창한 '겸애(兼愛)'(평등한 사랑)는 집단과 사회에서 개인의 상호 관심과 배려를 가리킨다. 겸애는 혈연친속 관계의 여부와 무관하며 귀천을 가리지 않고 '자신을 사랑하는 것처럼 남을 사랑하는' 보편적 사랑이며, 가장 큰 특징은 '서로 이롭게 해 주는' 공리주의적 사랑이라는 점이다. 또한 묵가는 사랑의 실천적 목표를 가족, 집단, 사회, 국가에서의 평화에 두었다.

2. 겸애의 논리적 기반

묵자는 당시 민생의 대표적인 부조리를 삼환(三患: 세 가지 우환)으로 규정하였다. 그것은 굶주린 자가 먹지 못하고, 추위에 떠는 자가 입지 못하며, 피곤한 자가 쉬지 못하는 것이다. 이에 그는 자신이 직접 경작하고 옷을 만들어 당시 천하 사람을 구제하려고도 생각해 보았으나, 끝내 한 사람의 성과에 불과하였으므로 천하를 돌며 유세하기로 결심했다고 한다. 당시 묵자가 제시한 가장 시급한 일인 삼무(三務: 세 가지 임무)로서 국가의 부유함, 인구의 증가, 정치적 안정을 들었다. 보다 구체적으로는 현행본 『묵자』에 편명으로 제시된 이른바 10대 주장으로 겸애, 상현(尙賢: 현자를 높임), 상동(尙同: 위로의 통일), 비공(非攻: 침략전쟁 비판), 절용(節用: 쓰임의 절약), 절장(節葬: 장례의 절약), 비악(非樂: 음악 비판), 비명(非命: 운명론 비판), 천지(天志: 상제의 뜻), 명귀(明鬼: 귀신의 존재증명)다. 량치차오에 따르면, "묵가의 강령은 10조이지만 실상 하나의 관념에서 나온 것으로 곧 겸애다"(梁啓超, 1926: 120).

해지는 부분은 후기 묵가의 저술로 알려져 있다. 이 글은 묵자가 제창한 '겸애'의 개괄적 특징을 살펴보는 것이므로 학파로서의 '묵가'와 사상가로서의 '묵자'를 구분하지 않고 혼용하였다.

묵가의 활동 시기는 열국 간에 약육강식의 전쟁이 지속되면서 펼쳐진 이른바 '예악붕괴(禮樂崩壞)'의 대변혁기였다. 묵자는 당시 혼란한 상황에 직면하여 직접 열국을 유세하였고, 한편으로는 문도를 모아 천하의 해악에 대한 자신의 대안을 제시하고 그것의 이로움을 실현하고자 했다.

> 지금의 세상에서 가장 큰 해악이 되는 것은 무엇인가? 말하자면 대국으로서 소국을 공격하는 일, 대가(大家)로서 소가(小家)를 어지럽히는 일, 강자가 약자를 협박하고, 다수가 소수를 폭행하고, 사기꾼이 어리석은 자를 속이고, 귀한 자가 천한 자를 업신여기는 일, 이것이 천하의 해악이다. 또한 군주로서 은혜를 베풀지 않는 일, 신하로서 충성하지 않는 일, 아비로서 자비롭지 못한 일, 자식으로서 효도하지 않는 일, 이 역시 천하의 해악이다. 지금의 천한 무리들이 무기와 독약과 수화(水火)를 가지고 서로 위해(危害)를 가하는 일 이 또한 천하의 해가 되는 것이다.[2]

이상에서 보면 가족, 사회, 국가, 천하에서의 모든 혼란은 서로 겸애하지 않는 데서 비롯된 부조리다. 벤자민 슈워츠(Benjamin Schwartz)가 묵자의 윤리사상을 홉스(Thomas Hobbes)의 이른바 "만인의 만인에 대한 투쟁"보다 극단적이라고 평한 것은 이러한 대목에 기반하였을 것이다(슈워츠, 2009: 228). 그러나 묵자가 묘사하는 상황은 결코 과장이 아니었다. 예

2 『墨子』, 「兼愛下」: 當今之時, 天下之害孰爲大. 曰, 若大國之攻小國也, 大家亂小家也, 强之劫弱, 衆之暴寡, 詐之謀愚, 貴之敖賤, 此天下之害也. 又與爲人君者之不惠也, 臣者之不忠也, 父者之不慈也, 子者之不孝也, 此又天下之害也. 又與今之賤人, 執其兵刃毒藥水火, 以交相虧賊, 此又天下之害也.

컨대 맹자는 공자가 『춘추(春秋)』를 지은 동기에 대해 서술하면서, "신하가 군주를 시해하고 자식이 부모를 시해하는 일도 있었다"[3] 라고 하였다. 묵자는 당시 사회 문제의 원인 분석을 기초로 하여 해결 방안을 제시하였다.

> 혼란이 어디로부터 비롯되는지를 살펴보면, 서로 사랑하지 않는 데서 비롯한다. … 만일 천하로 하여금 서로 사랑하게 하여, 남을 자기 몸 사랑하듯이 한다면 어찌 불효자가 있겠으며, … 남의 집을 자기 집 보듯이 한다면 어찌 도둑이 있겠으며, … 남의 나라를 자기 나라 보듯이 한다면 누가 침략하겠는가.[4]

묵가에 따르면, 서로 사랑하면 안정되고 서로 미워하면 혼란스럽게 된다. 따라서 묵가에서는 '서로 미워하는 상태를 서로 사랑하는 상태로 바꾸는 것'을 정치의 근본으로 보았다. 그러나 이러한 주장은 결코 당시 사회의 적극적인 공인을 받지 못했다. 오히려 겸애의 주장은 이론적으로 좋은 것이기는 하지만 실천하기는 어려운 것이라는 비판을 받았다. 이에 묵자는 여러 사례를 들면서 변설(辨說)을 통해 자신의 주장이 옳은 것이고 제가의 설이 그릇된 것임을 논증하게 되었다.

묵자 스스로가 숙달된 목공이었을 뿐만 아니라, 묵가의 구성원 가운데에는 생활필수품과 군사용 무기를 만드는 전문가들이 많았다. 따라서 그들의 기술과 경험은 항상 백가쟁명의 과정에서 변설의 근거가 되었다.

---

3 『孟子』, 「滕文公下」: 世衰道微, 邪說暴行有作, 臣弑其君者有之, 子弑其父者有之. 孔子懼, 作春秋.

4 『墨子』, 「兼愛上」: 當察亂何自起, 起不相愛. … 若使天下兼相愛, 愛人若愛其身, 猶有不孝子乎. … 視人之室若其室, 誰竊. … 視人之國若其國, 誰攻.

오늘날 흔히 사용되는 '방법(方法)'이라는 말의 어원은 묵가에서 '사각형을 만드는 법'으로서 곡척(직각자)이며, 이것과 대비되어 '원법(圓法)'은 '원을 만드는 법'으로서 컴퍼스다. 묵자는 이처럼 각종 생산 활동에 일정한 법도와 표준이 있음에 근거하여 하나의 '법'이라는 보편규율을 산출했다. 그리고 묵자는 이에 근거하여 자신의 주장을 제시하거나 타인의 주장을 비판할 때 '삼법(三法)' 혹은 '삼표(三表)'에 근거하였다.

묵자가 제시한 변설의 세 가지 근거는 (1) 역사적 기록, (2) 실제 경험, (3) 국가와 백성의 이익이다. 구체적으로 보면, 첫째로 역사적 기록의 예로서 겸애론을 논증하기 위해 상고시대 우(禹)·탕(湯)·문(文)·무(武) 등의 성왕이 겸애를 실천하여 백성을 이롭게 했다는 사실을 원용하고 있다. 둘째로 귀로 듣고 눈으로 보며 대중의 실제를 살핀다고 하였다. 이처럼 대중의 경험을 입론의 표준을 삼은 것은 당시 역사 조건을 감안할 때 상당한 의미가 있다. 셋째로 국가와 백성에게 이로운 언론은 옳은 것이고, 반대로 해로운 것이면 잘못된 말이라고 하였다. 이상의 세 가지 표준 가운데 묵자는 자신의 주장을 내세울 때는 언제나 국가와 백성의 이익을 우선적으로 고려하고 있다. 묵자는 이에 근거하여 운명론을 비판하는 동시에 천(상제)과 귀신의 존재를 증명했다. 묵가의 이러한 입장은 논리적 기반을 차치하고라도 그들의 주요 구성원이 하층민이었다는 점에서 너무나 당연한 귀결이었다.

중국 고대에서 '천(天)'의 함의는 아주 복잡하다. 묵자가 보기에 천은 만물의 주재이며 감각과 상상, 판단과 의지를 지닌 순전한 인격신이다. '천지(天志)'는 '겸애'와 마찬가지로 『묵자』의 편명 가운데 하나로서 '하늘의 의지'를 말한다. 또한 묵자서 전반에서는 천과 귀(鬼)를 병칭하고 특히 그 역할 면에서 양자를 동일시하고 있다. 이 점에서 주재적이고 인격적인 은대인의 천 관념을 그대로 수용한 것처럼 보인다. 나아가 천(귀)의 주재성에는 예리한 통찰력이 전제된다. 예컨대 하늘은 아무리 깊은 숲속이나 한적하여 사람이 없는 곳이라 하더라도 항상 지켜보고 있다고 한다. 또한 천(귀)은 인사에 대하여 호오(好惡) 감정을 갖고 있다. "하늘은 반드시 사람들이 서로 사랑하고 서로 이롭게 해 주길 바라며, 사람들이 서로 미워하고 서로 해치기를 바라지 않는다"[5]라는 것이다. 그런데 묵자가 제시한 「천지」의 실제 내용을 검토해 보면 그것은 「겸애」·「상현」·「비공」 등 이른바 묵가의 10대 주장에 포괄된다. 따라서 묵가는 천(귀) 관념을 자신들의 이념적 근거로 활용한 것이다.

묵가에 따르면, 하늘에 죄를 지으면 도피할 수 있는 방법이 없다. 천자라 하더라도 천의에 대한 순응 여부에 따라 상벌의 대상이 된다. 예컨대 하·은·주 삼대의 성왕인 우(禹)·탕(湯)·문(文)·무(武)는 '천의를 따른 사람'으로서 상을 받은 경우이고 걸(桀)·주(紂)·유(幽)·여(厲)는 '천의를 거스른 사람'으로서 벌을 받은 경우다. 이처럼 상벌의 시행이 달라진 것은 어디에 근거하는가? 전자는 위로 천을 높이고 가운데로는 귀신을 섬겼으며 아래로는 백성을 사랑하였으나 후자는 이와 반대의 상황이었기 때문이다. 여기서 천(상제)을 높이는 일, 귀신을 섬기는 일, 사람을 사랑하는 일이 통일된다. 보다 구체적으로는 위로 상제를 이롭게 하며 다음으로 귀신을 이롭게 하고, 아래로 사람을 이롭게 한다는 것이며 이에 해당되는 것이 '성왕'이다. 결국 묵가에서의 천인 관계는 상호 사랑하고 이롭게 해 주는 것이 된다. 이처럼 묵가에서 운명론을 부정하고 상제와 귀신의 존재를 논증한 것은 겸애를 핵심으로 하는 묵가철학의 형이상학적 근거를 확보하기 위한 것이었다.

5 『墨子』, 「法儀」: 天必欲人之相愛相利, 而不欲人之相惡相賊也.

3. 겸애의 본질과 내용

현행본 『묵자』에서 '애(愛)'는 250여 차례 보이며 그 구체적 내용은 '겸애'다. '겸(兼)'은 고문에서 "한 손으로 두 개의 벼를 쥔 모양"(段玉裁, 1988: 329)이다. 묵가의 용어에서 '체(體)'는 부분이며, 각 부분으로부터 하나의 전체가 된 것이 '겸'이다.[6] 각 부분은 평등한 것이므로 겸애는 곧 전체에 대한 평등한 사랑이다. 묵자가 말하는 '겸'의 기본적 의미는 '두루 배려하다'이며, 확장된 의미로는 보편과 전체를 가리킨다. 한편 겸애는 '별애(別愛)'와 대비된다. 묵자는 겸(兼)과 별(別)을 다음과 같이 대비시킨다.

> 천하에서 남을 미워하고 해치는 것을 따로 이름 붙인다면 '겸'과 '별' 가운데 어느 것인가. 반드시 '별'이라고 할 것이다. 그렇다면 서로 '별'하는 것은 과연 천하의 큰 해로움을 만드는 것이며, 따라서 묵자는 '별'은 잘못이라고 말한다. … 천하에서 남을 사랑하고 이롭게 하는 것을 따로 이름 붙인다면 '별'과 '겸' 가운데 어느 것인가. 반드시 '겸'이라고 할 것이다. 그렇다면 서로 '겸'하는 것은 과연 천하의 큰 이로움을 만드는 것이며, 따라서 묵자는 '겸'이 옳다고 말한다.[7]

여기서 '별'은 '구분' 혹은 '구별'의 뜻이고, 따라서 '별애'는 차별애를 가리키며, 상대적으로 '겸'은 '상호', '서로'의 의미를 담고 있다. 따라서 겸애의 함의는 자신을 포함한 모든 사람을 사랑하는 것이 된다. 이것이 묵

---

6 『墨子』, 「經上」: 體, 分於兼也.

7 『墨子』, 「兼愛下」: 分名乎天下惡人而賊人者, 兼與別與. 卽必曰, 別也. 然卽之交別者, 果生天下之大害者與. 是故子墨子曰, 別非也. … 分名乎天下愛人而利人者, 別與兼與. 卽必曰, 兼也. 然卽之交兼者, 果生天下之大利者與. 是故子墨子曰, 兼是也.

자가 펼친 겸애론의 본질과 정신이다. 겸애는 피아·가족·계급·국가의 친소를 구분하지 않고 평등하게 사랑하는 것이다. 『묵경』에서는 겸애를 정의하면서 시간과 공간의 제한을 받지 않는다고 했으며, 전 인류 모두를 차별 없이 사랑하는 것을 '진애(盡愛)'로 표현하기도 했다. 또한 겸애가 옳은 것은 천하에 이롭기 때문이며, 별애가 거짓인 것은 천하에 해롭기 때문이다. 따라서 묵자는 인자(仁者)의 일은 반드시 천하의 이로움을 일으키고 천하의 해로움을 제거하는 것이라고 하였다. 이른바 '겸'으로 '별'을 대체한다는 것이다.

묵가에서의 겸(兼)은 곧 인(仁)과 의(義)로 규정된다.[8] 이것은 분명히 공자의 인 관념의 범위를 확대한 것이다. 예컨대 『논어』「자로(子路)」 편에 보이는 '직궁(直躬)의 일화'에서 공자는 자식은 부모를 위해 숨겨 주고, 부모는 자식을 위해 숨겨 주어야만 그 과정에 정직이 있다고 하였다. 그러나 묵자는 친족 간에 상호 비호(庇護)하는 행위를 단호히 반대한다. 『여씨춘추(呂氏春秋)』「거사(去私)」 편에 의하면, 묵가의 거자 복돈(腹敦)의 아들이 살인죄를 범했을 때, 진나라 왕은 그가 다른 아들이 없음을 감안하여 죄를 면하게 하려고 했다. 그러나 복돈은 묵가의 '살인자는 죽이고, 남을 해친 자는 형벌을 내린다'는 법을 내세워 거절하였다. 묵자의 겸애가 가족주의에 기반한 유가의 인애 관념에 대해 갖는 차별성을 분명히 보여 주는 대목이다.

묵가는 생산노동의 중요성을 강조하여 "자기 힘에 의지하는 자는 살고, 자기 힘에 의지하지 않는 자는 살지 못한다"[9]라고 하여, 노동을 인간의 본질로 규정하였다. 여기서 '힘[力]'은 노동을 의미하며, 그 노동의 성과가 바로 '이(利)'다. 노동의 성과를 당연히 노동자 자신의 소유로 굳히고

8 『墨子』,「兼愛下」: 然而天下之士, 非兼者之言, 猶未止也. 曰, 兼卽仁矣, 義矣.

9 『墨子』,「非樂上」: 賴其力者生, 不賴其力者不生.

한편으로 남의 노동 성과를 존중하는 것이 의(義)이며, 남의 노동 성과를 착취하는 것은 당연히 불의(不義)다. 겸은 인간 내면의 도덕성에 근거하는 유가의 인의(仁義)와는 대립하는 것이다. 왜냐하면 겸은 곧 서로의 '이(利)'라는 노동의 성과를 인정하는 사회적이고 외면적인 규정이기 때문이다. 따라서 량치차오는 유가와 묵가의 도덕상의 특징을 동기와 결과를 중시하는 차이로 설명하고 있다(梁啓超, 1968: 6). 이러한 특징은 유가와 묵가의 전반적인 사상적 특징에도 반영되는 것이다. 묵가에서의 겸애는 단지 정치·사회적 안정이나 혼란과 연계되는 데 그치는 것이 아니라, 노동 대중의 이해(利害) 문제와도 연관되는 것이다. 이 점에서 다스림은 "이로움을 추구하는 것"으로 규정된다.[10]

유가에서는 의(義)와 이(利)를 엄격하게 구분한다. 공자는 이것을 기준으로 군자와 소인을 구분했으며, 그 자신은 이(利)에 대하여 거의 언급하지 않았다. 묵가에서 의는 의(宜: 마땅함)라는 동어반복적 정의에 머물지 않으며, 의는 곧 이(利)[11]라고 하여 양자가 통일된다. '의'가 이로움인 것처럼 '불의'는 해로움으로 규정된다.[12] 묵가에서의 이(利)와 해(害)는 의와 불의를 분별하는 기준이 된다. 의는 다름 아닌 천하를 이롭게 하는 것이다. 그러므로 유가의 윤리적 덕목인 충효(忠孝) 자체까지도 임금과 어버이를 이롭게 하는 것이라고 정의할 수 있다.[13] 이처럼 묵가에서는 모든 도덕의 근거를 '남을 이롭게 하는' 공리주의적 입장에 두고 있다. 따라서 묵가의 겸애는 곧 '애리(愛利)'로 규정할 수 있다.

---

10 『墨子』, 「經上」: 治, 求得也.
11 『墨子』, 「經上」: 義, 利也.
12 『墨子』, 「大取」: 義利, 不義害, 志功爲辯.
13 『墨子』, 「經上」: 忠, 以爲利而强君也. … 孝, 利親也.

묵가에서 겸애는 반드시 '교리(交利)'(서로 이롭게 해 줌)로 표현된다. 『묵자』에 '이(利)' 자는 330여 번 나타난다. 예컨대 "천하의 이로움을 일으킨다[興天下之利]", "만민을 사랑하고 이롭게 한다[愛利萬民]", "서로 사랑하고 이롭게 한다[相愛相利]" 등은 겸애가 교리로 귀결되는 구체적 표현이다. 또한 그 근거는 천(상제)에서 비롯된다. 예컨대 "내가 남을 사랑하면 남들도 반드시 나를 사랑하고, 내가 남을 이롭게 하면 남들도 반드시 나를 이롭게 한다"[14]라는 것이다. 물론 이것의 근거는 '하늘의 사랑과 이로움'에 있다.

> 하늘이 사람을 사랑함은 성인이 사람을 사랑하는 것보다 넓으며, 하늘이 사람을 이롭게 함은 성인이 사람을 이롭게 하는 것보다 두텁다. 대인이 소인을 사랑함은 소인이 대인을 사랑하는 것보다 넓으며, 대인이 소인을 이롭게 함은 소인이 대인을 이롭게 하는 것보다 두텁다.[15]

여기에서는 사랑과 이로움을 연계시키고 천, 성인, 대인, 소인의 단계로 대소(大小), 후박(厚薄), 심천(深淺)을 구분하고 있다. 현실적으로 사회적 지위가 높은 사람이 베푸는 사랑일수록 더욱 깊고 두터우며 사회적 지위가 낮은 사람이 베푸는 사랑일수록 얕고 박하다는 것이다. 그러나 사랑의 대상에는 친소와 귀천의 구분이 없고 등급의 구분이 없다. 묵자는 말하기를, "사람을 사랑함은 두루 사람을 사랑한 뒤에야 '사람을 사랑하는 것'이 된다. 사람을 사랑하지 않음은 두루 사람을 사랑하지 않는 것

14 『墨子』, 「兼愛中」: 夫愛人者, 人必從而愛之. 利人者, 人必從而利之.

15 『墨子』, 「大取」: 天之愛人也, 薄於聖人之愛人也. 其利人也, 厚於聖人之利人也. 大人之愛小人也, 薄於小人之愛大人也. 其利小人也. 厚於小人之利大人也.

과 상관없이 사람을 두루 사랑하는 것이 아니다."[16] 노예도 사람이기 때문에 노예라 하더라도 응당 사랑해야 한다. 그러나 겸애의 원칙에 어긋나는 대상까지도 포괄하는 것은 아니다. 따라서 묵자는 "도둑은 사람이다. 도둑을 사랑하는 것은 사람을 사랑하는 것이 아니다. 도둑을 사랑하지 않는 것은 사람을 사랑하지 않는 것이 아니다. 도둑을 죽이는 것은 사람을 죽이는 것이 아니"[17]라고 하였다. 이처럼 묵가의 겸애는 결코 원칙이 없는 것이 아니다. 진정으로 사람을 사랑하기 위해서 악인을 사랑할 수 없을 뿐만 아니라 일정한 조건 아래에서 그들을 제거해야 한다. 그렇다면 사랑의 구체적 표현인 이로움은 어떠한 것인가? 묵자에 따르면 그것은 힘을 가진 자는 열심히 남을 돕고, 재물을 가진 자는 힘써 남에게 나누어 주며, 지혜로운 자는 열심히 남을 가르치는 일 등이다.

묵자가 보기에, 보편적 이익이 실현될 때 개인의 이익이 실현될 수 있다. 개개인 상호 간에 손해를 입히는 일은 결국 천하에 커다란 해로움을 조성한다. 천하의 이로움은 사실상 국가백성의 이익이고 곧 만민의 이익이다. 예컨대 인자와 군자가 각각의 영역에서 상호 훌륭한 군신·부자·형제 관계를 이루는 것은 남을 배려하는 것일 뿐만 아니라 만민의 큰 이로움을 실현하는 것이기도 하다. 따라서 타인을 이롭게 하는 것은 결코 위장된 '자애(自愛)'가 아니라 '하늘의 뜻'에 따르는 일이다. 사람들은 자기의 이익을 고려할 때 타인의 이익을 먼저 고려하거나, 타인과 자신의 이익을 같은 위치에 놓고 고려해야 한다. 이렇게 하면 겸애와 '교리'가 통일될 수 있다.

---

16 『墨子』, 「小取」: 愛人, 待周愛人, 而後爲愛人. 不愛人, 不待周不愛人, 不周愛, 因爲不愛人矣.
17 『墨子』, 「小取」: 雖盜人人也. 愛盜非愛人也. 不愛盜, 非不愛人也. 殺盜人, 非殺人也.

4. 겸애와 인애(仁愛)의 대립

유가의 인애의 특징은 애친(愛親)이며, 여기에는 반드시 등차가 전제된다.[18] 반면에 묵자의 겸애는 사랑에 친소가 없고 귀천을 구분하지 않으며 고금을 구분하지 않고 대국과 소국을 구분하지 않는다. 이로부터 본다면 묵자의 겸애는 공자와 유가의 인애와는 전혀 다르다. 인애는 혈연종법관계에 기초한 친소와 귀천이 전제된 것이기 때문이다. 맹자의 이른바 '친친(親親)' → '인민(仁民)' → '애물(愛物)'의 단계로 나아가는 차별애와 같다.[19] 반면에 묵자의 겸애는 개인의 사랑을 초월하고 가족의 사랑을 초월하며 심지어는 국가의 사랑을 초월한 무차별한 보편적 사랑이다. 따라서 사랑의 계급과 시공을 초월한다고 해도 무방하다. 이에 대해 순자는 "묵자는 평등만 보았고 차별은 보지 못했다"[20]고 하고, 묵자와 송견(宋鈃)을 아울러 "차등을 무시했다"고 비판하였다.[21] 이상의 지적은 타당한 것처럼 보인다. 전국시대 중기에 활동한 맹자에 의하면 당시 천하의 여론은 도가 계열의 양주(楊朱)와 묵자 학파가 주도하였다. 맹자는 이들에 대해 다음과 같이 비판하였다.

> 양주는 위아(爲我)를 취하니 하나의 털을 뽑아서 천하가 이롭더라도 하지 않았고, 묵자는 겸애하니 이마를 갈아 발꿈치에 닿더라도 천하가 이로우면 행하였다.[22]

---

18 『中庸章句』 제20장: 仁者人也, 親親爲大. 義者宜也, 尊賢爲大. 親親之殺, 尊賢之等, 禮所生也.

19 『孟子』,「盡心上」: 君子之於物也, 愛之而弗仁. 於民也, 仁之而弗親. 親親而仁民. 仁民而愛物.

20 『荀子』,「天論」: 墨子有見於齊, 無見於畸.

21 『荀子』,「非十二子」: 不知壹天下建國家之權稱, 上功用, 大儉約, 而僈差等, … 是墨翟宋鈃也.

22 『孟子』,「盡心上」: 楊子取爲我, 拔一毛利而天下, 不爲也. 墨子兼愛, 摩頂放踵, 利天下, 爲之.

양주의 위아설은 군주를 무시하는 것이요, 묵자의 겸애설은 어버이를 무시하는 것이다. 어버이를 무시하고 군주를 무시하는 것은 금수다.[23]

이상에서 양주와 묵자에 대비되는 유가의 가족주의를 확인할 수 있다. 이것은 당시 지식인 계층의 개인주의와 평민 계층의 겸애주의가 성행한 것을 반영한 것이고, 특히 이로써 묵자가 겸애와 교리를 연계시키고 있다는 사실이 증명된다. 다만 묵자에 대한 맹자의 질책은 편파적이다. 묵자는 겸애에서 결코 효친(孝親)을 배제하지 않기 때문이다. 묵자는 겸애와 효친을 연계시켜 군신·부자 사이로 확대하고 있는데, 특히 중요한 점은 상호 사랑하는 데 있다. 묵자에 의하면, "신하와 자식이 군주와 부모를 사랑하지 않는 것은 이른바 혼란이다."[24] 다시 말하면 묵자는 자식, 아우, 신하로서 각각 부모, 형, 군주의 이익을 훼손하면서 자기 이익을 도모하는 것이 천하 혼란의 원인이라고 본다. 결국 군신·부자·형제는 상호 겸애해야 한다는 것이다. 묵자에 의하면, 군신이 서로 사랑하면 군주는 은혜롭고 신하는 충성하며, 부자가 서로 사랑하면 부모는 자애롭고 자식은 효성스러우며, 형제가 서로 사랑하면 조화를 이룬다. 이렇게 되면 천하 사람이 모두 서로 사랑하여 강자가 약자를 겁박하지 않고, 다수가 소수를 겁탈하지 않으며, 부자가 빈자를 무시하지 않고, 귀족이 천민을 무시하지 않으며, 사기꾼이 어리석은 자를 기만하지 않게 된다.

맹자가 묵자의 겸애에 대해 부모를 무시하는 금수라고 매도한 것은 맹자가 신하, 자식, 아우로서의 일방적인 사랑을 강조했기 때문이다. 즉 신하로서 군주에게 충(忠)을, 자식으로서 부모에게 효(孝)를, 아우로서 형

23 『孟子』, 「滕文公下」: 楊氏爲我, 是無君也. 墨氏兼愛, 是無父也. 無父無君, 是禽獸也.

24 『墨子』, 「兼愛上」: 臣子之不孝君父, 所謂亂也.

에게 제(悌)를 요구한 것이다. 묵자가 보기에 이것은 차별애에 불과하며, 겸애와 애기(愛己: 자신을 사랑함)는 결코 모순되는 일이 아니다.

> 사람을 사랑하는 것은 자기를 제외하는 것이 아니다. 자신도 사랑하는 대상에 포함된다. 자신도 그 대상에 포함되기 때문에 사랑이 자신에게 미친다. 차별을 두어 자신을 사랑하는 것도 사람을 사랑하는 것이다.[25]

묵자의 이러한 입장은 당시 유가에서 '인(人)'과 '기(己)'의 개념을 구별하고 다시 '애기'와 '애인'을 분리한 것에 대한 반론이다. 따라서 '애인'하면 되는 것이지 구태여 이 가운데 '애기'를 분리하여 가치를 부여할 필요가 없다는 것이다. 이것은 당시의 지배층이 자신들의 이익만을 도모하고 일반 대중의 현실을 외면한 데 대한 묵가의 표현방식으로 이해된다.

묵자의 겸애론에서 더욱 심각한 함의는 생명본질을 함유한 천하의 모든 사물을 사랑하는 것이다. 겸애는 개인의 의지가 결정하기보다는 '하늘의 뜻'에 근원하기 때문이다. 지상의 모든 사물이 하늘에서 비롯된 이상 천하 만물은 모두 평등하다. 말하자면 천하의 모든 사물은 그 존재의 합리성을 갖고 있으며, 어떠한 사람이나 사물이든지 다른 것의 존재 가치를 박탈할 수 없다. 따라서 자연계의 사람을 포함한 모든 사물은 하늘이 내린 것이므로 존중해야 한다.

25 『墨子』, 「大取」: 愛人不外己, 己在所愛之中. 己在所愛, 愛加於己. 倫列之愛己, 愛人也.

5. 나오는 말: 겸애의 실천과 한계

묵가의 근본 이념이 '겸애'라면 이른바 10대 주장 가운데 나머지는 모두 그로부터 파생된 실천이다. 다만 겸애의 원칙이 주로 개인·집단·사회에 적용되는 것이라면, 그것이 국가 사이에 구체적으로 적용된 것은 비공(非攻: 침략전쟁 비판)의 이념이다. 묵자는 유세 과정에서 "국가가 침탈에 힘쓰면 겸애와 비공을 말한다"[26]고 하였다. 여기서 겸애와 비공은 별개의 주제가 아니다. 묵자는 몇 가지 이유를 제시하여 전쟁에 반대한다. 우선 전쟁은 계절적으로 여름의 더위와 겨울의 추위를 피하여 봄과 가을에 빈발하므로, 이것은 농사일에 커다란 장애가 되며 결국 민생의 파탄으로 연결된다. 공격당하는 측면에서는 물론이거니와, 공격을 하는 쪽에서 보더라도 전쟁이 빈발하면 농사일을 제대로 할 수 없다. 전쟁이 계속되는 한 사회의 혼란이 초래될 뿐만 아니라, 생산활동에 중대한 타격이 가해져 이른바 백성들의 삼환(三患)은 날로 커지게 된다.

둘째로, 전쟁에서 비록 승리하더라도 나아갈 때의 인원과 장비는 돌아올 때 필연적으로 피해가 뒤따르므로 국가의 입장에서 결코 이익이 될 수 없으며, 특히 인명 손실과 함께 후손이 끊어져 결과적으로 노동력 손실이 초래된다. 또한 큰 나라가 작은 나라를 침탈하는 침략전쟁에 대해서는, 비록 목적을 달성하더라도 그 넓은 토지는 남아돌고 그것을 경작할 노동력은 부족하게 된다고 한다. 따라서 묵자는 "오늘날의 위정자가 진정 이익을 바라고 손실을 싫어한다면, 또 안정을 원하고 위험을 싫어한다면 침략전쟁만은 비난하지 않을 수 없다"[27]라고 강조한다. 요컨대 침

26 『墨子』, 「魯問」: 國家務奪侵凌, 則語之兼愛非攻.

27 『墨子』, 「非攻中」: 是故子墨子曰, 今者, 王公大人情欲得而惡失, 欲安而惡危, 故當攻戰而不

략전쟁은 사회적 재부(財富)와 생산의 파괴를 가져오므로, 처음 의도한 손익계산과 맞지 않는다. 이것은 '겸애'와 마찬가지로 공리주의적 관점에서 비롯된 '비공'의 논리다.

그렇다고 묵가에서 무조건 전쟁을 반대하는 것은 아니다. 묵자의 입장에서는 무죄를 공격하는 것이 '침략[攻]'이며 유죄를 토벌하는 것이 '주벌[誅]'이기 때문에, '유(類)'가 다르므로 혼동할 수 없다고 본다. 그 목적은 표면상으로 비슷하지만, 실질상 다른 유의 사물을 혼동하여 동류(同類)로 여기는 오류를 방지하는 데 있다. 이것은 전쟁의 정의성과 비정의성을 분석하는 것이다. 이 점에서 묵가에서의 겸애는 '애리'로 표현되고 그것의 판단 기준은 '정의'에 있었다. 묵자는 비록 침략전쟁에 반대했지만 정의의 방어전쟁에는 결코 반대하지 않았거니와 오히려 적극적으로 참여하였다. 따라서 『사기열전(史記列傳)』에서는 묵자가 방어에 능했다고 평하였다. 또 제자서의 기록에 따르면 묵자는 침략전쟁에 대한 이론적 비판에 그치지 않고 실제로 약소국의 방위에 분골쇄신하였다.

『묵자』「공수(公輸)」 편에는 공수반(公輸盤)이 초나라를 위해 운제(雲梯: 성을 공격하는 기구)를 만들어 약소국 송나라를 공격하려고 함에 묵자가 열흘 밤낮을 달려가서 설득하는 문답이 실려 있다. 먼저 묵자가 자신을 욕보인 사람에 대해 공수반에게 보복을 부탁하자, 공수반은 자신은 살인하지 않는 것을 의(義)로 삼는다고 대답함으로써 묵자의 제의를 거절한다. 이에 대해 묵자는 "사물의 유별을 안다고 할 수 없다[不可謂知類]"고 공수반을 비판한다. 즉 한 사람을 죽이지 않는 것을 의로 여긴다면, 송나라를 공격하는 것을 돕는 것은 오히려 수많은 살인을 조장하는 것이므로 더 큰 불의가 됨을 말하는 것이다. 이와 같은 전쟁에 대한 묵가의 비판은

可不非.

논리적으로 타당하다.

묵자의 사랑은 공허하고 환상적인 것이 아니라 남을 이롭게 하고 대상을 이롭게 함을 통해서 표현되어 나오는 실재적인 것이다. 묵자가 상호 은혜를 베풀고 이익을 나누는 사랑을 선양한 것은 바로 겸애와 교리의 통일이다. 따라서 일부 학자는 묵자가 제창한 윤리학설은 인도주의와 공리주의 통일이라고 생각하기도 한다. 이러한 평가는 묵가의 윤리적 특징을 정확히 파악한 것이다. 그런데 세상일은 왕왕 한편으로 이로우면서도 다른 한편으로는 해로울 수 있다. 따라서 반드시 이로움만을 취할 수는 없으며 부득이 취사선택할 경우가 있다. 이에 대해 묵자는 다음과 같이 설명한다.

> 이로움 가운데 최대를 취하는 것은 부득이한 것이 아니며, 해로움 가운데 최소를 취하는 것은 부득이한 것이다. 아직 지니지 않은 것을 취하는 경우 이로움 가운데 최대를 취하고, 이미 지닌 것을 버리는 경우 해로움 가운데 최소를 취한다.[28]

말하자면 두 가지 이로운 것 가운데에서는 큰 것을 취하고, 두 가지 해로운 것 가운데에서는 적은 것을 취한다. 현실 생활 가운데 개인의 이익, 가정의 이익, 단체의 이익, 사회의 이익, 민족의 이익, 국가의 이익, 천하의 이익이 있다. 또한 시간적으로 단기의 이익과 장기의 이익이 구분된다. 이러한 이익은 일치하기도 하지만 상호 충돌하는 경우도 많다. 일치할 때는 이로우면서 해가 없고, 충돌할 때는 자기에게 유리한 것이 남

28 『墨子』, 「大取」: 利之中取大, 非不得已也. 害之中取小, 不得已也. 於所未有以取焉, 是利之中取大也. 於所既有而棄焉, 是害之中取小也.

에게 해로우며, 혹은 남에게 유리하면 자기에게 해가 된다. 따라서 상대적으로 큰 이익은 취하고 큰 피해는 피해야 하며, 상대적으로 작은 피해를 취하고 작은 이익을 피해야 한다. 사람은 이성적·사회적 존재이므로 자신의 생존과 발전을 위해서는 타인의 생존과 발전을 아울러 고려해야 한다.

이론적 측면에서 묵자가 제창한 겸애는 동시대 기타 학파의 사상에 비해 그 자체로 역사적 가치를 갖고 있다. 그것은 유가를 대표로 하는 차별애를 타파하고 차등이 없는 보편애를 주장했으며, 상호 간의 주체성을 승인하면서 중국 최초로 공리주의적 사상체계를 건립했다는 점이다. 벤자민 슈워츠의 지적대로 보편애가 없다면 보편적 이익도 결코 실현될 수 없으며, 가족 집단과 개별 국가들에서의 국소적 사랑조차 불가능하다(슈워츠, 2009: 228). 이 점에서 겸애는 오늘날에도 음미할 만한 가치가 있다.

그러나 묵가의 사랑과 평화의 이상은 당시 사회배경 아래서 실현될 수 없었다. 묵가의 겸애 사상이 비록 가족주의적 경향을 타파했지만 이후에 봉건사회의 구조와 조화를 이룰 수 없었고, 오히려 정감과 윤리를 전제로 하는 유가의 인애 사상이 주류가 되었다. 또한 겸애의 실천으로서 「비악」(음악 비판), 「절용」(쓰임의 절약), 「절장」(장례의 절약) 등의 주장은 묵가에게는 지극히 합리적이고 당연한 것이었지만 당시 상층 귀족의 이해와는 모순되었다. 이 점에서 순자가 "묵자는 실용에 가려져 문화를 몰랐다"[29]고 평한 것은 일리가 있다. 요컨대 묵자의 겸애의 이상은 현실에 대한 철저한 비판에서 출발했지만 그것을 실현하기 위한 지속적 기반을 찾을 수 없었고, 결국 유토피아적 구상에 그치고 말았다. 어쩌면 묵가에서 지향한 사랑과 평화 이념은 신의 가호 아래서만 가능한지도 모른다.

---

29 『荀子』, 「解蔽」: 墨子蔽於用而不知文.

참고문헌

段玉裁. (1988).『說文解字注』. 上海: 古籍出版社.

梁啓超. (1926).『墨子學案』. 上海: 商務印書館.

梁啓超. (1968).『墨經校釋』. 臺北: 中華書局.

孫詒讓. (2009).『墨子閒詁』. 北京: 中華書局.

楊伯峻. (2010).『孟子譯注』. 北京: 中華書局.

王先謙. (1988).『荀子集解』. 北京: 中華書局.

朱熹. (1973).『四書集注』. 臺北: 臺灣中華書局.

묵자. (2015).『묵자 II』. 윤무학 옮김. 도서출판 길.

슈워츠, 벤자민. (2009).『중국 고대 사상의 세계』 개정판. 나성 옮김. 살림.

이운구·윤무학. (1995).『묵가철학연구』. 성균관대학교 대동문화연구원.

4장

불교의 자비와 사랑, 시민윤리

시민윤리 관점에서 본 불교의 자비

● 박병기

시민사회인 우리 사회에서 자비나 사랑 같은 최대 도덕의 개념은 금지가 아닌 권유의 도덕에 속한다. 두 개념 모두 불교와 그리스도교라는 특정한 제도종교를 기반으로 부각되어 우리 문화 속에 자리 잡았거나 자리 잡고 있는 중이기 때문에, 시민윤리 영역으로 넘어올 경우 좀 더 신중한 접근을 필요로 한다.

자비(慈悲)는 동체자비(同體慈悲)의 줄임말로, 나와 타자 사이의 구분을 허용하지 않는 연기(緣起)의 인식론에 기반을 둔 윤리적 개념이다. 그 자비는 남의 고통을 나의 그것과 분리하지 않으면서 덜어주고자 하는 몸과 마음의 '함(doing)'이다. 사랑은 절대자 하느님과 인간 사이의 비대칭적 관계를 전제로 '이웃을 내 몸과 같이 사랑하라'는 명령을 실천에 옮기는 과정과 그 결과다.

시민윤리는 기본적으로 개인을 중심으로 하는 금지의 도덕에 초점이 맞춰지지만, 그럼에도 관계와 공동체의 맥락을 소홀히 할 수 없고 그에 따라 권유의 도덕을 들여올 수밖에 없다. 바로 그 지점에서 자비와 사랑은 연결고리를 형성할 수 있는 권유의 도덕으로 자리할 수 있다.

1. 들어가는 말: 자비의 의미

우리말에서 자비(慈悲)는 '타자에 대한 공감에 기반한 관심과 배려의 눈길 및 손길'을 의미한다. 특히 곤경에 처한 사람을 그냥 지나치지 않고 보살피는 실천을 '자비'라는 말로 묘사하면서, 그 행위를 도덕적인 것으로 평가한다. 다른 한편 자비는 불교사상에 기반한 윤리적 개념으로 받아들여지고 있기도 하다. 그리스도교와 함께 대표적인 제도종교 중 하나로 받아들여지고 있는 불교는 세상을 제대로 바라볼 수 있는 지혜와 함께 자비를 핵심 요소로 강조해 왔다. 지혜가 불교 인식론과 존재론의 핵심 개념이라면, 자비는 불교 윤리학의 핵심 요소라고 할 수 있다.

물론 자비는 항상 동체자비의 줄임말로 사용된다는 점에서 단순한 윤리학적 개념으로만 보아서는 안 된다. '동체'라는 말은 나와 남이 한 몸을 이루고 있다는 의미이고, 그렇기 때문에 남에게 자비를 베푸는 일은 자신에게 베푸는 일과 분리될 수 없다는 것으로 연결된다. 이러한 동체의식(同體意識)은 다시 나의 존재가 타자에 대한 의존을 전제로 해야만 한다는 연기(緣起)의 진리에 토대를 두기 때문에, 불교에서 인식론과 존재론, 윤리학을 엄격히 구별하는 일은 불필요할 뿐만 아니라 자칫 오류를 불러올 수도 있는 위험한 일이다.

그럼에도 우리는 '자비'라는 윤리적 개념으로 불교에 접근할 수 있고 이를 통해 불교의 전반적인 사상구조와 실천 문제를 포괄할 수 있는 중요한 고리를 찾을 수도 있다. 특히 이 개념이 중요시될 필요가 있는 이유는 불교가 우리 삶의 고통과 정면으로 마주하라는 실천적 명령을 중심에 두고 있기 때문이다. 세상이 움직이는 이치를 알아차린 붓다가 그 이치를 깨닫고 그에 맞게 살아가는 일의 어려움을 이유로 사람들에게 그것을 전파할지 말지를 놓고 망설일 때, 그의 내면에서 들려온 '들을 귀 있는 자들은 들을 것'이라는 확신에서 비롯된 실천이 붓다의 가르침, 즉 불교(佛敎)의 출발점을 이룬다. 그러면서 그는 항상 깨어 있으라고 말하는데, 그 말은 곧 항상 실천하는 자세로 살아가라는 말이기도 하다.

이처럼 불교에서 실천은 깨달음 이후에 따라오는 것이라기보다 오히려 실천의 과정 속에서 다가오는 것이라고 볼 수 있을 만큼 중심축을 이룬다. 그 실천은 다시 수행과 자비라는 두 차원으로 나뉘어 전개된다. 수행은 몸과 마음의 흐름을 관조하는 방법과 하나의 화두에 집중하는 방법 등으로 나뉘고, 자비는 타자의 고통에 직접적으로 공감하면서 그것을 덜어주고자 하는 실천적 노력으로 구체화된다. 이러한 수행과 자비 모두가 실천이고, 우리는 그것을 마음과 몸의 '함(doing)'이라는 말로 표현할 수 있다.

'함'은 움직임을 근간으로 삼아 몸과 마음을 깨어 있는 상태로 유지하는 것이라고 정의할 수 있다. 이러한 '함'은 곧 살아 있음의 징표가 되기도 하고, 정신노동과 육체노동의 통합으로 해석될 수도 있다. 인간이 노동하는 존재임을 선포한 카를 마르크스(Karl Marx)의 인간학 속에서 '함'은 바로 그 노동의 근간이지만, 그와는 달리 육체노동과 정신노동 사이의 엄격한 구분을 허용하지 않는 전제가 되기도 한다. 인간의 함에는 몸의 함뿐만 아니라 마음 또는 정신의 함이 포함되고, 이 둘 사이의 엄격한 분리는 불가능하다는 사실이 현대 신경과학과 뇌과학의 연구성과를 통해서 지속적으로 확인되고 있다.

자비는 이러한 함을 근간으로 삼아 자신과 타자를 분리시키지 않으면서 전개되는 공감과 배려이자 실천이다. 그것은 나와 타자 사이의 연기적 관계망을 전제로 한 것이기 때문에, 개체를 중심으로 삼아 그들 사이의 계약의 산물로 사회를 설정하는 서구 시민사회의 맥락과는 근원적인 긴장·갈등관계에 놓일 가능성이 높다. 바로 이 지점이 자비를 현재적 관점에서 불러내고자 할 때 가장 유의해야만 하는 것이고, 이러한 유념을 통해 시민윤리와의 접점 모색 또한 비로소 온전히 가능해질 수 있다.

그런데 21세기 초반 한국 사회를 전제로 자비의 물음을 던지고자 할 때 이러한 시민윤리와 함께 꼭 논의의 대상으로 불러내야 하는 윤리적 개념이 하나 더 있다. 그것은 바로 200년 이상의 역사를 쌓아 온 그리스도교의 사랑이다. 불교와 함께 대표적인 제도종교로 꼽히는 그리스도교는 2015년 종교인구 통계에서 전 인구의 약 3분의 1이 믿는 종교이고, 이 말은 그리스도교인과 만나지 않고 살아가는 일이 불가능해졌음을 의미하는 것으로 해석될 수 있다.[1] 본인이 그리스도교인일 경우에는 믿음·소망과 함께 이 사랑을 삶의 중심으로 두고서 살아가고 있을 가능성이 높다는 점에서 더 적극적인 의미부여가 가능하다.

1 2015년 기준 우리의 종교인구 수는 전체 인구의 43%이고, 개신교, 불교, 가톨릭 순으로 인구수를 차지하고 있다(통계청 국가통계포털, "쉽게 보는 통계"의 종교 부분 참조).

2. 우리 사회의 사랑과 자비, 시민윤리 담론

1) 우리 사회의 사랑 담론

우리 사회에서 사랑이라는 개념은 당연히 그리스도교만의 독점물이 아니다. 오히려 수많은 노래 가사나 드라마가 독점하고 있는 느낌을 주기도 하고, 그때의 사랑은 남녀 사이의 사랑을 지칭하는 경우가 대부분이다. 물론 최근에는 부모자식이나 형제자매 사이에 '사랑해요'라는 말을 강요하는 프로그램이 적지 않고, 심한 경우에는 '가족사랑 전문가'라는 칭호를 가진 사람들이 등장해 하루에 몇 번씩이라도 사랑한다는 말을 가족 사이에 주고받아야 한다고 우리에게 서슴없이 명령하기도 한다. 그런 노력들이 우리 사회에서 사랑의 양과 질을 늘리는 데 얼마나 기여했는지에 대해서는 경험적으로 입증할 만한 증거가 없고, 단지 그 말의 남용이 사랑이란 무엇인지에 대한 혼란을 조성하는 데 기여하고 있는 것은 아닌지 하는 느낌만 남아 있다.

그럼에도 우리는 그런 이야기들을 들으면서 때로 공감하기도 하고, 어떤 경우에는 깊은 공감으로 눈시울을 적시기도 한다. 그 이유는 무엇일까? 최소한 우리가 동의할 수 있는 것은 우리 안에 있는 사랑을 향한 열망과 누군가를 향한 사랑을 제대로 하지 못하고 있다는 회한의 감정이 있다는 것이다. 특히 그 대상은 부모인 경우가 많고, 우리는 그들의 사랑에 제대로 응답하지 못하고 있다는 원천적인 자책감을 지니고 있는 듯이 보인다. 스스로의 힘으로 살아갈 수 있는 능력을 갖추는 데 많은 시간을 필요로 하는 인간의 존재적 특성으로 인해, 우리는 일정 기간 누군가의 보살핌을 받지 않고는 생존 자체가 어려울 수 있다. 그 누군가는 주로 부모이고, 그런 점을 고려해서 유교윤리에 기반한 시묘살이는 최소 3년으로 규정되어 있었다.

"사랑은 만남이라는 사건으로부터 출발한다"는 알랭 바디우의 관점에서 보면, 부모자식 사이의 사랑은 세상에 태어나 처음 접하는 만남이라는 사건에 토대를 둔 것이다(바디우·타르비, 2015: 72). 태아일 때부터 시작되었을 이 만남은 세상에 태어나면서 보다 구체적으로 전개되고, 그 과정에서 엄마가 아닌 아빠, 형제자매, 조부모 등과의 만남으로 확산되면서 사랑이라는 사건은 생존은 물론 실존까지를 가능하게 하는 토대로 작동한다. 그것은 점차 초기의 일방적인 관계에서 쌍방의 관계로 전환되고, 생존의 토대를 확보하고 성적 징후를 얻게 되는 청소년기를 넘어서면서 이성(異性)에 대한 관심과 실천으로까지 확장되는 경우가 일반적이다.

이러한 인간들 사이의 사랑에 반려동물과 신에 대한 믿음을 전제로 하는 그리스도교적 사랑 개념이 추가되어 통용되고 있는 것이 지금 우리의 상황이다. 사랑에 대한 표준국어대사전의 정의는 "어떤 사람이나 존재를 몹시 아끼고 귀중히 여기는 마음. 또는 그런 일"이다. 우리 사회에서 사랑이라는 개념의 적용 대상이 사람에만 한정되지 않고 동물과 신 같은 존재까지도 포용하고 있음을 감안하면 이는 적절한 정의로 받아들일 만하다. 그런데 사람과 동물, 신을 대상으로 하는 사랑이 동일한 것을 내포(內包)하고 있는지에 대해서는 논의가 필요하다. 만약 그런 내포를 전제할 수 없다면 그 다양한 사랑 개념을 포괄하고자 하는 외연(外延)은 무의미해질 가능성이 높기 때문이다.

> 십계명 중에서 첫 번째는 우리 하느님은 한 분뿐이라는 것이다. 따라서 너는 온 마음과 온 힘을 다해 '너의 하느님'을 사랑하라. 그리고 두 번째 계명도 첫 번째만큼이나 중요하다. 네 이웃을 네 몸처럼 사랑하라. 이 둘보다 중요한 계명은 없다.(디킨스, 2014: 61-62)

> 종교가 윤리적 탐구를 위해 제공할 수 있는 모든 도움은 다른 이론가들 못지않게 공리주의자에게도 똑같이 열려 있다. 다른 이론가들이 그것을 유익함이나 행복에 도움이 되는 것과는 무관한 어떤 초월적 법칙의 징표로 사용하듯, 공리주의자는 그것을 특정 행동 양식이 유익하다거나 해롭다는 것을 판단해 줄 신의 뜻으로 사용할 수 있는 것이다.(밀, 2017: 49)

『신약성서』를 재구성하여 하느님에 대한 사랑 못지않게 이웃에 대한 사랑이 중요함을 강조하고 있는 찰스 디킨스(Charles Dickens)에게 사랑은 우리말 사전의 "아끼고 귀중히 여기는 마음. 또는 그런 일"을 넘어서는 숭고함까지 포함하고 있는 것으로 보인다. 온 마음과 몸을 다해 그를 섬기고 순종하는 일이 사랑이고, 그 대상이 절대자 하느님 못지않게 이웃까지도 포함해야 함을 강조하고 있음을 확인할 수 있다.

질적 공리주의자로 알려져 있는 존 스튜어트 밀(John Stuart Mill)은 다른 관점에서 자신의 공리주의가 신과 같은 절대자의 명령을 배제하지 않음을 강조하고 있다. 『공리주의』가 19세기 중반에 영국에서 출판된 책임을 감안하면 당시의 그리스도교 중심의 영국 문화 속에서 자신의 이론을 정당화하기 위한 노력의 일환이었다고 이해할 수 있지만, 좀 더 적극적으로 해석할 경우 절대자의 상징으로서 사랑과 공리주의라는 시민윤리의 공존 가능성에 대한 모색으로 받아들일 수 있는 가능성 또한 열려 있다. 이 문제가 중요한 이유는 이미 우리 사회에서 종교는 시민사회의 한 하위영역으로 자리 잡고 있고, 바로 그 이유 때문에 최근 종교인 과세 논쟁이나 공교육 안에서의 종교편향성 논쟁에서 볼 수 있는 것과 같이 종교와 시민윤리 사이에 긴장이 형성되고 있기 때문이다.

이러한 긴장 형성은 당연히 그리스도교의 사랑의 윤리에 한정되지 않는다. 그리스도교와 함께 전통에 기반한 대표적인 제도종교로 받아들여지고 있는 불교의 자비윤리 또한 시민과 시민사회 형성의 기본원리를 둘러싼 논쟁과 맞물리면서 지속적인 논쟁 거리가 될 수밖에 없다(박병기, 2013: 제2장 참조). 1987년 6월 민주항쟁을 기반으로 군사정권의 압제를 뚫고 구축한 우리 시민사회는 2016년 말부터 다음 해 봄까지 이어진 촛불혁명의 토대 위에서 최소한 외형적인 형태를 갖추는 데까지는 이른 것으로 판단할 수 있다. 법과 절차, 윤리를 무시하는 독재정권의 망령을 다시 보여 주기도 했던 이명박·박근혜 정권의 폭압질서를 무너뜨리고 시민의 주권을 되찾는 역사적인 과정을 우리 힘으로 보여 줄 수 있었다는 점에서 소중하고 또 계승해야 할 사건으로 기록될 만하다.

그런데 문제는 그 내적 구성, 다시 말해서 시민윤리의 차원에서 생겨나고 있다. 분단구조의 고착화로 인한 전쟁의 상시적인 위험에 뿌리를 내린 극단적 이념 대립이 태극기집회와 촛불집회의 대립이라는 형태로 일부 드러나기도 했고, 이른바 지도층의 도덕불감증이 위험 수준을 넘어서고 있음을 모두가 확인하게 되면서 일종의 정신적 공황 상태를 경험하고 있는 중이기도 하다. 더 심각한 문제는 이런 문제들에 대한 대안이 제대로 보이지 않는다는 것이다. 이럴 때 우리는 시민사회의 정신적 영역을 담당해 줄 것으로 기대하는 종교와 장기적인 대안을 모색할 수 있는 공간인 교육을 떠올리게 된다.

2) 자비와 사랑, 시민윤리의 문제

시민윤리의 맥락에서 자비는 기본적으로 타자에 대한 배려(care)를 의미한다. 타자의 고통에 공감하면서 그의 필요와 요청에 기꺼이 임하고자 하는 마음과 실천이 곧 배려다. 이러한 배려의 의미를 쉽게 확인할 수 있는 경우가 유아에 대한 어머니의 배려다. 즉 이 경우에는 자신의 아이에 대한 사랑을 바탕으로 그 아이의 요구에 민감하게 반응하면서 필요한 모든 행위를 하는 데까지 이르게 된다.

그런데 시민사회의 기본 전제인 개인주의에 따르면, 배려는 아이와 어머니의 관계 속에서 이루어지는 차원과는 다른 차원에서 전개될 수밖에 없다. 개체주의적 전제가 있기 때문이다. 한 개인의 고유한 권리를 논의의 출발점으로 삼은 계약론적 시민사회론은 각 개인의 타자와의 거리를 강조해 왔다. 심지어 부모자식 관계에서도 기본적인 권리 영역에서는 거리를 중시해 왔고, 그것은 나와 타자 사이의 새로운 관계 양상으로 전개되어 공정성을 중심으로 하는 시민윤리와 배려 중심의 시민윤리라는 두 축으로 자리 잡아 우리에게도 받아들여지고 있다. 그런데 불교의 자비윤리는 이러한 나와 타자 사이의 거리를 인정하지 않는다.

> 자기에게서 자아(自我)를 보지 않고 집중하고 올바르고 확립되어 동요가 없고, 황무지나 의혹이 없는 분은 기꺼운 찬사를 받을 만하다. (전재성, 2011: 272)

'자기에게서 자아를 보지 않는 것', 이것이 불교의 무아(無我)이고 이 무아는 연기적 관계망 속에서만 비로소 존재할 수 있다는 연기론으로 이어진다. 현재 자신을 구성하는 수많은 요소들의 찰나적인 결합으로서 우리의 존재성은 그 찰나성으로 말미암아 지속적으로 변화하는 공성(空性)을 의미하게 된다. 따라서 자기에게서 자아를 발견한다는 것은 불가능의 지향일 수밖에 없고, 그것 자체가 깨달음을 통해 넘어서야 하는 무명(無明)의 산물일 뿐이다.

> 어머니가 하나뿐인 아들을 목숨 바쳐 구하듯 이와 같이 모든 중생들을 위하여 자애롭고 한량없는 마음을 닦아야 한다.(전재성, 2011: 136)

자비에 해당하는 산스크리트어 '카루나(karunā)'는 '자(慈)'에 해당하는 '메타(mettā)'와 '비(悲)'에 해당하는 '카루나'를 합한 의미로 사용되어 왔다. 후자가 다른 사람의 고통에 공감하는 과정을 강조하는 개념이라면, 전자는 그 공감과 동시에 고통을 덜어 주고 행복을 더해 주고자 하는 의도가 담긴 행동을 의미한다. 그렇게 보면 자비를 '괴로움과 이롭지 않은 것을 제거하고 이로운 것과 행복을 가져오려는 의도와 행동'이라고 규정하고자 하는 안옥선의 정의는 그 두 개념을 모두 포괄하고 있다는 점에서 수용할 만하다(안옥선, 2002: 244 참조). 그는 자비윤리의 요청 근거를 인간 본성에 내재해 있는 고통의 자각, 연기성에 대한 인식, 윤회설에 따른 미래적 요청 등 세 가지로 제시하고자 한다(안옥선, 2002: 247-250 참조). 첫 번째와 두 번째 근거에 대해서는 쉽게 동의할 수 있지만, 마지막 근거는 꼭 필요한 요소라고 보기 어렵다. 오히려 앞의 두 근거에 주목하면서 특히 연기성에 대한 요청을 강조하는 것이 자비의 특성을 부각시키는 데 도움이 될 수 있다고 판단된다. 바로 그것이 동체의식으로 이어지면서 동체자비의 윤리로 확장될 수 있기 때문이다.

이러한 동체의식은 자아 개념으로부터의 벗어남을 전제로 성립된다는 점을 확인할 필요가 있다. 나 자신이 타자와의 의존 속에서만 존재할 수 있고, 그 의존 양상마저도 고정된 것이 아니라는 인식을 거시적 관점에서 표현한 것이 동체인 것이다. 이러한 동체를 전제로 하는 자비는 당연히 나와 타자 사이의 구별 또는 거리를 인정하지 않는다. 자비는 타자를 향한 것임과 동시에 나 자신을 향한 것이고, 세상에 존재하는 모든 것들을 향한 것이기도 하다.

살아 있는 생명이라면 어떤 것이든, 즉 동물이거나 식물이거나 길고 커다란 것이거나 중간이거나 짧은 것, 미세하거나 거친 것, 보이는 것이거나 보이지 않는 것, 멀리 사는 것이거나 가까이 사는 것, 이미 생겨난 것이거나 생겨날 것, 그 모든 존재하는 것들은 행복하여라.(전재성, 2011: 136)

이러한 자비심과 자비행(慈悲行)은 불교의 윤리적 지향이다. 절집에서 뜨거운 물을 식혀서 버림으로써 보이지 않는 미생물들을 배려하고자 하는 노력이나, 채식을 위주로 하면서 가능하면 음식을 남기지 않고자 하는 발우공양 같은 실천으로 이 지향성은 실제 구현되기도 했다. 그러나 이 인용에 따르면 동물과 식물의 존재성에는 차이가 없고 따라서 채식 또한 쉽게 허용될 수 없다는 극단적인 견해로 빠질 수도 있다. 물론 생명을 갖고 살아가고 있는 중생(衆生)으로서의 삶을 속제(俗諦)의 차원으로 인정하면서 진제(眞諦)의 차원을 열망하는 깨달음의 존재로 설정하는 맥락 속에서 채식은 충분히 허용될 수 있는 수준을 넘어서는 정당화 근거를 확보할 수 있다.

어찌 되었건 자비는 나와 타자 사이의 존재적 거리를 인정하지 않는 윤리적 지향이고, 그것은 개체적 존재를 주체로 삼아 타자와의 계약적 관계 설정을 전제로 성립하는 시민윤리로서의 타자윤리와는 범주 자체가 다른 개념으로 보아야 한다.[2] 그런데 21세기 초반 한국 사회는 이미 이러한 타자윤리적 전제를 근간으로 삼는 시민사회로 정착해 가고 있고, 그것은

2 여기서 '타자윤리'는 에마뉘엘 레비나스의 고유한 개념을 넘어서는 것으로, 타자와의 계약론적 관계 설정을 전제로 하는 모든 윤리적 논의와 실천을 의미하는 것으로 사용된 것이다. 레비나스의 타자윤리에 관한 논의는 Levinas(2006)와 데리다(2016)를 주로 참조했다.

다시 하느님이라는 절대자와의 관계를 중심으로 계약의 맥락을 넘어서는 공동체를 지향하는 그리스도교적 시도와 타자와의 거리를 인정하지 않는 동체적 자비를 실천해야 한다는 불교적 시도로 상징되는 종교적 차원의 윤리가 일정한 대립각을 형성하고 있다는 분석이 가능하다.

이러한 분석을 수용한다면, 우리의 윤리적 논의는 먼저 '시민윤리적 맥락과 종교적 차원의 윤리 사이의 관계 설정을 어떻게 해야 하는가' 하는 문제를 포함하고 있어야 하고, 더 나아가 종교적 차원의 윤리 논의에서도 그리스도교와 불교의 만남, 종교인과 비종교인의 윤리적 만남 문제를 포용할 수 있어야만 한다는 당위와 마주하게 된다. 우리 사회가 시민사회의 외형을 갖추고 있다는 평가에 대해서는 대체로 동의할 수 있게 되었고, 남은 과제가 그 외형에 걸맞은 새로운 시민윤리의 정립이라고 말할 수 있다면 이제 이런 논의들은 더는 미룰 수 없는 시급성과 적합성을 지닌다.

그중에서도 이 장에서는 주로 그리스도교윤리와 불교윤리의 접점 모색에 관심을 가지면서, 각 윤리의 핵심 원리 또는 밀의 개념을 빌리면 1차 원리인 사랑과 자비 사이의 만남 가능성을 모색해 보고 있는 중이다. 계약론적 맥락의 타자윤리가 각 개인들 사이의 거리를 전제로 해서 성립된다면, 그리스도교적 맥락에서 사랑의 윤리는 어떨까? 사랑을 '둘이서 살아가게 되는 세계의 경험'으로 정의하고, 현실의 사랑 절차를 넘어서고 나면 '두 사람의 특수한 나르시시즘으로 환원될 수 없는 공유된 경험'이 가능해진다고 말하는 바디우는, 사랑은 기본적으로 '차이에 대한 독특한 경험'이 되기도 한다고 강조한다(바디우·타르비, 2015: 75-76). 그에게도 사랑은 기본적으로 서로 분리된 개체가 그 경계선을 넘어서는 독특한 경험을 하게 되는 만남으로 정의되고 있음을 확인할 수 있다.

그런데 그리스도교의 사랑은 절대자와의 일방적인 관계를 중심축으로 삼아 전개되는 공동체, 즉 교회공동체 안의 만남과 관계를 전제로 성립한다. '형제'와 '자매'라는 호칭으로 상징되는 이러한 관계망은 당연히 계약론적 타자윤리의 범주를 넘어서는 곳에서 성립한다. 계약론적 타자윤리는 주로 공리주의라는 이름으로 시민윤리를 대표할 수 있게 되었고, 그것은 각 개인의 고통회피와 쾌락추구 본능을 전제로 삼아 가능한 다수의 행복을 추구하는 최대행복 원리로 자리 잡아 오늘에 이르고 있다. 그런데 이러한 공리주의의 공리(公利) 중시 경향은 찰스 테일러(Charles Taylor)의 적절한 지적과 같이 20세기 중반을 넘어서면서 다양한 형태의 개인주의로 전환되는 '문화적 혁명'을 거치면서 약화된다(테일러, 2015: 100).[3]

우리 사회의 경우도 압축성장의 과정을 거치면서 급속한 개인화 과정을 동시에 경험하게 되었다는 분석이 구체적 근거를 확보해 가고 있을 뿐만 아니라, 각 구성원들의 일상적 체험을 통해서도 그것을 확인할 수 있게 되었다. 이른바 '혼밥'이나 '혼술'처럼 혼자서 하는 일들의 일상화와 커피 전문점의 다수를 차지하는 개인 이용자의 사례를 근거로 들 수 있다. 이러한 개인화는 종교계에도 강력한 영향을 미쳐, 공동생활과 그것을 이끌어 가는 계율을 전제로 해서만 성립 가능한 한국 불교의 승가 구성원들이 개인의 수행처(토굴)를 마련해야 한다는 압박에 시달리고 있다는 고백이 지속적으로 나오고 있는 상황이다.[4]

---

3 테일러는 북대서양 문명권에서 개인주의가 1960년대를 지나면서 도덕적·정신적 개인주의, 도구적 개인주의, 표현적 개인주의 등으로 광범위하게 확산되었다고 주장한다. 우리의 경우는 대체로 구제금융 사태를 경험한 1997년을 기점으로 개인주의 문화가 광범위하게 정착했다고 볼 수 있다. 1980년대와 1990년대 우리 사회의 개인화 양상에 관한 분석은 홍찬숙(2015: II부) 참조.

4 그런 사례의 하나로 서림의 「우리 더 솔직해지자」(『불교닷컴』 2017년 8월 9일 자 기고문)를 들 수 있다. 이런 현상에 관한 불교사회윤리적 관점의 분석으로는 박병기(2016b: 543-546) 참조.

우리 사회에서 자비와 사랑에 관한 담론을 펼치고자 할 경우에는 이러한 상황에 대한 객관적인 분석과 충분한 고려가 전제되어야만 한다. 그렇지 못할 경우 자칫 사회로부터 고립된 종교공동체를 추구하는 일부 사이비 종교의 시도처럼 몰락하거나, 자신들의 외침과 실제 삶 사이의 거리를 점차 확대시켜 이중인격을 지닌 종교인을 양산해 내는 결과를 낳을 가능성이 높기 때문이다. 한 개인의 삶에서 종교가 차지하는 비중과 의미를 고려하면서, 동시에 우리 사회 속에서 자신이 선택한 제도종교가 어떤 위상을 차지하고 있고 또 어떤 역할을 맡고 있는지를 직시하고자 하는 노력이 함께 이루어지는 방향으로 전개될 필요가 있다.

3. 자비의 인식과 실천적 맥락

1) 개인주의 문화 속 자비의 인식 과제

개인주의 문화가 급속히 자리 잡아 가고 있는 우리 사회에서 윤리 담론 또한 개인주의를 전제로 펼쳐질 수밖에 없다. 개인주의 양상은 다양할 수 있지만, 윤리적 관점에서 가장 중요한 특징으로 부각시킬 수 있는 것은 자아의 강조와 그 자아의 일정한 고립성에 대한 전제다. 우리 삶을 각자의 자아정체성을 중심으로 이끌어 가야 한다는 당위적 과제는 학교 교육의 목표를 '확고한 자아정체성 형성'으로 설정하도록 하는 데까지 작동했고, 그 목표는 어느 정도 달성했다고 볼 수 있다. 살아가는 과정에서 자신을 지탱하게 하는 기둥 또는 중심으로서의 자아정체성이 지니는 의미를 애써 경시할 필요는 없겠지만, 문제가 되는 것은 그 자아가 일정한 고립성을 전제로 성립하는 것처럼 받아들여지고 있을 뿐만 아니라 고정적인 실체를 지니는 것으로까지 받아들여지고 있는 데서 생긴다.

자아정체성은 타자와 자신을 구분하는 것에서 출발하지만, 동시에 그 타자와 자신의 관계를 인식하고 공감하는 것에서 출발점을 마련하기도 한다. 발달 단계에 따라 다르게 설정될 수 있는 이러한 관계성은 그런 점에서 자아정체성의 핵심 구성요소이기도 하다. 그런데 이 타자와의 관계 맺기는 자신의 성장과 타자의 지속적인 변화라는 요인으로 인해 끊임없는 변화의 과정 속에 있을 수밖에 없고, 바로 그 때문에 자아정체성은 고정성보다 유동성을 더 많이 지니게 된다. 물론 자신을 자신으로 확인시켜 줄 수 있는 최소한의 고정성이 전제되어야 하겠지만, 그 고정성조차 유동성을 전제하지 않고는 성립할 수 없는 허구적 요소라는 것이 불교 무아론의 핵심 주장이다.

자신을 중심에 두고 각자의 삶을 살아가는 것이 지상의 명제인 것처럼 받아들이는 문화를 테일러는 "진정성의 문화(culture of authenticity)"라고 이름 붙이면서, 그것이 서구문화 속에서 1970년대 초반부터 "오늘의 세계 속에서 참다운 당신으로 존재하라"라는 구호로 표현되고 있다고 강조한다(테일러, 2015: 103-104). 우리 사회에서도 이러한 흐름은 민주화 과정과 함께하면서 각 개인의 인권을 보장하고 사회적으로 존재하는 온갖 차별을 철폐하거나 완화할 수 있는 긍정적인 역할을 담당해 왔다는 평가가 가능하다. 그러나 다른 한편 개인화의 급속한 진행에 따른 윤리적 대안을 마련하지 못한 채 물질적 풍요와 사회적 격차의 확대라는 현상과 마주하게 됨으로써 실질적인 삶의 질은 지속적으로 하락하고 있다는 비판을 받고 있다.

한편 이러한 자아정체성 중심의 개인화 흐름은 우리 현대사 속에서 광주민주화운동과 6월 민주항쟁, 최근의 촛불혁명 등을 통해 다중적인 공감장의 출현을 지속적으로 이끌어 내는 흐름과 병행하고 있었다는 분석 또한 나오고 있다. 19세기 중반 동학혁명에까지 뿌리를 대는 이러한 흐름은 일제 강점기의 3·1운동, 광복 이후의 4월 학생혁명으로 이어지다가 광주민주화운동으로 연결되면서 저항적 시민사회의 형성을 촉진시켰고, 그것이 최근의 촛불혁명을 통한 평화적 정권교체의 역사로 이어지고 있다는 분석이 그것이다(전남대학교 감성인문학연구단, 2017: 제5장 참조). 그러나 사회적이고 국가적인 차원의 공감장 형성에 초점을 맞춘 이러한 분석은 촛불집회에 맞서는 '태극기집회'로 상징되는 분열과 분노, 국가에 대한 정의에서의 불일치 같은 문제들을 동시에 고려해야 한다는 과제를 남기고 있다.[5] 분단구조의 고착과 전쟁의 상시화 위험 속에서 정치적 맥락을 지니게 된 이러한 분열 또한 우리 시민사회가 해결해야 할 중요한 과제임이 틀림없기 때문이다.

개인화 경향과 새로운 형태의 공감장 출현 가능성의 공존이라는 우리 현실 속에서, 일단 동체를 전제로 하는 자비는 그러한 맥락으로부터 동떨어진 것이 될 수 있다는 사실을 받아들이는 것이 모든 논의의 출발점을 이룬다. 시민사회의 윤리는 그 구성원인 시민의 자율성과 독립성을 전제로 하면서 사회가 유지되기 위해 필요한 최소의 윤리를 전제로 한다. 그 대표적인 것이 경쟁을 전제로 과정의 공정성을 강조하는 정의(justice)윤리와 기본적으로는 독립된 타자에 대한 최소의 배려를 강조하는 배려윤리다. 그런데 자비윤리는 모든 존재하는 것들 사이의 연기적 관계성을 전제로 자신과 타자 사이의 구분을 허용하지 않는 최대도덕의

5 전남대학교 감성인문학연구단의 집단분석에서도 이 문제가 고려되고 있다. 해당 분석에서는 촛불집회를 "평범한 다중의 자발적 역량에 의해 비정형화된 형태로 표출된" 공감장으로 보면서, 태극기집회에 대해서도 "집회의 자발적 참여자들이 적지 않았음"을 인정하면서도 "부정적이고 폭력적인 방식의 공감장 형성"이었다고 평가한다(전남대학교 감성인문학연구단, 2017: 91-93).

성격을 명확하게 지니고 있다.[6] 최대도덕은 개인에게 권유와 함께 일정한 도덕적 강제를 부여하는 특성을 지니고 있기 때문에, 시민윤리 차원에서 보면 자칫 사생활 침해를 가져올 수 있다는 비판이 가능하다. '그럼에도 우리는 이 상황 속에서 자비를 말할 수 있을까', '자비를 말할 수 있다면 어떤 맥락과 근거에서 정당화가 가능할까'와 같은 물음들을 던지는 일이 자비에 관한 논의에서 꼭 필요하다.

2) 자비의 실천적 맥락

자비는 동체에 관한 인식과 함께 동시적으로 확보되는 실천적 맥락을 지닌다. 따라서 동체라는 인식에 제대로 도달하지 못할 경우에는 실천적 맥락 또한 제대로 확보될 수 없다. 나와 타자가 동체라는 인식에 도달하는 것은 불교의 깨달음과 동일시될 수 있는 목표이고, 특히 초기 불교에서 이러한 연기적 맥락의 이해는 깨달음과 동일시되는 경향이 강했다. "깨달음은 부처가 발견한 진리를 잘 이해하는 것"이라는 현응(2016)의 정의[7]가 바로 이러한 입장을 대변하는 것이다.

인식과 실천 사이의 관계를 어떻게 설정할 것인가를 둘러싼 불교적 관점은 선불교의 돈점논쟁(頓漸論諍)을 통해 보다 명확한 입장으로 정착하게 된다. 우리 현대 불교사 속에서 이 논쟁은 지눌에 대한 성철의 돈오론

---

6 이 문제에 관한 보다 상세한 논의는 박병기(2013: 제8장) 참조.

7 현응(2016)의 서문에서 현응 스님은 '불교는 인간의 역사를 잘 이해한 기반 위에서 중생의 고통을 덜기 위한 실천을 지속해 가는 것'이라고 정의하고자 하는 것으로 보인다. 깨달음의 경우도 마찬가지다. 부처가 발견한 진리의 핵심인 연기와 공을 잘 이해하는 것이 깨달음이고, 이 깨달음은 다시 그 이해와 동시에 이루어지는 자비행을 통해 확인될 수 있는 것이라는 순환적 이해를 시도하고 있다는 평가가 가능하다. 논자는 이런 방식의 깨달음 이해에 대체로 동의하는 편이다. 박병기(2016a) 참조.

적 비판, 즉 깨닫고 나면 더 닦을 것이 없어야 한다는 비판으로 살아나면서 현재에 이르고 있다. 그러나 자신의 마음속에 진리의 거울이 있음을 알아차리는 깨달음과 그 깨달음을 보존해 가는 일 사이의 간극에 주목한 지눌의 입장은 실천적 맥락에서 훨씬 더 큰 설득력을 지닌다.

> 도에 들어가는 문은 많지만 요약하면 돈오(頓悟)와 점수(漸修) 두 가지 문에 지나지 않는다. 비록 돈오와 점수는 최상의 근기(根機)를 가진 사람만이 들어갈 수 있다고 하지만, 과거를 미루어보면 이미 여러 생애에 걸쳐 깨달음에 의지해 닦고 차츰 익혀 왔기 때문에, 이번 생에 이르러 진리를 들으면 즉시 깨닫게 되어 일시에 모든 것을 끝낸다는 것이다. 하지만 사실 이것 역시 먼저 깨닫고 뒤에 닦은 근기다.[8]

자기 안에 있는 본성을 제대로 알아차리지 못하는 것이 중생이 지닌 고통의 핵심이라고 본 지눌에게서 우선적으로 이루어져야 할 일은 그 본성을 알아차리는 것이다. 그런데 그 일이 결코 쉽지 않기 때문에 단번에 이루어지는 것은 거의 불가능하고, 혹시 그런 경우가 있다면 여러 생에 걸쳐 수행을 해 왔기 때문이라는 것이다. 그런데 어떤 수행이든 먼저 깨닫고 난 후에야 가능하기 때문에 그는 그 깨달음의 단계를 머리로 이해하는 해오(解悟)와 몸과 마음 모두로 깨닫는 증오(證悟) 등으로 나누면서, 각 단계에 맞는 수행방법을 제안하고 있다.

이러한 지눌의 구도는 한 가지 난점을 수반한다. 그것은 바로 깨달

---

8 知訥, 「修心訣」: 夫入道多門 以要言之 不出頓悟漸修兩門耳 雖曰頓悟頓修 是最上根機得入也 若推過去 已是 多生 依悟而修 漸熏而來 至於今生 聞卽發悟 一時頓畢 以實而論 是亦先悟後修之機也 則而此.

음과 닦음 사이의 선후관계 설정에서 비롯되는 난점이다. 온전한 깨달음[頓悟] 이전 단계의 깨달음을 깨달음으로 인정하지 않으면서 오히려 경계하기까지 하는 성철 등의 관점에 따르면, 지눌이 제시한 구도의 가장 큰 약점은 그 선후관계 설정에서 노출될 수밖에 없다.[9] 일상을 전제로 하면 깨달음의 절대적인 우선성은 확보되기 어렵다. 우리는 일상 속에서의 움직임을 통해 밥을 벌고 살아 있음을 확인하는 존재다. 그런 움직임이 자연물과 만날 때 그것은 노동이 되고, 다른 존재자와 만날 때 관계 형성의 기회를 얻는다. 다시 말해 살아 있음은 곧 움직임이고 몸의 실천 그 자체라는 것이다. 그렇게 보면 인간의 일에서 실천은 깨달음의 후속물일 수 없다. 오히려 인간은 몸의 함을 통해 마음의 함을 이끌어 내고, 그 과정을 주고받으면서 삶의 의미를 찾거나 부여하는 존재인 것이다.

윤리학적 기반의 도덕교육 영역에서 이 문제는 좀 더 절박한 의미를 지닌다. 옳음이 무엇인지를 아는 것과 실천하는 것 사이의 간극을 주로 전제하면서 성립한 서양윤리학적 배경의 도덕교육은 아는 것과 실천하는 것 각각의 영역에서 도덕교육을 어떻게 할 것인가에 관심을 가져왔고, 특히 현대에는 도덕적 추론으로 상징되는 도덕판단 능력의 함양을 주된 목표로 설정하는 방향으로 기울었다. 물론 우리의 경우와 같이 특정한 시공간의 제약을 갖는 도덕교과를 중심에 두고 도덕교육을 하고자 할 때, 수업 중에 할 수 있는 일의 중심이 도덕판단 능력 함양이라는 사실을 애써 평가절하할 필요는 없다. 그러나 동시에 그것이 도덕교육의 모든 것이 될 수 없다는 사실 또한 분명하다.

우리는 도덕수업을 통해 옳고 그름을 판단할 수 있도록 다양한 '마

9 성철의 지눌 비판을 포함한 깨달음 논쟁에 관한 개괄적인 소개와 이해는 박성배(2002: 제13장) 참조.

음의 함' 능력을 길러 주어야 하지만, 동시에 그것은 '몸의 함'과 병행하거나 그 몸과 최소한의 연결고리가 확보될 수 있게 하는 노력을 함께 기울여야만 한다. 그렇지 않을 경우 도덕교육은 자칫 머리가 하는 일과 손발이 하는 일 사이의 거리만 넓히는 결과를 가져올 가능성이 있다. 교육부에서 '2015 도덕과 교육과정'을 통해 도덕교육의 성격과 목표를 드러내기 위해 명시한 '도덕함'은 바로 이러한 마음의 함과 몸의 함 사이의 결합 내지 통합을 지향하는 개념이다(교육부, 2015 참조). 도덕적 탐구와 윤리적 성찰이라는 마음의 함과 실천이라는 몸의 함이 하나로 모아진 것이 바로 도덕함이고, 이러한 도덕함을 불교적 관점에서 해석하면 깨침과 닦음의 일치와 함께 자비행의 통합이 된다.

이처럼 자비는 곧 자비행이다. 자비는 동체에 관한 인식에 토대를 두고 있다는 점에서 동시에 깨달음이라는 인식론적 목표와 직결되어 있는 실천이라고 말할 수 있다. 이러한 자비의 실천은 다시 구체적인 일상 속에서 보시로 나타나고, 보시는 부드러운 말을 하고[愛語] 서로에게 이익을 주며[利行] 함께 일하는[同事] 것과 합해져 네 가지 윤리적 원칙[四攝法]을 이룬다. 보시는 또한 일상 속에서 계율을 몸과 마음으로 지키고자 노력하는 지계(持戒)의 지향으로 이어져 불교윤리의 근간을 형성한다(고익진, 1996: 271-272 참조).

4. 나오는 말

우리 사회는 시민사회이고, 시민사회를 지탱하는 윤리는 그 사회가 유지되기 위해 꼭 필요한 것에 한정되는 최소윤리다. 이 명제에 동의할 수 있다면, 사랑과 자비라는 최대도덕을 전제로 하는 윤리 개념들은 논의의 대상에서 제외되거나 종교공동체 같은 특별한 공간 안으로 제한될 필요가 있다는 주장에도 귀를 기울일 수밖에 없다. '어떻게 살 것인가' 같은 윤리적·실존적 물음은 기본적으로 개인의 사적 영역에 속하는 것임을 받아들여야 한다는 말이다.

이런 전제 속에서 전개되어 온 20세기 이후의 서양윤리학은 자유주의와 공동체주의 논쟁 같은 핵심 쟁점과 함께 가치와 사실의 분리와 얽힘의 문제 같은 쟁점을 지속적으로 노출시키면서 점차 최소윤리의 범위를 넘어서는 방향으로 전개되어 왔다. 배려윤리와 자연주의윤리가 그 대표적인 예다. 이러한 범위의 확대가 동양과 서양을 각각 대표하는 종교로 받아들여져 온 불교와 그리스도교 배경의 자비와 사랑에까지 그 여지를 내어 주고 있는 것일까?

종교와 철학 또는 윤리 사이의 인위적 분리에 관한 압박 속에서 전개된 서양 근대 이후의 윤리학은 금지와 권유의 도덕 사이의 구분을 중심으로 이 문제에 대체로 부정적이거나 침묵하는 입장을 취해 왔다. 그러나 공리주의자 밀의 주장과 같이 인간에게 후천적으로 형성된 이타심이 내재되어 있고 그것이 다시 최대행복 원리로 이어질 수 있다면, 개인들의 온전한 사적 영역 확보는 그 자체로 불가능하거나 불필요한 것이 될 수 있다. 사유재산권과 권리 확보가 일정 부분 타자의 이타심에 기대서 가능한 일이 되고, 그것은 자신의 경우에도 마찬가지일 것이기 때문이다.

바로 이 지점에서 우리는 최소윤리와 최대도덕 또는 금지의 도덕과 권유의 도덕 사이의 연결고리의 필요성과 당위성을 발견할 수 있고, 자비와 사랑이 그 구체적인 대안으로 평가받을 수 있는 여지가 생긴다. 타자와의 동체의식이나 절대자와의 온전한 관계를 전제로 하는 자비와 사랑은 그 자체로 온전히 논의할 수 없는 종교적 고유성을 지닌다. 따라서 그런 고유성에 대해서는 괄호를 치거나 존중해 주면서, 그 구체적인 실천 영역에서의 만남 가능성과 필요성에 주목하는 편이 더 나은 선택이다. 그것은 시민사회 영역 안에서 종교들 사이의 만남과 대화의 필요성은 물론, 종교인과 비종교인 사이의 적절한 관계 설정을 위해서도 바람직한 대안이다. 특히 자비는 적극적인 나눔의 실천인 보시(布施)와 서로를 배려하며 부드러운 말을 건네는 애어(愛語), 함께 뜻을 모아 일하는 동사(同事) 등의 실천으로 이어감으로써, 시민사회 구성원들의 고립성 극복은 물론이고, 만남의 양과 질을 점차 늘려 갈 수 있는 실천적 대안으로 재구성될 가능성이 열려 있다.

참고문헌

고익진. (1996).「현대사회와 불교윤리」. 최법혜 엮음.『불교윤리학 논집』. 고운사교육연수원.

교육부. (2015).『도덕과 교육과정』.

데리다, 자크. (2016).『아듀 레비나스』. 문성원 옮김. 문학과지성사.

디킨스, 찰스. (2014).『선 오브 갓, 예수』. 원은주 옮김. 더클래식.

밀, 존 스튜어트. (2017).『공리주의』. 서병훈 옮김. 책세상.

바디우, 알랭. (2008).『사도 바울: 제국에 맞서는 보편주의 윤리를 찾아서』. 현성환 옮김. 새물결.

바디우, 알랭 · 파비앵 타르비. (2015).『철학과 사건』. 서용순 옮김. 오월의봄.

박병기. (2009).『동양 도덕교육론의 현대적 해석』. 인간사랑.

박병기. (2013).『의미의 시대와 불교윤리』. 씨아이알.

박병기. (2016a).「깨달음은 탐진치를 해소해주는가」.『불교평론』 제66호.

박병기. (2016b).「한국 시민사회에서 승가공동체의 위상과 출가보살의 역할」.『동아시아불교문화』 제27집. 동아시아불교문화학회.

박성배. (2002).『깨침과 깨달음』. 예문서원.

성철. (2016).『선문정로(禪門正路)』. 장경각.

안옥선. (2002).『불교윤리의 현대적 이해』. 불교시대사.

전남대학교 감성인문학연구단. (2017).『공감장이란 무엇인가』. 도서출판 길.

전재성. (2011).「자비의 경」/「쑨다리까 바라드와자의 경」.『숫타니파타』. 한국빠알리성전협회.

테일러, 찰스. (2015).『현대종교의 다양성』. 송재룡 옮김. 문예출판사.

현응. (2016).『깨달음과 역사』 개정증보판. 불광출판사.

홍찬숙. (2015).『개인화: 해방과 위험의 양면성』. 서울대학교출판문화원.

Levinas, E. (2006). *Humanism of the Other*. Nidra Poller (trans.). Urbana & Chicago: University of Illinois Press.

5장

한철학의 사랑론

『참전계경』을 중심으로

● 김연숙

이 글은 한철학(韓哲學)의 사랑론을 『천부경(天符經)』의 '인중천지일(人中天地一)'의 의미 규명과 『참전계경(參佺戒經)』의 「애론(愛論)」을 통해 고찰한다. 이 글에서는 임신한 여성과 그 여성이 기대어 있는 하늘과 땅의 이미지를 표현한 김선우의 그림 〈탯줄: 인중천지일〉을 참조하여, '더 작은 것이 보다 큰 것을 매개하고 더 큰 것이 보다 작은 것을 지지하고 위하는' 한철

* 이 글은 필자의 「참전계경의 실천적 사랑론 논구」(『동서철학연구』 제88호, 한국동서철학회, 2018)와 『한철학의 생명관』(동양포럼 발표, 『동양일보』 2016년 5월 3일자 및 2016년 5월 23일자)을 수정·보완한 것이다.

학적인 사랑의 원리를 규명해 갈 것이다.

『참전계경』의 사랑론은 우리 민족의 사랑에 관한 이해와 정서를 잘 담고 있다. 사랑의 여섯 요목은 헤아려 동정하는 서(恕), 만물을 묵묵히 포용하는 용(容), 물자를 베풀고 곤궁에 빠진 이를 돕는 시(施), 생계나 생산을 고려하고 남녀노소의 자리를 마련하여 편안히 사람을 기르도록 하는 육(育), 인륜과 도학으로 사람을 가르치는 교(敎), 사랑의 이치로 형체를 갖추기 전부터 아직 오지 않은 먼 미래까지 잘되기를 기다리는 대(待)다.

1. 들어가는 말

오늘날 한철학사상을 다루는 것은 매우 희귀하고 낯선 정경이 되어 가고 있다. 한철학으로 이야기되는 한민족의 사상과 철학을 심도 있게 연구하고 발전시켜 나가야 한다는 것은 누구나 수긍할 만큼 당연한 것이지만, 현실적으로 쉽지는 않다. 우선 원전의 자료들 중 국역되어 현대화된 것이 많지가 않다. 또한 최근에는 그 내용 자체에 대한 논의가 미진하여 한철학이 구체적으로 어떤 내용을 담고 있는지에 대한 이해 자체도 충분하지가 않다. 이런 상황은 학문의 계승이나 미래세대를 위한 교육적 측면에서 볼 때도 매우 안타까운 상황이라고 할 수 있겠다.

한철학적 사상들은 의식구조의 심층에서 부지불식간에 작동하여 한국인의 인성적 특징을 형성하거나 교육과정에서 공식적으로 표출되기도 한다. 대표적인 경우가 현재 교육과정의 교육이념으로 선언되고 있는 '홍익인간(弘益人間)'이다. 홍익인간은 홍익인간세상(弘益人間世上)의 줄임말로, 널리 인간세상을 이롭게 한다는 의미를 지닌다. 이 말은 우리에게 너무나 익숙해서 남을 이롭게 한다든지 세상에 도움이 된다든지 하는 그 의미를 대수롭지 않게 받아들일 수도 있을 것이다. 그러나 이타성의 원리는 현대사회의 주도적 작동 기제인 자본이나 권력의 메커니즘과는 구분된다. 심지어 철학이나 윤리학에서조차도 다른 사람들에게 도움이 되게 하라고 천명하는 것에서 시작하는 사상은 흔하지 않다.[1]

따라서 단도직입적으로 제시되는 홍익인간이라는 이타성(利他性)의 천명은 그 사상의 구조나 맥락에 관한 매우 강한 윤리학적 관심을 불러일으킨다. 그래서 이 글은 '널리 인간세상을 이롭게 한다'는 철학이 규명되고 있는 한철학의 주요한 텍스트를 참조하여, 한철학이 전하는 '사랑'의 근본적 의미를 드러내고자 하는 것이다. 이를 위해 한철학의 사상이 집적되어 있다고 볼 수 있는 『천부경(天符經)』,[2] 『삼일신고(三一神誥)』,[3] 『참전계경(參佺戒經)』 등을 참조할 것이다. 이때 특히 필자에게 영감과 감동을 준 『천부경』에 나오는 인중천지일(人中天地一)과 『참전계경』의 「애(愛)」편을 통해 그 의미를 규명해 갈 것이다.

1 에마뉘엘 레비나스가 서구의 전통철학이 자신의 문제에 골몰한 자아론(egology)이거나 익명적이고 중립적으로 인간존재 문제를 다루는 존재론(ontology)에 그치고 있어서 윤리학과는 구분되는 문제를 안고 있다고 비판하는 것도 이런 맥락에서다(Levinas, 1995: 42-48).

2 『천부경』에 대한 언급은 신라 눌지왕 때의 충신 박제상의 『부도지(符都誌)』, 매월당 김시습의 『징심록추기(澄心錄追記)』 등에서 발견된다고 한다. 김시습은 금척(金尺)에 『천부경』이 새겨져 있음을 전하고 있다. 필자는 20여 년 전 『주역(周易)』의 대가로 알려진 대산 김석진 선생의 『주역』 강의를 듣던 중 고래로부터 우리 민족에게 전해온다는 『천부경』에 대해서 들은 바가 있다. 『천부경』의 내용은 다음과 같다. "一始無始一析三極無盡本 天一一地一二人一三 一積十鉅無匱化三 天二三 地二三 人二三 大三合六生七八九 運三四 成環五七 一妙衍萬往萬來 用變不動本 本心本太陽 昂明 人中天地一."

3 『삼일신고』는 일신강충(一神降衷), 성통광명(性通光明), 재세이화(在世理化), 홍익인간의 원리를 밝힌 것으로 총 366자로 되어 있다. 「태백일사(太白逸史)」 소도경전본훈(蘇塗經典本訓), 북애의 『규원사화(揆園史話)』, 「단군기(檀君記)」 등에 『삼일신고』에 관한 설명이 나와 있다. 최민자(2009: 125-127) 참조.

매우 역설적이게도 한철학에 관한 본격적인 연구는 대학이나 학술단체 등의 소위 제도권 안에서보다도 비제도권에서 활발하게 진행되어 왔다. 그리고 철학이나 윤리학 외의 다양한 학문적 배경을 가진 학자들 중에서 뜻이 있는 이들에 의해 연구가 진행되고 있다. 특히 이 글은 최민자 성신여자대학교 교수가 주해한 『참전계경』에 주로 의거하고 있다.

2. 한철학의 생명 사랑[4]

우리 인간을 비롯한 모든 지구 생명체들은 하늘과 땅 사이에 있다. 이들 생명체의 관계를 설명하는 다양한 이론이 있으나, 현실 세계에서는 이들 사이의 다툼과 경쟁을 당연시하는 추세인 것 같다. 그러나 생명의 근원적 관계성은 '살려는 것'과 '살리는 것'의 조응이다. 자신의 포태 속에 있는 생명체가 편안하게 자라도록 따뜻하게 감싸며, 살려는 것을 살리려고 자신의 몸을 기꺼이 내어 주는 어머니의 몸과 같은 것, 살려는 것을 기특하게 여기고 온전하게 살아가도록 돕는 것이 보다 근원적인 것일 터이다. 이런 근원적 관계는 그 양상을 달리할 수 있지만 근본적으로는 먼 곳의 타인과의 관계나 천지 사이에 존재하는 동식물에게로까지 확대될 수 있을 것이다(김연숙, 2016b).

한철학 사상에는 이와 같은 인간과 천지자연의 관계 방식이 무엇보다 잘 설명되고 있다. 『천부경』에는 '인중천지일(人中天地一)'이라는 말이

4 이 절은 동양포럼이 주관한 한·일 회의 '동양적 생명관의 재조명'에서 한철학의 생명관에 대해 발표한 「김선우, 살려는 것의 아름다움을 그리다」의 내용을 필자가 보충·심화한 것임을 밝힌다(『동양일보』 2016년 5월 3일 자 및 2016년 5월 23일 자 참고).

있다. 이 말을 최민자는 사람의 마음을 "환하게 밝히면 사람 속에 천지가 하나가 되어 천·지·인 삼신일체를 체득하게 되는 것"으로 해석한다(최민자, 2009: 108). 인간과 자연의 관계성에 대한 다양한 입장은 이미 충분히 논의되어 왔다. 최근에 인간중심주의로 비판받는 '자연을 정복한다'라는 근대 서구인의 자연관이나 그 반대편의 '인간은 자연의 일부분이다', '자연을 모범으로 삼는다[道法自然]'[5]와 같은 동양적 관점과 같은 것들이다. 이렇게 다양한 관점이 있지만, 인중천지일이란 말은 매우 생소하여, 그 의미를 파악하는 것 자체가 쉽지 않은 것 같다. 아무리 사람이 대단하다 할지라도 어떻게 더 작은 것이 더 큰 것을 매개하여 하나로 연결할 수 있는 것일까?

그런데 "삶의 경험과 연상을 알기 쉬운 직관으로 표현한다"(김선우, 2017: 51)라는 작가 김선우의 말처럼, 〈탯줄: 인중천지일〉을 보노라면 그 의미를 직관할 수 있다. 한 인간이 천지 사이에 있다. 생명을 잉태하고 있는 어머니다. 자기 안의 작은 생명체를 키워 내고자 하는 더 큰 생명체인 어머니의 몸체를 주도하는 것은 누구인가? 임신을 해 본 여성들은 모두 안다. 임신한 몸은 태아에 의해 주도된다는 것을. 즉 어머니의 몸체는 철저히 그 안에 잉태되어 있는 작은 생명체의 메커니즘에 따른다. 자신의 몸이 타자에 의해 주도되는 경우라니? 이 상황은 자신의 몸을 가지고도 마음대로 할 수 없는 상황이다. 자기 몸에 대한 주도권을 가지지 못한 채 사는 고통은 크다. 그러나 그림 속 어머니의 얼굴은 담담하다 못해 미동도 하지 않고 있으며, 오히려 바위보다도 단단해 보인다. 아직 형체를 이루지 못한 생명체가 자라기를 기다리는 얼굴이 아닐까. 바로 이런 어머니의 얼굴에서 우리는 살려는 것을 품고 있는 살리려는 이의 표정을 본

5 『道德經』 제25장: 人法地 地法天 天法道 道法自然.

김선우, 〈탯줄: 인중천지일(人中天地一)〉, 162×127.3cm, 캔버스에 아크릴, 2016.

다. 『참전계경』에서 말하는 '아직 형체를 이루지 못한 것[未形][6]을 사랑하고, 형체가 나타나기를 기다리며[待] 보호하는 지극한 정성[貼膺]'[7]을 담고 있는 이의 표정을 볼 수 있다.

또한 천지자연의 온 생명이 그림 속의 어머니와 연결되어 있는 듯하다. 생명을 잉태한 어머니가 천지 사이에 자리 잡은 모습을 보면, 어머니의 몸은 대지에 기대어 있고, 대지는 어머니의 몸이 편안하도록 지지해 주는 것 같다. 어머니의 몸은 잉태된 태아의 포태가 되고, 천지자연은 뭇 생명체의 포태가 되고 있다. 달리 말하면, 잉태된 태아는 어머니의 몸체

6 『參佺戒經』 제3강령 愛 第6範 待 第38圍 未形 不忘.

7 『參佺戒經』 제1강령 誠 第3體 不忘 第21用 貼膺.

를 주도하고 있고 어머니의 몸은 태아를 위해 자신을 맡기고 있다. 마찬가지로 생명을 잉태한 어머니는 천지자연의 지지를 받고 있다. 달리 말하면, 천지자연이 어머니의 '서포터'가 되고 있다. 요컨대 이들의 관계성의 특징은 더 작은 것이 더 큰 것을 주도하는 것이다. 그리고 이러한 것이야말로 보다 어리고 약한 것을 살려 내는 방도라고 할 수 있다.

우리는 『참전계경』을 통해서 한민족이 생명을 품고 기르고 다른 생명체들의 삶을 위하고 사랑하는 방식을 간략하게나마 추려 볼 수 있다. 아직 형체가 구체화되기 이전부터 사랑으로 형태를 만들어 가는 상태인 미형(未形), 만물의 시작부터 사랑하여 그 완성을 지켜보는 생아(生兒), 생명의 둥지와 같이 생명체를 따뜻하게 품어야 한다는 온양(穩養) 등과 같이 『참전계경』에서는 매우 구체적이고도 자세하게 사랑이란 어떻게 해야 하는 것인가를 설명해 주고 있다. 이제 이들의 의미를 문헌에 의거하여 살펴보겠다.

> 미형(未形)이란 사물이 아직 형체를 이루지 못한 것이다. 아직 형체를 이루지 못한 것을 보고 이를 사랑하고 형체가 이루어지기를 기다리며 보호하는 것은, 씨를 심어서 변화하게 하는 것과 같다.(최민자, 2009: 446)[8]

일반적으로 사람들은 비가시적이거나 형이상학적인 것보다는 가시적이고 단기적으로 나타나는 효력에 관심을 가지게 된다. 이와 달리 아직 형체를 이루지 못한 것을 기다리면서 보호하는 것[未形]을 중요시함은

8 『參佺戒經』 제3강령 愛 第6範 38圍: 未形 未形者 事物之未形也 見未形而愛之 待現形而護之 若種仁而變之.

고매한 심성의 한 단면을 보여 주는 것이라고 할 수 있겠다. 『참전계경』은 사랑이 또한 방도가 있어야 한다고 말한다. 그 방도로서 제시하는 것이 가슴에 품음, 즉 첩응(貼膺)이다. 첩응을 『참전계경』에서는 다음과 같이 설명한다.

> 첩응이란 가슴에 서리어 떠나지 않는 것으로, 타고난 순수한 정성은 신이 거느리고, 영이 감싸며, 몸에 실린다.(최민자, 2009: 271)[9]

우리 속담에 "지성이면 감천"이라는 말이 있듯이, 지극한 정성스러움은 신명한 지혜가 통솔하게 되고, 영이 감싸서 보호하게 되며, 몸짓에 나타나게 된다는 것이다.

형태가 구체화되어 생명을 낳아 길러 가게 되는 것을 생아(生芽)라고 한다. 생아를 『참전계경』에서는 다음과 같이 설명한다.

> 생아(生芽)란 만물의 시작이다. 무릇 만물을 사랑한다는 것은 만물이 생겨나 처음부터 사랑하여 중도에서 잘못될까 염려하고 나중에 번영하기를 몹시 기다리다가 열매를 맺으면 곧 초심으로 돌아가는 것이다.(최민자, 2009: 447)[10]

생아(生芽)는 만물의 시작을 일으키고 성장을 지켜보면서 돕고자 하는 살리려는 이가 어떤 마음 자세를 지녀야 하는가를 세밀하게 일러 준

---

9 『參佺戒經』 제1강령 誠 第3體 21用 貼膺: 貼膺者 貼乎膺而不離也 夫天然之誠 神 御之 靈 包之 身 載之 牢牷於膺 體寒而膺熱.

10 『參佺戒經』 제3강령 愛 第6範 39圍 生芽: 生芽者 物之始也 凡愛物者 愛物之始 慮有中廢 克待晩榮 結果則反之.

다. 요컨대 생명을 내고 사랑하는 것은 나면서부터 성장하는 내내 사랑으로 대하고, 길을 잘못 들거나 건강을 잃지 않도록 유심히 지켜보고, 성장하면 번영하기를 기다리되 열매를 맺으면 그 열매를 소유하려 하지 말고 잘되기를 기대하면서 사랑하던 마음으로 돌아가라는 것이다. 또한 온 생명체들이 잘 자랄 수 있도록 돕는 온양(穩養)이 중요하다. 온양은 다음과 같이 제시된다.

> 생물이 의지할 곳이 없어서 외롭고 위태로우며 또한 우환이 있으면 거두어 길러서 그 자라는 것을 편안하게 해 주고, 기르기에 적당한 곳을 마련해 주며, 바탕을 보아 일에 나아가게 해야 한다.(최민자, 2009: 449)[11]

요컨대 곤경을 겪는 생명체들을 거두어 길러 주어야 한다는 것이다. 이때 편안한 거처를 마련해 생명체가 적절한 곳에서 잘 살아갈 수 있도록 도우라는 것이다. 이는 동물이건 식물이건 모든 생물에 적용된다고 한다.

이처럼 '살려는 것'을 살리려고 자신의 몸을 기꺼이 내어 주는 어머니의 몸과 같은 것, 살려는 것을 기특하게 여기고 온전하게 살아가도록 돕는 것이 생명체들 사이의 보다 근원적인 관계라고 볼 수 있을 것이며, 오늘날 우리 시대에서는 더욱이 회복되어야 할 측면이라고 본다.

이렇게 살려 나가는 근원적 관계성의 다양한 양태들은『참전계경』의 곳곳에 나타나고 있다. 구체적으로 먼 곳의 타인과의 관계나 천지 사이에 존재하는 동식물과의 관계에 대한 것도 구체적으로 제시되고 있다.

---

11 『參佺戒經』 제3강령 愛 第6範 41圍 穩養: 有物無依 孤危且患 收而養之 安其成長 養之有地 相質就業.

멀리서 발생한 타인의 곤경을 안타까워하는 균련(均憐)(최민자, 2009: 418), 어떤 연고나 혈통, 인종과 같은 것을 염두에 두지 않고 단지 불쌍한 것을 보면 즉시 일어나는 자애로운 마음인 긍발(矜發)(최민자, 2009: 414), 불의를 고발하며 질책하는 선의의 의분인 강개(慷慨)(최민자, 2009: 600), 동식물은 물론이고 만물을 좋아하는 호물(好物)(최민자, 2009: 591) 등이 그것이다. '천지간에 사람이 스스로 자기들만을 고집하고 만물이 스스로 자기들만을 고집하여 사람과 만물이 따로 존재한다면, 반드시 사람도 사물도 존재하지 못하게 될 것'이라는 호물의 내용은 인간과 자연이 불화한 오늘날 시사하는 바가 크다.

3. 『참전계경』에 제시된 사랑[愛]: 6범(範) 43위(圍)

이제 좀 더 본격적으로 『참전계경』에서 제시하는 사랑의 의미를 규명해 본다. 『참전계경』은 모두 8강령으로 되어 있다. 8강령은 성(誠), 신(信), 애(愛), 제(濟), 화(禍), 복(福), 보(報), 응(應)으로 구성된다. 각 강령에는 그 함축하는 내용을 구체적으로 나타내는 조목들이 설정되어 있다.[12] 이들 중에 사랑에 관한 것은 제3강령 애(愛)의 부분에서 구체적이고 상세하게 다루어지고 있다. 사랑의 대의는 다음과 같다.

사랑이란 자애로운 마음의 자연스러움이며, 어진 성품의 본질인 것

12 마치 도덕책에서 가르쳐야 할 덕목들을 덕목으로 구성한 것처럼 되어 있는 『참전계경』은 8강령(誠, 信, 愛, 濟, 禍, 福, 報, 應), 총 366위로 되어 있다. 성 6체 47용, 신 5단 35부, 애 6범 43위, 제 4규 32모, 화 6조 42목, 복 6문 45호, 보 6계 30급, 응 6과 39형으로 되어 있다.

으로 6범 43위가 있다.(최민자, 2009: 376)[13]

이를 통해 본다면, 『참전계경』에서 제시되는 사랑의 핵심은 자심(慈心)과 인성(仁性)이다. '자심'이라는 말에서 불교의 자애가 연상되지만, 이 의미를 불교적 맥락에서 미리 해석하게 된다면 한철학적인 고유한 의미를 규명하지 못하고 예단하는 오류를 범할 위험이 있다. 인성 또한 마찬가지다. 인(仁)에서는 유학의 핵심인 측은지심이 연상되지만 인의 의미를 이런 식으로만 규정한다면 한철학의 의미를 미리 유학적으로 제한하고 환원하는 오류를 범할 수 있다. 이를 피하기 위해, 이 글에서는 『참전계경』의 텍스트를 통해 '자심'이나 '인성'의 의미를 추출하고 정리해 갈 것이다.

제3강령 사랑은 6범 43위, 즉 여섯 가지 본보기와 그를 둘러싸는 43가지 둘레로 구성되어 있다. 6범에는 헤아려 동정함을 뜻하는 서(恕), 포용을 뜻하는 용(容), 베풀어 구제하는 시(施), 기르는 육(育), 가르치는 교(敎), 기다림을 뜻하는 대(待)가 있다. 요컨대 사랑한다는 것은 용서, 포용, 베풂, 기름, 가르침, 기다림을 함의하는 것이다. 이들 사랑의 6범에는 그것을 둘러싸는 43가지가 적절하게 배치되어 있다.[14] 즉 헤아려 동정하고 포용하고 베풀고 기르고 가르치고 기다려 주는 것이 구체적으로 무엇이

13 愛者 慈心之自然 仁性之本質 有六範四十三圍.

14 〈사랑의 6범과 43위〉

제1범 서(恕)	제2범 용(容)	제3범 시(施)	제4범 육(育)	제5범 교(敎)	제6범 대(待)
유아(幼我)	고연(固然)	원희(原喜)	도업(導業)	고부(顧賦)	미형(未形)
사시(似是)	정외(情外)	인간(認懇)	보산(保産)	양성(養性)	생아(生芽)
기오(旣誤)	면고(免故)	긍발(矜發)	장권(奬勸)	수신(修身)	관수(寬遂)
장실(將失)	전매(全昧)	공반(公頒)	경타(警墮)	주륜(湊倫)	온양(穩養)
심적(心蹟)	반정(半程)	편허(偏許)	정로(定老)	불기(不棄)	극종(克終)
유정(由情)	안념(安念)	균련(均憐)	배유(培幼)	물택(勿擇)	전탁(傳托)
	완급(緩急)	후박(厚薄)	권섬(勸贍)	달면(達勉)	
		부혼(府混)	관학(灌涸)	역수(力收)	

고 어떻게 행해야 하는 것인지 이들 각각에 대해서도 같은 방식으로 세밀하게 설명하고 있다.

1) 사랑의 제1범 서(恕)

애(愛)의 제1범인 '서(恕)'의 문자의 의미는 '용서하다, 헤아려 동정하다, 깨닫다, 밝게 알다' 등이다. 『참전계경』에서는 서를 다음과 같이 설명한다. "헤아려 동정함은 사랑으로 말미암으며, 자애로움에서 일어나고, 어짊에서 자리 잡게 되며, 차마 하지 못함으로 귀결된다"(최민자, 2009: 394).[15] 이를 통해 우리는 서나 용서를 위해서는 '헤아려 동정함'이 작용해야 함을 알 수 있다. 용서한다는 것은 동정심으로부터 우러난다는 것으로 볼 수 있으며, 여기서 용서함에는 동정심이 자리하고 있음을 알 수 있다.

서(恕)는 6위(圍)로 구성되어 있다. 6위는 유아(幼我), 사시(似是), 기오(旣誤), 장실(將失), 심적(心蹟), 유정(由情)이다.

서의 제1둘레[圍]는 유아(나를 사랑함)로, 나를 사랑함이란 "나와 같이 남을 헤아림[幼我者 推人如我也]인 것이다. 내가 추우면 남도 춥고 내가 배고프면 남도 배고프다는 것을 헤아리는 것이다"(최민자, 2009: 395). 유학에도 "자기에게 바라지 않는 것을 남에게 시키지 말라[己所不欲勿施於人], 자신을 미루어 남에게 이른다[推己及人]", 혈구지도(絜矩之道) 등과 같은 말들이 있지만, 『참전계경』에서는 남을 자신과 같이 위하는 것이 곧 자신을 사랑하는 것이라는 점이 강조된다. 즉, 단지 입장 바꿔 생각하는 정도에 그치는 것이 아니라 남과 나를 한 몸으로 생각하는 것이다.

---

15 『參佺戒經』 愛 第1範 恕: 恕 由於愛 起於慈 定於仁 歸於不忍.

서의 제2둘레는 사시다. 사시는 "옳은 것 같음을 의미한다. 자신에게 가까운 것을 옳다고 하고, 먼 것을 그르다고 하니, 가까운 것은 끌어당기고 먼 것이 멀어짐은 막아, 만물을 포용하여 저버림이 없어야 한다"(최민자, 2009: 396)라는 것이다. 즉 서에는 포용이 함께한다.

서의 제3둘레는 기오다. 기오는 "이미 그릇됨을 의미하는데, 이미 잘못 알고 그릇된 길로 가는 사람을 힘써 돌이켜 처음으로 돌아와 바른 길로 가도록 해야 함"(최민자, 2009: 397)을 말한다. 즉 사랑함, 헤아려 동정함에는 길을 잘못 들 때 처음으로 돌아와 바르게 가도록 이끄는 것이 포함된다.

서의 제4둘레는 장실이다. 장실이란 "장차 이치를 잃는 것이다. 지둔한 사람은 미치지 못하고, 빨리 내닫는 이는 지나친데, 모두 능력이 없어서이므로, 지둔한 사람은 깨우쳐 주고 내닫는 이는 손짓하여 부른다"(최민자, 2009: 398). 이치를 잃게 되면 사람 노릇을 하기 어려워진다. 이는 염려하지 않을 수 없다. 『참전계경』은 이치를 잃게 되는 원인을 지둔함이나 성급함에 있다고 보고, 이를 염려하여 상황에 맞게 보완해야 한다고 설명한다.

서의 제5둘레는 심적이다. "심적이란 겉과 속이 다른 것이다. 철인은 악의 원천을 차단한다"(최민자, 2009: 399). 서의 제6둘레는 유정으로, "정으로 말미암은 것으로, 알고 그런 경우와 그렇지 않은 경우의 경중을 따져 용서하는 것이다"(최민자, 2009: 400).

2) 사랑의 제2범 용(容)

사랑의 제2범은 용(容)이다. 『참전계경』에서는 다음과 같이 용의 의미를 상세화하고 있다.

> 용(容)은 만물을 포용하는 것이다. 만 리의 바다에는 만 리의 물이 흘러가고, 천 길 높은 산에는 천 길 높이의 흙이 쌓여 있나니, 넘치는 것도 포용이 아니고 무너지는 것도 포용이 아니다.(최민자, 2009: 401)[16]

제시된 문맥을 통해 살펴볼 때, 포용한다는 것은 양질을 따져 가리는 것이 아님을 알 수 있다. 바다는 아무리 홍수가 난다고 해도 넘치지 않고 높은 산은 쌓인 흙을 부담스러워하며 흐트러트리지 않는다. 그저 만물을 있는 그대로 묵묵히 담아내는 것이다.

앞에서 언급한 것처럼 용(容)에는 고연(固然), 정외(情外), 면고(免故), 전매(全昧), 반정(半程), 안념(安念), 완급(緩急)의 일곱 가지가 있으나 일부만 살펴본다.

사랑의 제2범 용(容) 7위는 고연이다. 고연이란 사람의 도리에 항상 충실한 것을 의미한다(최민자, 2009: 403). 용 8위는 정외다. 정외란 뜻하지 않은 일이다. 갑자기 불이 나서 뛰어내리는 것과 같은 상황으로, 기회를 수용하는 것이라고 한다(최민자, 2009: 404). 용 9위는 면고다. 면고란 고의로 행하고 고의로 멈추는 것을 벗어나는 것으로, 되와 말을 구분하지 못하고 그릇되게 인도하는 것이다. 이런 이들은 성품이 편협하고 경솔하며 조급해서 진실을 알지 못하면서 스스로 진실하다고 하는 사람으로, 큰 관용이 생겨야 한다고 설명한다(최민자, 2009: 405). 용 10위는 전매다. 전매란 성품의 이치를 전혀 깨닫지 못하는 것이다. 사람의 신령한 성품은 하늘의 이치를 포용하고 사람의 도리는 정욕을 감추고 있다. 그런데 정욕이 심한 이는 사람의 도리를 폐하고 신령한 성품을 해치므로, 혼란한 마

16 『參佺戒經』 제3강령 愛 第2範 容: 容 容物也 萬里之海 逝萬里之水 千仞之山 載千仞之土 濫之者 非容也 崩之者 非容也.

음을 가라앉혀 편안해지면 이미 본래 성품이 포용하고 있는 이치를 스스로 깨닫게 된다(최민자, 2009: 407).[17]

이와 같은 설명에 의거해 한철학에서 전하는 포용[容]의 의미를 정리한다면, 사람의 도리를 다하고, 기회가 오면 수용하며, 성품이 편협하고 조급하여 앞뒤 분간을 못 하는 이들은 큰 관용을 갖고, 정욕에 가리어 마음이 어두운 이들은 혼란한 마음을 다스리도록 하라는 것이다. 사랑의 제2범 포용을 설명함에 있어서도 한철학적 사고방식이 드러나고 있는바, 그것은 부족하고 모자란 이들을 더욱더 다독거려서 함께 끌고 갈 수 있도록 조처한다는 점이다.

3) 사랑의 제3범 시(施)

사랑의 세 번째 틀은 '시', 즉 베풂이다. 『참전계경』에서는 베풂을 물자를 베풀어 구제하는 것과 덕을 펴는 것으로 설명한다. 즉 궁핍을 물자로 구휼하고 덕으로 성품의 이치를 밝히는 것을 의미한다. 사랑의 제3범 베풂에 속하는 사랑의 둘레에는 원희(原喜), 인간(認懇), 긍발(矜發), 공반(公頒), 편허(徧許), 균련(均憐), 후박(厚薄), 부혼(府混) 등이 있다.

원희란 "사람의 천성은 사람을 사랑하고 베푸는 것을 기뻐하는 것인데, 사람을 사랑하지 않으면 외롭게 되고 베풀고 기뻐하지 않으면 천하게 된다"(최민자, 2009: 413)라는 것이다. 인간이란 "남의 어려움을 자기가 당한 것같이 생각하는 것이다. 남에게 급한 어려움이 있으면 간절하게

17 그 밖에 반정(半程)이란 중도에서 그치는 것이다. 안념(安念)은 안일한 생각으로, 이는 성품을 멸하는 데 이를 수 있고 분별이 어려워질 수 있다. 완급(緩急)이란 느리고 급한 지경을 말한다.

해결방도를 찾아야 하는데, 방법은 남을 자기처럼 사랑하는 데 있다"(최민자, 2009: 414)고 한다. 긍발이란 친소선악을 구별함이 없이 불쌍한 것을 보면 즉시 자애로운 마음을 일으키는 것이다(최민자, 2009: 414). 공반이란 널리 천하에 베푸는 것이다(최민자, 2009: 415). 편허란 위급하면 도와주고 넉넉하면 돕지 않는 것이다(최민자, 2009: 417). 균련이란 고루 균등하게 베푸는 것이다. 멀리 있는 이의 간난을 듣고 목도한 것처럼 하고, 모진 곤경이 아닐지라도 쇠잔하여 기우는 것처럼 애쓰는 것이다(최민자, 2009: 418). 후박이란 지나치거나 부족하지 않은 것이며, 부혼이란 베풀고 보답을 바라지 않는 것이다(최민자, 2009: 419, 421).

이처럼 베풂을 사랑의 중요한 요목으로 설정하고 있음을 알 수 있다. 요즘에는 사랑에 있어 베풂을 강조하는 경우가 드물다. 또한 베풂을 주로 물질을 나누는 것과 연관시킬 뿐 덕을 펼치는, 즉 성품의 이치를 밝히는 것과 연관시키는 것 같지는 않다. 『참전계경』에서는 물질을 나누는 것과 성품을 기르도록 돕는 것 모두 베풂의 중요한 요소로 파악한다. 그리고 베풂에 있어 친소원근을 가리지 않고, 위급하고 불쌍한 이들에게 두루 베풀어야 한다는 것과 더불어 그 방도까지 자세히 일러 주는 한철학적 사고방식을 드러내고 있다.

4) 사랑의 제4범 육(育)

육이란 "교화(敎化)하여 사람을 기르는 것으로, 주된 가르침을 하나로 하여 사람을 보호하고 길러야 한다"(최민자, 2009: 423)라는 것이다. 사랑의 제4범 육에는 도업(導業), 보산(保産), 장권(奬勸), 경타(警墮), 정로(定老), 배유(培幼), 권섬(勸贍), 관학(灌涸)이라는 둘레가 있다.

도업에서 말하는 업은 생계를 의미한다. 인간의 성리는 같을지라도 성질과 기운은 같지 않으므로, 교화를 통해 성질을 닦고 기운을 편안하게 하면 비록 가난할지라도 그 생계가 절로 번영하게 된다(최민자, 2009: 425). 보산이란 생산을 잃지 않는 것이다. 심지를 굳게 하여 방자하지 않으면서 일을 오래 하고 통달하게 되면 그 생산을 보전할 수 있다(최민자, 2009: 426). 장권이란 화육(化育)을 권하는 것이다. 사람을 기르고 변화시키는 것은 봄에 만물을 기르는 것이나 거울을 닦듯이 단점을 가려 주고 장점을 들어올리며, 선함을 열어 주고 능력을 선양해 주는 것이다(최민자, 2009: 427). 경타란 교육에서 뒤떨어짐을 경계하는 것이다. 가다가 되돌아오고 깨었다 다시 자더라도 아예 시작하지 않은 것보다는 낫다(최민자, 2009: 428). 정로는 노인이 교화할 수 있도록 정하는 것이다. 어진 노인은 스승으로 모셔 교화할 수 있게 하여 그 덕을 기르도록 하며, 성실한 노인은 어른으로 모셔 스스로 그 편안함을 기르도록 한다(최민자, 2009: 430). 배유란 어린아이를 북돋아 기르는 것이다. 싹이 이슬에 젖지 않으면 비록 줄기가 있더라도 반드시 시늘게 되듯이, 어린아이도 교육을 받지 못하면 어리석게 된다. 초목은 흙을 북돋아 심고 사람은 양성하고 교화해야 한다(최민자, 2009: 403). 권섬은 너그러운 덕을 권하고, 너그러운 덕행을 권하여 나아가 이루도록 하는 것이다(최민자, 2009: 432). 관학이란 마른 내에 큰 물을 대는 것으로, 사람은 가르침을 받아 길러진다.

최근에는 일반적으로 '교'와 '육'이 한 말처럼 되어 '교육'이라는 말로 쓰인다. 그리고 교육이라고 하면 대체로 어린이를 대상으로 지식을 전달하는 것으로, 주로 학교에서 행해지는 것으로 여겨진다. 그러나 『참전계경』에서는 '교'와 '육'을 각각 분리하여 설명하고 있다. 그리고 육을 말함에 있어 생계나 생산을 고려하고 있으며, 어린이뿐만 아니라 노인들도 육의 대상으로 보고 자리를 마련해 주고 편하게 해주어야 한다고 보고, 덕행 등 실행을 강조하고 있다.

5) 사랑의 제5범 교(敎)

사랑의 5범은 교(敎), 즉 가르침이다. 교(敎)는 인륜과 도학으로 사람을 가르치는 것이다(최민자, 2009: 434). 사랑의 한 종류인 가르침에는 고부(顧賦), 양성(養性), 수신(修身), 주륜(湊倫), 불기(不棄), 물택(勿擇), 달면(達勉), 역수(力收)라는 둘레가 있다.

고부란 "타고난 품성을 돌아보는 것이다. 이치에 따르지 않고 합당한 것이 없고 기에 부합함이 없이 행하는 것은 없다. 그러므로 타고난 품성을 상철(上哲)은 마음대로 부리고 중철은 거느리며 하철은 돌아본다"(최민자, 2009: 435)고 한다. 양성은 "천성을 확충하는 것이다. 천성은 원래 불선이 없으나 인성은 서로 섞여 물욕이 생긴다. 따라서 확충하지 않으면 천성이 점점 닳아 사라질 염려가 있다"(최민자, 2009: 436). 수신에서 "신(身)은 영(靈)이 사는 집이며, 마음이 부리는 바다. 매사에 심으로 말미암지 않고 안일하고 방자하게 행하나가는 질못을 저지르고 근본 이치에서 멀어지게 된다. 몸을 잘 닦으면 천성을 잃지 않는다"(최민자, 2009: 438). 주륜이란 "인륜에 부합한 것이다. 사람을 가르침에는 윤리를 앞세워 서로 사랑하는 이치를 바르게 해야 한다"(최민자, 2009: 439). 불기란 "사람을 버리지 않고 가르치는 것이다. 가르침이 아니면 영(靈)이 사람과 짝하지 아니하고, 가르침이 없으면 마음이 사람과 합하지 못한다"(최민자, 2009: 440). 물택이란 "가리지 않는 것이다. 해가 물체를 가리지 않고 비치듯이, 가르침은 사람을 가리지 않는다. 가르침이란 어리석음을 고쳐 어질도록 돌이키는 것이다"(최민자, 2009: 442). 달면이란 가르침에 통달해 사물을 사랑하는 이치를 아는 것이다. 역수란 "힘을 한곳에 쏟아서 공을 거두는 것이다. 교화하지 못한 사람들은 거두어서 이웃이 물들지 않도록 해야 한다"(최민자, 2009: 444).

교(敎), 즉 가르침에 있어 『참전계경』은 인간의 착한 천성이 있다고 보고 이를 확충하고 양성해야 한다고 말하고 있다. 다만 물욕으로 인해 천성이 닳아 없어질 수 있다고 보아 영혼의 거처인 몸을 잘 닦아야 한다고 하였다. 가르침에 있어서도 사람을 가리지 않고 베풀어야 함을 강조하고 있다.

6) 사랑의 제6범 대(待)

『참전계경』에서는 대(待), 즉 기다림에 대해 다음과 같이 설명한다.

> 사랑의 여러 부분 중 기다림이 가장 큰 것은, 그 보이지도 않고 들리지도 않는 사랑의 이치로 먼 장래에까지 무궁한 사랑을 쌓아 가기 때문이다. 사랑을 쌓아 가는 것뿐만 아니라 또한 방도가 있어야 한다.(최민자, 2009: 445)

이처럼 사랑에서 가장 중요한 것은 기다림이라고 한다. 사랑의 제6범 대에는 미형(未形), 생아(生芽), 관수(寬遂), 온양(穩養), 극종(克終), 전탁(傳托)이란 여섯 개의 사랑의 둘레가 있다. 미형, 생아, 온양에 대해서는 앞 절에서 살펴본 바 있으므로 관수, 극종, 전탁에 대해서만 살펴본다.

관수란 "내가 너그러울 때 일이 이루어짐을 본다는 것이다. 사람들이 내가 너그러우면 즐거워하고 너그럽지 못하면 근심한다"(최민자, 2009: 448). 극종이란 "일의 끝맺음을 잘하는 것이다. 처음만 사랑하고 끝까지 사랑하지 않으면 사물의 종국이 없는 것과 같다. 그러므로 사물을 사랑함에 있어 끝맺음을 잘해야 한다"(최민자, 2009: 451). 전탁이란 "사물을 전하여 맡기는 것이다. 철인의 애물은 처음부터 끝까지 지극하여 끝맺음이 어려움이 아니며, 때가 바로 적절하지 않아도 전하고 맡기어 나를 이어

끝맺도록 한다"(최민자, 2009: 452).

이처럼 사랑에서 기다림을 강조하고 있는바, 기다림이란 보이지도 들리지도 않음에도 불구하고, 즉 가시적인 어떤 것 없이도 사랑을 쌓아 가는 것이라고 설명하고 있다. 이는 가시적이고 단기적인 효과에 입각해 생각하고 성급한 행동에 익숙함에도 불구하고, 그와 반대로 종종 은근과 끈기로도 특징지어지는 한민족 특성의 연원을 짐작하게 한다. 이런 인종 속에서 미형으로부터 형체를 이루어 내고 연약한 생명을 품어 살려 내어 유구하게 생명연대를 이어 온 것이라고 유추할 수 있겠다. 또한 사랑함에 있어 처음부터 끝까지 지켜보아 끝맺음하고 이어 가도록 한 것 또한 지극한 사랑의 극치를 보여 준다 하겠다.

4. 나오는 말

이 글을 쓰면서 필자는 동서고금 어느 곳에서 이렇게 사랑의 의미를 상세하게 구성하고 있는지 생각해 보게 되었다. 물론 플라톤이 『향연』에서 에로스의 다차원적인 작용과 기능에 대하여 설명한 바 있지만, 그것은 주로 남녀 간의 사랑 문제에 집중되어 있다. 아리스토텔레스 또한 『니코마코스 윤리학』에서 중용의 덕 등에 대해 논의한 바 있지만, 사랑에 관한 논의 범주는 주로 우정, 필리아(philia)에 관한 것이다. 유학의 여러 저서들에서도 여기서 제시되는 덕목들이 언급되고 개념 자체가 겹치는 경우도 종종 있다. 그러나 일부에 불과하다.

지금까지 살펴본 것처럼 한철학에서 사랑[愛]은 남녀 간의 사랑, 우정, 신에 대한 사랑과 같은 문제가 아니라 생명을 사랑하고 살리는 것을 주된 내용으로 하는 특징을 지닌다. 본문에서 고찰한 『천부경』의 '인중천지일(人中天地一)'이라는 말은 사람과 천지자연의 관계나 그 안에 존재하는 만물의 관계 설정에 매우 중요하고 유의미한 시사를 준다. 바로 생명체와의 관계에서 보다 큰 것이 보다 작은 것을 위한다는 것, 그리고 그 방법을 제시하고 있는 것이다. 이렇게 생명체를 살리고 사랑하는 관계는 인간들뿐만 아니라 동식물과 같은 만물에게로 확충되고 있음도 알 수 있었다.

『참전계경』의 8강령 중 3강령에서 애(愛)는 매우 구체적으로 정리된다. 애의 주요 요목은 6범 43위로 구성되어 있다. 애의 6범 서(恕), 용(容), 시(施), 육(育), 교(敎), 대(待)와 그것을 둘러싼 43위는 매우 정밀하게 사랑에 관련된 요목과 범위를 제시하고 그것들을 실천할 수 있도록 하는 방책으로서의 마음자세도 언급하고 있다. 이를 통해 우리는 『참전계경』에서 사랑함이란 역시 사람들을 불쌍하게 생각하고 만물을 포용하며 베풀며 기르고 가르치고 기다려 주는 것임을 알 수 있다.

무엇보다 필자는 한철학의 사랑을 고찰하면서 '인정이 많다'는 것을 느낄 수 있었다. 이는 한국인의 심층적 특성이라고 볼 수 있는데, 일반적으로 '인정(人情)'이라는 말은 주관적이고 감정적일 것 같은 느낌을 준다. 그러나 한철학을 통해서 파악되는 '인정 많음'은 그 본질이 인간성, 즉 인도성(humanity)에 가깝다. 부족한 것들을 포용하고 보완해서 살려 내는 것, 획일적 시비판단이 아니라 상대방의 정황을 고려하고 살피도록 하는 것, 어린이뿐만 아니라 노인까지도 기름의 대상으로 고려하여 적절히 살피고 있는 것 등이 그러하다.

또한 주목할 만한 것은 사랑함에 있어서 포용[容], 베풂[施], 기다림[待]을 중시한 것이다. 특히 기다림을 사랑에서 가장 중요한 모범으로 꼽은 것은 한국인이 사랑하는 방식으로서 가장 주목할 만한 내용이라고 생각한다. 보이지 않는 것을 기다리는 미형(未形)은 '곰이 사람이 되기를 기원하면서 동굴에서 마늘을 먹으며 참는다'는 우리의 전통신화를 떠올리게 한다. 생명체들이 안온하게 살 수 있도록 자리를 봐주고 끝까지 지켜보아야 한다는 내용은 한국인들이 사랑을 이루기 위해 참고 인내하는 모습을 정리해 주는 것 같다.

참고문헌

김선우. (2017). 『제3의 눈 THE THIRD EYE』. 금보성 아트센터.

김연숙. (2016a). 「김선우, 살려는 것의 아름다움을 그리다」. 동양포럼 발표(2016.05.03).

김연숙. (2016b). 「한철학의 생명관」. 『동양일보』 2016년 5월 3일 자 및 2016년 5월 23일 자.

최민자. (2009). 『天符經, 三一神誥, 參佺戒經』. 모시는사람들.

Levinas, E. (1995). *Totality and Infinity*. Alponso Lingis (trans.). Pittsburgh: Kluwer Academic Publishers.

6장

다산 사상에서 사랑의 의미

인의 실천성과 백성에 대한 사랑

● 장승구

유학 사상에서 사랑은 인(仁)으로 표현된다. 인은 인간을 인간답게 하는 핵심 덕목이자 가치다. 그런데 인에 대한 이해는 사상가에 따라 차이가 있다. 선진유학의 인 개념은 송대 성리학에 와서 그 의미와 맥락이 많이 바뀌게 된다. 윤리적 개념에서 출발한 인은 형이상학적 관념으로 발전된다. 다산 정약용(丁若鏞, 1762-1836)은 인이란 사람과 사람의 관계 속에서 행위로 이루어지는 것임을 강조한다. 즉 사랑의 관계성과 실천성을 중시했고, 유학의 핵심 가치인 인에 대한 올바른 이해가 이루어지지 않으면 인의 실천이 어렵다고 파악하면서 인의 의미에 대한 올바른 해석을 추구하였다. 다산의 사랑론에서 주목할 것으로는 사랑의 관계성과 실천성 외에도 백성에 대한 사랑의 강조가 있다. 다산은 특히 의지할 데 없이 어려운 처지에 놓인 사회적 약자에 대한 따뜻한 사랑을 강조한다. 또 백성에 대한 사랑은 개인윤리적 의무일 뿐만 아니라, 사회·정치적 차원에서도 노력해야 할 과제라고 파악하였다. 다산이 펼친 사랑론의 배후에는 인격적 상제에 의해 인간은 평등하게 만들어졌고, 인간이 다른 인간을 사랑하는 것은 상제가 인간에게 부여한 본성 속에 이미 그 가능성이 있다는 전제가 깔려 있다. 그러나 사랑의 가능성을 현실에서 구현하는 것은 인간의 주체적 결단에 의한 실천이라고 할 수 있다. 다산은 인간을 사회적 관계 속에서 사랑의 행위로써 고귀한 인의 덕을 구현해야 하는 존재라고 본 것이다.

1. 들어가는 말

유학 사상에서 사랑의 개념은 인(仁)과 애(愛)로 표현된다. 사랑으로서의 인은 유학 사상의 핵심 가치라고 할 수 있다. 그러나 선진유학과 송명이학(宋明理學)에서 인 개념 이해의 차이는 크다. 다산 정약용은 실학자로서 성리학의 인 개념이 가진 근본적 문제점을 비판하면서 인(사랑)의 의미에 대한 새로운 해석을 추구하였다. 다산은 조선 유학자 가운데 가장 독자적으로 인에 대한 체계적 설명을 시도했다고 할 수 있다. 유학 사상은 일반적으로 부모와 형제 등 가족 간의 사랑을 우선시한다. 이 점에서는 평등한 사랑을 주장하는 묵가의 사랑론과 차이가 있다. 그러면서도 가족적 사랑에만 국한하지 않고 사랑을 점차 확대해 나가기를 추구한다. 해석하기에 따라서 효제(孝悌) 중심의 사랑을 강조할 수도 있고, 효제를 기반으로 한 사랑의 보편적 확대를 중시할 수도 있다. 또한 유학적 사랑론은 도덕적 사랑과 의무적 사랑을 강조하고 남녀 간의 낭만적 사랑에 대해서는 그다지 적극적으로 평가하지 않는 경향이 있다. 물론 남녀 간의 사랑을 부정하는 것은 아니지만, 그것은 어디까지나 가정을 전제로 한 도덕적 사랑으로 제한되는 한계가 있다. 군자 또는 선비가 가족에 대한 사랑을 넘어서 의무적으로 사랑해야 하는 중요한 대상은 백성이다. 선비는 백성을 사랑하고 백성들의 생활에 대해 책임감을 가지고 있어야 하며, 백성을 위해서라면 자신의 생명을 바치는 것도 불사해야 하는 경우도 있다.

이 글에서는 다산이 성리학적 인 개념의 문제점을 어떻게 인식했는지 살펴본 뒤, 다산 인 개념의 특성이 무엇인지를 구명하고, 다산이 제시한 사회적 약자에 대한 사랑과 그 방법을 차례로 탐색해 보고자 한다.

2. 유학 사상에서 인과 사랑

다산의 사랑론도 유학적 사랑론의 일반적 특성을 토대로 전개된다. 그러므로 우선 선진유학과 송명유학에서 인(仁)에 대한 사상이 어떻게 형성되고 전개되었는지 살펴볼 필요가 있다. 공자는 인이란 다른 사람을 사랑하는 것[愛人]이라고 하였다. 그리고 어진 사람은 자기가 서고 싶으면 다른 사람이 서게 해 주고, 자기가 달성하고 싶으면 다른 사람이 달성하도록 해 주는 것이라고 하였다. 공자는 극기복례(克己復禮)로 인을 설명하기도 한다. 사사로운 자기 욕심을 이기고 예를 실천하는 것이 인이라는 것이다. 이는 진정한 사랑이란 자기의 이기적 욕망을 이기고 보편적 가치를 구현해야 하는 것이기 때문이다. 공자의 제자인 유약(有若)은 효도와 우애가 인(사랑)의 근본이 된다고 하였다. 이는 사랑이 가장 가까운 가족에서 시작해 이것을 근본으로 하여 다른 사람에게로 점차 확대된다는 의미다. 그래서 유학에서는 인의 근본으로서 효도와 우애를 중시한다. 그리고 맹자는 인을 가능하게 하는 심리적 근거로서 측은지심(惻隱之心) 또는 불인인지심(不忍人之心)을 제시하였다. 또한 맹자는 "親親而仁民, 仁民而愛物"이라고 하여 사랑을 세 가지로 구분하였다. 친척에 대한 사랑은 '친(親)'으로, 일반 백성에 대한 사랑은 '인(仁)'으로, 동물이나 식물에 대한 사랑은 '애(愛)'로 표현하였다. 혈연관계인 친척에 대한 사랑은 보다 친밀해야 하고, 백성에 대한 사랑은 어질어야 하며, 동물이나 식물에 대한 사랑은 사람에 대한 사랑과는 성격을 달리하여 함부로 하지 않고 아끼는 수준이다. 이처럼 유학에서 사랑은 원리상으로는 하나이지만 그 대상과 관계 맥락에 따라 사랑을 베푸는 방식에 있어서는 차이를 인정한다.

송대(宋代)로 오면서 인의 개념은 그 범위와 성격에서 상당한 변화를 겪게 된다. 장재(張載)는 「서명(西銘)」에서 하늘을 아버지, 땅을 어머니로 부르고, 천지간에 가득 찬 기운을 몸으로 하고, 천지를 주재하는 이치를 본성으로 한다고 하였다. 또 백성은 동포이고, 만물은 벗이라고 하였다. 즉 「서명」에서 장재는 모든 백성이 부모 격인 천지의 기로부터 함께 나온 동포, 즉 혈족과 같다고 설명하였다. 이것은 모든 백성을 가족처럼 사랑해야 한다는 의미를 함축한다. 천하의 병들고 다친 사람이나 늙어서 자식이 없는 사람, 홀아비, 과부, 고아 등은 모두 우리 형제 가운데 어려운 처지를 당해서 의지할 데가 없는 사람과 같다고 하였다. 따라서 이들에 대해 가족처럼 사랑의 손길을 뻗어야 한다. 장재는 가족 중심의 혈연적 사랑을 초월하여 혈연관계가 없는 일반인에 대한 보편적 사랑으로 그 범위를 확대하고자 하였다. 정자(程子)도 인이란 천지만물을 일체로 여겨 자기가 아님이 없다고 하여 인의 범위를 인간 너머로 확대하였다.

송대 성리학에서는 인이 사람의 덕에 그치는 것이 아니라, 천지가 만물을 생성하는 마음[天地生物之心]으로 파악된다. 즉 천지의 근본 덕이 인이고, 사람과 만물은 천지의 덕을 생득적으로 지니고 태어난다. 주자학에서도 인은 인간에 국한된 것이 아닌 천지만물의 보편적 덕이다. 인은 계절로 보면 봄을 주관하는 덕이다. 그리고 인은 의·예·지와 함께 사덕(四德)의 하나이기도 하지만, 사덕을 대표하는 덕으로서 인간이 선험적으로 갖추는 것으로 파악된다. 주자학의 인 개념은 인간만의 덕이 아니라 천지 또는 자연의 근본 덕으로서 존재론적·우주론적 의미를 지닌다는 특징이 있다. 그래서 인간만이 아니라 만물이 공유하는 것이고 또한 선험적으로 구비하는 것이라고 이해된다. 다만 인간 이외의 다른 만물은 기질의 제약으로 말미암아 인의 덕을 온전히 구현하지 못하는 차이가 있다. 또한 같은 인간이라고 하더라도 기의 청탁(清濁), 즉 맑고 흐린 차이로 인해 인의 덕을 쉽게 구현하는 사람도 있고 그렇지 못한 사람도 있다. 그래서 인을 온전히 구현하기 위해서는 후천적으로 학문을 통한 수양의 노력이 필요하다고 강조한다. 또한 주자는 인이 사랑은 아니고 사랑의 원리[愛之理]이며, 효도와 우애는 인을 행하는 근본일 뿐, 인의 근본은 아니라고 했다. 주자는 인을 형이상학적 원리로 인식하고 효제는 이러한 원리로부터 파생되어 나오는 행위로 해석하였다. 주자는 '인의 이(理)'가 인간에게 내재하고 있기 때문에 그 '이(理)'의 작용으로 '효(孝)'와 '제(悌)'를 비롯한 사랑의 행위가 가능하다고 설명한다. 주자의 이러한 해석은 인에서 차지하는 효제의 의미를 선진유학에 비해 상대적으로 축소시켜 파악하는 것이다.

3. 다산의 사랑에 대한 이해의 특성: 사랑의 관계성과 실천성의 중시

다산은 주자가 인을 '천지생물지심(天地生物之心)', '본심지전덕(本心之全德)', '애지리(愛之理)' 등으로 해석하는 것은 인의 본래 의미를 왜곡시키는 것이라고 비판한다. 만약 본심에 갖추어진 온전한 덕[本心之全德]이나 천지가 만물을 생성하는 마음으로 인을 해석하게 되면, 사람들은 인이 이미 자신의 내면에 완전한 형태로 존재하기 때문에 굳이 실천하려고 노력하지 않을 수 있다는 것이다. 반면에 인이 행동을 통해서 이루어지는 것이라고 본다면 사람들은 인을 성취하기 위해 적극적으로 행동하지 않을 수 없다는 것이다.

> 인의예지의 덕이 행동으로 인해 이루어지는 것을 안다면 사람들은 부지런히 힘써서 그 덕을 이루려고 노력할 것이다. 그러나 인의예지를 본심에 갖추어진 온전한 덕이라고 인식하게 되면 사람들은 벽을 향해서 마음을 관조해 회광반조하여 이 마음의 본체가 허명통철하도록 힘쓰게 된다. … 천지가 만물을 생성하는 마음이 인이라고 이해하게 되면 눈을 감고 단정하게 앉아 있을 뿐이다. … 배 속에 가득 찬 일단의 화기(和氣)가 인이라고 하면 묵묵히 말없이 문을 닫고 그것을 함양할 뿐이다.(정약용, 2012b: 69)

다산은 주자가 인을 잘못 이해하여 인을 사회적 관계 속에서 실천적인 것으로 보지 않고, 주관적 내면의 수양 쪽으로 기울어서 공자와 맹자의 원시유학에서 드러난 인의 본래 의미와 멀어졌음을 비판한다. 다산에게 인이란 '본심에 갖추어진 온전한 덕'이나 '천지가 만물을 생성하는 마음'이 아니라, 사람과 사람 사이의 관계에서 성립하는 것이다. 두 사람이 마주할 때 서로가 상대에게 도리를 다하는 것이 인이다. 이를 다산은 다음과 같이 강조한다.

> 인이란 두 사람이 서로 관여하는 것이다. 자식이 부모를 효도로 섬기면 인이 되는데 부모와 자식이 두 사람이다. 동생이 형을 공경으로 섬기면 인이 되는데 형과 동생이 두 사람이다. 신하가 군주를 충으로 섬기면 인이 되는데 군주와 신하는 두 사람이다. 목민관이 백성을 자애로 다스리면 인이 되는데 목민관과 백성은 두 사람이다. 부부와 붕우에 이르기까지 무릇 두 사람 사이에서 각자의 도리를 다하는 것이 모두 인이다.(정약용, 2010: 78)

또한 다산은 인이란 인간관계 속에서 이루어질 뿐만 아니라, 실천을 통해 성취되는 것임을 강조한다. 인의 덕이란 선험적으로 구유(具有)하는 사덕(四德) 중 하나가 아니며, 측은지심을 실천에 옮겨야 비로소 인이 성립된다. 주자의 해석처럼 인의 덕으로부터 측은지심이 생기는 것이 아니라, 측은지심을 실천에 옮김으로써 비로소 인의 덕이 이루어진다고 다산은 해석한다. 다산은 행사(行事)를 중시한다. 사람이 행동으로 사랑을 구현해야 인의 덕이 얻어진다는 것이다.

> 인의예지의 이름은 행동한 다음에 이루어진다. 그러므로 사람을 사랑한 뒤에 인이라고 부르지, 사람을 사랑하기 전에는 인의 이름이 성립하지 않는다.(정약용, 2012b: 68)

이러한 인의 근본이 되는 것은 효도와 우애, 그리고 자애다. 부모에 대한 자식의 효도와 자식에 대한 부모의 자애, 그리고 형제 상호 간의 우애가 사랑의 근본이다. 그래서 다산은 인이란 효제자(孝弟慈)를 합쳐서 부르는 것이라고 언급한 바 있다.

> 인은 인륜의 명덕이고, 효제자를 합친 전체 명칭이다.(정약용, 2012a: 126)

효제자의 사랑은 가정에서 사회로 확장될 수 있다. 효의 원리는 윗사람에 대한 아랫사람의 사랑으로, 자의 원리는 아랫사람에 대한 윗사람의 사랑으로, 우애의 원리는 비슷한 연령의 사람 사이의 수평적 사랑으로 확장될 수 있다. 그러므로 효도, 자애, 우애는 덕 가운데서도 가장 중요하고 기본이 되는 덕인 '명덕(明德)'으로 부른다고 한다.

다산은 행동에 의해서 인의 덕이 구현된다고 하여 행동을 중시하였다. 그렇지만 사랑의 행동이 의지에 의해서만 가능한 것은 아니다. 다산에 따르면 다른 사람에 대한 측은지심의 감정은 선천적인 것이다. 맹자가 말한 이른바 사단(四端)의 감정은 사덕(四德)을 가능하게 하는 단서와 같다. 인간은 사단의 가능성을 선천적으로 지니고 있다. 측은지심이라는 인의 가능태는 이미 누구나 지니고 있지만 인의 완성태는 행동에 의해 이루어진다. 다산은 사람마다 지니고 있는 사랑의 가능성을 측은지심이라고도 하지만, 다른 한편에서는 선을 좋아하고 악을 부끄러워하는 본성이라고도 한다. 다산에 따르면 인간은 누구나 선을 좋아하고 악을 부끄러워하는 낙선치악(樂善恥惡)의 본성을 지니고 있다. 하늘, 즉 상제는 인간에게 낙선치악의 본성을 부여해서 사람들이 서로 사랑할 수 있도록 하였다. 이러한 본성은 다른 인간을 아끼고 배려하는 사랑을 가능하게 하는 근본 감정이라고 할 수 있다. 그러나 이러한 근본 감정에도 불구하고 사랑은 행동에 의해 비로소 구현되고 완성되는 것이다. 주자학은 사랑을 가능하게 하는 근본 감정 또는 가능성과 행동에 의해 완성되는 사랑의 덕을 구분하지 않고 두 가지를 모두 인간이 선천적으로 지니고 있는 것으로 파악한 점에서 중대한 오류를 범하고 있다고 다산은 지적한다.

그렇다면 인을 실천하는 방법은 무엇인가? 다산은 그 방법을 충서(忠恕)로 본다. 공자는 제자 자공(子貢)에게 우리의 도는 하나의 원리로 관통한다고 하였다. 자공은 그 하나의 원리가 충서라고 설명하였다. 다산은 충서가 본질적으로 서(恕)와 다르지 않다고 해석한다. 서란 내가 바라지 않는 것을 상대에게 강요하지 않는 것이고, 내가 이루고 싶은 것을 상대가 이루도록 도와주는 것이다. 사람은 기본적으로 누구나 욕구가 크게 다르지 않다. 사랑은 자신의 욕구만이 아니라 타인의 욕구도 똑같이 인정하고 상대를 존중하며 인격적으로 대해 주는 것이다. 상대에게 대접받고 싶은 대로 상대를 대하는 것이다. 자식에게 대접받고 싶은 대로 어버이를 섬기고, 동생에게 대접받고 싶은 대로 형을 대접하고, 벗에게 대접받고 싶은 대로 벗을 대하고, 아랫사람에게 대접받고 싶은 대로 윗사람을 섬기는 것이 서다.

> 서란 무엇인가? 자식에게 받고 싶지 않은 것을 부모에게 베풀지 말고, 부모에게 받고 싶지 않은 것을 자식에게 베풀지 않으며, 신하에게 받고 싶지 않은 것을 군주에게 베풀지 말고, 군주에게 받고 싶지 않은 것을 신하에게 베풀지 말며, 어린 사람에게 받고 싶지 않은 것을 나이 든 사람에게 베풀지 말고, 나이 든 사람에게 받고 싶지 않은 것을 어린이에게 베풀지 않는다. 무릇 사람과 사람이 서로 관여하는 즈음에 모두 이 원리를 사용하니 이것이 이른바 혈구지도다.(정약용, 2012a: 208-209)

서의 원리는 황금률에 해당하는 것으로서 동서와 고금을 막론하고 보편적으로 적용될 수 있다. 서를 통한 사랑이란 인간관계에서 상대방을 자신의 몸처럼 아끼고 배려하고 섬기는 능동적이고 향외적인 활동이다.

4. 다산의 사회적 약자에 대한 사랑

유학에서 사랑은 가까운 가족에서부터 출발하여 친족, 이웃에 미치고, 더 나아가서는 무관한 사람에까지 확대된다. 그런데 여기서 특별히 관심을 가져야 할 사랑의 대상이 있다. 특별한 어려움을 겪고 있는 사회적 약자다. 맹자는 문왕이 어진 정치를 할 때 반드시 환과독고(鰥寡獨孤: 鰥은 늙어서 부인이 없는 사람, 寡는 늙어서 남편이 없는 사람, 獨은 늙어서 자식이 없는 사람, 孤는 어려서 부모가 없는 사람)와 같이 천하의 곤궁한 백성으로서 의지할 데 없는 사람들에게 우선적으로 사랑을 베풀었다고 한다. 유교의 왕도정치론에 따르면 어진 왕은 보살핌이 필요한 사회의 소외계층에 우선적으로 사랑을 베풀어야 한다.

실학자로서 다산의 사랑론에서 특징적인 것은 민에 대한 사랑, 즉 애민의식이 투철한 점이라고 할 수 있다. 다산실학의 저변에는 백성에 대한 사랑이 관통하고 있다. 백성에 대한 사랑은 그들의 고통 치유에 대한 관심으로 이어진다. 아픈 사람을 그냥 두고서 사랑이라고 할 수 없다. 아픈 사람을 낫게 하는 것이 급선무가 아닐 수 없다. 그래서 다산은 아픈 백성의 치유를 위한 학문을 연구하였다. 육체의 고통을 치유하기 위한 『마과회통(麻科會通)』과 같은 의학서, 경제적 고통을 치유하기 위한 정전법, 무고한 인명 피해를 줄이기 위한 『흠흠신서(欽欽新書)』, 잘못된 행정으로 인한 고통을 줄이기 위한 『목민심서(牧民心書)』, 백성을 위한 올바른 행정체계의 재조직을 위한 『경세유표(經世遺表)』가 대표적이다. 다산은 백성의 고통을 줄여 주고 백성을 위하고 사랑하는 것이 정치의 본질이라고 이해하였다.

다산은 『목민심서』 「애민 육조」에서 백성에 대한 사랑 중에서도 소외받고 어려움에 처한 사회적 약자에 대한 배려를 중시하였다. 예컨대 노인, 고아, 홀아비, 과부, 늙어 자식 없는 사람 등 궁한 사람들을 비롯하여 상을 당한 사람들, 질병이 있는 환자, 재난을 당한 사람들에 대한 배려와 보호가 목민관의 중요한 과제라고 강조한다. 이들에 대해서는 민간에서 여유 있는 사람들이 돕도록 하고 이를 관에서 지원하거나, 아니면 관에서 직접 도움을 주고 구조해야 한다는 것이다. 이를 차례로 설명하면 다음과 같다.

1) 노인과 고아에 대한 사랑과 배려

기력이 쇠잔하고 외로운 노인이나 부모가 없는 고아는 우선적 사랑의 대상이다. 다산에 따르면 목민관은 80세 이상의 노인을 초청하여 음식을 대접하고, 노인들에게 백성의 괴로움이 무엇이고 질병은 없는지를 물어서 노인에 대한 공경의 예를 표해야 한다. 쇠약하고 병들어 직접 연회에 참석할 수 없는 노인에게는 집으로 찬(饌)을 보내서 예를 표해야 한다. 그 예로 다산은 송대 성리학자 장횡거(張橫渠)의 사례를 거론한다.

> 장횡거가 운암 현령으로 있을 때, 매월 초하루에 술과 음식을 갖추어 놓고 고을의 연세 많은 분들을 불러 현청에 모아서 친히 술을 권하고 사람들로 하여금 양로(養老)와 어른 섬기는 뜻을 알게 하였다. 그리하여 백성들 간의 괴로운 사정을 묻기도 하고 자제들을 훈계하는 도리도 묻곤 하였다.(정약용, 1992a: 11-12)

그리고 섣달 그믐날 이틀 전에 쌀과 고기 등 음식물을 갖추어 노인들에게 문안드리도록 해야 한다고 했는데, 물론 모든 노인에게 그리할 수는 없고 80세 이상인 노인들에게만 해당된다. 다산은 이를 통해서 노인들을 존중하고 배려하는 경로의 기풍을 진작하는 것이 필요하다고 보았다. 또한 노인에 대한 배려와 관련하여, 물질적인 것에 그치지 않고 정신적으로 공경하는 것도 중요하다고 보았다. 이러한 노인 공경은 그 자체로도 중요하지만, 결과적으로도 도덕적 사회를 건설하는 데 기여할 수 있다고 본 것이다.

다산은 천지의 화기(和氣)를 상하게 하고 사람의 마음을 가장 슬프게 하는 것 중에서 어려서 부모를 잃은 것보다 심한 것이 없으므로 고아를 돌보는 일을 소홀히 해서는 안 된다고 하였다(정약용, 1992a: 20). 흉년이 들거나 하여 형편이 어려워지면 자식을 버리는 경우가 많아서 고아가 생긴다. 고아 양육을 위해 다산은 길에 버려진 아이를 거두어 기르는 중국의 '자유국(慈幼局)', '자유사(慈幼舍)' 제도를 언급하고 있다. 그리고 기근이 든 해가 아닌 평년에 버려진 아이를 거두어 기르는 사람의 형편이 어려워지면 관에서 일정 기간 동안 매월 일정한 양곡을 보조해야 한다고 제안한다(정약용, 1992a: 33). 한편 다산은 버려진 사생아에 대해서도 민간에서 거두어 길러서 백성들이 자식으로 삼거나 노비로 삼는 것을 허용해야 한다고 언급하기도 했다(정약용, 1992a: 33). 버려진 아이를 거두어 기르는 것이 현실적으로 쉬운 일이 아니므로, 고아가 굶어 죽도록 방치하는 것보다는 나중에 노비로 삼더라도 거두어 기르는 것이 보다 합리적이라고 다산은 판단한 것이다.

2) 무의탁 이웃에 대한 사랑과 배려[振窮]

홀아비, 과부, 고아, 늙어 자식 없는 사람과 같은 사궁(四窮)은 가난하면서도 의탁할 데가 없는 사람을 일컫는다. 나이, 친척 및 재산 유무가 사궁의 기준이 된다. 10세 이상이거나 60세 미만이어서 자기 힘으로 일해서 먹고살 수 있는 사람은 진궁(振窮)의 대상이 아니다. 그리고 비록 육친(부·모·형·제·처·자)이 없더라도 가까운 친척이 있는 사람은 진궁의 대상이 아니다. 자신의 힘으로 일해서 먹고살 수가 없고 의지할 친척과 재산이 없는 사람이 궁인이다. 이들에 대한 지원을 다산은 다음과 같이 제시한다.

> 늙은 홀아비로 자식이 없는 사람에게는 매달 곡식 다섯 두(斗)씩을 지급하고, 늙은 과부로서 자식이 없는 사람에게는 매달 곡식 세 두씩을 지급해 주며, 또 요역(徭役)을 모두 면제해 주고, 동리에서 덕이 있는 사람을 골라 이들을 거접(居接)케 한다.(정약용, 1992a: 34)

만일 궁인에 대해 목민관이 마땅한 구휼을 다하지 않으면 책임이 뒤따름을 대명률을 인용하여 다음과 같이 경고한다.

> 무릇 홀아비, 과부, 고아, 늙어 자식 없는 사람 및 병이 심해 폐인이 된 사람으로서 가난하고 의지할 친척도 없이 스스로 살아갈 수 없는 사람은 그 지방관청에서 응당 거두어 주어야 하며, 거두어 주지 않는 자는 장(杖) 60대의 벌을 받는다. 만약 응당 옷과 양식을 지급해야 하는데 이를 관장하는 관리가 그 수량을 깎아 버리면, 단속하는 관리를 감수자도(監守自盜)의 죄목으로 논한다.(정약용, 1992a: 35)

그뿐만 아니라 다산은 가난해서 혼기가 다하도록 결혼하지 못한 사람은 관에서 결혼할 수 있도록 도와줄 필요가 있다고 생각하였다. 25세 이상인 남자 혹은 20세 이상인 여자 가운데 부모와 친척이 있고 재산이 있으면 성혼하도록 독촉해야 한다면서, 만약 친척도 없고 재산도 없는 경우에는 마을에서 덕망 있는 사람으로 하여금 중매를 서서 성혼하도록 하고, 관에서도 돈이나 포목을 내어서 도와주며, 결혼식에 필요한 장비를 대여해 주어야 한다고 주장한다.

조선시대에는 결혼한 여자가 개가하는 것에 대해 부정적인 인식이 강했다. 그러나 다산은 한번 결혼했다가 혼자되어 외롭게 된 과부들에 대해서도 상대를 만나 재혼할 수 있도록 돕는 것이 좋다고 제의한다.

> 관자(管子)는 말하였다. "무릇 도읍에는 모두 중매를 맡은 이가 있어서 홀아비와 과부를 골라 화합시키니 이를 합독(合獨)이라 부른다." 합독 또한 선정(善政)인 것이다. … 어찌 수령이 예로써 (합독을) 권하여 한 남자와 한 여자가 서로 각자의 제자리를 얻게 함과 같으리오. 이런 일은 비록 반드시 법령으로 발할 것까지는 없지만 마땅히 백성들에게 은근히 타일러서 옛날 사람들의 뜻을 알게 할 것이다.(정약용, 1992a: 39)

3) 상(喪)이나 재난을 당한 사람에 대한 사랑과 배려

다산에 따르면 부모의 상을 당한 지 100일이 채 되지 않은 자에게는 일체의 부역을 관대히 면제해 주어야 한다. 그리고 다산은 아주 빈궁한 사람이 죽어서 염할 형편이 되지 못하면 장사를 지낼 수 있도록 관에서 지원해야 한다고 주장한다.

윤형래가 회인현감이 되었을 때 일찍 정당(政堂)에 앉아 있는데, 통곡하면서 현문 앞을 지나가는 사람의 울음 소리를 듣고 "어떤 사람이 통곡하느냐"고 묻자, 대답하기를 "한 백성이 어제 죽었는데 지금 장사 지내러 나가고 있습니다" 하니, 또다시 "염이나 했는가"라고 묻자 "가난하여 그럴 수 없었다"고 하니, 그는 바로 돈을 주어 관(棺)을 사서 장사 지내게 하였다.(정약용, 1992a: 42)

또한 다산은 유행병으로 많은 사망자가 속출하여 시체가 내버려질 때는 관에서 거두어 매장해야 한다고 말하고, 곡산부사 시절 자신의 경험을 참고로 제시한다(정약용, 1992a: 43). 수재나 화재 등으로 피해를 입은 사람들은 큰 고통을 겪기 마련이다. 이런 사람들에 대해서는 제도적인 구제방안이 없지는 않지만 그럼에도 불구하고 목민관은 자신의 일처럼 절박한 심정을 가지고 이들을 도와주기 위해서 힘써야 한다고 다산은 강조한다. 그리고 가장 좋은 방법은 이러한 재난이 발생하지 않도록 목민관이 사전에 미리미리 대비하여 예방하는 것이라 말한다.

4) 장애인과 병자에 대한 사랑과 배려

다산에 따르면 장애인에 대해서는 장부에 첨정(簽丁)해서는 안 되고 잡역(雜役)을 시켜서도 안 된다(정약용, 1992a: 48). 그는 의탁할 곳이 없는 장애인에 대해서는 고향 마을의 유덕한 사람을 골라서 그들로 하여금 보호해 주도록 하고 대신에 잡역을 덜어주는 보상을 해야 한다고 제안한다.

장님, 절름발이, 손발병신, 나환자 같은 이들은 사람들이 천하게 여기고 싫어하는 바다. 이들과 함께 육친이 없어서 떠돌아다니며 안주할 곳이 없는 이들에 대해서는 그들의 종족들을 타이르고 관에서 보호하여 그들로 하여금 안주할 곳을 마련해 주어야 한다. 그들 중 친척이 하나도 없어서 어디 의지할 곳이 전혀 없는 자에게는 그의 고향 마을의 유덕한 이를 골라 그로 하여금 보호해 주도록 하되, 잡역을 덜어주어 그 비용을 대신케 해 주도록 해야 할 것이다.(정약용, 1992a: 48)

염병이 나돌게 되면 사람들은 두려워하고 병든 자를 꺼리게 된다. 다산은 이럴 때 목민관이 환자들을 위로하고 치료해 주어서 두려워하지 않도록 해야 하며(정약용, 1992a: 49), 염병과 천연두 등 전염병으로 사람들이 죽어 나가는 재난이 있을 때는 관에서 적극 구조해야 한다고 말한다(정약용, 1992a: 50). 다산은 약을 대량으로 제조하여 널리 보급함으로써 생명을 구제하는 데 힘써야 한다면서 이기양(李基讓)과 자신이 염병으로부터 백성을 구제한 경험을 예로 다음과 같이 제시한다.

복암 이기양이 문의 현감으로 있을 때 염병이 크게 유행하였다. 성산자를 많이 지어서 백성들에게 나누어 먹였고, 옆으로 청주 옥천까지 보급되어서 살아난 사람이 그 수를 셀 수 없을 정도였다. 내가 강진에 있을 때인 가경 기사년과 갑술년에 큰 기근을 만났고 그 이듬해 봄에 염병이 크게 유행하였다. 내가 이 처방을 보급해서 살려 낸 사람들이 또한 그 수를 셀 수 없었다. 만약 포부자(炮附子)를 쓰면 영험이 없고 반드시 생부자(生附子)를 써야 곧 신기한 효험이 있을 것이다. 수령으로 있는 사람은 만약 염병이 유행하는 때를 만나면, 수만 전의 비용을 써서라도 이 약을 많이 제조하여 의술에 밝은 아전으로 하여금 헐한 값에 팔게 하면 널리 구제할 수 있을 것이다.(정약용, 1992a: 52)

또한 다산은 유행병이 돌 때 구호·치료하거나 죽은 자를 매장하는 데 힘쓴 사람은 나라에서 포상하도록 조정에 청해야 한다고 주장하면서(정약용, 1992a: 53), 생명을 구하고 사랑을 베풀기 위해서는 인술, 즉 의술을 잘 알고 적극 활용해야 한다고 말한다. 다산이 『마과회통』을 저술한 것도 의학을 통한 생명 사랑의 실천을 위한 것이었다.

5) 감옥의 죄수에 대한 사랑과 배려

인간에게 지상에서 가장 괴로운 곳은 아마 감옥일 것이다. 설사 죄를 지어서 감옥에 갔다고 하더라도 수인(囚人)들은 가장 고통스런 조건에 처해 있으므로 돌봄과 사랑이 필요한 사람들이다. 다산은 『목민심서』「형전 육조」에서 재판받는 사람들이나 죄수들의 인권과 그들에 대한 배려에 관해 자세히 논의하고 있다(정약용, 1992b: 42-89). 다산은 죄수들의 목에 칼을 씌우는 형벌은 적절한 것이 아니라고 말한다. 감옥에 갇혀 있는 죄수의 질병에 대해서도 목민관은 반드시 보살펴야 하고, 굶주림과 추위도 막고 비위생적 환경도 개선해서 최소한의 인간다운 생존 조건을 제공해야 한다. 또 명절날에는 죄수가 자기 집에 다녀올 수 있게 허용해야 하고, 죄수라도 자손이 끊어지지 않도록 부부생활을 허용하는 자비와 은혜를 베풀어야 한다고 제안한다.

6) 시에 나타난 애민의식

이 밖에도 다산은 시를 통해 백성에 대한 사랑을 표현하기도 했다. 다산의 시에 백성이 겪는 고통에 대한 공감과 백성을 괴롭히는 탐욕스럽고 무능한 관리에 대한 분노가 자주 나타난다. 백성을 괴롭히는 지배층을 시랑(豺狼), 즉 승냥이와 이리 떼에 비유하고, 백성은 시랑에 의해 괴롭힘을 당하는 존재로 비유한다.

> 승냥이야, 이리야!
> 우리 송아지 채 갔으니
> 우리 양일랑 물지 말라
> 장롱엔 속옷도 없고
> 횃대엔 걸린 치마도 없다
> 항아리에 남은 소금도 없고
> 쌀독에 남은 식량도 없단다
> 큰 솥 작은 솥 다 앗아 가고
> 숟가락 젓가락 다 가져간 놈
> 도둑놈도 아니면서
> 왜 그리 못된 짓만 하느냐
> 사람 죽인 자는 죽었는데
> 또 누굴 죽이려느냐…
> (정약용, 1996a: 459-460)

「견여탄(肩輿歎)」에서도 가마 메는 사람들, 즉 민중의 아픔에 대한 공감과 사랑을 표현하고 있다.

> 사람들이 가마 타기 좋은 줄만 알고
> 가마 메는 고통은 알지 못하네…
> 스스로 고생하여 남을 편케 함은야
> 당나귀나 말과 다를 것이 없구나

너와 나는 본시 같은 동포로서
하늘의 조화를 똑같이 타고났건만
네 어리석어 이런 천역을 감수하니
내가 어찌 부끄럽지 않으리요
나는 너에게 덕 입힌 것 없는데
어찌 너희 은혜만 받는단 말이냐
형이 아우를 불쌍히 안 여기면
부모 마음에 노여워하지 않겠는가
(정약용, 1996b: 138-139)

유명한 「애절양(哀絶陽)」이란 시에서도 다산은 자신의 생식기를 스스로 자를 수밖에 없는 절박한 처지에 내몰린 민중들의 아픈 현실에 대한 공감과 분노를 표현하고 있다. 이런 시들은 백성의 아픔을 자기 것으로 공감하는 다산의 깊은 애민의식을 잘 보여 준다.

5. 나오는 말

우리는 인 개념을 중심으로 다산 사상에서 나타난 사랑의 의미에 대해 살펴보았다. 다산은 주자학과 성리학의 인 개념이 원시유학의 인 개념을 왜곡했다고 비판한다. 다산은 인 개념의 실천성과 사회적 관계성을 회복시키기 위해서 노력하였다. 유학에서 인이란 사람 사이에서 입장을 바꾸어 생각해 서로 아끼고 배려해 주는 것이라고 이해한다.

다산의 사랑 개념은 행동을 중시한다. 상대에게 행동으로 배려하고 베푸는 것이다. 다산은 또한 백성에 대한 사랑을 중시한다. 유학은 애민

사상을 기반으로 하고 있지만, 다산 사상에서 애민의식은 한층 절실하고 구체적이다. 다산은 백성 가운데서도 특히 어려운 처지에 놓인 사회적 약자에 대한 사랑을 무엇보다 중시하였다. 목민관은 어려운 처지의 백성에 대한 사랑의 의무와 책임이 있다고 보고, 그 내용을 『목민심서』에서 상세하게 논하고 있다. 『목민심서』 「애민 육조」를 보면 다산이 말하는 사랑이 철학적 관념이 아니라 얼마나 생생하고 구체적인 현실의 문제인지를 잘 이해할 수 있다.

이는 비단 『목민심서』에서만 나타나는 것이 아니다. 다산의 전 저술의 밑바탕에는 백성에 대한 무한한 사랑, 즉 애민의식이 관류하고 있다. 「애절양」과 「견여탄」 등의 시를 보면 민중의 삶에 대한 다산의 뜨거운 사랑을 느낄 수 있는데, 이러한 사랑이 그의 학문적 문제의식의 근원을 이룬다. 또한 다산은 사랑을 개인윤리적 문제로만 본 것이 아니라 사회윤리적 관점에서도 성찰하였다. 그는 사랑을 구현하기 위해서는 개인의 실천 노력 못지않게 인간이 인간답게 살 수 있도록 하는 제도적 개혁과 보완이 뒷받침되어야 한다고 인식하였다. 이상과 같이 다산은 실학자답게 조선시대의 다른 성리학자들과는 차별되는 사랑에 대한 새로운 실천적 관점을 모색하고 발전시켰다.

참고문헌

정약용. (1992a). 『역주 목민심서 II』. 다산연구회 역주. 창비.

정약용. (1992b). 『역주 목민심서 V』. 다산연구회 역주. 창비.

정약용. (1996a). 『국역 다산시문집 2』. 민족문화추진회 엮음. 솔.

정약용. (1996b). 『국역 다산시문집 3』. 민족문화추진회 엮음. 솔.

정약용. (2010). 『譯註 論語古今註 1』. 이지형 역주. 사암.

정약용. (2012a). 『정본 여유당전서 6』. 다산학술문화재단.

정약용. (2012b). 『정본 여유당전서 7』. 다산학술문화재단.

김형효·심경호·장승구·최진덕·배병삼. (1998). 『茶山의 사상과 그 현대적 의미』. 한국정신문화연구원.

장승구. (2001). 『정약용과 실천의 철학』. 서광사.

제2부

고대 및 중·근세 사상에서 본 사랑의 의미

1장 플라톤의 에로스론

2장 아리스토텔레스의 우애론

3장 아퀴나스의 사랑 개념

4장 칸트의 사랑 이해

5장 헤겔의 사랑 이해

1장

플라톤의 에로스론

에로스를 통한 인간 이해와 이원화된 세계의 소통

● 윤영돈

플라톤은 에로스(erōs)를 철학적으로 해명한 대표적인 사상가다. 그는 에로스라는 개념을 통해 동물과 신 사이의 중간자로서 인간이 아름다움과 선함을 영원히 지니기를 원하는 존재임을 밝힌다. 에로스의 상승 과정을 볼 때, 그것은 육체적 사랑에서 출발하지만 필리아와 아가페의 면모도 지니고 있다. 이 글에서는 플라톤의 에로스론과 그 교육적 함의를 살펴보고

* 이 글은 필자의 「플라톤의 에로스론과 도덕교육적 함의」(『도덕교육연구』 제29권 제3호, 한국도덕교육학회, 2017)를 수정·보완한 것이다.

자 한다. 이를 위해 플라톤의 『향연』(*Symposion*)과 『파이드로스』(*Phaidros*)를 통해 에로스의 전체적인 면모를 파악하고, 이어서 『국가』(*Politeia*)를 염두에 두고 에로스론의 교육적 함의를 다음과 같이 이끌어 내고자 한다. 먼저 에로스로 표현되는 미의 추구는 이원화된 세계에 다리를 놓아 줌으로써 두 세계 사이의 소통의 계기를 마련한다. 다음으로 정화된 에로스는 가치 인식의 근거로서 일종의 '가치감'이다. 끝으로 에로스의 상승과 하강은 가르치는 자와 배우는 자의 교육적 사랑의 관계를 제시한다.

1. 들어가는 말

'사랑'이라는 말에는 사람의 심장을 뛰게 만드는 힘이 있다. 흔히 에로스는 남녀 간의 육체적 사랑으로, 필리아는 인격적 사랑으로, 아가페는 신적 사랑으로 불린다. 플라톤은 이 가운데 에로스라는 개념을 통해 인간의 본질을 밝혀 준다. 우리가 보통 남녀 간의 육체적 사랑으로 이해하는 에로스를, 플라톤은 지극히 훌륭한 모든 노력의 배후에 있는 추진력으로서 참된 인식을 지향하는 활동과 선(善)을 지향하는 활동을 지칭하는 일반적 용어로 사용한다. 플라톤은 사랑에 대한 기존의 여러 가지 견해를 자신의 독특한 철학적 목적을 향해 전환시킨다. 다시 말해 에로스의 본질을 규명함으로써 사랑과 철학 사이에 다리를 놓고 있다는 것이다(Ferrari, 1993: 248). 더 나아가 플라톤의 에로스는 육체적 사랑에서 출발하지만 필리아와 아가페의 면모도 지니고 있다.

플라톤의 에로스론은 두 대화편에 풍부하게 등장한다. 먼저 『향연』에는 그 부제가 "사랑에 관하여, 윤리적인 대화편(peri erōtos · ēthikos)"으로 표현되고 있으며, 『파이드로스』의 경우에는 "아름다움에 대하여, 윤리적인 대화편(peri kalou · ēthikos)"으로 표현되고 있다. 『향연』에 언급된 사랑에 관한 다섯 명의 찬사는 에로스에 대한 당시의 일반적 견해로 간주되는데, 이러한 견해는 최종적으로 플라톤의 관점으로 파악되는 에로스에 대한 디오티마의 가르침에 부분적으로 흡수된다. 그런가 하면 『파이드로스』의 전반부에서는 아름다움에 대한 에로스의 충동을 중요한 주제로 다루고 있다. 『향연』의 디오티마에 의한 에로스의 본질 규명과 『파이드로스』에 나타난 '영혼의 신화'를 살펴볼 때, 미와 선 자체로의 에로스의 상승과 정화 과정은 '인간의 본질 이해와 철학적 삶에의 요청'을 제시한다.

이에 먼저 플라톤의 에로스론을 『향연』과 『파이드로스』를 중심으로 살펴보되, 그 윤리학적 지향의 면모를 논구하고자 한다. 그 다음으로 플라톤의 에로스론이 교육에 시사하는 바를 제시할 것이다.

2. 플라톤의 에로스론 개요

1) 『향연』에 나타난 에로스의 문제

(1) 대중적 견해

『향연』의 에로스 담론은 아가톤이 연극 대회에서 자신의 비극으로 우승을 차지한 후 친구들을 불러 축하연을 베푸는 자리에서 펼쳐진다. 소크라테스는 "평소에 사랑에 관해서밖에는 아는 것이 없다"(*Symposion*, 177e)라면서, 먼저 파이드로스에게 에로스에 대해 말해 보도록 권한다.

파이드로스는 에로스가 "가장 좋은 것의 근원이자 사람의 일생을 통해 올바르게 살아가도록 이끌어 주는"(*Symposion*, 178c), 다시 말해서 "덕과 행복으로 사람을 이끄는 가장 오래되고 가장 존귀하며 가장 강력한 신”(*Symposion*, 180b)이라고 말한다.

이에 대해 파우사니아스는 아프로디테가 둘이듯 에로스 역시 둘로 구분할 필요가 있다고 응수한다. 그는 저속한 에로스가 남성보다 여성을 사랑하고 영혼보다 육체를 사랑하는 데 반해, 천상의 에로스는 소년을 사랑하여 그를 지혜와 덕으로 이끈다고 말한다(*Symposion*, 184d-e). 찬미를 받을 만한 에로스는 천상의 에로스라는 것이다.

에로스에 대한 세 번째 담론은 의사인 에릭시마코스에 의해서 개진되는데, 그는 먼저 파우사니아스가 두 종류의 에로스를 구별한 것에 동의를 표한다. 하지만 그는 에로스가 인간뿐만 아니라 음악, 의학 등 지상의 모든 일에 영향력을 발휘한다고 하면서, 그것을 '상반되는 것들의 조화'를 이끄는 근원으로 간주한다(*Symposion*, 186d-188a). 에로스는 더운 것과 찬 것, 쓴 것과 단 것, 마른 것과 젖은 것 등 서로 불화하는 것들의 사랑과 화합이라는 것이다. 이처럼 '대립하는 것 사이에서 조화가 가능하다'는 명제는 무엇보다 헤라클레이토스적 전통과 결부되어 있다.[1]

이어지는 담화에서 희극 작가인 아리스토파네스는 자신의 반쪽을 찾는 사람들의 경향성을 인간에 관한 신화에서 이끌어 낸다. 그에 따르면 인간은 원래 세 종류의 성으로 구분되어 있었다. 남성과 여성, 그리고 제3의 성인 남녀성이 그것이다. 그런데 인간의 오만을 경계하기 위해 제우스가 이들 세 종류의 인간을 반쪽으로 절단하였다(*Symposion*, 189d-190d). 그리하여 이성이든 동성이든 자신의 반쪽을 찾아가는 경향을 갖게 되었다. 한마디로 "본래 하나(전체)였던 것에 대한 열망과 추구"를 에로스라 부르게 되

1 "대립하는 것들은 한곳에 모이고, 불화하는 것들로부터 가장 아름다운 조화가 이루어진다"(Diels & Kranz, 1974: 152). 대립하는 것 간의 조화는 "활과 리라의 경우처럼, 반대로 당기는 조화"(Diels & Kranz, 1974: 162)를 말한다.

었다는 것이다(*Symposion*, 192e). 아리스토파네스의 논의에는 당시 동성애에 대해 관대했다고 추정해 볼 수 있는 동성애 코드가 담겨 있다.

끝으로 비극시인인 아가톤은 앞선 네 가지 담론이 에로스 자체를 찬미하기보다는 에로스가 부여한 선물을 칭송한 것에 불과하다고 평하면서 자신의 주장을 펼친다. 그는 에로스가 신들 가운데 가장 젊은 신이고, 쾌락과 욕망에 대한 절제심이 강하며, 공정과 용기와 지혜라는 덕을 지니고 있고, 훌륭한 시인이자 모든 생명체에 출산과 성장을 가능케 하며, 아름다움에 대한 사랑으로서 온갖 좋은 것을 가능케 한다고 칭송한다(*Symposion*, 194e-197b).

(2) 플라톤의 견해

① 중간자로서 인간의 본성 규명: 에로스의 출생 이야기

플라톤은 소크라테스의 입을 빌려 앞선 다섯 가지 담화를 부정하기보다는 이를 활용하되, 에로스가 인간에게 주어진 것이며 인간으로 하여금 '진리'에 도달하게 하는 힘이라는 점을 보여 준다. 결핍된 존재인 인간은 아름다움과 선함을 지향한다는 점에서 에로스는 중간자로서의 인간 본성을 드러낸다.

플라톤은 『향연』에서 에로스의 출생 신화(mythos)를 통해 (동물과 신 사이의) 중간자로서의 인간 존재의 위상을 묘사한다(*Symposion*, 203b-204b).[2] 이 신화는 디오티마 부인에게서 소크라테스가 들은 것으로 소개된다. 에로스는 미의 여신인 아프로디테의 탄생을 기념하는 잔칫날에 만난 풍요

---

2 에로스의 출생 이야기에 대한 자세한 논의는 박영식(1993: 11-31), 박종현(1994: 131-151), 로쯔(1991: 137-162, 178-179), Ritter & Gründer(1980: 291-294), Becker & Becker(1992: 742-743) 참조.

의 신인 포로스(Poros)와 빈곤의 여신인 페니아(Penia) 사이에서 태어났다. 이 때문에 아프로디테의 수종자로서 '아름다움을 사랑하는 자'인 에로스는 가난과 궁핍이라는 페니아의 본성과 풍요의 신인 포로스의 아름다움과 좋음을 획득하고자 하는 열망으로 온 생애 동안 지혜를 추구하는 자로 규정된다. 지혜(sophia)와 무지(amathia)의 중간에서 에로스는 필연적으로 지혜를 추구하는 자인 것이다. 더 나아가 에로스는 가사적인 것과 불사적인 것의 중간자요, 신과 인간을 중개하는 다이몬(daimōn)이기도 하다(*Symposion*, 202e). 에로스는 아름다움에 대한 욕구이자 사랑이며, 만인에게 공통되는 것이다(*Symposion*, 205a). 에로스의 출생신화는 인간이야말로 풍요와 빈곤의 중간자, 지혜와 무지의 중간자, 아름다움과 추함의 중간자(to metaxy)로서 풍요와 지혜와 아름다움의 추구자라는 점을 보여 준다.

② 지상에서 천상으로 향한 미의 사다리

플라톤은 에로스를 철학적으로 규명한 대표적인 철학자다. 그는 감성적인 욕구로서의 에로스를 아름다움(to kalon)[3]에 대한 욕구로 승화시킨다. '미의 사다리 비유'에는 아름다움에 대한 욕구로서 에로스가 지닌 전체적인 모습이 묘사되어 있다.

> 이 세상의 개개의 아름다운 것들로부터 출발하여, 저 아름다움을 향하여 위로 올라가되 마치 사다리를 올라가듯 하나의 아름다운 육체로

---

3 'beautiful'이라는 형용사의 의미를 지니는 희랍어 'kalon'은 우리의 마음을 즐겁게 해주고 감탄을 유발하는 일체의 것에 적용된다. 시각 및 청각뿐만 아니라 인간의 마음이나 성격에도 적용된다. "가장 공정한 것은 가장 아름다운 것(The most just is the most beautiful)"이라는 델피 신탁의 선언은 'kalon'에 대한 희랍인들의 태도를 잘 나타낸다(오병남, 2003: 11-12).

> 부터 두 개의 아름다운 육체로, 또 둘에서 모든 아름다운 육체로 나아가고, 아름다운 육체들로부터 아름다운 일과 활동으로 나아가고, 일과 활동에서 아름다운 학문으로 나아가고, 그리고 마지막으로 저 아름다움 자체의 앎인 학문으로 나아가, 비로소 아름답다는 것 자체를 알 수 있는 것입니다. 인생은 여기 이르러 … 아름다움 자체(auto to kalon)를 바라봄으로써 살 가치가 있는 것입니다.(*Symposion*, 211c-d)

아름다움의 상승 과정은 크게 육체의 아름다움, 일과 활동의 아름다움, 학문의 아름다움, 아름다움 자체로 구분된다.[4] 아름다움에 대한 욕구는 어느 한 단계에서 만족되지 않고 끊임없이 위로 상승하는 힘으로 파악된다. 에로스의 참된 본질은 아름다움 자체로 오르기 전에는 해소될 수 없는 갈망인 것이다. 이와 같이 최상의 단계로 끊임없이 오르려는 에로스의 모습은 무엇보다 에로스가 좋은 것(to agathon)을 가지되 영원히(aei) 자기 자신의 것으로 가지기를 원하기 때문에 나타난다. 이 과정에서 사멸할 수밖에 없는 인간은 불사성(athanasia)을 확보하기 위한 방법으로, 아름다움을 매개로 출산을 감행한다. 미의 사다리 각 단계에서 육체로나 정신으로나 아름다운 것 속에서 출산이 가능하다(*Symposion*, 206a-b). 육체의 출산으로 자식을 낳는다면 정신의 출산은 작품, 법률, 제도나 온갖 덕을 낳는다고 할 수 있다. 임산부나 시인 또는 철학자는 자신이 출산하는 자식들의 아름다움 때문에 해산의 고통을 감내한다. 여기에서 에로스가 아름다움을 추구한다고 했을 때, 출산의 수고도 아름다움과 결부되어

4 마이클 조이스(Michael Joyce)는 육체의 아름다움(bodily beauty), 제도·법률의 아름다움(the beauty of institutions), 배움의 아름다움(the beauty of learning), 아름다움 자체(the beautiful itself)로 번역한다(Hamilton & Cairns, 1982: 563).

있음을 알 수 있다(*Symposion*, 206d-e). 그런데 어느 한 단계에서 만족하지 않고 아름다움 자체, 즉 미의 이데아를 향하여 끊임없이 상승하는 것은 에로스가 불사뿐만 아니라 선한 것을 함께 욕구하기 때문이다(*Symposion*, 207a).

에로스는 아름다움 자체에 이르기까지 끊임없이 상승하려는 모습과 영원히 좋은 것을 소유하기 위한 출산의 성향을 갖는다. 육체의 아름다움 가운데서 자식이 태어나고, 앞의 것이 무가치하지는 않지만 그보다 고귀한 정신의 아름다움에서 예지와 온갖 덕이 산출된다. 그런데 가장 위대하고 아름다운 예지는 나라와 가정의 질서를 바로잡는 일에 관계되는 절제(sōphrosynē)와 올바름(dikaiosynē)이다(*Symposion*, 209a). 여기서 우리는 에로스의 상승 과정에 도덕성과 공동체성이 내포되어 있음을 알 수 있다.

2) 『파이드로스』에 나타난 에로스의 문제

인간에게 내재되어 있는 아름다움에 대한 열정인 에로스는 왜 불가피하게 최상위 단계인 진선미로 상승하는 것일까? 어떤 근거로 그러한 절대적인 경지가 상정되는가? 이에 대한 플라톤의 답변을 우리는 『파이드로스』의 '영혼의 신화'에서 살펴볼 수 있다(*Phaidros*, 246a-249d).

소크라테스는 영혼에 관한 신화의 서두에서 이 이야기가 영혼의 모습에 관해 그것이 무엇인지 본질을 밝혀 주는 것이 아니라 그것이 무엇과 비슷한지를 묘사하는 비유이자 신화임을 분명하게 말하고 있다. 그는 영혼을 날개 달린 두 마리의 말과 마부에 비유하면서 시작하는데, 이 신화는 계속해서 신의 영혼과 인간 영혼과 다른 생명체의 영혼 간의 차이, 영혼의 기능, 영혼과 이데아의 관계, 영혼의 추락, 윤회와 심판, 상기 등의 내용을 포함하고 있다.

신화에서 설정하고 있는 배경은 천상의 세계다. 신화의 대략적인 내용은 다음과 같다. 영혼(psychē)은 날개가 달린 두 마리의 말과 마부가 긴밀하게 결합된 힘과 유사하다. 신의 영혼을 이루는 말과 마부 모두가 고귀하지만 인간의 영혼은 반대의 성질을 가지고 있는 두 말이 끄는 마차와 같다(*Phaidros*, 246a-b). 올림푸스의 신들은 제우스를 필두로 지정된 순서에 따라 하늘을 날아다니며 자신의 직분을 수행한다(*Phaidros*, 247a-b). 신들은 천상계를 쉽게 오르지만 인간의 영혼들에게 이것은 결코 쉽지 않은 일이다. 이들 중 날개를 잃어버리지 않고 살아남은 영혼은 수고와 분투 끝에 한순간에 하늘 밖에 있는 것을 관조하게 된다. 이때 무색이고 무형이며 만질 수 없는 참존재와 그것을 둘러싼 참된 지식이 있는데, 그것은 영혼의 선장(psychēs kybernētē)인 정신에게만 보이는 것이다. 여기에서 영혼은 참된 존재를 보고 기뻐하며, 올바름과 절제와 지식을 인식할 수 있게 된다. 이와 같은 진리의 평원에서 영혼 중 제일 뛰어난 부분과 영혼을 가볍게 하는 날개가 양육된다.

신들의 마차를 잘 따라가던 영혼이 참된 것을 보지 못하여 망각(lēthēs)과 악덕(kakias)에 가득 차 무거워져서 날개를 잃어버리면 인간으로 태어나게 된다. 인간은 천상계에서 진리를 얼마만큼 보았는가에 따라 아홉 등급으로 나뉜다.[5]

5 가령 첫 번째는 지혜의 추구자(philosophos), 아름다움의 추구자(philokalos), 뮤즈의 수행자(mousikos), 사랑하는 이의 수행자(erōtikos)다. 모방가로서의 시인 혹은 화가는 여섯 번째다. 소피스트는 여덟 번째고, 전제군주는 아홉 번째다. 인간을 아홉 등급으로 나눈 것은 인간의 삶에 대한 결정론으로 보이기도 하지만, 모든 영혼은 상승할 수 있는 날개가 있다는 점과 올바르게 삶을 보낸 사람들은 더 나은 몫(moira)을 얻을 수 있다는 점에서 선천적인 요소와 후천적인 요소, 혹은 필연과 자유가 혼화되어 있다.

천상의 세계에 살았던 영혼은 정도의 차이가 있지만 천상계에서 참된 존재와 진리를 보았다. 천상에 대한 기억을 막고, 하늘을 향하게 하기보다는 땅을 향하게 하는 육체(sōma)는 영혼의 감옥(무덤, sēma, eirgmos)과 같은 곳이다(*Phaidros*, 250c; *Phaidōn*, 67d, 82e). 그런데 어떤 계기를 통해 천상의 것을 생각하게 되는데 이것을 상기(anamnēsis)라고 한다(*Phaidros*, 249b; *Phaidōn*, 72e-73a, 75e). 그런데 지상에서 상기를 가장 용이하게 하는 것은 다름 아닌 아름다움이다. 아름다움은 감각기관에 쉽게 끌리며, 천상계에 대한 기억을 촉발한다. 사실 아름다움은 잃어버렸던 영혼의 날개를 돋아나게 하며, 육체를 입기 이전의 천상계로 상승하게 한다(*Phaidros*, 250d-252b). 에로스는 지상에서 천상으로, 감각의 세계에서 존재의 세계로 비상할 수 있는 날개인 셈이다.[6]

미의 사다리 비유에서 살펴본 것처럼 에로스는 궁극적으로 아름다움 자체로 상승하고자 하는 열망이다. 그런데 참된 덕의 근원으로서의 아름다움 자체는 도덕성을 함의하고 있으며, 아름다움 자체가 선의 이데아와 일맥상통한다는 점에서 에로스는 '열망의 도덕성'을 지니고 있다. 프랜시스 컨퍼드(Francis Conford)에 의하면 소크라테스는 '열망의 도덕성(morality of aspiration)'이라는 새로운 도덕성의 원천이 영혼 내부에 있는 것으로 보고, 평생을 자신과 타인의 영혼을 돌보는 데 헌신하였다(컨퍼드, 1995: 95). 열망의 도덕성은 생명의 원천을 이루는 '감정'이며, 신의 은총으로 간주된다(컨퍼드, 1995: 180). 진리와 소크라테스를 동일시했던 플라톤에게 열망의 도덕성은 플라톤 철학의 핵심적인 씨앗이며(컨퍼드, 1995: 105), 그의 에로스론의 기저를 이루는 것이다. 플라톤은 아름다움에 대한 감성

6 "죽는 자들은 에로스(erōs)를 날개 달린 신이라 부르지만 죽지 않는 이들은 프테로스(pterōs)라 부르니, 그는 반드시 날개를 낳기 때문이네"(*Phaidros*, 252b).

적인 욕구인 에로스를 선의 이데아에 대한 지향활동(志向活動), 즉 열망의 도덕성으로 표현한다.

3. 에로스의 자기완성과 실천의 문제

1) 에로스의 자기완성: 미의 이데아와 선의 이데아 인식

플라톤에게 미의 이데아와 선의 이데아는 동일한 것의 다른 표현인가? 사실 에로스가 도달하는 최상위의 아름다움 자체(auto to kalon), 즉 미의 이데아의 성격은 선의 이데아와 상통하며, 선의 이데아 역시 모든 아름다움을 뛰어넘는 미의 극치를 지니고 있다는 점에서 미의 이데아와 선의 이데아는 동일한 것의 다른 표현 방식으로 보인다. 정화된 에로스는 미의 극치로서의 선의 이데아를 지향하는 조력자(synergos)다. 디오티마의 입을 빌려 플라톤은 아름다움 자체의 성격에 대해 다음과 같이 말한다.

> 아름다운 것들을 올바른 순서로 바라보면서 사랑의 대상들로 인도되어 온 사람은 그 궁극적인 목표를 향하여 나아가게 되는데, 갑자기 그 본성이 놀라운 어떤 아름다움을 보게 될 것입니다. 오, 소크라테스, 그 아름다움을 위해서 모든 수고를 참아 온 것입니다. 먼저 그것은 항존하며, 생성되지도 소멸되지도 않고 증가하지도 감소하지도 않습니다. … 아름다움은 단일한 형태로 영원히 독립자존합니다. 한편 다른 모든 아름다운 것들은 이 아름다움 자체에 관여합니다. … 아름다움 자체를 바라봄으로써만 살 가치가 있습니다.(*Symposion*, 210e-211b)

여기서 아름다움 자체, 즉 미의 이데아는 선의 이데아와 다음과 같은 내면적 상관성을 지니고 있다. 먼저 미의 이데아는 시간과 장소와 조건에 관계없이 보편성을 지니는데, 선의 이데아 역시 그러하다. 다음으로 미의 이데아가 단일한 형태로 영원히 독립자존하는 것처럼 선의 이데아도 단순한 존재가 아니라 지위와 힘에 있어 존재를 초월하여 자존한다. 그런가 하면 미의 이데아가 가시계(可視界)의 감각대상에 대해서 아름다움을 부여하는 것처럼 선의 이데아는 가지계(可知界)의 이데아에 존재와 본질을 부여한다. 더 나아가 아름다움 자체를 관조하는 데에 살 가치가 있듯이 선의 이데아의 관조야말로 궁극적으로 추구해야 할 삶의 가치다. 또한 미 자체 혹은 선 자체를 관조하는 자가 신의 사랑을 받는 자다. 이런 점에서 미와 선은 그 형식이 유사한데, 그 절정에 위치한 미의 이데아와 선의 이데아는 동일한 것이다.

『파이드로스』의 영혼의 신화에서 살펴본 것처럼 가시계의 아름다움은 감각기관에 쉽게 끌리며 천상계의 진리를 가장 쉽게 상기하는 매개가 된다(*Phaidros*, 250d). 요컨대 천상계에서 미와 선의 이데아가 일치한다고 할 때, 가시계에서 천상계의 선의 이데아로 도달하는 가장 좋은 방법은 에로스의 상승 작용에 의한 것이다. 선의 이데아가 존재와 인식의 시원(archē)이었음을 알았던 영혼이 천상에서 지상으로 추락하여 육체를 입게 될 때, 영혼은 선의 이데아를 망각하게 된다. 그러나 가시계에서 에로스는 아름다운 대상들을 통해 끊임없이 상승함으로써 궁극의 목적인 미의 이데아에 이를 수 있다. 에로스는 아름다움 자체에 이르러 선의 이데아를 직관함으로써 자기완성에 도달하게 된다.

2) 동굴의 비유로 재해석한 에로스의 실천적 함의

앞에서 아름다움에 대한 감성적 욕구인 에로스가 점진적인 상승의 단계를 거쳐 미의 이데아에 이르게 되는, 이른바 미의 사다리 비유를 살펴보았다. 여기서 아름다움에 대한 욕구는 에로스의 자기완성을 위한 선의 이데아로의 길(hodos) 내지는 상승의 길(anabasis)을 마련한다. 그것은 일종의 자기애와 결부된 정신활동인데, 이것이 타인과 공동체에 대한 사랑으로 어떻게 연결될 수 있을까. 선의 극치와 일치하는 미의 극치에 도달한 에로스가 어떻게 방향을 전환하여 하강의 길(katabasis)로 나아갈 수 있을까.

『국가』의 동굴의 비유에는 상승의 길과 하강의 길 모두가 묘사되어 있다(*Politeia*, 510a-511e). 동굴의 비유에서 이 동굴은 빛이 들어오도록 입구가 열려 있으며, 죄수들은 어려서부터 다리와 목에 차꼬가 채워져 있기 때문에 같은 자리에서 벽면만 바라볼 수 있다. 그들 뒤로 멀리 떨어진 동굴 내부에서 불이 타고 있다. 그 불과 죄수들 사이에 가슴 정도 높이의 담장길이 있다. 이 담장길을 따라 조각상들, 돌이나 나무로 만든 온갖 것들을 운반하는 소리가 들린다. 다만 죄수들은 그것들의 그림자만 볼 따름이다. 그런데 그 죄수들 중 하나가 주어진 제약 상황을 극복하고 동굴 밖으로 상승의 길을 걷게 된다. 그는 동굴 안과 동굴 밖의 실상을 목격하고 존재들의 위계를 이해하게 된다. 동굴 밖에서 바라본 태양은 만물의 존재와 그 인식 가능성을 부여한다는 점도 깨닫게 된다. 동굴 밖에서 문제의 주인공은 아름다움을 관조·묵상하며 덕의 그림자가 아니라 참된 덕을 산출할 수 있게 된다. 그리하여 그는 신의 사랑을 받는 자가 된다(*Politeia*, 212a). 그런데 동굴의 비유에서 미와 선 자체에 도달한 문제의 주인공은 어떻게 동굴 안으로, 즉 하강의 길로 들어서게 되었는가.

> 어떤가? 이 사람이 최초의 거처와 그곳에 있어서의 지혜, 그리고 그 때의 동료 죄수들을 상기하고서, 자신의 변화로 해서 자신은 행복하다고 여기되, 그들을 불쌍히 여길 것(eleein, pity, 연민)이라고 자넨 생각하지 않는가?(*Politeia*, 516c)

플라톤은 동굴의 비유에서 동굴 밖으로 상승했던 주인공이 다시 동굴 안으로 하강하는 계기를 동굴 안에 있는 사람들에 대한 '연민'에서 찾았다. 상승의 길에서 하강의 길로 방향전환(periagōgē)을 감행한 에로스는 아가페적인 것으로 질적인 변화를 겪게 된다(박영식, 1993: 31).

4. 플라톤의 에로스론이 가지는 교육적 함의

1) 에로스로 표현되는 미의 추구는 이원화된 세계에 다리를 놓아 준다

플라톤은 현실 세계, 즉 생성의 세계에서 불변하는 도덕을 정초할 수 없다는 점에서 이데아의 세계, 즉 존재의 세계를 상정한다. 그런데 과학적 세계관을 선호하는 현대인들에게 이원론적 세계관은 이질적이다. 현실 너머에 있는 이데아의 세계를 상정한다는 것은, 이데아의 세계가 과학적으로 검증되지 않기 때문에 과학의 세례를 받은 현대인들에게는 기괴한 것일 수 있다(포이만·피저, 2010: 405). 이에 따라 플라톤의 이데아론처럼 강한 도덕 실재론은 그것을 지지하는 자가 증명해야 하는 부담을 진다.

또 다른 문제는 이원화된 두 세계 간의 간극을 어떻게 넘어설 것인가에 있다. 이질적인 두 세계 사이의 소통 문제가 제기되는 지점이다. 플라톤은 생성의 세계에서 존재의 세계로 상승할 수 있는 중요한 매개를 아름다움[美]에서 찾았다. 아름다움은 생성의 세계에서 존재의 세계에 속한 이데아를 상기할 수 있는 가장 좋은 통로인 셈이다(*Phaidros*, 250d-252b).

존재론적 형이상학의 성격이 현저한 플라톤의 이데아론이 상대주의 윤리설을 논파할 수 있다는 점에서 긍정적인 평가를 하면서도, 이데아의 실재성을 주장하는 점을 비판하면서 이데아를 존재로 보지 않고 이성의 개념, 즉 이념으로 상정하는 사상가 칸트를 상기해 보자. 그런데 그 역시도 과학으로 검증이 가능한 사실의 세계인 감성계와 과학으로는 검증할 수 없고 순수이성의 실천적 사용을 통해 상정한 당위의 세계인 예지계 간에는 건널 수 없는 심연이 존재한다고 보았다. 플라톤과 유사하게 칸트에게서도 미는 두 세계 사이의 심연에 다리를 놓는다. 자연의 아름다운 형태는 도덕적 이념을 포착하는 일종의 암호와도 같다(Kant, 1983: A168). 요컨대 미는 '도덕성의 상징'인 것이다(Kant, 1983: 제59절).

미는 이원화된 두 세계 사이에 다리를 놓을 뿐만 아니라 도덕적 의무나 당위를 현실 세계에서 즐겁게 수행할 수 있는 계기를 마련해 준다. 앞서 미의 사다리 비유에서 볼 수 있었듯이 에로스로 표현되는 미의 추구는 일종의 날개이며, 이 지상에서 이데아를 상기할 뿐만 아니라 선의 이데아를 기꺼이 따를 수 있는 소양을 지니게 한다.

2) 정화된 에로스는 가치인식의 근거로서 가치감이다

플라톤은 감각의 한계를 벗어나 인식주관의 순수화(katharsis)를 강조한다. 이를 위한 중요한 정신활동이 수학적 훈련이다(Spragens, 1990: 15). 그런데 플라톤에게 이성적 지식은 인식주관의 순수화를 가능케 하는 수학에 기반하여 형성되지만 그 지식은 언제나 가치론적 뿌리와 도덕적 목적지로 향한다.

다시 말해 플라톤적 합리성은 "형식에 있어 수학적이지만 에로스에 의해 힘을 얻고, 그것의 소유자를 선의 이데아"로 이끈다(Spragens, 1990: 16). 플라톤에게 정신은 이성의 한계를 넘어서며, 이때 승화된 에로스의 속성이 중요한 기능을 한다(Guthrie, 1960: 96-99). 여기서 정화된 에로스는 직관, 영감, 통찰에 의해 세계를 지배하는 제일원리를 인식한다. 물론 플라톤은 세계가 합리적인 장소이며 인간의 이성은 세계를 지배하는 이성의 일부분이라는 관점을 결코 포기하지 않지만 직관, 영감, 통찰 등에 의해 선의 이데아를 인식하는 것은 이성의 소관사항이 아니다. 이성은 가치인식에는 한계를 지닐 수밖에 없다. 다만 이성은 직관, 영감, 통찰 등의 오류를 면밀히 검토하여 사실과 논리에 부적절한 것들을 제거하는 기능을 한다(Elias, 1984: 86).

에로스론에 대한 현대적 평가로, 플라톤의 정화된 에로스를 가치인식의 근거로서 가치감으로 확장하는 것이 가능하다. 니콜라이 하르트만(Nicolai Hartmann)은 플라톤에게 있어서 정신(nous)에 의한 직관의 성격을 지성적인 것이 아니라 정서적인 것으로 파악한다. 그에 따르면 플라톤적인 직관의 동기는 실질적 윤리학(materiale Ethik)에서 '가치를 느끼는 것(Wertfühlen)'과 친화력이 있고, 가치에 대한 앎의 선험성은 사변적인 것이 아니라 서정적이고 직관적인 선험성이다(Hartmann, 1962: 121; 진교훈, 2003: 171).

플라톤의 이데아는 하르트만 같은 현상학적 윤리학자에게는 가치에 해당한다. 플라톤의 이데아는 본질적으로 가치 이데아(Wertideen)다(Hessen, 1959: 15). 정화된 에로스는 이러한 가치에 대한 의지(Wille)로서 가치인식의 가능 근거다(Hessen, 1959: 123). 에로스의 상승 과정 중 최상위에서 선 자체를 직관(Schauen)한다는 말은 실질적 가치 윤리학에서 '가치감(Wertfühlen)'을 통해 가치를 파악하는 것과 연결된다(Hessen, 1959: 172). 이런 맥락에서 에로스는 승화된 과정을 지나 미와 선의 가치로 향하는 가치감의 원천으로 볼 수 있다.

3) 정화된 에로스의 상승과 하강은 교육적 사랑의 관계를 제시한다

동굴의 비유는 무엇보다 실천(praxis)이라는 교육(paideia)의 목적을 잘 표현하고 있다. 동굴 안은 몰이해로 인해 정신이 속박된 공간이다. 사실 동굴의 비유에서 동굴 안에서 밖으로의 상승 과정은 교육의 과정을 나타내고, 태양은 선의 이데아를 의미하며, 죄수들은 교육을 받지 않아 무지한 상태(apaideusia)에 있는 사람들이다. 상승의 정점에서 다시 하강으로 전환하는 것은 최고의 지식이 가지는 의미와 과제의 성격을 파악하는 열쇠가 된다(오인탁, 1994: 127-138). 동굴에서의 상승과 하강은 교육의 과정을 의미한다. 교육의 과정에서 에로스는 교육적 사랑의 관점에서 재조명될 수 있다(Alston, 1991: 385-395). 에로스는 모든 교육적 활동을 지탱하는 창조적 측면을 가지고 있다. 에로스의 창조적 측면은 지혜를 추구하는 주인공이 동굴 안으로 하강(귀환)하는 이유를 설명해 준다(Scolnicov, 1988: 80-81). 거짓된 가치를 고수하는 동료들은 자신들의 정신이 감금되어 있음을 알지 못하며, 그들의 무지한 상황을 자각하여 벗어나게 하는 최초의 노력은 결코 쉽지 않다. 그러므로 교육적 사랑은 끈기와 인내가 요구되며, 어떠한 물욕도 없이 물질세계에서 무지한 자를 깨우치는 것을 보람으로 삼고 선의 재생을 통해 불멸성을 확보하고자 하는 인간의 사랑활동으로 파악된다.

인간의 삶은 천부적 기질과 교육에 의해 결정된다. 그러나 누구나 자신의 영혼에 대해 책임을 회피할 수는 없으며, 지혜를 추구하는 삶, 즉 철학적인 삶을 살지 못하는 것에 대해서는 처벌을 받게 된다(Scolnicov,

1988: 82). 여기서 철학적인 삶이란 철학자와 같이 특수한 부류의 사람들에게 속한 것이 아니라 인간 일반에게 요청되는 것이다. 이는 인간이 본성상 무지하면서도 자신의 무지를 아는 자, 즉 지혜를 사랑하는 자로 규정된 바 있으며, 마찬가지로 추함과 아름다움의 중간자로서 아름다움을 추구하는 자이기 때문이다. 이 때문에 가시적인 모든 것에 아름다움을 부여할 뿐만 아니라 존재와 인식의 시원이기도 한 선의 이데아로의 상승이 인간 존재 일반에게 내적 명령으로 주어진 것이다.

그런 점에서 교사와 학생 모두 중간자로서 미와 선을 지향하는 존재라 할 수 있다. 다만 교사는 학생보다 먼저 아름다움의 사다리를 올라간 존재이며, 아름다움의 위계에 대해 보다 심화된 이해를 가지고 있다. 교사는 교육적 사랑을 매개로 학생과 상호작용하면서 학생이 아름다움의 사다리를 올라가도록 촉진하는 역할을 담당하는 존재다. 그런데 선의 이데아는 인식의 궁극적인 목적일 뿐만 아니라 자신이 속한 공동체와 동료를 위한 실천적 명령을 부여한다. 그런 까닭에 우리는 교육의 과정에서 늘 인식(epistēmē)과 실천(praxis)이 결부됨을 받아들이지 않을 수 없다.

5. 나오는 말: 정화된 에로스는 어떻게 가능한가?

육체의 아름다움에서 일과 활동의 아름다움으로, 다시 학문의 아름다움으로, 그리고 마침내 아름다움 자체로 이르는 에로스의 순례 과정은 인간 일반에게 적용될 수 있는 자아실현의 과정이라 할 수 있다. 에로스로 해명되는 플라톤의 인간관은 본질적으로 위로 상승하되, 선 자체를 지향한다. 동물의 본성과 신적 본성의 중간자로서 인간의 불확정성은 자기 자신을 극복해야 하는 자유의 가능성을 담보하며, 이러한 기반에서 논의되는

'열망의 도덕성'은 윤리적 인간상(homo ethicus)을 제시한다.

그러나 플라톤이 묘사하는 에로스는 육체적 관계로 함몰될 가능성이 다분하다. 에로스의 맥락에서 논의되는 친밀한 인간관계는 성숙한 자(erastēs, 사랑하는 자)와 소년(eromenos, 사랑받는 자)으로 이루어져 있다. 플라톤은 남녀관계에서 태어난 육신의 자녀보다 동성 간의 친밀한 관계 속에서 더 아름답고 불사적인 자녀들을 공유할 수 있다고 보았다(*Symposion*, 209c). 물론 플라톤은 에로스적인 친밀한 관계를 대표적인 남성 간의 관계로 제시하고 있지만 이는 여성 간, 혹은 이성 간의 관계에도 적용될 수 있다. 『향연』에 등장하는 소크라테스와 알키비아데스 역시 동성 간의 친밀한 관계로 볼 수 있다(Kraut, 2008: 299-300). 사랑하는 자와 사랑받는 자 간의 친밀한 관계 속에서 육체적 관계로 매몰되지 않고 상위의 아름다움 내지 가치 추구가 어떻게 가능할까?

소크라테스와 알키비아데스의 친밀한 관계에는 알키비아데스가 육체적 욕망으로 소크라테스를 지속적으로 유혹한다는 점에서 육체적 관계로 전락할 수도 있다는 위험성이 내포되어 있다. 하지만 알키비아데스를 향한 소크라테스의 사랑은 알키비아데스가 보다 나은 사람이 될 수 있도록 관심을 쏟는 것이다(Kraut, 2008: 305-306). 다시 말해 플라톤은 친밀한 관계를 교육적 사랑의 맥락으로 제한하고 있다. 그러니까 『향연』에서 플라톤은 가르치는 자와 배우는 자 간의 친밀한 관계가 육체적 관계로 진전되는 것을 경계한다. 플라톤은 에로스적 관계에서 최선의 상태는 교육적 사랑인데, 그것은 무엇보다 우정(philia)에 근거한다고 보았다(*Symposion*, 209c; Kraut, 2008: 287). 플라톤에게 필리아로서 친밀한 관계는 개인적 차원을 넘어서서 건강한 정치 공동체 구성을 위한 정의(justice)와 절제(moderation)를 형성할 수 있는 동인으로 간주된다(Kraut, 2008: 293-294).

에로스는 아름다움을 매개로 하되, 궁극적으로 선 자체를 지향한다는 점에서 선과 긴밀하게 결부되어 있지만 그 본성상 감각을 매개로 하기에 미가 선으로부터 이탈할 경향성이 있고, 쉽게 무절제할 수 있으며, 상대방을 쾌락 충족을 위한 수단으로 치부할 가능성이 크다. 때문에 에로스는 불가피하게 정신적·인격적 사랑인 필리아로 편입될 필요가 있다(로쯔, 1991: 43-47).

에로스는 필리아에 의해 정화됨으로써 그 완성으로 나아갈 수 있다. 정화되지 않은 에로스에서는 우정이 불가능하고, 정화된 에로스일 경우에만 우정이 가능하다. 이러할 때 "친구들의 것은 공유한다(koina ta tōn philōn)"라는 말처럼 친구는 만사를 공유할 수 있는 것이다(*Phaidros*, 279c). 에로스를 교육적 관계로 확장하는 것과 관련하여 가르치는 자(교사)와 배우는 자(학생) 간의 교육적 사랑이 육체적 관계로 타락하지 않기 위해서는 반드시 에로스가 필리아에 의해 인도될 필요가 있다.

참고문헌

로쯔, 요한네스. (1991). 『사랑의 세 단계』. 심상태 옮김. 서광사.

박영식. (1985). 『플라톤 철학의 이해』. 정음사.

박영식. (1993). 「플라톤의 에로스에 대한 논고」. 『희랍 철학의 문제들』. 현암사.

박종현. (1994). 『희랍사상의 이해』. 종로서적.

오병남. (2003). 『미학강의: 문제와 방법을 중심으로』. 서울대학교출판부.

오인탁. (1994). 『고대 그리스의 교육사상』. 종로서적.

진교훈. (2003). 『현대사회 윤리 연구』. 울력.

컨퍼드, F. M. (1995). 『소크라테스 이전과 이후』. 이종훈 옮김. 박영사.

포이만, 루이스 · 제임스 피저. (2010). 『윤리학: 옳고 그름의 발견』. 박찬구 외 옮김. 울력.

플라톤. (1997). 『국가: 政體』. 박종현 역주. 서광사.

플라톤. (1993). 『플라톤의 대화』. 최명관 옮김. 종로서적.

Alston, K. L. (1991). "Teaching, Philosophy and Eros: Love as a Relation to Truth." *Educational Theory*, 41(4).

Becker, L. C. & Becker, C. B. (1992). *Encyclopedia of Ethics*. New York: Garland Publishing.

Diels, H. & Kranz, W. (1974). *Die Fragmente der Vorsokratiker* (*I*). Berlin: Weidmann.

Elias, J. A. (1984). *Plato's Defence of Poetry*. London: Macmillan Press.

Ferrari, G. R. F. (1993). "Platonic Love." *The Cambridge Companion to Plato*. Cambridge: Cambridge University Press.

Guthrie, W. K. C. (1960). *The Greek Philosophers*. New York: Harper & Row.

Hamilton, E. & Cairns, H. (eds.). (1982). *Plato: Collected Dialogues (I-II)*. Princeton: Princeton University Press.

Hartmann, N. (1962). *Ethik*. Berlin: Walter de Gruyter & Co.

Hessen, J. (1959). *Lehrbuch der Philosophie, Zweiter Band, Wertlehre*. München-Basel: Ernst Reinhardt Verlag.

Hessen, J. (1964). *Lehrbuch der Philosophie, Erst Band, Zweites Buch, Erkenntnistheorie*. München-Basel: Ernst Reinhardt Verlag.

Kant, I. (1983). *Kritik der Urteilskraft*. W. Weischedel (Hrsg.). *Kant Werke in zehn Wänden*, Bd. 8. Darmstadt: Wissenschaftliche Buchgesellschaft.

Kraut, R. (2008). "Plato on Love." *The Oxford Handbook of Plato*. Oxford: Oxford University Press.

Platon, G. E. (1973). *Platon Werke: Werke in acht Bänden Griechisch und Deutsch*. Darmstadt: Wissenschaftliche Buchgesellschaft.

Ritter, J. & Gründer, K. (1980). *Historisches Wörterbuch der Philosophie,* Bd. 5. Basel: Schwabe & Co. AG.

Scolnicov, S. (1988). *Plato's Metaphysics of Education*. London: Routledge & Kegan Paul.

Spragens, T. A. (1990). *Reason and Democracy*. Durhgham & NC: Duke University Press.

2장

아리스토텔레스의 우애론

참된 우애에 대한 성찰

● 홍석영

공자는 자신의 삶의 기쁨으로 '배우고 익히는 기쁨'과 '먼 곳의 친구가 찾아오는 기쁨'을 이야기한다.[1] 우리도 일상생활에서 친구를 많이 찾는다. 친구는 나와 함께 생활하면서 나에게 큰 기쁨을 주는 존재다. 아리스토텔레스는 『니코마코스 윤리학』(*Éthika Nikomacheia*)에서 친구 간의 우애

---

* 이 글은 필자의 「아리스토텔레스 우정론의 도덕과 교육에의 함의」(『도덕윤리과교육』 제37호, 한국도덕윤리과교육학회, 2012)의 일부 내용을 발췌하여 재작성한 것이다.

1 『論語』「學而」 제1장: 學而時習之 不亦說乎, 有朋自遠方來 不亦樂乎.

(philia)[2]에 관하여 많은 지면을 할애해 상세한 논의를 펼치고 있다. 그는 친구 간의 우애는 탁월성을 포함하고 있으며, 우리가 살아가는 데 가장 필요한 것 중 하나라고 역설한다. 그리고 좋은 친구 관계를 맺기 위해 필요한 것들에 대해 다양한 예시를 들어 가면서 차분히 논의를 전개한다. 어떤 학자는 아리스토텔레스의 우정론이 그의 도덕철학을 가장 잘, 그리고 가장 분명하게 드러내 주며, 아리스토텔레스가 제시한 우정의 이상은 철학적 내용에서 풍요로울 뿐만 아니라 실제적 시사 역시 매우 크다고 평가한다(Price, 1989).

비록 아리스토텔레스의 우애론이 고대 그리스의 아테네를 배경으로 2천여 년 전에 논의되었다 할지라도 오늘날 우리에게 주는 시사점은 매우 크다고 생각한다. 친밀한 우애 관계를 맺으면 심리적으로 건강한 삶을 영위할 수 있고, 친밀한 우애 관계를 맺지 못하면 외로움, 소외감 등을 겪을 수 있다. 친밀한 우애 관계를 형성하는 것은 인생을 행복하게 보낼 수 있게 할 뿐만 아니라 자존감, 자신감, 사회성 등의 형성에 중요한 영향을 미친다.

따라서 여기에서는 아리스토텔레스가 『니코마코스 윤리학』[3] 제8권과 제9권에서 말하는 우애에 관한 논의를 우애의 필요성과 고귀함, 우애 관계의 형성 조건, 우애의 종류와 완전한 우애의 특징, 우애와 자기애의 관계, 우애와 정의의 관계, 적절한 친구 수, 친구의 기쁜 일과 곤경을 대

2 아리스토텔레스는 'philia'를 친구 간의 관계는 물론이고, 부모자식 관계, 선후배 관계, 나아가 동포 관계까지 포함하여 사용하고 있다. 그래서 'philia'는 '우정', '우애' 또는 '친애' 등으로 번역된다. 아리스토텔레스가 논의하고 있는 'philia'의 범위가 친구 관계에 한정되어 있지는 않지만, 이 글에서는 친구 간의 관계에 초점을 맞추어 살펴볼 것이며, 아울러 이 책의 제목이 '사랑'인 점을 고려하여 '우애'라는 번역을 사용하고자 한다.

3 우리말 번역은 아리스토텔레스(2016)를 주로 참고하였다. 인용 구절 중 일부는 내용 이해를 위해 필자가 수정 번역하였다.

하는 태도, 우애와 행복의 관계 등 세부 주제로 나누어 살펴보고, 그의 우애론이 갖는 의의와 오늘날 우리에게 주는 시사점을 도출해 보고자 한다.

1. 들어가는 말: 우애의 필요성과 고귀함, 그리고 우애 관계의 형성 조건

아리스토텔레스는 우애(philia)가 "일종의 탁월성(arete)[4]이거나 혹은 탁월성을 수반하는 것이며, 삶에서 가장 필요한 것"(1155a3-4)[5]이라고 말한다. 재산이 많은 사람이나 높은 자리와 권세를 가진 사람들에게도 친구가 필요하며, 곤궁할 때나 어려움을 겪을 때에도 친구가 필요하고, 젊은이뿐 아니라 나이 든 사람과 전성기의 사람에게도 친구가 필요하다고 말한다. 특히 젊은이들에게 친구는 "서로의 잘못을 바로잡아 주는 데"(1155a13) 필요하다고 말한다. 그러면서 "둘이 함께 가면 사유에 있어서나 행위에 있어서 더 강해진다"(1155a15)라고 말한다.

한편 아리스토텔레스는 우애가 "폴리스들도 결속시키는 것처럼 보인다"(1155a23)라고도 말한다. 그가 이렇게 말하는 이유는 입법자들이 정의를 구현하는 것보다 우애를 구현하기 위해 더 애쓰는 것 같으며, 무엇보다도 우애와 비슷한 것으로 화합을 추구하며 분열을 몰아내기도 하고, 또 서로 친구인 사람들 사이에는 더 이상 정의가 필요하지 않지만 서로 정의로운 사람들 사이에서는 우애가 추가로 필요하기 때문이다. 따라서

---

4 '탁월성'은 그리스어 'αρετη'에 대한 번역이다. 'αρετη'는 '덕(virtue)'으로도 번역된다.

5 "1155a3-4"는 베커(I. Bekker)가 편집한 아리스토텔레스 전집의 쪽수 표기 방식이다. '1155a3'에서 '1055'는 쪽수를, 'a'는 a, b 두 단 중 왼쪽 단(a)을, '3'은 행을 나타낸다.

우애는 개인들뿐만 아니라 정치 공동체도 결속시킨다고 말할 수 있다. 이어서 아리스토텔레스는 우애가 삶에서 필요한 것일 뿐만 아니라 "고귀한 것"(1155a29)이라고 말한다. 그 이유는 우리들이 친구를 사랑하는 사람들을 칭찬하고, 또 친구가 많은 것을 고귀한 것들 중 하나로 보며, 좋은 사람과 친구를 동일시하기 때문이다.

그렇다면 우애 관계는 비슷한 특징을 가진 사람들 간에 더 잘 형성될까, 아니면 서로 다른 특징을 가진 사람들 간에 더 잘 형성될까? 이 물음에 대해 먼저 아리스토텔레스는 두 가지 견해가 있음을 밝힌다(1155a33-1155b8). 우선 "유유상종", "까마귀는 까마귀끼리 모인다", "비슷한 것은 비슷한 것을 추구한다"와 같은 표현은 친구 관계가 유사성에 의해 형성된다는 점을 보여 준다. 반면에 "옹기장이들은 같은 옹기장이들을 반가워하지 않기 마련이다", "메마른 땅이 비를 열망하며, 비를 머금은 장엄한 하늘은 땅으로 떨어지기를 갈망한다", "대립하는 것이 도움이며, 차이 나는 것들로부터 가장 아름다운 화음이 나온다"와 같은 표현들은 친구 관계가 상이성에 의해 형성된다는 점을 보여 준다. 이와 같이 유사성과 상이성 모두 친구 관계를 형성시킬 수 있다.

그렇다면 유사성과 상이성 중 어느 것이 친구 관계를 더 잘 맺게 할까? 아리스토텔레스는 이 문제에 대해 어떤 결론도 내리지 않는다. 그는 이와 같은 "난제"에 대한 "자연학적인 논의들은 접어 두고" "인간적인 일들"을 탐구하자면서 논의의 방향을 전환한다. 그는 우애와 관련하여 논의해야 할 문제들을 "모든 사람들 사이에서 우애가 성립하는가?", "못된 사람은 친구가 될 수 없는가?", "우애의 종류는 하나인가 아니면 그 이상인가?" 등으로 제시한다(1155b9-13). 그런 다음 그는 우애가 과연 모든 사람들 사이에서 성립할 수 있는가 아니면 못된 사람은 친구가 될 수 없는가 하는 물음부터 탐구한다. 이에 대해 아리스토텔레스는 "사랑할 만한 것(philēton)이 무엇인지 이해하게 되면”(1155b17) 이 물음이 풀릴 것이라고 말한다. 아리스토텔레스는 “사랑할 만한 것은 좋음(ἀγαθον)이나 즐거움(ἡδύ), 또는 유익(χρήσιμον)이며, 유익은 바로 그것을 통해 어떤 좋음이나 즐거움이 생겨나는 것”(1155b19-22)이라고 말한다. 따라서 유익함, 즐거움, 좋음, 이 셋은 사랑할 만한 것이다.

이어서 아리스토텔레스는 무생물에 대한 애호(philēsis)와 우애를 비교하면서 우애가 성립하기 위한 조건을 제시한다(1155b27-1156a4). 우리는 무생물에 대한 애호를 우애라고 말하지 않는데, 그 이유는 무생물에게는 상대에 대해 호응하는 사랑이나 상대방이 잘되기를 바라는 마음이 없기 때문이다. 반면에 우애 관계에 있는 사람들은 ‘친구가 잘되기를 바라는’ 선의(eunoia)를 가지고 있으며, 이러한 선의를 서로 모르지 않는다. 따라서 우애 관계가 성립하기 위해서는 서로에 대해 선의를 갖고 있으며, 상대방이 잘되기를 바라고 동시에 그러한 사실을 서로 알고 있어야 한다.

아리스토텔레스의 이와 같은 논의를 참고할 때, 상대가 잘되기를 바라지 않는 관계와 상대의 선의를 받아들이지 않는 관계에서는 우애가 성립하기 어렵다.

2. 우애의 종류와 완전한 우애

우애의 종류는 하나인가 아니면 그 이상인가? 이 물음에 대해 아리스토텔레스는 사랑할 만한 것이 좋음, 즐거움, 유익함 세 가지이듯이 우애의 종류도 세 가지, 즉 “유익 때문에 성립한 우애”, “즐거움 때문에 성립한 우애”, “좋음 때문에 성립한 우애”가 있다고 주장한다(1156a6). 그런 다음 이 셋을 다시 둘로 나누어 유익 또는 즐거움 때문에 성립한 우애의 특징과 한계를 지적하고, 좋음 때문에 성립한 우애의 특징과 완전성에 관해 설명한다.

1) 유익 또는 즐거움 때문에 성립한 우애의 특징과 한계

유익을 이유로 사랑하는 사람들은 서로를 그 자체로서 사랑하는 게 아니라 상대로부터 어떤 유익함이 생겨나기 때문에 사랑하는 것이다. 즐거움을 이유로 사랑하는 사람들도 마찬가지다. 그들은 상대가 즐거움을 주기 때문에 사랑하는 것이다. 그러니까 유익 또는 즐거움 때문에 사랑하는 사람들은 상대가 바로 사랑할 사람이라는 이유로 사랑하는 것이 아니라 그가 유익 또는 즐거움을 주기 때문에 사랑한다는 것이다. 아리스토텔레스는 이러한 우애가 "우연적인 의미에 따르는" 것이라고 말한다(1156a17). 왜냐하면 사랑받는 사람은 그 자체로 사랑을 받는 것이 아니라 유익 또는 즐거움을 주는 한에서만 사랑받기 때문이다(1156a10 18).

유익 또는 즐거움에 근거한 우애는 오래가지 못한다는 한계를 갖는다. 상대가 더 이상 유익 또는 즐거움을 주지 않을 경우 이 우애는 해체되고 만다(1156a19-23). 유익에 근거한 우애는 나이 든 사람들, 전성기에 있는 사람들이나 젊은이들 중에서 이익을 추구하는 사람들 사이에 많이 성립한다(1156a24-27). 반면 젊은이들 사이의 우애는 즐거움 때문에 성립하는 경우가 많다. 젊은이들은 감정에 따라 살며, 주로 즐거운 것을 추구하고 또 현재를 중시하기 때문이다. 그런데 문제는 나이가 들어 감에 따라 즐거운 것이 달라진다는 것이다. 바로 이런 이유로 즐거움에 근거하는 젊은이들의 우애는 쉽게 형성되고 또 쉽게 해체된다(1156a32-1156b1). 이와 같이 아리스토텔레스는 유익 또는 즐거움 때문에 성립한 우애는 오래 지속되지 못하는 문제가 있음을 지적한다.

2) 좋음(ἀγαθων) 때문에 성립한 우애의 특징과 완전성

유익 또는 즐거움 때문에 성립한 우애의 한계를 지적한 다음, 아리스토텔레스는 가장 완전한 우애는 좋은 사람들, 즉 탁월성에 있어서 유사한 사람들 사이에 성립된 우애라고 말한다. 이들은 다른 어떤 이유가 있어서 관계를 맺는 것이 아니라 그들 자체로 좋은 사람들이며, 서로가 잘되기를 똑같이 바라는 사람들이다. 친구를 위하고 그가 잘되기를 바라는 사람이 최고의 친구인데, 이들이 이러한 태도를 가지는 것은 우연에 따른 게 아니라 그들 자신을 이유로 한 것이다. 따라서 그들이 좋은 사람인 한 이들 사이의 우애는 유지된다. 그런데 탁월성은 지속적인 것이므로 이들 사이의 우애도 지속적일 수 있다(1156b6-19). 이와 같이 아리스토텔레스는 탁월성에 있어 유사한 사람들 사이에 성립된 우애가 완전한 우애이며, 이러한 우애는 오래 지속된다고 말한다.

그런데 아리스토텔레스는 이러한 완전한 우애는 드문 것 같다고 말한다. 왜냐하면 좋은 사람들, 즉 탁월성에 이른 사람들은 소수이며, 게다가 이런 우애를 위해서는 많은 시간과 교제가 필요하기 때문이다. 서로에게 사랑할 만한 사람으로 보이고 그렇게 신뢰가 쌓이기 전까지 그들 각각은 서로를 친구로 받아들일 수도 없고 또 그들이 친구일 수도 없다(1156b25-30). 따라서 완전한 우애는 드물다는 것이 아리스토텔레스의 통찰이다.

완전한 우애는 좋은 사람들, 즉 탁월성에 있어 유사한 사람들 사이에 성립한 우애다. 반면에 유익 또는 즐거움 때문에 성립한 우애는 '우연적인 의미에 따른' 불완전한 우애로, 이러한 우애는 유익 또는 즐거움이 사라지면 해체되고 만다.

아리스토텔레스는 우애의 중요한 특징으로 '함께 시간을 보내며 서로에게서 기쁨을 느끼는 것'을 든다. 그는 성마르고 나이 든 사람들은 서로 선의를 가지고 있더라도 온전한 친구가 될 수 없다고 말한다. 왜냐하면 그들은 "함께 시간을 보내지도 않고 서로에게서 기쁨을 느끼지도 않기 때문"이다(1158a2-10). 따라서 함께 시간을 보내며 서로에게서 기쁨을 느끼는 것은 우애의 중요한 특징이라 할 수 있다.

우애는 사랑하는 것과 사랑받는 것 중 어느 것에서 더 잘 성립할까? 이 물음과 관련하여, 아리스토텔레스는 일반적으로 사람들은 사랑하기보다는 사랑받기를 더 바라는 면이 있지만, 우애는 사랑받는 것보다는 사랑하는 것에서 더 잘 성립한다고 주장한다. 그리고 그 예로 자녀에 대한 어머니의 사랑을 든다. 어머니들은 자녀를 사랑하는 데서 기쁨을 느낀다. 우애는 사랑하는 데서 더 잘 성립하며 친구를 사랑하는 사람은 칭찬을 받는다(1159a13-35). 이 이야기는 유치환이 쓴 「행복」이라는 시의 "사랑하는 것은 사랑을 받느니보다 행복하나니라"라는 구절과 일맥상통한다.

3. 우애와 자기애, 그리고 정의(正義)

아리스토텔레스는 우애와 자기애의 관련성에 관해 제법 길게 논의한다(1166a1-1166b29, 1168a28-1169b3). 많은 연구가들은 아리스토텔레스의 이러한 논의가 지나치게 인위적이며, 아리스토텔레스 윤리학 전반의 자기중심적 성격을 확인할 수 있는 대목이라고 평가하기도 한다(강상진, 2003: 115-116). 그러나 이 논의를 통해 아리스토텔레스가 말하고자 하는 것은 우애와 자기애가 대립할 수 없다는 것이다. 우애와 자기애의 관계에 관한 아리스토텔레스의 논의를 살펴보자.

그는 이 논의를 시작하면서 "가까운 사람들을 향한 '친애적 태도나 감정(philika)'[6]들은 자기 자신에 대한 '친애적 태도나 감정'에서 온 것처럼 보인다"라고 말한다(1166a1). 사람들은 "상대방을 위해 좋거나 그렇게 보이는 것을 바라고 행하는 사람, 혹은 친구 자신을 위해서 그 친구가 존재하고 살아 있기를 바라는 사람, 혹은 같이 지내고 동일한 가치를 선택하는 사람, 혹은 고통과 기쁨을 함께 나누는 사람을 친구로 본다"(1166a3-8). 그런데 이러한 태도나 감정은 "훌륭한 사람이 자기 자신에 대해 가지는 태도나 감정에서도 발견된다"(1166a10). 훌륭한 사람은 자신에게 좋거나 그렇게 보이는 것을 바라며 실제로 행하는데, 그가 이렇게 하는 이유는 바로 자기 자신을 위해서다(1166a14-17). 훌륭한 사람은 자기 자신에 대해서뿐만 아니라 친구에 대해서도 이런 점들을 가지고 있다. 왜냐하면 훌륭한 사람에게 친구는 자신의 또 다른 모습이기 때문이다(1166a30).

이 논의를 좀 더 명료하게 하기 위해 아리스토텔레스는 열등한 사람의 자기애와 훌륭한 사람의 자기애를 구별한다. 열등한 사람은 '자기 자신을 제일 아끼는 사람'이며, '모든 것을 자기 자신을 위해서 행하는 사람'이다. 그들은 자기와 상관이 없으면 아무것도 하지 않는다는 혹평을 받는다. 반면에 훌륭한 사람은 고귀함을 이유로 모든 것을 행하며, 훌륭한 사람일수록 더 고귀함을 이유로 행하거나 친구를 위해서 행하며 자기 자신의 것을 미루어 놓는다(1166a28-35). 그런데 탁월성에 있어 닮은 사람 간의 우애는 훌륭한 사람들 간의 우애이므로, 그들의 우애와 자기애는 열등한 사람의 것과는 분명히 구별된다.

훌륭한 사람은 비난받는 것과는 다른 종류의 자기애에 따라 자신을 가장 사랑하는 사람이다. 그는 감정에 따라 사는 삶이나 유익이 되는 것만을 추구하는 비난받는 종류의 자기애와는 다른 방식으로 자기를 사랑

6 'philika'는 친애 또는 우애를 알게 하는 행동이나 태도, 감정 등을 묶어서 표현하는 말이다.

하는 사람이다. 그들의 자기사랑은 고귀한 것을 행함으로써 자기 자신을 기쁘게 하고 다른 사람들에게 유익을 준다는 의미에서의 자기사랑이다. 그들은 자신이 해야만 하는 것들을 실제로 행하는 사람들이다(1169a4-18).

이상의 논의를 통해 아리스토텔레스는 훌륭한 사람은 친구에 대해 갖는 우애의 태도나 감정을 자기 자신에게도 똑같이 보인다고 주장한다. 따라서 우애와 자기애는 대립하지 않으며, 오히려 우애는 친구에게로 향해 있는 자기애라고 할 수 있다는 것이다.

그렇다면 친구 사이에 정의는 필요할까, 불필요할까? 이 물음과 관련하여, 아리스토텔레스는 "우애와 정의는 동일한 것에 관계하며 같은 사람들 사이에 존재하는 것"(1159b25)이므로 친구 관계에서도 정의는 매우 중요하다고 말한다. 그리고 "교제가 존재하는 바로 그만큼 우애가 존재하며, 정의 역시 바로 그만큼 존재한다"(1159b30)라고 하여 우애가 깊을수록 정의도 그에 비례해서 중요해진다고 말한다. 따라서 "매우 친한 친구들 사이에 있어야 할 정의로운 일은 시민들 사이에 있어야 할 정의로운 일과 같지 않다"(1160a3)라고 말한다.

부정의도 보다 가까운 친구들을 향한 것이라면 더 커진다. 예를 들어 아주 친한 친구에게 지불해야 할 금전을 지불하지 않는 것은 동료 시민에게 하는 것보다 더 심한 부정의라는 것이다. 결론적으로 우애와 정의는 동일한 사람들 사이에서 존재하며 서로 동일한 영역에 걸쳐 있고, 우애가 깊어질수록 정의에 대한 요구도 함께 커진다(1160a3-9).

4. 친구의 수, 그리고 친구의 기쁜 일과 곤경을 대하는 태도

친구의 수는 어느 정도가 적절할까? '가능한 한 많은' 친구를 사귀는 것이 좋을까, 아니면 '너무 많지도 않고 아주 없지도 않은' 정도로 사귀는 것이 좋을까?(1170b20) 이 물음과 관련하여 아리스토텔레스는 유익을 이유로 맺어진 친구의 경우에는 너무 많지도 않고 아주 없지도 않은 정도가 적절한 친구의 수라고 말한다. 왜냐하면 다수의 사람들에게 되갚는 것은 부담이 되는 일이고, 우리의 삶은 그것을 행할 정도로 충분히 길지 않기 때문이다.

아리스토텔레스는 "많은 사람들과 동시에 에로스적인 사랑에 빠지는 일이 불가능한 것처럼, 많은 사람들과 완전한 우애에 따라 친구가 되는 일도 불가능하다"(1158a12)고 말한다. 많은 사람이 동시에 동일한 한 사람의 마음에 드는 일은 쉽지 않으며, 많은 사람이 좋은 사람이기도 쉽지 않다. 또 완전한 우애를 위해서는 서로를 잘 알아야만 하고 오랫동안 함께 지내봐야 하는데 이 역시 매우 어려운 일이기 때문이다(1158a12-18). 이처럼 많은 사람들과 완전한 우애에 따라 친구가 되는 일은 불가능하다. 따라서 아리스토텔레스는 "즐거움을 위해서는 소수의 친구로 충분하다"고 말한다(1169b23-28).

그런데 신실한 사람들을 친구로 가지는 경우에는 가능한 한 많은 친구를 가져야 할까, 아니면 알맞은 수가 있을까? 이 물음과 관련하여 아리스토텔레스는 어떤 특정한 수를 제시하지 않으면서, "친구들의 수효는 규정된 것이 아니며, 그들과 함께 살 수 있는 최대한의 수"가 알맞다고 말한다(1171a2). 많은 사람들과 함께 살면서 그 속에서 자기 자신을 나누어 주는 것은 불가능하며, 또 그 많은 사람들 모두가 서로 함께 지내려면 그들끼리도 서로 친구여야 하는데 이것 역시 불가능하다. 또한 많은 사람과 기쁨과 슬픔을 나누는 것도 불가능하다. 따라서 "가능한 한 많은 친구들을 가지는 것보다는 함께 살기에 충분한 수만큼만 가지는 것이 좋을 것이다"(1171a9). 함께 살 수 있는 최대한의 수, 바로 이것이 아리스토텔레스가 생각하는 이상적인 친구의 수다.

한편 친구들은 좋은 처지에 있을 때 더 필요한가, 아니면 곤경에 처했을 때 더 필요한가? 이 물음은 오늘날에도 많이 제기되는 물음이다. 오늘날 우리가 자주 듣는 "어려울 때 친구가 진짜 친구"라는 말은 곤경에 처했을 때 친구가 더 필요함을 강조하는 말이다. 아리스토텔레스는 이 물음과 관련하여 두 경우 모두 친구를 찾게 된다고 말한다. 곤경에 처했을 때는 도움이 필요하고, 좋은 처지에 있을 때는 그 기쁨을 함께 누릴 사람이 필요하기 때문이다. 그렇지만 아리스토텔레스는 좋은 처지에 있을 때의 우애가 더 고귀하다고 말한다. 왜냐하면 곤경에 처했을 때는 유익을 위해 친구를 필요로 하지만, 좋은 처지에 있을 때는 좋은 일을 하기 위해 친구가 필요하기 때문이다(1171a21-28).

아리스토텔레스는 좋은 처지에 있을 때는 친구들과 가능한 한 많이 나누라고 조언한다. 좋은 처지에 있을 때 친구들이 곁에 있으면 즐거운 삶을 영위할 수 있게 해 주고, 또 자신이 잘되는 것에 대해 친구들이 즐거워하고 있다는 생각을 하게 해 준다. 따라서 좋은 처지를 나누는 일에는 기꺼이 친구들을 초대해야만 한다. 반면에 역경을 나누는 일은 주저해야 한다고 말한다. 왜냐하면 그것은 나쁜 일을 나누는 것인데, 탁월성을 갖춘 사람은 나쁜 일을 가능한 한 적게 나누어야 하기 때문이다. "불행은 나 하나로 족하다"라는 속담이 의미하는 바가 이런 것이다(1171b13-19).

한편 아리스토텔레스는 역경에 처한 친구는 가능하면 빨리 가서 도와주고, 좋은 처지에 있는 친구가 베푸는 선행은 천천히 받으라고 말한다. 그는 "친구가 역경에 처해 있음을 알았을 때는 친구가 부르지 않더라도 흔쾌히 달려가 친구를 도와주어야 한다. 반면 좋은 처지의 친구와 기쁨을 함께하는 것은 해야 할 일이지만, 선행을 받는 일은 천천히 해야 한다"(1171b20-25)라고 말한다.

5. 우애와 행복

아리스토텔레스는 인간 삶의 최종 목적은 행복에 있으며, 탁월성에 따르는 삶을 살 때 인간은 최고의 행복에 이를 수 있다고 주장한다. 그렇다면 우애는 행복과 어떤 관계를 가질까? 우애 없이 행복이 가능할까? 이 물음과 관련해 두 가지 의견이 존재한다. 하나는 행복한 사람은 "지극히 복되고 자족적인 사람들이므로 그들에게는 친구가 전혀 필요하지 않다"(1169b4)라는 주장이고, 다른 하나는 "행복한 사람은 좋은 것을 모두 갖게 되는데, 외적인 좋음 중에 가장 큰 것으로 보이는 친구를 갖지 못한다는 것은 이상하다"(1169b8)라는 주장이다.

이 두 가지 주장 중에 아리스토텔레스는 후자를 지지하는데, 그의 논거는 다음과 같다. 우선 친구가 하는 일이 선행을 받는 것이 아니라 잘해 주는 것이라면, 또 선행을 베푸는 것이 좋은 사람과 탁월성이 하는 일이라면 친구에게 잘해 주는 것은 고귀한 일이다(1169b10). 또 친구가 없다면 그는 외로운 사람인데, 행복한 사람이 외롭다는 것도 이상한 일이다(1169b18). 인간은 본래 사회적 동물인데 외로운 사람이 행복한 사람이라고 할 수는 없다. 따라서 행복한 사람은 자신의 고귀함을 실행하기 위해, 그리고 행복 그 자체가 타인과의 관계 속에서 이루어지는 것이므로 "행복한 사람에게도 친구는 필요하다"(1169b22)는 것이 아리스토텔레스의 견해다.

6. 나오는 말: 아리스토텔레스 우애론의 의의와 시사점

아리스토텔레스의 우애론이 갖는 의의는 무엇일까? 우선 아리스토텔레스의 우애론은 우리로 하여금 우애의 필요성과 고귀함을 재확인하게 한다. 그는 우애가 "삶에서 가장 필요한 것"(1155a3-4)이라고 분명히 말한다. 특히 젊은이들에게는 "서로의 잘못을 바로잡아 주는 데"(1155a13) 친구가 필요하다고 말한다. '혼밥', '혼술' 등의 표현에서 알 수 있듯이, 오늘날 젊은이들은 친구와 함께하기보다는 혼자 하기를 즐기는 경향이 있다. 그러나 아리스토텔레스는 "둘이 함께 가면 사유에 있어서나 행위에 있어서 더 강해진다"(1155a15)고 말하면서, 혼자 하지 말고 친구와 함께하기를 강하게 권하고 있다.

또한 아리스토텔레스의 우애론은 참된 우애에 관해 성찰하는 계기를 마련해 준다. 아리스토텔레스는 우애의 종류를 논하면서, 우애의 성립 요인을 유익, 즐거움, 좋음으로 구별하고, 유익이나 즐거움 때문에 성립한 우애의 한계와 좋음 때문에 성립한 우애의 우월성에 관해 논하고 있다. 유익 또는 즐거움 때문에 성립한 우애는 유익 또는 즐거움이 사라지면 해체되고 만다. 즉 유익 또는 즐거움 때문에 성립한 우애는 지속성이 약하다. 반면에 좋음 때문에 성립한 우애는 탁월성에 있어 유사한 사람들 사이에 성립한 우애이므로 지속적이지만, 탁월성에 이른 사람들이 소수이므로 흔하지는 않다. 아리스토텔레스의 이런 논의를 참고하면서 우리 스스로 자기 자신의 친구 관계가 유익 때문에 성립된 것인지, 즐거움 때문에 성립된 것인지, 좋음 때문에 성립된 것인지를 성찰할 수 있고, 가능한 한 좋음 때문에 성립한 우애를 지향하도록 노력할 수 있다.

끝으로 아리스토텔레스의 우애론은 적절한 친구의 수에 대해서도 시사점을 줄 수 있다. 오늘날 인터넷, 소셜미디어(SNS) 등 정보통신기술이 발달함에 따라 친구 수는 날로 많아지고 있고, 어떤 사람들은 온라인 상에서 자신의 친구 수가 매우 많은 것을 자랑하기도 한다. 그런데 아리스토텔레스는 "친구의 수효는 규정된 것이 아니며, 그들과 함께 살 수 있는 최대한의 수"(1171a2)가 알맞다고 말한다. 여기서 '함께 산다'는 말은 서로가 서로를 깊이 사랑한다는 것을 의미한다. 한편 아리스토텔레스는 탁월성에 있어 유사한 사람들 간의 우애가 완전한 우애인데, 이러한 우애는 드물다고도 말한다. 이러한 논의를 참고하면, 피상적으로 만나는 친구가 많은 것은 자랑거리가 되지 못한다는 것을 깨닫게 된다. 서로를 깊이 사랑하고 나와 친구 모두 탁월성을 지니고 있는지가 더 중요하며, 수보다는 나와 친구가 서로 어떤 상태에서 어떤 관계를 맺고 있는지가 더 중요한 것이다.

참고문헌

강상진. (2003).「아리스토텔레스의 필리아: 자기애와의 관련을 중심으로」.『인간연구』 제4호. 가톨릭대학교 인간학연구소.

신득렬. (1992).「우정과 교육」.『교육철학』 제10집. 한국교육철학회.

아리스토텔레스. (2016).『니코마코스 윤리학』. 강상진·김재홍·이창우 옮김. 도서출판 길.

홍석영. (2012).「아리스토텔레스 우정론의 도덕과 교육에의 함의」.『도덕윤리과교육』 제37호. 한국도덕윤리과교육학회.

Price, A. W. (1989). *Love and Friendship in Plato and Aristotle*. Oxford: Clarendon Press.

3장

아퀴나스의 사랑 개념

아모르와 카리타스의 구별을 중심으로

● 이경재

13세기의 스콜라 철학자 토마스 아퀴나스(Thomas Aquinas, 1224-1274)는 사랑을 '선에 대한 의지와 욕구의 제1추동력'이라고 규정한다. 이 규정은 자칫 주관적 견해 표명으로 흐르기 쉬운 사랑 논의에 일반성과 객관성을 마련해 주는 토대일 수 있다. 이를 바탕으로 그는 인간의 본성적 욕구에 따르는 자연적 사랑인 아모르(amor)를 말하고, 이를 다시 자기 중심적

* 이 글은 필자의 「토마스 아퀴나스의 사랑 개념」(『백석저널』 제5호, 백석기독학회, 2004)을 수정·보완한 것이다.

인 자기사랑(amor concupiscentiae)과 상대방 중심적인 친애(amor amicitiae)로 구별한다. 그리고 친애의 연장선이면서도 아모르를 넘어서는 신적 사랑인 카리타스(caritas)를 구별해 낸다. 그러면서 그는 신에 대한 사랑이 모두 참된 의미의 카리타스는 아닐 수 있다고 말한다. 자기사랑의 일환으로 신을 사랑할 수 있기 때문이다.

'사랑이 도대체 무엇이냐?'라는 인류의 물음이 대체로 이기적인 것을 넘어선다는 의미에서의 '진실한' 사랑에 대한 물음인 한, 자기 중심성을 기준으로 사랑의 여러 갈래를 논하는 아퀴나스의 견해는 그에 대한 유효한 길잡이가 될 수 있다. 단, 그의 해명은 그리스도교 신앙과 세계관을 전제한다. 사실 아모르는 '본성적'인 반면 카리타스는 '신적'이라는 것은 신의 도움 없이는 인간이 카리타스로 나아갈 수 없다는 의미이기도 하다.

아모르와 카리타스의 구별은 아퀴나스만의 것이 아니지만, 이 구별을 인간의 본성적 욕구방식과 그 대상인 선 사이의 일반적 관계에 대한 분석에 기초해서 논의한 점은 그만의 고유한 특징이다. 이제 그가 어떤 식으로 이를 논증하는지 살펴보자.

1. 들어가는 말: 사랑의 일반적 의미

서구 그리스도교적 전통에서는 사랑을 흔히 에로스(eros)와 아가페(agape), 또는 아모르(amor)와 카리타스(caritas)로 대별시켜 말하곤 한다.[1] 에로스와 아모르는 인간적 사랑 혹은 인간의 자연적인 사랑을 의미하는 반면, 아

1 에로스-아가페는 그리스어, 아모르-카리타스는 라틴어 표현이다. 이 글에서는 아퀴나스의 언어인 라틴어 표현을 위주로 사용하겠다.

가페와 카리타스는 그리스도교적 사랑 혹은 신의 사랑을 의미하는 것으로 이해되어 왔다. 이 구별은 사랑을 이해하는 데 있어 매우 중요하다. 그런데 양자는 종종 대립적으로 이해되어 왔다. 아모르(에로스)는 남녀 간의 성적 사랑을 포함하여 감각적이고 이기적인 사랑으로, 카리타스(아가페)는 인간적 사랑과는 완전히 분리된 성스러운 사랑이자 이타적이고 희생적이며 순수한 정신적 사랑으로 대비되곤 한 것이다. 심지어 인간적 사랑인 아모르는 그리스도교적 사랑인 카리타스에 비해 악을 유발하는 요인으로까지 간주되어 절제와 극복을 통해 카리타스로 승화되어야 할 것으로 격하되기도 했다.

그러나 아퀴나스는 양자가 구별은 되어야 하되, 서로 경쟁적이거나 대립적인 것은 아니며, 별개로 논의된다고 보지도 않는다. 오히려 카리타스를 아모르에 맞서는 것이 아니라 아모르의 이상이자 아모르를 완성시키는 것으로 이해한다(장욱, 2002: 291). 그의 주저인 『신학대전』(*Summa Theologiae*, 이하 'ST')의 크게 세 부분에서 '사랑'이 다루어지고 있는데, 첫째는 신에 대한 이해를 도모하는 부분에서 논의되는 신의 사랑이고(ST, I, q.20), 둘째는 정념(passion)을 다루는 가운데 논의되는 인간의 자연적·본성적 행위로서의 사랑이며(ST, I-II, qq.26-28), 셋째는 믿음, 소망과 함께 신학적 덕으로서의 사랑이다(ST, II-II, qq.23-27). 이 가운데 신의 사랑은 사랑의 원천이자 근거로, 인간의 자연적 행위로서의 사랑은 사랑 개념에 대한 이해의 출발점으로, 그리고 신학적 덕으로서의 사랑은 인간의 사랑의 완성이자 이상으로 간주된다. 그런데 이 논의들은 모두 사랑의 본질, 즉 사랑이라는 행위가 과연 어떤 작용인지에 대한 고찰을 공통 배경으로 한다. 그리고 사랑의 본질에 대한 이해는 근본적으로 인간의 자연적 사랑, 즉 아모르에 대한 분석에 기초하여 전개된다. 자연적 사랑인 아모르야말로 가장 넓은 의미에서 인간이 행하는 모든 사랑의 양태를 포함하는 것으로 이해되기 때문이다. 그러므로 논의의 출발점은 당연히 인간에게 있어 '사랑'이 과연 어떠한 행위인가에 대한 것이어야 한다.

1) 사랑이라는 행위 자체의 기본 의미

아퀴나스에 의하면 인간의 사랑이란 근본적으로 "이해된 선을 향한 의지와 욕구의 실질적인 제1추동력(Primus motus voluntatis et cuiuslibet appetitivae virtutis est amor)"으로 정리된다(ST, I, q. 20, a. 1, c). 이는 곧 사랑이 인간의 모든 의지/욕구작용에 수반된다는 것을 의미한다. 일상의 어법이 기대하는 것 이상으로 사랑이라는 행위의 외연을 보편적인 것으로 이해하는 셈이다. 그런데 이 주장을 수긍하기 위해서는 비슷해 보이지만 구별되어야 하는 두 가지 질문이 해명되어야 한다. 하나는 왜 사랑이 모든 의지/욕구작용에 개입되는가 하는 것이고, 다른 하나는 의지/욕구의 모든 작용이 과연 사랑인가 하는 것이다. 이 물음들은 의지와 사랑 사이의 관계를 보다 명확히 함으로써 논의될 수 있다.

(1) 감각적 욕구와 지적 욕구

아퀴나스가 사랑의 외연을 의지를 포함하는 모든 욕구작용과 동일시하고 있음은 분명하다. "의지와 욕구가 있는 곳에는 항상 사랑이 있어야 한다"(ST, I, q. 20, a. 1, c)라고 말하고 있기 때문이다. 이어서 아퀴나스는 그 이유를 "첫 번째 것이 결여될 경우, 그에 따르는 것들 역시 없어질 것이기 때문"이라고 제시한다. 다시 말해 그는 사랑을 의지와 욕구의 모든 작용에 있어서 제1의 것으로 이해한다. 의지와 욕구의 모든 작용이 사랑이라는 이름으로 단일하게 이해될 수 있는 것은 아님에도 불구하고 사랑은 그 모든 작용에 포함되고 또 전제된다는 것이다. 그렇다면 의지나 욕구란 무엇인가?

아퀴나스에 의하면 욕구란 선(the good)을 대상으로 하는 행위자의 능동적 추구행위를 일컫는다. 육체와 함께 지적 본성을 지닌 인간의 욕구는 감각적 욕구(sensible appetite)와 지적 욕구(intellectual appetite)로 구별된다. '의지(will)'라는 용어는 엄밀하게 말해 지적 욕구를 지칭하는 용어다(ST, I, q.82, a.2, ad 3; q.82, a.5). 감각적 욕구는 감각적 인식능력(estimative power/cogitative power)[2]에 의해 '선으로 인식된' 것에 대한 추구인 반면 지적 욕구인 의지는 지성(intellect)에 의해 '선으로 이해된' 것에 대한 추구다. 그러므로 감각적 욕구와 의지(즉 지적 욕구)는 '선에 대한' 추구라는 점에서, 그리고 선에 대한 추구인 한 능동적이라는 점에서 일치하지만, 그 욕구를 불러일으키는 감각적 인식과 지적 인식의 차이에 따라 다음과 같은 두 가지 점이 구별되어야 한다.

첫째, 감각적 욕구는 수동성을 포함하는 데 비해 의지는 능동적이다. 선에 대한 감각적 욕구는 그 욕구 자체가 대상에 의해 수동적으로 촉발되고 그에 따르는 반응으로 추구가 이루어지며, 그렇기 때문에 아퀴나스는 이를 수동적(passive) 행위라는 의미에서 정념(passion)이라고 한다. 반면에 선에 대한 의지의 추구는 주어진 대상을 선으로 이해하는 지성의 능동적 활동과 그에 대한 의지의 주체적 선택이 이루어지지 않는 한 실제로 실행되지 않는, 보다 적극적인 활동이다.

둘째, 감각적 욕구는 구체적인 대상이 무엇이냐에 따라 반응하는 데 반해 의지는 그 대상이 무엇인지와 상관없이 그것을 추구할 수 있다. 쉽게 말하면, 감각적 욕구는 대상 A는 추구하고 B는 회피하는 데 반해, 지

2 중세 스콜라 용어 가운데 '감각적 인식능력'이라고 번역되는 'estimative power'는 감각능력에 따르는 인식능력 일반을 의미하는 반면, 'cogitative power'는 오직 지적 본성을 지닌 인간의 감각적 인식능력을 의미한다.

적 욕구는 대상이 A든 B든 간에 모두를 추구할 수도 있고 회피할 수도 있다. 감각적 욕구는 특수한 선(particular good)에 대해 규정되어 있는 반면, 의지는 특수한 선에 대해 규정되어 있지 않고 선 일반(good in general)에 개방되어 있기 때문이다. 감각적 욕구를 일으키는 감각적 인식은 대상에 대한 선악 판단에 능동적으로 개입하여 판단을 달리할 수 없는 반면, 지적 욕구를 일으키는 지적 인식은 그것이 가능하다. 예컨대 쓴 것을 피하고 단 것을 취하려는 감각적 욕구가 어떤 대상을 추구하거나 회피하는 것은 전적으로 감각되는 대상이 무엇인지에 달려 있다. 씀바귀를 단 것으로 추구하거나 설탕을 쓴 것으로 회피할 수는 없다.

이에 비해 지적 욕구에서는 대상이 무엇이든 간에 그것이 지닌 다양한 관점에 따라 선으로도 악으로도 판단할 수 있다. 예를 들어 설탕은 그것이 달다는 이유에서 선으로 추구될 수도 있지만, 꿀보다는 그 달콤함의 정도에서 열등한 것으로 회피될 수도 있고, 나아가 당뇨를 야기할 수 있다는 이유로 회피될 수도 있다. 감각과 무관하게 순수한 지적 욕구의 대상인 경우에도 역시, 예컨대 "아는 것이 힘"이라고 할 수도 있는 반면 "모르는 게 약"이라면서 앎 또는 지식에 대해 상반된 욕구를 지닐 수 있다. 그러므로 의지, 즉 지적 욕구의 추구는 그것이 실제로 욕구하는 구체적 대상이 무엇인가에 의해서가 아니라 그것을 지성이 어떻게 이해하는가에 좌우된다. 이렇게 의지는 지성이 선으로 이해한 모든 것을 추구할 수 있다. 일반적으로 악한 것이라고 판단되는 것(예를 들어 살인이나 자살)일지라도, 그것을 의도하고 수행하는 이유는 적어도 어느 한 관점에서는 그것이 행위자에게 선으로 이해되었기 때문이다. 다시 말해 의지는 그것이 무엇이든 간에 선으로 이해되는 모든 것을 추구하며, 추구되는 모든 것을 선으로 추구한다.

감각적 욕구와 의지 사이의 이러한 구별은 욕구의 분석과 이해에서 매우 중요하지만, 그렇다고 해서 인간에게 마치 서로 무관한 두 종류의 독자적 추구행위 혹은 그 계열이 있기라도 하듯이 그것들이 분리될 수 있는 것은 아니다. 다시 말해 감각적 욕구는 지적 욕구와 무관하게 감각적 욕구 대상을 추구하는 능력이 아니다. 감각적 욕구는 무의식적 행위가 아닌 한 의지에 매개되어 추구되기 때문이다(ST, I, q. 81, a. 3, c 참조).

인간의 의식적 행위는 조건반사 등의 경우와는 달리, 단순히 감각적 자극과 그에 따르는 욕구에 의해 수행되는 것이 아니라 육체에 대한 의지의 명령을 통해 수행된다. 달콤한 것에 대한 욕구는 미각작용에 따르는 감각적 욕구이지만, 그 욕구를 실행에 옮겨 설탕을 향해 가기 위해서는 육체를 움직이는 의지의 동의와 명령이 필요한 것이다. 바로 이러한 이유에서 입에 쓴 것이라도 억지로 먹거나, 배고픔에도 불구하고 먹지 않는 등 소위 감각적 욕구에 대한 절제가 일어난다. 그러한 절제는 단순한 억제가 아니라 이유가 있는 억제이며, 그 억제의 이유는 감각에 알려지는 것이 아니라 지성에 알려지는 것으로서 지적 욕구의 추구 대상이 된다.

(2) 욕구의 제1추동력으로서의 사랑

이 점을 염두에 두면서 이제 사랑에 대한 논의로 되돌아가 보자. 아퀴나스는 인간의 사랑을 감각적 욕구와 의지라는 두 관점에서 논하고 있는데, 그중에서도 감각적 욕구인 정념을 다루는 부분에서 비교적 자세하게 분석하고 있다. 그런데 언급한 것처럼 의지는 대상이 무엇인가와 무관하게 모든 것을 오로지 선의 관점에서 추구하며 그러한 한 동일한 욕구능력인 반면, 구체적 대상이 무엇인가에 따라 그것을 추구하거나 회피하는 감각적 욕구의 경우는 그 대상이 되는 선에 따라 크게 두 가지로 구분된다. 하나는 대상의 좋고 나쁨에 따라 단순히 그것을 욕구하거나 회피하는 달성욕(concupiscible appetite)이고, 다른 하나는 극복욕(irascible appetite)[3]으로서 선을 추구하거나 악을 피하는 데 방해가 되는 난관들을 극복하고 넘어서려는 욕구다(ST, I, q.81, a.2).

달성욕은 다시 세 차원으로 구분된다. 추구되는 대상으로서의 선을 달성하거나 악을 피함으로써 기쁨을 얻으려는 경향성(aptitude), 그 목적을 향한 실제 운동(movement), 그리고 그 목적을 달성함으로써 그 운동을 정지하는 쉼(rest)이 그것이다. 달성욕의 이 세 차원은 아퀴나스에 의해 각기 사랑(love, amor)과 미움(hatred), 추구(desire)와 회피(aversion), 그리고 그 목적의 성공적 달성에 따르는 선 안에서의 기쁨(joy) 혹은 즐거움(pleasure)과 그 실패에 의해 악이 여전히 남아 있는 슬픔(sorrow) 혹은 고통(pain)으로 규정된다(ST, I-II, q.25, a.2, c).

극복욕은 이러한 달성욕의 운동이나 그 쉼과 관련해서 일어난다. 즉 선으로의 운동이 난관에 부딪혔을 때 그 달성하기 어려운 선을 향하는 정념인 희망(hope)이 일어나고, 희망이 향하는 어려운 선이 사실상 획득될 수 없다고 이해되는 데 따라 그 선에 대한 추구를 철회하는 절망(despair)이 일어나며, 악을 피하는 데 어려움이 닥치면 그 악이 자신에게 초래할 미래의 상처를 염려하는 두려움(fear)이 일어나고, 이에 반해 그 악의 극복을 위해 당당하게 맞서는 과감함(daring)이 일어나며, 악의 현존에 대한 슬픔이나 고통으로부터 분노(anger)가 일어나는 식이다.[4]

3 '달성욕'과 '극복욕'은 각기 'appetitus concupiscibilis'와 'appetitus irascibilis'의 번역어로서, 문자 그대로는 '기꺼이/즐거이 추구하는 욕구'와 '분노하는/성내는 욕구'를 의미하지만, 이에 대한 적합한 번역어가 아직 국내에는 정착되어 있지 않다. 장욱 교수는 이를 '호의적 욕구'와 '적대적, 즉 분노하는 욕구'로 번역한다(장욱, 2002).

4 희망에 대해서는 ST, I-II, q.25, a.4, c; q.40, aa.1-3, 절망에 대해서는 ST, q.40, aa.4-5, 두려움에 대해서는 ST, qq.41-44, 과감함에 대해서는 ST, q.45, 분노에 대해서는 ST, qq.46-48 참조.

정념에 대한 이러한 분석에서 알 수 있듯이 극복욕은 달성욕으로부터 일어나기 때문에 달성욕을 전제로 한다. 그리고 달성욕은 선이나 악에 대한 사랑과 미움을 그 출발점으로 한다. 그런데 이 가운데 악에 대한 미움은 선에 대한 사랑을 전제로 한다. 악이란 그 자체가 적극적이고 능동적인 가치나 힘이 아니라 우선적으로 선의 결여(privation)라는 2차적이고 부정적인 의미를 지닌다. 그리고 선의 결여인 악도 절대적인 의미에서의 무가 아닌 한 선의 측면을 지니는 반면 모든 선 역시 순수현실태로서 완전선이자 무한선이 아닌 한 다른 것과의 비교에서 선의 결여라는 측면을 말할 수 있다. 따라서 모든 선은 선으로서 추구되지만 동시에 선의 결여(즉, 악)로서 회피될 수 있으며, 악한 모든 것 역시 그것이 무는 아닌 한 선으로서 추구될 수 있다. 그러므로 논리적으로 볼 때 악의 회피는 선의 추구와 대등하게 그 자체가 적극적 의미를 지니는 것이 아니라, 추구되는 선에 반대되는 것의 회피라는 의미를 지닌다. 선과 악의 관계에서 선이 논리적으로 악에 앞서듯이 선의 추구 역시 악의 회피에 논리적으로 앞서며, 이는 사랑이 미움에 앞선다는 것을 의미한다.

결과적으로 달성욕에서 제1의 것은 선을 달성하려는 욕구로서의 사랑이며, 이것이 없이는 악의 회피를 비롯하여 그에 이어지는 모든 욕구 자체가 성립하지 않게 된다. 바로 이러한 의미에서 아퀴나스는 사랑을 가리켜 선을 향한 욕구의 제1추동력이라고 말하는 것이다. 결국 사랑은 감각적 욕구에 의한 모든 추구행위와 무차별적으로 동일시될 수 있는 것은 아니지만, 그 모든 추구행위를 일으키는 최초의 원동력이라고 할 수 있으며, 이러한 한 사랑은 감각적 욕구에 의해 적극적으로 추구되는 모든 대상들에 대한 것이라고 할 수 있다.

감각적 욕구의 분석에서 드러난 사랑의 의미는 지적 욕구인 의지에도 그대로 적용될 수 있다. 앞서 언급한 대로 의지는 어떤 것이든 간에 그 모든 것들을 선 일반의 관점에서 선으로 추구할 수 있다. 그러므로 선을 달성하려는 의지의 실질적인 모든 운동을 아퀴나스는 사랑이라고 하며, 바로 이런 의미에서 의지가 있는 곳에는 반드시 사랑이 있다고 말하는 것이다. 그는 지성과 의지를 원리로 해서 수행되는 인간적 행위(human act)[5]는 항상 어떤 목적을 향해 일어난다고 말하는데, 이때 어떤 것이 목적인 이유는 그것이 추구하는 자에게 선이기 때문이며, 따라서 목적에 대한 추구는 곧 목적으로서의 선에 대한 추구이자 그에 대한 의지의 사랑 이외에 다른 것이 아니다. 인간이 암중모색하는 가운데 수행하는 모든 의식적 행위는 바로 이와 같은 목적을 달성하기 위해 수행되며, 목적이 없이는 그 어떤 인간적 행위도 일어나지 않기 때문에 지적 욕구의 영역에서도 여전히 목적으로서의 선에 대한 사랑이 그것을 향한 행위의 제1추동력이 된다.

물론 대상에 대해 수동적으로 반응하는 감각적 욕구에서의 사랑과, 대상에 대한 능동적 신댁이 개입되는 지적 욕구에서의 사랑이 무차별적으로 동일시될 수는 없다. 이 때문에 아퀴나스는 일반적 의미의 사랑(amor)과 구별해서 의지의 사랑인 지적 사랑(dilectio)을 말하기도 한다(ST, I-II, q. 26, a. 1). 그러나 앞서 언급한 것처럼 인간의 감각적 욕구는 지성과 무관하게 독자적으로 추구되는 것이 아니라 항상 지성에 의해 인식되어 추구되며, 따라서 지적 욕구에 매개되어 추구된다는 점을 환기해야 한다. 그렇기 때문에 감각적 욕구의 경우 육체의 욕구를 충족시키기에 적합한 것(예를 들어 목마를 때의 마실 것)에 대한 욕구는 자동적이며 필연적이지만, 그에 대한 실제 추구는 그러한 감각적 욕구마저도 인식하는 지성 및 그에 따르는 지적 욕구에 의해 매개되며 조정·통제된다. 그 자체로서 고려

5 인간이 수행하는 모든 행위(act of man)와 구별되어야 한다.

될 때에는 주어진 대상에 대해 필연적으로 반응하는 감각적 욕구도 사실상 능동적 선택이 개입되는 지적 욕구에 의해 매개되기 때문에 그 추구의 필연성이 상대화된다. 목마르더라도 물을 마시지는 않을 수 있는 것이다.

동일한 순간에 다양한 대상에 대한 다양한 욕구가 인간의 내면에서 일어날 수 있고, 또 그것은 지성에 알려지는 만큼 그 모든 욕구들이 다 실질적인 추구(즉, 사랑의 이유)로 간주될 수 있다. 그러나 동시에 동일한 관점에서 여러 행위를 수행할 수는 없기 때문에 실제 행위는 항상 그 가운데 하나만을 위해 일어날 수밖에 없다. 그 대상이 다른 것보다 더 갈망되기 때문이다. 상대적으로 다른 것들은 그것에 앞서 추구될 만큼 좋은 것은 아닌 것, 다시 말해 상대적으로나마 '덜 선'이고, 그런 의미에서 '더 선'에 비해서는 '선의 결여', 즉 '악'으로 간주될 수 있다.

그리고 욕구는 인식이 아니라 실천이므로 현실화되지 않는 욕구는 더 이상 욕구가 아니다. 실제로 추구되지 않는 선에 대한 욕구는 그 선을 실제로 획득함으로써 추구하는 자와 추구되는 것의 일치를 지향하는 사랑이라고 할 수 없다. 사랑은 단순히 선에 대한 인식, 즉 좋은 것을 알아보는 데서 성립하는 것이 아니라 그것을 선으로서 실제로 추구하는 데서 성립한다. 그리고 실제로 추구되는 대상만이 온전한 의미에서 사랑의 대상으로서의 선이라고 할 수 있다. 그렇기 때문에 사랑이란 '선으로 이해된 것에 대한 모든 실질적 추구행위를 일으키는 제1추동력'으로 이해된다. 누군가가 어떤 것을 실제로 추구한다면, 그 추구는 곧 그것에 대한 추구자의 사랑 때문이라고 할 수 있다.

2) 사랑의 구별과 특징

사랑이라는 행위의 가장 기본적인 의미가 선을 향한 의지와 욕구의 제1추동력이라는 이제까지의 논의를 바탕으로, 이제 아퀴나스의 논의에 나타난 사랑의 몇 가지 특징을 통해 사랑에 대한 이해를 좀 더 구체화해 보자.

우선 아퀴나스는 욕구 대상에 대한 실제 추구를 의미하는 사랑의 결과는 사랑하는 자와 사랑받는 것 사이의 합일(union)이라고 말한다(ST, I-II, q. 28, a. 1, c). 이 합일은 방해받거나 좌절될 수 있기 때문에 당연하거나 필연적인 결과는 아니다. 그러나 사랑은 순탄한 경우만이 아니라 어려운 경우에도 그러한 합일을 지향한다는 점에서 단순한 욕구가 아니라 열정과 열망을 포함하는 욕구행위다. 그와 같은 합일을 지향하지 않는 욕구는 사랑으로 간주될 수 없다. 바로 이런 이유에서 아퀴나스는 사랑을 단순히 누군가에게 좋은 일이 있기를 바라는 '호의'와 구별한다(ST, II-II, q. 27, a. 2, c).

그런데 그는 합일을 두 가지로 구분한다. 하나는 실질적 합일(real union)이고 다른 하나는 애정관계의 합일(union of affection)이다(ST, I-II, q. 28, a. 1, c). 전자는 추구되는 대상이 추구하는 자에게 획득됨으로써 추구하는 자 안에 실제로 현존하게 되는 합일로서, 예컨대 명예, 부, 지식, 건강, 안락함 등이 그것을 추구하는 자 안에 있게 되는 경우를 말한다. 이에 비해 후자는 사랑의 대상을 자기 자신처럼 간주함으로써 그 대상과의 일종의 동일시를 가져오는 것이다. 이 경우 자신과 동일시되는 대상에게 선인 것은 곧 자기 자신에게도 선으로 이해되며, 따라서 자신이 사랑하는 사람에게 선인 것을 마치 자신에게 선인 것처럼 추구하게 된다.

실질적 합일은 사람 이외의 것에 대한 사랑에서, 애정관계의 합일은 (그 자체가 사랑의 주체인) 사람에 대한 사랑에서 귀결된다고 할 수 있는데, 이 구별은 사랑이라는 행위 자체가 지향하는 두 가지 방향에 대한 아퀴나스의 구별과 맞물려 이해되어야 한다. 하나는 '무엇을 사랑하는가' 와 관련된 추구의 구체적 대상 혹은 내용이다. 다른 하나는 '누구를 사랑하는가'와 관련된 것인데(ST, I, q. 20, a. 1, ad 3; I-II, q. 26, a. 4, c), 이는 결국 구체적 대상에 대한 추구가 '누구를 위한 것인가' 하는 문제로 이해될 수 있다. 그러므로 아퀴나스에게서 선에 대한 제1추동력으로서의 사랑은 '누군가에게 선을 욕구하는 것'으로 정리될 수 있고, 이에 따라 사랑은 '무엇을' 추구하는가와 '누구를 위해' 추구하는가의 두 측면에서 분석될 수 있다. 그리고 후자는 다시금 자기 자신을 위한 경우와 타인을 위한 경우로 나뉘며, 이에 따라 아퀴나스는 자기사랑(amor concupiscentiae)과 친애(amor amicitiae)를 구별한다(ST, I-II, q. 26, a. 4, c).[6] 이 가운데 '무엇'의 측면은 자기 자신이든 남이든 간에 누군가를 '위해' 추구되는 조건적인 선인 반면, '누구'의 측면은 조건 지어지지 않은 무조건적 추구의 대상으로서의 선이므로 보다 근본적이고 일차적인 사랑의 대상이라고 아퀴나스는 말한다. 명예를 갈망하는 것은 그것이 나 혹은 누군가에게 좋기 때문이지만, '나' 혹은 '그'를 사랑하는 것에는 아무런 이유나 조건이 없을 수 있다는 의미다.

여기서 친애는 좀 더 세심한 주의를 기울여 이해할 필요가 있다. 타인을 자신과 동일시함으로써 타인의 선을 마치 자신의 선인 양 추구하는 것과 자기 자신을 위해 타인의 선을 추구하는 것은 구별되어야 하기 때문이다. 전자는 타인과 자신을 동일시하는 것으로서 친애다. 그러나 후자는 타인을 자신에게 종속시키는 것이므로 진정한 친애라고 할 수 없으며(ST, I-II, q. 26, a. 4, ad 3), 타인의 선을 자신의 선을 위한 수단으로서 추구하는 것

6 '자기사랑'과 '친애'는 라틴어 용어인 'amor concupiscentiae'와 'amor amicitiae'의 축자적 번역이 아니라 내용에 비추어 필자가 의역한 용어다. 장욱 교수는 축자적 의미에 충실하게 각각 '욕구적 사랑'과 '친구사랑'으로 번역한다(장욱, 2002).

이므로 자기사랑이라고 할 수 있다. 남의 기쁨을 위해 그것을 추구하고 그와 함께 기뻐하는 것과, 자신의 기쁨을 위해 남이 기뻐하는 것을 추구하는 것 ―남이 싫어하는 것은 물론이고― 은 분명하게 구별되어야 한다.

앞서 사랑의 결과에 대한 구별을 이 구별과 연결시켜 보자. 실질적 합일은 '누구'의 측면이 아닌 '무엇'의 측면이라는 것은 분명하다. 하지만 누군가를 사랑한다는 것, 다시 말해 애정관계의 합일은 단순히 '그에게 선을' 추구하는 것으로 충분한 것이 아니라 그러한 추구가 '그를 위한' 것인지 '나를 위한' 것인지에 의해 다시 구별되어야 한다. 엄밀한 의미에서의 애정관계의 합일, 즉 사람에 대한 사랑은 '그를 위한' 사랑, 즉 친애에서 성립한다. 자기사랑의 일환으로 이루어지는 애정관계의 합일은 일상에서 흔히 이기적 사랑이라고 하는 것으로서, 타인을 자신에게 종속시켜 소유물화하려는 것에 불과하며 (그 온전한 실현은 원칙적으로 불가능함에도 불구하고) 일종의 실질적 합일에 대한 추구라고 할 수 있다.

그러므로 친애는 자신과 타인 사이의 친밀성(familiarity)을 기반으로 성립한다. 누군가를 사랑한다는 것은 그의 기쁨을 나의 것으로 공유할 수 있다는 의미이므로, 기쁨을 공유할 수 없는 사람에게 선을 의도하는 것은 의무일 수는 있어도 사랑은 아니다. 아퀴나스는 어떤 것이 사랑의 대상이 되는 이유는 그것이 자신에게 본성적으로 적합한 것이거나 아니면 기쁨을 주는 것이기 때문이라고 말하는데(ST, I-II, q. 27, a. 1), 이 기쁨은 사랑이 단순한 호의를 넘어서서 열망과 정열을 담아 추구되는 선과의 합일을 지향하는 이유이기도 하다. 그러므로 타인의 기쁨이 자신에게는 아무런 기쁨도 되지 않거나 혹은 오히려 회피의 대상인 고통이나 두려움을 수반하게 될 경우, 그 사람은 사랑의 대상이 될 수 없을 뿐 아니라, 자신이 사랑하는 것에 대한 방해물로 간주되어 미움의 대상이 되기 마련이다.

남을 사랑하는 것에 고통과 희생이 수반될 수는 있다. 그러나 고통과 희생이 자신에게 주어지는 전부라면, 그것은 통상적으로 회자되는 이타적 사랑이 아니며 사랑조차 아니다. 그것은 의무일 수 있지만, 의무에도 역시 그에 복종한다는 일말의 기쁨과 만족이 뒤따르기 마련이라는 점을 고려하면, 그것은 차라리 자기학대라고 해야 할 것이다. 마찬가지로 남을 사랑하는 것이 자신에게도 기쁨이 된다고 해서 그것을 이기적 사랑이라고 할 수는 없다. 나와 남 사이에 누구의 유익을 위하는가 하는 문제라면 몰라도, 그에 따르는 기쁨이 누구에게 있는가의 여부에 따라 이기적 사랑과 이타적 사랑을 구별하는 것은 적어도 아퀴나스에게는 적절치 않다. 자기를 위한 경우든 남을 위한 경우든, 모든 사랑에는 사랑하는 자에게 일어나는 기쁨이 수반되기 마련이다.

2. 아모르(에로스)와 카리타스(아가페)

1) 카리타스의 등장 배경

인간의 자연적 사랑은 선으로 이해되는 모든 것에 열려 있다. 그리고 그 사랑은 자기사랑일 수도 있고 친애일 수도 있다. 한마디로 말해 인간은 모든 것을 사랑할 수 있다. 하지만 모든 것을 동시에 사랑할 수도 없고, 동일한 정도로 사랑할 수도 없다. 그렇기 때문에 우선순위 문제가 등장한다. 이는 결코 사소한 문제가 아니다. 각 개인이 어떤 삶을 사느냐 하는 것은 그가 무엇을 '더' 사랑하는가, 나아가 무엇을 '최우선적으로' 사랑하는가에 달려 있기 때문이다. '궁극 목적(ultimate end)', '행복(happiness)', '최고선(highest good)' 등의 용어로 제기되는 문제들이 바로 이에 대한 것이며, 인생관이나 가치관 혹은 세계관 역시 같은 문제를 다룬다. 이 문제는 한마디로 아모르의 대상들을 위계적으로 질서 지우는 문제이자, 그 위계질서의 정점에 있기 때문에 다른 모든 선을 판단하는 기준이 되는 최고선이 무엇인가를 묻는 문제다. 바로 이 지점에서 아퀴나스는 아모르의 연장선에 있으면서도 아모르 일반과는 구별되는 특별한 사랑을 말하는데, 그것이 바로 '카리타스'다.

이해된 선을 추구하는 인간은 현실적으로 각자 자신이 이해한 바에 따라 행복을 추구하면서 살아간다. 그런데 아퀴나스는 각자의 행복이 각자의 그러한 행복 이해에 전적으로 좌우된다고 생각하지는 않는다. 그리스도교 신앙에 따라 그는 모든 인간에게 공통된 행복의 내용이 있으며, 그것은 궁극적으로 신과의 만남에서만 성취된다고 본다. 그러므로 참된 행복에 대한 추구는 곧 신을 추구하는 것이다. 그런데 이해된 선만을 추구하는 인간의 본성상, 신을 추구하기 위해서도 신에 대한 이해가 선행되어야 한다.

그런데 특이하게도 아퀴나스는 신이 무엇인가는 물론이고, 신이 존재한다는 것마저도 인간에게는 자명하지 않다고 주장한다. 신이 인간의 객관적이고 궁극적인 행복일지라도, 인간에게 행복으로 이해되어 실제로 추구될 가능성은 희박하다는 말이다. 그러므로 인간이 모두 자신의 객관적 행복인 신을 추구할 수 있기 위해서는 어떤 식으로든 모두에게 신의 존재에 대한 인식이 개방되어야 한다. 신에 관한 진리가 신 스스로에 의해 계시된 이유가 바로 이 때문이다. 계시는 자신의 피조물인 인간을 자기 자신에게로 인도하려는 신이 베푸는 사랑[7]의 표현인 셈이다. 하지만

7 신이 베푸는 사랑 역시 선에 대한 추구지만, 완전자인 신의 인간을 향한 사랑은 신 자신의 완성을 위한 것이 아니라 자신이 가진 선을 나누어 줌으로써 인간의 완성을 바라는 사랑이다. 이에 대해서는 ST, I, q. 20, a. 2 참조.

계시는 모든 인간이 필연적으로 신을 향하도록 하지는 않는다. 이런 상황에서 신의 계시에 의지해 어떤 식으로든 신을 추구하고 사랑하려 애쓰는 자에게 실제로 신을 사랑할 수 있도록 부여하는 또 다른 은총이 바로 초자연적 덕으로서의 사랑, 즉 카리타스다. 이러한 카리타스에 대해 좀 더 구체적으로 살펴보자.

2) 아모르에서 카리타스로

일반적 의미의 사랑, 즉 아모르는 선으로 이해된 모든 것을 대상으로 추구할 수 있는 의지의 사랑을 의미하는 반면, 카리타스는 아모르 가운데 특정한 사랑, 즉 오직 신을 대상으로 추구함으로써 신 자신을 획득하고 신 안에서 쉼을 얻는 사랑이다(ST, II-II, q.23, a.6). 카리타스는 아퀴나스에게 사랑의 행위와 그 덕(virtue) 모두를 의미한다(ST, I-II, q.26, a.3). 덕이란 일반적으로 행위의 반복에 의해 습득된 습관 가운데 나쁜 습관인 악덕(vice)에 반대되는 올바른 습관을 의미하며, 한마디로 올바른 행위경향성이라고 할 수 있다. 그런데 아퀴나스는 카리타스를 인간 스스로 습득한 덕이 아니라, 신에 의해 인간 본성의 덕을 한층 고양하는 식으로 본성에 더해지는 덕으로 이해한다. 카리타스는 인간 의지의 본성적 사랑을 넘어서는 사랑이라는 이유에서다(ST, II-II, q.23, a.2). 카리타스 역시 인간에 의해 수행되는 사랑, 즉 아모르이면서 동시에 그것과는 구별되어야 하는 아주 특별한 방식의 아모르를 수행하는 경향성으로 이해되는 것이다. 대상에 대한 실제적 욕구행위로서의 아모르가 지향하는 궁극적인 목적은 그 주체인 인간의 충족과 완성으로서의 행복이며, 인간의 행복은 오직 진리 그 자체이자 선 그 자체인 신과의 만남에서만 실현될 수 있다는 점에서, 아모르는 카리타스로 승화될 때에만 비로소 올바른 사랑이라고 할 수 있다. 다시 말해 카리타스는 행복을 궁극적으로 지향하는 아모르가 객관적 행복인 신을 향하는 경우를 말한다.

이러한 카리타스는 자신의 이해에 따라 행복의 구체적 내용을 추구하면서 동시에 행복의 내용을 모색해 나가는 인간이 행복의 여러 후보들 가운데 신을 선택하여 추구하는 경우라고 이해할 수도 있다. 그럴 경우 카리타스는 굳이 의지의 본성을 넘어서는 것으로서 신에 의해 부과된 것이라고 이해할 필요는 없는 듯 보인다. 그럼에도 불구하고 아퀴나스는 마치 신의 도움이 없이는 신을 사랑할 수 없다고 말하기라도 하듯 카리타스가 의지의 본성에 입각한 아모르를 넘어선다고 말하는데, 그 이유는 의지의 본성에 입각한 아모르가 근본적으로 자기 중심적인 데 반해 카리타스는 그러한 자기 중심성을 넘어선다는 데서 찾을 수 있다.

아모르의 경우 그것이 제아무리 엄밀한 의미에서의 친애, 즉 타인을 위해 타인에게 선을 욕구하는 사랑일지라도 그것은 항상 자기사랑에 대한 모방으로서만 가능하다. 그렇기 때문에 친애를 포함한 모든 아모르는 그로부터 귀결되는 합일에 따르는 기쁨에 대한 기대를 동반하며, 기쁨을 주지 못하는 대상은 회피와 미움의 대상이 된다. 이러한 아모르는 결국 선에 대한 자신의 이해에 입각하기 때문에 자신에게 선인 것에 대한 사랑을 그 근본적인 특징으로 한다. 아모르는 자신의 선, 자신의 행복을 갈망하는 욕구작용인 것이다.

물론 아모르에 의해서도 신을 사랑할 수는 있다. 그러나 그것은 신이 자신에게 선으로 이해되는 한에서이기 때문에 자기사랑의 일환에 불과하며, 신을 자신이 사랑하는 여러 대상 가운데 하나로 간주하는 것이나 다름없다. 구체적인 대상에 대한 의지의 추구는 그 본성상 필연적이 아니기 때문에 신 역시 객관적으로는 선 그 자체이자 인간의 행복일지몰라도 인간의 이해와 욕구 앞에서 상대화될 수 있고, 따라서 조건과 상황에 따라 추구의 대상이 될 수도 있고 그렇지 않을 수도 있다. 신이 더 이상 자신에게 기쁨을 주지 않거나, 다른 것에 대한 사랑과 충돌할 경우, 신이 과연 사랑의 대상인지 여부가 고려의 대상이 되는 것이다. 종교를 하나의 문화현상으로 간주하거나 고단한 삶에 대한 위안의 방편으로 삼는 경우에 나타나는 신에 대한 사랑, 나아가 신을 이 땅에서의 성공적 삶을 위한 도우미처럼 생각하는 것은 모두 그리스도교에서 말하는 신에 대한 사랑으로서의 카리타스가 아니라 인간 의지의 본성에 입각한 자기 중심적 신에 대한 사랑이다. 그것은 이해된 선만을 추구하는 인간의 지적 본성에 따르는 것이기 때문에 자연스러운 현상일 수 있다. 하지만 그것은 자연스러울지언정 진정한 의미에서의 신에 대한 사랑일 수도 없고, 참된 행복인 신과의 합일로 나아가는 사랑일 수도 없다.

아퀴나스가 말하는 카리타스는 이러한 본성적 자기 중심성을 넘어서서 그야말로 신을 위해 신을 사랑한다는 데 근본적인 특징이 있다. 하지만 의지의 본성에 의한 사랑과는 달리 카리타스는 그 대상인 신과의 직접적인 접촉이나 관계에서 비롯되는 사랑이 아니다. 오히려 카리타스의 실천은 계시된 진리에 의해 부여된 명령에 대한 복종이라는 형식으로 나타난다. 신을 사랑한다면, 신의 명령을 따르는 것이 당연하다. 자신이 사랑하는 사람이 원하는 일을 기꺼이 행하는 것은 앞서 언급한 진정한 의미의 친애로서 인간적 사랑의 영역에서도 가능한 것이기 때문이다. 그러나 신의 명령은 인간의 자연적 사랑으로는 도저히 이해 또는 감당되지 않는 행위까지도 요구한다. 일곱 번씩 일흔 번이라도 용서하라거나 원수를 사랑하라는 명령이 그 단적인 예다. 의지의 본성에 따르는 자연적 사랑의 관점에서 볼 때 사랑의 대상이기는커녕 가장 극단적 미움의 대상일 원수마저도 사랑하라는 이 명령은 충족과 기쁨을 수반하기보다는 고통과 희생을 예견케 한다. 게다가 단지 명령에 대한 복종으로 그 행위를 수행하는 것은 앞에서도 언급했듯이 사랑이라기보다는 의무에 불과하다.

그럼에도 불구하고 카리타스가 단순히 권위에 대한 복종이 아니라 진정한 사랑일 수 있는 이유는 바로 신에 대한 사랑에 따르는 기쁨과 즐거움 때문이다. 그런데 이 기쁨은 단순히 추구할 수 있는 대상들 가운데 최고의 것을 추구하는 데 따르는 인간적인 기원의 것이 아니다. 오히려 인간을 참된 행복인 신에게로 인도하기 위해 신을 사랑하도록 하는 것인 카리타스에 더해 주는 신의 선물이다. 카리타스는 신을 사랑하게 해 주는 신의 선물인 동시에 인간에 대한 신의 사랑이기도 하다. 인간에 대한 신의 사랑은 신 자신의 완성과 행복을 위한 것이 아니라(신은 완전자이기 때문에 그럴 필요가 없다) 인간의 행복을 위한 것이며, 따라서 인간이 신과의 합일이라는 객관적 행복에 이르고 그 안에서 기뻐하기를 원하는 그런 사랑이다.

그러므로 그러한 인간을 향한 신의 사랑에 대한 반응으로서의 카리타스, 즉 신에 대한 인간의 사랑에는 인간의 방식으로는 이해할 수 없을지라도 신에 의해 의도된 기쁨이 수반되는 것이다. 이 기쁨이야말로 원수마저도 사랑할 수 있는 이유이기도 하다. 자신의 본성에 따를 경우 고통을 수반하는 원수사랑 자체가 카리타스에 의해 기쁨을 주는 것으로 변하기 때문이기보다는, 그 명령을 기꺼이 준수하기까지에 이르는 신에 대한 사랑에 수반되는 기쁨이 원수사랑에 따르는 고통을 압도하기 때문이다.

3) '모든 덕들의 형상(forma virtutum omnium)'으로서의 카리타스

그러므로 카리타스는 본성적으로 자기 중심적일 수밖에 없는 자연적 사랑을 넘어서서 자신의 행복인 신에 철저하게 종속되는 것을 의미한다. 카리타스에 의해 비로소 신은 인간이 헤아릴 수 있는 여러 선들 중 하나로서가 아니라 모든 선의 기준이자 원천으로 추구되며, 그럼으로써 인간은 자신의 객관적 행복을 실제로 추구할 수 있게 된다. 신을 사랑하는 것은 객관적 행복을 사랑하는 것이며, 그것을 사랑할 수 있는 것 자체가 인간에 대한 신의 사랑이자 선물이다. 또한 카리타스는 모든 인간을 바로 신이 사랑하는 자라는 이유에 의해 사랑하는 것이므로, 진정한 의미에서의 이웃사랑, 즉 자신을 위한 타인사랑이 아니라 타인을 타인으로 인정하면서 사랑하는 참된 인격적 사랑을 가능하게 하는 근거이기도 하다.

아퀴나스의 관점에서 보자면, 결국 본성상 자신의 이해에 따라 자신의 완성과 행복을 추구하는 인간의 자기 중심적이고 자연적인 사랑으로서의 아모르는 그러한 본성적 자기 중심성을 벗어나는 카리타스에 의해서만 올바른 길에 들어설 수 있고 또 완성될 수 있다. 궁극 목적은 모든 가치판단의 기준이고, 궁극 목적은 복수일 수 없기 때문에 카리타스에 의해 신을 사랑하는 것은 곧 신의 관점에서 모든 것을 판단한다는 것과 같다. 신을 사랑하는 자는 다른 모든 행위에 있어서도 자신의 이익에 따라 판단하지 않는다. 그렇지 않다면 그는 신을 사랑하는 자가 아니라 자기를 사랑하는 자이며, 신에 대한 그의 사랑마저도 카리타스가 아니라 자기 중심성을 벗어나지 못한 아모르에 머무르는 것이다. 카리타스에 의한 신 사랑은 자신의 모든 행복과 이익을 신에게서 구하기 때문에 이 땅에서의 삶에서도 자신의 이익을 구하기 위해 남을 배반하거나 기만하지 않는다.

그러나 자신을 위한 신 사랑은 신마저도 자신의 이익을 위한 수단으로 간주하는 것이기에 자신의 이익에 따라 다른 모든 것을 수단화하고 도구화하는 데 주저할 이유가 없다. 아퀴나스가 카리타스를 '모든 덕들의 형상(forma virtutum omnium)'이라는 다소 엉뚱해 보이는 방식으로 표현할 때 의미하는 바가 바로 이것이다(ST, I-II, q.62, a.4; II-II, q.23, a.8). 문자 그대로 카리타스가 다른 덕들의 형상 혹은 형상인이라는 의미가 아니라, 다른 모든 덕들을 그들의 궁극 목적으로 향하게 인도함으로써 그것들이 진정한 의미의 덕이게 하는 것이 바로 카리타스라는 의미다. 이러한 카리타스는 인간의 삶에서 구별되며 언급되는 여러 방식의 사랑에서 진실함을 말할 수 있는 원형이기도 하다.

3. 나오는 말

'사랑은 선에 대한 의지와 욕구의 제1추동력'이라는 아퀴나스의 규정은 각 개인의 주관적 견해표명으로 흐르기 쉬운 사랑 논의에 일반성을 담보해 주는 철학적 규정이다. 이를 바탕으로 그는 인간의 본성적 욕구에 따르는 자연적 사랑으로서의 아모르와, 그것을 넘어서면서도 그 연장선에 있는 신적 사랑인 카리타스를 구별하고, 카리타스야말로 아모르의 이상이자 완성으로서 인간이 행하는 모든 사랑 중에서 가장 탁월하고 참되고 올바른 사랑임을 논증한다. 그리스도교 진리에 비추어 별반 새로울 것 없는 결론이지만, 이처럼 자기중심성을 중심으로 사랑을 아모르와 카리타스로 구별하는 토마스 아퀴나스의 논의는 단순히 사랑에 대한 철학적 해명을 넘어서서 인간의 실존적 결단을 촉구하는 것이기도 하다. 자신의 완성으로서의 객관적 행복을 추구하는 한 무엇을 사랑하고 추구해야 하는지를 보여 주기 때문이다.

참고문헌

아우구스티누스. (2004). 『신국론』. 성염 옮김. 분도출판사.
장욱. (2002). 『중세철학의 정신』. 동과서.

Aquinas, T. (1947-1994). *Summa Theologiae*. 4 vols. Madrid: BAC.
Aquinas, T. (1950). *In Duodecim Libros Metaphysicurom Aristotelis Expositio*. Turin: Marietti.

4장

칸트의 사랑 이해

사랑과 존경의 관계

박찬구

'칸트와 사랑'이라는 주제를 놓고 우선 떠오르는 물음은 '칸트도 사랑을 언급했는가?'라는 것이다. 일반적으로 칸트의 사상은 부드러운 '사랑'보다는 딱딱한 '의무'에 더 어울릴 것처럼 보이기 때문이다. 잘 알려져 있다시피 칸트의 윤리학은 실천이성, 선의지, 의무, 정언명법 같은 개념을 중시하며, 대체로 엄숙한 분위기를 띤다. 하지만 칸트가 사랑을 언급하지 않은 것은 아니다. 특히 말년의 저술인 『도덕형이상학』(*Metaphysik der Sitten*)에서는 인간사랑, 자기사랑, 생명에 대한 사랑, 타인(이웃)에 대한 사랑, 사랑의 의무, 사랑과 존경, 우애 등에 대해 상세하게 논하고 있다.

짐작할 수 있듯이 칸트가 주목하는 사랑은 감성적·정념적 사랑이 아니라 도덕적·실천적 사랑이다. 따라서 이 글에서는 전자에 해당하는 경향성으로서의 사랑에 대한 부정적 언급을 시작으로 도덕적 사랑으로서 자기사랑과 이웃사랑의 의무, 사랑과 존경의 관계, 그리고 이상적 사랑으로서의 우애에 관해 살펴보고자 한다.

1. 들어가는 말: 인간 본성의 세 가지 차원

칸트의 사랑 개념을 명확히 이해하기 위해서는 우선 현상적 차원의 감성적·정념적 사랑과 예지적 차원의 도덕적·실천적 사랑을 구분할 필요가 있다. 전자가 자연의 인과법칙에 따르는 사건들과 같은 맥락에서 설명되는 개념이라면, 후자는 그러한 현상계의 자연법칙과는 완전히 독립적으로 작용하는 자유의지와 도덕법칙의 차원에서 설명되는 개념이다(KpV, A51-52[1]). 이러한 구분은 우리의 상식과도 일치하는데, 우리는 흔히 '인간 본성(human nature)'의 의미를 인간의 본능적 욕구 차원과 그러한 욕구를 넘어설 수 있는 이성적 차원의 두 가지로 이해한다. 이는 '존천리 거인욕(存天理 去人慾)'을 강조하는 유학 사상과도 일맥상통한다. 칸트는 이러한 두 가지의 인간 본성 개념을 행복을 설명하는 자리에서 다음과 같이 분명하게 언급한다.

1 본문에 표기된 칸트 원전의 쪽수는 빌헬름 바이셰델(Wilhelm Weischedel)이 편집한 『칸트전집』 초판본(Kant, 1983)의 쪽수를 따랐으며, 인용문의 번역은 백종현의 번역을 참조하였다.

> 행복은, 감성의 대상들에게 의존하고 있는 존재인 우리의 **본성**에 따른다면 일차적인 것이고 또한 우리가 무조건적으로 갈망하는 것이다. 그러나 이성과 자유를 타고난 존재로서의 우리의 **본성**에 따른다면(우리가 타고난 것 일반을 본성이라고 부른다면) 이 행복은 결코 일차적인 것도 아니고 무조건적으로 우리의 준칙의 대상이 되는 것도 아니다.(Rel., B52)

여기서 우리는 칸트의 인간 본성 개념을 감성적 차원과 이성적 차원으로 나누는 것에서 한 걸음 더 나아가 이성적 차원을 다시 두 가지로 나누어 살펴볼 수 있다. 칸트에 의하면, 인간의 실천적 행위와 관련되는 근원적 소질에는 세 가지 종류가 있다. 첫째는 생물로서의 인간이 갖는 '동물성(Tierheit)'의 소질인데, 이것은 자연적이며 기계적인 자기사랑으로서 이성을 필요로 하지 않는 것이다. 둘째는 생물이면서 동시에 이성적인 존재로서의 '인간성(Menschheit)'의 소질인데, 이것은 자연적이면서도 앞뒤를 따져 보는, 즉 타산적 이성이 개입한 자기사랑을 가리킨다. 이로써 인간은 자기의 욕구를 실현하기 위해 앞뒤를 따져 보면서 행동하게 된다. 셋째는 이성적이면서 동시에 책임을 질 줄 아는 존재로서의 '인격성(Persönlichkeit)'의 소질인데, 이것은 '스스로 의지를 규정하는 충분한 동기'로서 도덕법칙에 대한 존경심을 가리킨다. 도덕법칙이란 인간 이성이 스스로에게 명령하는 당위의 규칙, 곧 정언명법이므로, 인격성의 소질이란 바로 이것을 받아들이고 자신을 거기에 따르도록 하는 의지의 자유를 의미한다(Rel., B15-20). 여기서 인간성의 소질은 타산적·도구적 이성을 의미하고, 인격성의 소질은 도덕적·실천적 이성을 의미한다는 것을 알 수 있다.

인간은 분명히 동물성, 즉 본능적 욕구를 지닌 존재이지만 동시에 이성도 지니고 있기 때문에 위에서 언급한 첫 번째 차원에서 두 번째와 세 번째 차원으로 나아가야 한다. 칸트는 이러한 이행이 가능하다는 것을 매우 흥미로운 예를 통해 역설한다.

> 누군가가 자기의 성적 쾌락의 경향성에 대해 말하기를, 만일 자기에게 사랑스런 대상과 즐길 기회가 온다면 자기는 이러한 경향성에 도저히 저항할 수 없을 것이라고 변명한다고 해 보자. 그러나 그가 이런 기회를 만난 집 바로 앞에, 그런 향락을 누린 직후에 그를 달아매기 위한 교수대가 설치되어 있다면, 그래도 과연 그가 자기의 경향성을 이겨 내지 못할 것인가. 그가 어떤 대답을 할지는 길게 생각할 필요도 없다.(KpV, A54)

이 예를 통해 칸트는 인간이 단지 첫 번째 차원에 머무는 존재가 아니라 두 번째 차원을 지니고 있음을, 다시 말해 자기의 경향성(본능적 욕구)을 이성적 사고능력으로 통제할 수 있음을 보여 주고자 한다. 그런데 이때의 능력은 타산적 사고능력을 가리킨다. 즉 성적 욕구와 생존의 욕구라는 경향성이 충돌할 때, 인간은 이성적 분별력을 발휘하여 더 중요한 경향성을 선택할 수 있다는 것이다. 이어서 칸트는 인간이 두 번째 차원에 머무르지 않고 세 번째 차원으로 나아갈 수 있음을 주장한다.

> 그러나 그의 군주가 그를 즉시 사형에 처하겠다고 위협하면서 한 정직한 사람에 대하여—이 사람은 군주가 그럴듯한 거짓 구실을 대어 파멸시키고 싶어 하는 사람인데—위증할 것을 부당하게 요구한다고 할 때, 비록 생명에 대한 그의 사랑이 아무리 크다고 하더라도 과연 그가 그것을 극복할 수 있으리라고 생각하는지 그렇지 않은지를

그에게 물어보라. 그가 그렇게 할 수 있을지 없을지에 대해서 어쩌면 그는 확신하지 못할지도 모른다. 하지만 틀림없이 그는, 그런 일이 자기에게 가능하다는 것만은 주저 없이 시인할 것이다.(KpV, A54)

칸트에 따르면, 우리가 어떤 것을 해야 한다고 의식하는 것은 이미 우리가 그것을 할 수 있음을 함축한다. 즉 우리가 도덕법칙을 의식하고 있다는 사실 자체가 우리 의지의 자유를 입증하고 있다는 것이다.[2]

칸트가 제시한 예들을 통해서 우리는 몇 가지 사실을 확인할 수 있다. 첫째, 인간의 경향성은 매우 강력한 욕구로 되어 있어서 그것을 이성적 분별력만으로 통제하기는 쉽지 않다. 둘째, 그럼에도 생존욕과 성욕 같은 경향성끼리 충돌할 경우에는 이성(理性)이 더 중요한 경향성 쪽을 선택하는 능력을 발휘할 수 있다. 다시 말해 이성(異性)에 대한 사랑보다는 생명에 대한 사랑을 더 중시하는 판단을 할 수 있다는 것이다. 셋째, 경향성과 (정직함, 정의 같은) 도덕이 충돌할 경우에 도덕 쪽을 선택하는 것은 매우 힘든 일이지만, 그럼에도 불가능한 것은 아니다.

이성(異性)에 대한 사랑과 생명에 대한 사랑을 '경향성으로서의 사랑'이라 할 수 있다면, 도덕에 대한 사랑은 '의무로서의 사랑'이라 할 수 있으며, 칸트는 이러한 의무로서의 사랑만이 명령될 수 있고 또 도덕적 가치를 가진다고 주장한다. 다음에서는 이 첫 번째 차원에 해당하는 사랑 개념부터 살펴보도록 하겠다.

---

2 "그러므로 그는 어떤 것을 해야 한다고 의식하기 때문에 자기가 그것을 할 수 있다고 판단하며, 도덕법칙이 아니었다면 결코 알 수 없는 채로 남아 있었을 자유를 자기 안에서 인식한다."(KpV, A54)

2. 경향성으로서의 사랑과 의무로서의 사랑

1) 경향성으로서의 사랑

인간의 동물적 소질과 관련된 사랑으로는 우선 생명에 대한 사랑(Liebe zum Leben)과 이성에 대한 사랑(Liebe zum Geschlecht)을 들 수 있다. 이 양자는 개체 보존과 종족 보존을 위해 우리에게 구비되어 있는 경향성으로서 각각 식욕과 성욕에 대응하는 개념이다. 『도덕형이상학』에서 칸트는 "생명에 대한 사랑이 인격(Person)의 보존을 위해 자연에 의해 정해져 있듯이 이성(異性)에 대한 사랑도 종(種)의 보존을 위해 자연에 의해 정해져 있는 것이며, 이 양자는 각각 자연의 목적"(MST, A75)이라고 말한다.

칸트에 의하면, 우리가 일반적으로 '사랑'이라고 일컫는 말은 가장 좁은 의미에서 '성적 경향성'을 가리키며, 이는 실제로 한 대상에게서 가능한 최대의 감각적 쾌락이다(MST, A79). 그런데 칸트는 이런 의미의 사랑에 관하여 문제를 제기한다. 과연 인간이 자신의 성적 속성들을 순전히 동물적 쾌락에 쓸 수 있는 권한을 가지고 있느냐 하는 것이다. 대답은 자명하다. 인간은 단지 생물학적 차원만이 아니라 도덕적 차원도 지닌 존재이기 때문이다. 인간은 "두 인격이 서로 의무를 지우는 법적 계약을 통한 특별한 제한 없이는, 이러한 쾌락을 즐기기 위하여 다른 인격을 이용할 수 없다"(MST, A76). 결혼의 서약이나 절차 없이 단지 향락에 대한 충동으로 육체적 쾌락을 추구하는 행위는 인간의 '자기 자신에 대한 의무'에 위배된다는 것이다. 그리고 이러한 측면은 우리의 성적 수치심과 삼감의 태도를 통해서도 드러난다.

> 대부분의 인간은 자기 자신을 짐승 이하의 지위로 떨어뜨리는 방식으로 자기의 고유한 인격을 취급할 수 있음에 대해 부끄럽게 느끼는 것 같다. 그래서 허용된(물론 그 자체로는 단지 동물적인) 기혼 양성의 육체적 관계조차 세련된 교제의 장에서는 그것에 관해 언급해야 할 때 베일로 가릴 만큼의 정교함을 유도하고 요구한다.(MST, A77)

> 동물적인 경향성에 자신을 전적으로 내맡기는 저 부자연스러운 환락은 인간을 향락적이면서 동시에 반자연적인 물건으로, 다시 말해 구역질 나는 대상으로 만들고, 그리하여 자기 자신에 대한 모든 존경을 빼앗는다.(MST, A78)

동물적인 경향성으로서의 사랑에 대한 칸트의 부정적 견해는 이토록 확고하다. 그런 사랑은 인간을 인격체가 아닌 한낱 물건으로 대하는 것으로서, 인간으로부터 모든 품위와 존경을 앗아 간다는 것이다.

그렇다면 이성에 대한 성적 경향성의 발로이기는 하되, 그러한 동물적 욕구를 실제 대상을 통해서가 아니라 스스로 해소하는 자위행위에 대한 칸트의 견해는 어떨까? 그것은 상대방을 단지 나의 욕구 충족의 수단으로 삼는 일은 피하는 것이므로 덜 나쁜 것일까, 아니면 더 나쁜 것일까?

> 만약에 인간이 현실적인 대상에 의해서가 아니라 그러한 대상을 상상함으로써, 그러므로 목적에 반하여, 대상을 자기 자신이 지어내서 환락으로 자극된다면, 그러한 환락은 부자연스럽다고 일컬어진다. 왜냐하면 이러한 환락은 생명에 대한 사랑이라는 목적보다 더 중요한 자연의 목적에 반하는 욕구를 일으키기 때문이다. 말하자면 전자

는 단지 개체의 보존을 목표로 삼지만, 후자는 전체 종의 보존을 목표로 삼기 때문이다.(MST, A76)

칸트에 따르면 "자기 자신에 대한 성희 방식보다 더 인간의 신체와 정신을 약화시키는 것은 없다. 그것은 인간의 본성에 정면으로 위배된다"(Päd., A140). 따라서 특히 청소년에게는 자위행위가 아주 혐오스러운 행위라는 것과 함께 성적 생식능력을 저해하고, 체력을 고갈시키며, 일찍 늙게 하고, 정신을 매우 쇠약하게 만든다는 것 등을 말해 주어야 한다. 성적 대상이 단지 상상 속에 머물러 있는 이런 행위는 사람의 생명력을 소모시킨다. 인간이 실제로 다른 성을 향해 그의 경향성을 발동하면 언제나 어느 정도의 저항에 직면하지만, 자기 자신을 향해 발동하면 그것을 항상 충족시킬 수 있기 때문이다. 그것의 신체적 작용도 무척 해롭지만, 도덕적 측면에서의 결과는 더욱 나쁘다. 이로써 인간은 자연의 경계를 넘어서게 되며, 경향성은 끊임없이 날뛰게 된다. 왜냐하면 그것이 실제로 충족된 것은 아니기 때문이다. 다 큰 청소년을 가르치는 교사들은 종종 '청소년이 이성(異性)과 (성적으로) 접촉하는 것이 허용되는가?'라는 물음을 제기해 왔는데, 이성과의 성관계와 자위행위 중에서 하나를 선택해야 한다면, 물론 전자가 더 낫다. 후자는 자연을 거스르지만, 전자는 그렇지 않기 때문이다(Päd., A141). 그러므로 "청소년은 일찍부터 이성에 대하여 적절한 존경심을 품는 것, 악습 없는 행동을 통해 이성의 존경을 획득하는 것, 그리고 행복한 결혼의 높은 영예를 얻고자 노력하는 것을 배워야 한다"(Päd., A142-143).

2) 의무로서의 사랑

경향성 차원의 사랑을 살펴보았으니, 이제 도덕적 차원의 사랑에 대해 살펴볼 차례다. 칸트에 의하면, 사랑이란 기본적으로 감각(느낌)의 문제이지 의욕(의지)의 문제가 아니다.

> 내가 의욕한다고 해서 사랑할 수 있는 것도 아니고, 내가 해야 한다(사랑하도록 강요당한다)고 해서 사랑할 수 있는 것은 더더욱 아니다. 그러므로 사랑해야 할 의무란 있을 수 없다.(MST, A39)

> 사람들은 동시에 우리에게 의무이기도 한 사랑에 대해 말하기는 한다. 그러나 모든 의무는 강요이자 강제다. 설사 그것이 어떤 법칙에 따르는 자기강제라 하더라도 말이다. 하지만 강요에 의해 하는 일은 사랑에 의해 일어나는 일이 아니다.(MST, A40)

사랑이란 기본적으로 경향성의 차원에서 일어나는 일이므로, 의지의 차원에서 의무로 강제할 일이 아니라는 것이다. 그것은 의무로 강제하지 않아도 저절로 생겨나는 일일 뿐이다. 자기사랑의 예를 들어 본다면, 모든 인간은 이미 스스로 행복을 향한 강력한 내적 경향성을 지니고 있어서 굳이 자신의 행복을 추구하라는 자기사랑의 의무를 강요할 필요가 없다(GMS, B12). '이웃사랑'의 경우도 마찬가지다. 흔히 선행을 베푸는 것은 의무라고들 말하지만, 천성적으로 동정심이 많아서 남을 돕는 데 기쁨을 느끼는 사람에게 굳이 이웃사랑의 의무를 강요할 필요는 없을 것이다(GMS, B10).

그렇다면 의무로서의 사랑, 즉 사랑하도록 명령되는 것은 어떤 경우인가? 어떤 사람이 자기의 생명을 보존하려고 애쓰는 것을 예로 들어 보자. 첫째는 자기사랑이라는 경향성에 따라 그렇게 하는 것으로, 아마도 대부분의 경우가 여기에 속할 것이다. 둘째는 거듭된 불행으로 살고 싶은 마음이 완전히 사라져 버린 어떤 사람이 죽음을 원하면서도 생명을 보존하려는 경우다. 그것도 생명에 대한 사랑이나 경향성이나 두려움 때문에 그러는 것이 아니라, 자기 생명을 보존하는 것이 의무라고 생각해서 그렇게 하는 경우다. 칸트는 이 두 번째 경우만이 도덕적 가치를 지닌다고 말한다(GMS, B9-10).

다음으로 이웃사랑의 경우를 보자. 첫째는 타고난 동정심으로 이웃에게 자선을 베푸는 사람의 경우다. 칸트에 따르면 "그러한 행위는 의무에 맞고 매우 사랑받을 만한 것이기는 하지만, 아무런 참된 도덕적 가치를 갖지 못한다. … 거기에는 경향성이 아닌 의무에서 행하는 도덕적 내용이 결여되어 있기 때문이다"(GMS, B10). 그런데 만일 어떤 동정심 많은 박애주의자가 엄청난 슬픔을 겪는 과정에서 타인의 불운에 대한 동정심이 모두 사라져 버리고도 이런 극심한 무관심에서 벗어나 "아무런 경향성 없이 오로지 의무이기 때문에 자선을 행한다면, 이때 비로소 그의 행위는 참된 도덕적 가치를 가지게 된다"(GMS, B11).

칸트의 주장을 요약하자면 이렇다. 우리가 흔히 언급하는 사랑은 '경향성으로서의 사랑'인데, 이런 사랑은 도덕적 가치를 가지지 않으며 명령받을 수도 없다. 그 반면, 어떤 경향성과도 무관한, 아니 심지어 그것을 거스르는 '의무로서의 사랑'만이 명령될 수 있으며 참된 도덕적 가치를 가진다. 이런 사랑은 정념적 사랑이 아니라 실천적 사랑이고, 감각의 성벽이 아니라 의지 안에 들어 있으며, 여린 동정심이 아니라 행위의 원칙들에 근거한다. 이런 실천적 사랑만이 명령될 수 있는 것이다(GMS, B13).

"네 이웃을 너 자신처럼 사랑하라"[3]와 같은 성경 말씀도 이런 맥락에서 이해해야 한다고 칸트는 말한다. 무릇 이웃을 사랑한다는 것은 이웃에게 선행을 해야 하는 의무를 기꺼이 실행함을 의미한다. 하지만 우리가 무엇인가를 기꺼이 행해야만 한다는 명령은 그 자체로 모순이다. 우리가 의무를 이미 잘 알고 있을 뿐만 아니라 그것을 '기꺼이' 행해야 할 것으로 자각하고 있다면, 그에 대한 명령은 전혀 필요 없을 것이기 때문이다.[4] 그런데 만일 우리가 그것을 '기꺼이' 행하는 것이 아니라 단지 '법칙에 대한 존경'에서 행한다면, 이런 마음씨야말로 우리가 추구해야 할 윤리적 이상이자 끊임없이 거기에 다가가기 위해 노력해야 할 원형이다(KpV, A148-149).

여기서 위의 성경 말씀과 관련된 칸트의 해석에 주목할 필요가 있다. 칸트에 따르면, "'너는 네 이웃을 너 자신처럼 사랑해야 한다'는 말은 '너는 직접적으로 (먼저) 사랑해야 하고, 이 사랑을 통해 (나중에) 선행을 해야 한다'는 뜻이 아니라, '네 이웃에게 (먼저) 선을 행하라, 그러면 (나중에) 이러한 선행이 인간에 대한 사랑을 (선행 일반을 향한 경향성의 숙련으로서) 네 안에 생기게 할 것이다'라는 뜻이다"(MST, A40-41). 즉 이웃에게 선행을 해야 한다는 의무를 자주 실행하는 사람은 나중에 그가 선을 베푼 그 이웃을 실제로 사랑하게 된다는 것이다. 우리는 신성한 존재가 아니기 때문에 처음부터 '기꺼이' 이웃을 사랑할 수 없지만, 이웃에게 선을 베풀라는 도덕적 명령(의무)을 실천하다 보면 나중에는 실제로 이웃을 사랑할 수 있게 된다는 것이다.

---

3 「마태복음」 22: 39, 「마가복음」 12: 31.

4 자기가 해야 할 일을 이미 잘 알고 있을 뿐만 아니라 그것을 완전하게 실천할 수 있는 존재가 있다면, 그런 존재는 아마도 신적인 존재일 것이다. 다음 구절은 칸트의 이런 생각을 잘 말해 준다. "도덕법칙은 따라서 하나의 완전한 존재자의 의지에게는 신성(Heiligkeit)의 법칙이지만, 모든 유한한 이성적 존재자의 의지에게는 의무의 법칙이자 도덕적 강요의 법칙이며, 법칙에 대한 존경을 통해, 그리고 자기 의무에 대한 외경에 의해 이성적 존재자의 행위를 규정하는 법칙이다."(KpV, A146)

3. 사랑과 존경

칸트에 따르면, 타인에 대한 우리의 의무 중에는 그것을 수행함으로써 결과적으로 타인을 '구속하는 것(부담을 주는 것)'과 '구속하지 않는 것(부담을 주지 않는 것)'이 있다. 전자의 수행은 타인과의 관계에서 나의 '공로가 있는' 것이고, 후자의 준수는 단지 '마땅히 해야 할' 의무일 뿐 특별히 공로를 의식하지 않는 것이다(MST, A116). 사랑(Liebe)과 존경(Achtung)은 각각 이런 의무들의 실행에 뒤따르는 감정으로서, 이 두 가지는 항상 법칙에 따르는 하나의 의무 안에 상호 결합되어 있다. 그런데 칸트는 이웃사랑의 의무를 이행하는 우리의 행위가 자칫 이웃에 대한 존경을 훼손할 수 있음을 경고한다. 예컨대 우리는 어떤 가난한 사람에 대해 자선을 베푸는 것이 우리의 의무라고 인식할 것이다. 그러나 이러한 호의는 그의 복리가 나의 아량에 의존함을 함축하고, 이와 같은 의존성은 타인을 깎아내리는 결과를 낳기 때문에, 수혜자가 굴욕감을 느끼지 않고 자기 자신에 대한 존경을 보존하도록 하는 것이 우리의 의무라는 것이다(MST, A117).

칸트가 보기에, 존경이란 한낱 자기 자신의 가치와 타인의 가치를 비교하는 데서 오는 감정(예컨대 자녀가 부모에 대해서, 제자가 스승에 대해서, 지체 낮은 사람이 높은 사람에 대해서 습관적으로 느끼는 것과 같은 감정)이 아니라, "타인의 인격 안의 인간성의 존엄에 의해 우리의 자기 존중을 제한하는 준칙"으로만 이해되어야 한다(MST, A118). 이웃에 대한 사랑의 의무가 타인들의 목적을 나의 목적으로 만드는 의무라면, 이웃에 대한 존경의 의무는 타인을 한낱 나의 목적을 위한 수단으로 격하시키지 않는 의무다(MST, A119).

누군가에 대해 사랑의 의무를 수행함으로써 나는 동시에 타인을 의

> 무 지운다. 나는 그를 위해 공을 세우는 것이다. 그러나 존경의 의무에 주목함으로써 나는 오로지 나 자신을 의무 지우며, 타인으로부터 그가 인간으로서 자기 자신 안에 세울 권한이 있는 가치를 조금이라도 빼앗지 않기 위해 나를 나의 경계 안에 붙잡아 둔다.(MST, A119)

이처럼 존경의 의무는 인간이 자신을 타인 이상으로 높이지 않는다는 의미에서, 그리고 타인의 것(소유물)을 함부로 침해하지 않는다는 의미에서 법 의무에 비견되는 소극적 의무다. 사랑의 의무가 넓은 의무이며 느슨한 의무라면, 존경의 의무는 좁은 의무이며 엄격한 의무다. 그래서 사랑의 의무를 이행하지 않는 것은 부덕(Untugend)일 뿐이지만, 모든 인간에 대한 존경의 의무를 이행하지 않는 것은 악덕(Laster)이 된다. 또 전자를 소홀히 하는 것으로는 어떤 사람도 모욕받지 않지만, 후자를 행하지 않는 것은 인간의 적법한 요구를 무시하는 것으로서 인간에 대한 침해가 된다(MST, A143). 따라서 "사람은 누구나 자기 이웃으로부터 존경을 요구할 정당한 권리를 가지며, 반대로 그 또한 모든 타인에 대해서 그럴 의무가 있다"(MST, A139).

사랑과 존경에 대한 설명의 말미에 칸트는 신과 인간 사이의 도덕적 관계에 대해 언급한다. 이성적 존재들 사이의 모든 도덕적 관계는 사랑과 존경에 귀착되며, 사랑에 관한 의지의 규정 근거는 타자의 목적에 놓여 있고 존경에 관한 의지의 규정 근거는 타자의 권리에 놓여 있다. 이를 신과 인간의 관계에 적용해 본다면, 신은 인간에게 오로지 권리만을 가지고 아무런 의무를 가지지 않으며, 인간은 신에게 오로지 의무만을 가지고 아무런 권리를 가지지 않는다. 그래서 신이 인간을 창조한 것은 오직 사랑 때문이라고, 다시 말해 신의 목적은 인간의 행복에 있다고 생각될 수 있다. 또 사랑의 효과를 제한하는 존경에 관한 신의 의지의 원리,

즉 신의 권리의 원리는 정의의 원리라고 생각될 수도 있다. 아마도 사람들은 이렇게 생각할지도 모른다. "신은 그가 사랑할 수 있고 또 그로부터 사랑받을 수 있는 어떤 존재를 자기 바깥에 두기 위해 이성적 존재를 창조했다"고 말이다(MST, A183-184).

하지만 칸트에 따르면 신과 인간의 관계에 관한 모든 생각은 다 부질없는 것이다. 왜냐하면 그것은 윤리학의 한계를 넘어서는 것이요, 우리에게는 절대로 이해될 수 없는 것이기 때문이다. 윤리학을 통해서는 오직 '인간의 인간에 대한 도덕적 관계'만이 이해될 수 있을 뿐이다(MST, A188).

한편 칸트는 『판단력비판』(*Kritik der Urteilskraft*)에서도 사랑과 존경의 감정에 관해 논하는데, 여기에서 그는 아름다움은 사랑의 감정을 불러일으키는 것으로, 숭고함은 존경의 감정을 불러일으키는 것으로 파악한다. 특히 '도덕법칙에 대한 존경심'이라는 표현으로 잘 알려진 이 존경은 "우리에 대해서 법칙인 어떤 이념에 이르는 데에는 우리의 능력이 미치지 못한다는 감정"이다(KU, B96). 사실 우리를 강제하는 어떤 법칙에 복종한다고 할 때 감성적 존재인 우리는 일종의 불쾌감이나 자기비하의 느낌을 가지게 된다. 그러나 다른 한편으로는 이러한 강제가 순전히 자기 자신이 세운 법칙에 의해 부과되는 것이라는 점을 의식하는 순간 우리는 일종의 뿌듯함 혹은 자기긍정을 가지게 된다. 이처럼 "법칙에 의지가 자발적으로 복종한다는 의식이 바로 법칙에 대한 존경(Achtung fürs Gesetz)이다"(KpV, A142-143). 도덕법칙을 스스로 지킨다는 이러한 지성적 만족감은 "아름답다기보다는 오히려 숭고하다고 표상되지 않으면 안 되며, 그래서 그것은 사랑과 친밀한 애호의 감정보다는 (매력을 경멸하는) 존경의 감정을 일깨우는 것이다. 왜냐하면 인간의 본성은 그렇게 저절로가 아니라 오로지 이성이 감성에 가하는 강제력에 의해서만 도덕적 선에 부합하기 때문이다”(KU, B120).

“미적인 것(아름다움)이 도덕적 선의 상징”(KU, B258)이라는 칸트의 일관된 입장에 비추어 볼 때, 미와 관련된 사랑이 선과 관련된 존경으로 향하게 되는 것은 자연스러운 일이다. 그러므로 칸트의 사상에서 도덕적 선과 관련된 존경의 감정이 예술적 미와 관련된 사랑의 감정보다 우위에 있게 되는 것 또한 자연스러운 일이다(김석수, 2016: 251).

4. 우애

칸트에 의하면 우애는 ‘두 인격이 동등한 상호적 사랑과 존경에 의해 하나로 결합되는 것’을 의미한다. 우애는 도덕적 선의지에 의해 하나가 된 두 인격이 서로의 복리에 동참하여 그것을 함께 나누는 이상적인 모습이다. 비록 이러한 우애의 이상이 인생 전체의 행복으로 연결되지는 않는다 하더라도, 이러한 이상을 품고 있는 만남은 행복을 누릴 만한 품격을 함유하는 것이다. 또 비록 이러한 이상을 현실에서 완전히 실현할 수는 없을지라도, 그것에 도달하기 위해 애써야 한다는 의미에서 우애는 하나의 의무이기도 하다(MST, A152).

그런데 친구 사이에서 사랑과 존경의 균형을 어떻게 이루어 나갈 것인가는 매우 중요한 과제다. 일반적으로 사랑은 ‘인력’으로, 존경은 ‘척력’으로 이해된다. 그래서 전자의 원리가 접근을 명령한다면, 후자의 원리는 서로 간에 적당한 거리를 유지할 것을 요구한다(MST, A153). 이해를 돕기 위해 칸트는 친구에게 조언하는 예를 든다. 한 친구가 다른 친구에게 그의 결점을 지적해 주는 일은 친구에 대한 사랑에서, 즉 사랑의 의무를 행하는 것이겠지만, 그 다른 친구는 자기 친구에게 기대한 존경이 사라지는 것을 느끼며, 그가 친구에게 관찰당하고 비판받는다는 사실 그 자체를 모욕으로 생각한다는 것이다(MST, A154).

특히 곤궁에 처한 친구가 있어서 다른 친구가 그를 도울 수 있을 때에는 매우 조심스런 상황이 발생한다. 친구의 도움이 우애의 목적이나 근거로 생각될 경우, 그는 다른 편의 존경을 잃기 때문이다. 그러므로 "우애는 상호적인 이익을 목표로 하는 결합일 수 없으며, 오로지 순수하게 도덕적이어야 한다"(MST, A154). 만약에 한 친구가 다른 친구에게 자선을 베푼다면, 이때 다른 친구는 서로의 평등함을 사랑에서는 기대할 수 있겠지만, 존경에서는 기대할 수 없을 것이다. 왜냐하면 그는 자신이 부담을 지되 상대방에게 부담을 지울 수 없는 데서 스스로 한 단계 낮아짐을 느끼기 때문이다. 칸트에 따르면 우애는 두 인격이 하나로 융합되는 아름다운 이상이지만, 동시에 너무나 취약한 것이다. "존경의 요구를 통해 상호적인 사랑을 제한하는 규칙을 두지 않는 한, 우애는 한순간도 단절의 위험에서 안전하지 못할 것이다"(MST, A155).

그러므로 감성적인 우애가 아니라 두 친구 상호 간의 존경이 함께하는, 즉 두 인격 사이의 온전한 신뢰에 근거한 도덕적 우애를 지향해야 한다. 이러한 우애는 서로 가까워지려는 사랑이 낳는 문제점, 즉 서로를 함부로 대할 수 있는 가능성을 경계하면서 서로에게 거리를 두는 존경의 감정으로 이어지게 한다. 하지만 칸트는 이러한 우애가 지닌 이상의 이면에는 또한 현실적 한계가 있음을 지적한다. 진정한 친구 사이에는 온전한 신뢰를 가지고 자신을 열어 보일 수 있는 이해가 있어야 하겠지만, 실제로 이는 매우 어려운 일이라는 것이다. 예컨대 아주 친밀한 우애는 분별력 있고 신뢰성 있는 친구가 자신에게 털어놓은 비밀을, 당사자의 명시적인 허락 없이는 아무리 믿을 수 있을 것처럼 여겨진다 해도 타인에게는 전하지 않을 의무를 부과하지만, 실제로는 그 정도로 고상한 품성과 분별력을 지닌 사람은 드물다(MST, A157). 그러므로 “우애는 이성 개념상으로는 한계가 없는 것이지만, 경험상으로는 언제나 제한될 수밖에 없는, 소망의 이상”일 뿐이다(MST, A157-158).

5. 나오는 말

일반적으로 사랑이란 주로 감성적 차원에서 언급되는 개념이지만, 칸트는 그러한 경향성으로서의 사랑보다는 도덕적 의무로서의 사랑에 더 주목하고 가치를 부여한다. 인간은 한편으로 현상계에 속한 존재로서 강력한 동물적 욕구인 경향성에 끌려다니기도 하지만, 다른 한편으로는 예지계에 속한 존재로서 이성적 능력을 발휘하여 경향성을 극복하고 도덕적 의무의 실현을 향해 나아갈 수 있으며, 또 설사 힘들더라도 그렇게 해야 한다는 것이다.

칸트가 보기에, 생명에 대한 사랑이나 이성(異性)에 대한 사랑 같은 ‘경향성으로서의 사랑’은 시키지 않아도 누구나 기꺼이 추구하는 것이기 때문에 굳이 명령할 필요가 없다. 따라서 경향성에 맞서는 ‘의무로서의 사랑’만이 명령될 수 있고 도덕적 가치를 가진다.

칸트 윤리학에서 사랑은 늘 존경과 대비되어 언급된다. 특히 이웃사랑에서 사랑은 이웃의 목적을 자기의 목적으로 삼는 것으로서 서로 가까워지기를 추구한다. 반면에 존경은 이웃의 인격을 존중하는 태도로서 이를 위해 이웃과의 거리를 유지하고자 한다. 다시 말해 사랑이라는 명목으로 이웃의 자존심을 손상시키지 않도록 늘 경계하는 태도를 포함한다.

이와 같은 관점은 친구 사이의 우애에도 적용된다. 우애란 두 인격이 상호 동등한 사랑과 존경에 의해 하나가 되는 것을 의미하는데, 특히 둘 사이의 사랑과 존경이 조화를 이루는 일이 매우 중요하다. 두 친구가 감성적 사랑에 치우치지 않고 상호 간의 존경이 함께하는, 그래서 두 인격 사이의 온전한 신뢰에 근거한 도덕적인 우애를 우리는 지향해야 한다. 이것이 이상적인 우애다.

한편 칸트에게서 사랑과 존경의 감정은 미와 숭고의 감정과도 관련된다. '미가 도덕적 선의 상징'이라는 표현을 통해 알 수 있듯이, 칸트 미학에서는 미에 대한 사랑의 감정이 숭고의 감정을 통해 선에 대한 존경, 즉 '도덕법칙에 대한 존경심'으로 나아간다.

참고문헌

김석수. (2016). 「칸트와 헤겔의 철학에서 사랑과 존경」. 『철학논집』 제44집. 서강대학교 철학연구소.

칸트, 임마누엘. (2002). 『실천이성비판』. 백종현 옮김. 아카넷.

칸트, 임마누엘. (2005). 『윤리형이상학 정초』. 백종현 옮김. 아카넷.

칸트, 임마누엘. (2009). 『판단력비판』. 백종현 옮김. 아카넷.

칸트, 임마누엘. (2012). 『윤리형이상학』. 백종현 옮김. 아카넷.

Kant, I. (1983). *Werke in zehn Bänden*. von W. Weischedel (Hrsg.). Darmstadt: Wissenschaftliche Buchgesellschaft.

Kant, I. *Die Religion innerhalb der Grenzen der bloßen Vernunft* (→ Rel.).

Kant, I. *Grundlegung zur Metaphysik der Sitten* (→ GMS).

Kant, I. *Kritik der praktischen Vernunft* (→ KpV).

Kant, I. *Kritik der Urteilskraft* (→ KU).

Kant, I. *Metaphysik der Sitten, Tugendlehre* (→ MST).

Kant, I. *Über Pädagogik* (→ Päd.).

5장

헤겔의 사랑 이해

사랑은 실천철학의 원리일 수 있을까?

● 김남준

사랑은 개인에 따라 또는 대상과 맥락에 따라 서로 다른 의미로 다가오기 때문에, 실천철학의 원리로 논의되기 어려운 주관적 감정으로 간주되곤 한다. 그래서 많은 철학자들이 사랑을 주제화했다 하더라도, 사랑은 설명항(explanans)보다는 피설명항(explanandum)으로 설정된 것으로 생각된다. 이 지점에서 헤겔(G. W. F. Hegel, 1770-1831)의 사랑에 대한 철학적 사

* 이 글은 필자의 「헤겔 실천철학에서 사랑의 역할과 위상」(『윤리연구』 제114호, 한국윤리학회, 2017)을 수정·보완한 것이다.

유는 우리의 주의를 끈다. 왜냐하면 헤겔은 사랑 그 자체를 실천철학의 원리로 정초하려는 학문적 시도를 감행하기 때문이다.

헤겔은 실정성(Positivität)이 지배하는 근대 사회의 분열을 극복하고 합일된 인간적 삶을 회복할 수 있는 실천철학의 원리를 모색한다. 헤겔은 사랑에 대한 예수의 가르침을 실정성 극복이라는 측면에서 이해하고, 사랑에 대한 칸트의 이해를 비판함으로써 이성과 경향성(감정), 자아와 타아, 주관과 객관 등의 분리와 대립을 극복하고 합일을 지향할 수 있는 실천철학의 원리로 '사랑'을 제시한다. 그런데 헤겔은 예나 시기에 사랑이 갖는 주관성의 한계를 성찰함으로써 모든 인류의 공동체에서 통용될 수 있는 합일의 원리 또는 통일의 원리로서 사랑을 포기한다. 헤겔은 사랑을 대신할 수 있는 실천철학의 원리로 '인정(Anerkennung)'을 제시하면서 사랑을 인륜성이라는 상호인정의 관계로 나아갈 수 있는 하나의 계기로 축소시킨다(소병일, 2008: 139). 그리고 헤겔은 『예나 체계기획들』(*Jenaer Systementwurfe*)과 그 이후의 저서들에서 사랑이 결혼, 가족, 자녀 등과 같은 객관화된 형태를 통해서만 인륜적으로 전개될 수 있다고 주장한다.

이런 맥락에서, 이 글에서는 헤겔의 실천철학에서 사랑의 역할과 위상의 변화 과정을 체계적으로 분석하고, 이를 토대로 사랑이 실천철학의 원리로서 자리매김할 수 있는지에 대해 논구하고자 한다. 이를 통해 헤겔이 예나 시기를 기점으로 인정을 실천철학의 원리로 제시하면서 실천철학의 원리로서 사랑은 그 위상을 상실하지만, '이원적 분리와 대립의 극복, 합일의 지향'이라는 그 원리적 내용은 더 구체적인 삶의 관계로 심화하여 지속되었음을 논구하고자 한다.

1. 들어가는 말: 객관종교에 대한 비판

헤겔은 프랑스 대혁명의 과정을 지켜보면서 인간의 자유를 억압하는 그 시대의 경직된 제도와 현실을 비판적으로 성찰한다. 특히 헤겔은 자유의 신장이라는 관점에서 보면 독일 사회가 후진성을 벗어나지 못했다고 평가할 수밖에 없다고 주장한다. 헤겔은 그 이유를 독일 사회의 그리스도교 문화가 가지고 있는 억압적 성격에서 찾는다(정대성, 2005: 7; 이성환, 2007: 288). 예를 들어, 헤겔은 베른 시기 초기에 작성한 여러 개의 수고(手稿)들로 이루어진 「민중종교와 그리스도교에 대한 단편들」에서 화석화된 그리스도교에 대한 비판을 통해 객관종교의 문제점을 지적한다.

> 주관종교는 자연이라는 살아 있는 책이다. 자연에서는 식물, 곤충, 새와 동물들이 서로 맞붙어서 즐기며 살아간다. 그들은 모두 섞여 있으며, 도처에서 모든 종류의 생물이 함께 모여서 살아간다. 이에 반해 객관종교는 자연 교사의 조그마한 생물 진열장이다. 자연 교사는 곤충들을 죽이고, 식물을 말리며, 동물들을 박제하거나 화주 속에 보존하면서 자연 안에 분리되어 있는 모든 것을 분류하여 단 하나의 목적에 따라 배치한다. 이때 자연은 다양한 목적을 상실하고 단 하나의 친숙한 끈으로 얽어매진다.(헤겔, 2005: 29-30)

이와 같이 헤겔은 객관종교가 민중의 현실적이고 생생한 삶에 아무런 능동적인 기여를 하지 못하는 죽은 신앙에 불과하다고 비판한다. 그리고 그는 개별자들의 생생한 참여가 가능하기 위해서 민중종교는 '주관종교'가 되어야 한다고 주장한다. 다시 말해, 그는 종교가 종교로서의 기능을 제대로 수행하기 위해서는 추상적인 오성에 따른 법의 지배에서 벗어나 감응과 행위를 통해 드러나는 종교의 주관적 측면 내지 주관종교를 회복해야 한다고 주장한다. 객관종교에 대한 헤겔의 이러한 비판은 사람들로 하여금 이미 죽은 낯선 객관에 복종하도록 만듦으로써 자유의 상실을 초래하는 그리스도교의 실정성에 대한 비판으로 이어진다.

2. 헤겔 실천철학의 원리로서 사랑

1) 그리스도교의 실정성 비판

'실정성'이라는 개념은 정립된 객체가 정립한 주체를 억압하는 주객전도의 상황에서 쓰인다. 따라서 실정성은 '주체의 자기규정'이라는 원리를 생명으로 하는 도덕적 자유와 대립되는 개념으로 사용된다(정대성, 2005: 10-11). 즉 그리스도교의 실정성은 교리가 주관으로부터 독립하여 인간의 자유를 구속하고 인간의 삶을 지배하는 상황을 가리킨다.

> 실정적 신앙은 특정한 종류의 종교적 교리의 체계인데, 실정적 신앙에 따르면 이 계율들은 우리가 믿을 것인지 말 것인지 주저해서는 안 되는 어떤 권위에 의해 우리에게 주어져 있기 때문에 우리가 진리로 받아들이지 않으면 안 된다고 한다. 이러한 실정적 신앙이라는 개념에는 무엇보다도 다음과 같은 종교적 교리의 체계 또는 진리의 체계가 포함된다. 즉 우리의 의지와는 독립적으로 진리로 여겨지고 받아들여져야 하는 진리, 아무도 알지 못하고 아무도 진리라고 생각하지 않는다고 해도 계속해서 진리였던 진리, 그래서 종종 객관적인 진리라고 불리는 진리의 체계가 이 개념에 포함된다.(헤겔, 2005: 346-347)

그리스도교가 실정 종교로 변화하면서 객관과 주관은 분리되고 주관이 객관에 전적으로 종속되는 상황이 전개된다. 이처럼 실정 종교는 주관으로 하여금 자신의 의지와 상관없이 자신의 외부에 객관적으로 존재하는 진리를 수용하도록 만듦으로써 주관의 도덕적 자율성을 포기하도록 요구한다. 다시 말해, 그리스도교의 실정성은 자신의 것으로 받아들일 수 없는 제도와 가치를 마치 절대적인 것인 양 따르게 하거나 그러한 제도와 가치가 자신의 삶을 전적으로 지배할 수 있도록 만든다(소병일, 2008: 142). 실정성이 지배하는 공동체는 객관화되고 물화된 세계와 다르지 않다. 그리고 객관화되고 물화된 세계에서 사람들은 자유로운 삶을 사는 것이 아니라 마치 하나의 사물처럼 관리되고 통제된다.

헤겔은 프랑크푸르트 시기에 저술한 「종교와 사랑에 관한 단편들」에서도 이러한 실정성에 의해 "실천적이어야 할 믿음이 이론적으로만 현존하는 믿음으로, 즉 근원적으로 주관적이어야 할 믿음이 하나의 객체로 현존하는 믿음"으로 변화함으로써 "주관화할 수 없는 어떤 객체에 대한 표상을 삶과 행위의 원리"로 삼게 되었다고 지적한다(헤겔, 2005: 439). 이러한 실정성은 개별자 각각의 가치와 권리, 그리고 자립성의 상실을 초래한다(헤겔, 2005: 446). 인간은 실정 종교에서 규정되고 지배되기 때문에, 각 개인은 집합적 전체의 목적을 최고의 것으로 받아들이고 모든 개별자들이 그러하듯 자신을 아주 작은 부분으로 생각하고 경멸하게 된다(헤겔, 2005: 446-447). 이런 맥락에서, 헤겔은 실정성에 의해 초래된 주관과 객관의 분리와 대립, 주관의 도덕적 자율성 상실 등을 극복하고 합일된 인간적 삶을 회복하는 것을 실천철학의 과제로 설정한다. 그러나 이러한 과제는 의식 차원의 반성을 통해 완성될 수 없다. 왜냐하면 종교와 도덕이 의식 차원의 반성에 머무른다면 "대립자만을 점점 더 많이 산출할 것"(헤겔, 2005: 448)이기 때문이다.

헤겔은 실정성에 의해 초래된 주관과 객관의 분리 및 대립을 극복하고 합일된 인간적 삶을 회복할 수 있는 가능성을 '사랑'에서 찾는다. 헤겔은 "오직 사랑 안에서만 사람은 객관과 하나이며, 객관은 지배하지도 지배받지도 않는다"(헤겔, 2005: 443)고 주장한다. 왜냐하면 "사랑받는 자는 우리와 대립하고 있지 않으며, 우리의 본질과 일치하기"(헤겔, 2005: 445) 때문이다. 또한 헤겔은 "참된 통일, 즉 본래적인 사랑은 살아 있는 자들 사이에서만 발생한다. 이들은 힘에 있어서 동등하고, 따라서 철저하게 서로에 대해 살아 있는 자들이며, 어느 쪽에 의해서도 죽은 자로 간주되지 않는다. 사랑은 모든 대립을 배제한다"(헤겔, 2005: 448)고 주장한다. 이처럼 헤겔은 '사랑'을 모든 대립을 배제하고 참된 합일을 실현하는 활동성으로 파악한다.

헤겔은 오성과 이성이 분열을 생산하는 의식적 반성 활동에서 벗어날 수 없기 때문에, 오성과 이성을 통한 의식적 반성으로는 주관과 객관, 나와 세계의 분리와 대립을 지양할 수 없다고 본다(소병일, 2008: 144). 그래서 헤겔은 개인의 의식적 반성을 넘어 주관과 객관의 분열을 지양할 수 있는 합일의 활동성으로서 '사랑'을 제시한다.

> 사랑은 오성이 아니다. 왜냐하면 오성의 관계는 다양성을 다양성으로 남겨 두며, 오성의 통일은 그 자체 대립이기 때문이다. 그리고 사랑은 이성이 아니다. 왜냐하면 이성은 자신의 규정함을 규정됨에 단적으로 대립시키기 때문이다. 또한 사랑은 제약하는 것도 제약된 것도 아니며, 유한한 것도 아니다. 사랑은 감성이지만 그렇다고 개별적인 감성은 아니다. 개별적인 감성은 삶의 일부이기 때문에 이 개별 감성으로부터 전체적인 삶이 나오는 것은 아니다. 삶은 해체됨으로써 감성의 다양성 속에서 분산되며, 이 다양성의 전체 속에서 자신을 발견한다.(헤겔, 2005: 448)

헤겔은 사랑을 개별적인 감성이 아니라 전체적인 삶에 대한 총체적 반성 능력으로, 실천을 통해 상호주관성을 확보함으로써 삶의 근원적 합일을 이룰 수 있는 감성으로 파악한다. 이는 "사랑 속에서 삶은 자신을 발견하며, 그것도 이중화로서, 이 이중화의 통일로서 발견한다. … 사랑 속에서도 분리된 것이 여전히 존재하지만 더 이상 분리된 것이 아니라 통일체로서 존재한다"(헤겔, 2005: 448-449)라는 헤겔의 주장에서도 확인된다. 다시 말해, 청년기 헤겔 철학에서 사랑은 의식 차원의 반성이 만들어내는 분리와 대립을 극복하고 합일된 인간적 삶을 회복할 수 있는 실천철학의 원리로, 즉 의식적 차원의 반성과 일상적 차원의 감성적 사랑을 넘어설 수 있는 실천철학의 원리로 고양된다. 이런 맥락에서, 사랑은 인간 본질의 분열을 막을 수 있는 전체를 향한 감성이며 "자기 자신을 재발견하는 삶의 감정"(헤겔, 2005: 554)이라고 생각된다.

2) 사랑에 대한 칸트의 이해 비판

헤겔은 물론 베른 시기에 저술한 「예수의 생애」, 「그리스도교의 실정성」 등에서 그리스도교의 실정성을 극복할 수 있는 계기를 칸트의 도덕성 개념에서 찾을 수 있을 것이라고 믿기도 했다. 그러나 헤겔은 프랑크푸르트 시기에 저술한 「그리스도교의 정신과 그 운명」에서 칸트 윤리학이 이성과 감성의 분리, 주관적인 것에 대한 보편적이고 객관적인 것의 우위 등을 전제하기 때문에 합일된 전체로서의 인간적 삶을 올바르게 파악하지 못할 뿐만 아니라 실정성을 온전히 극복하지도 못했다고 평가한다.[1]

1 헤겔은 "퉁구스족의 샤먼 내지는 무굴제국의 사람들과 자기 자신의 의무율에 복종하는 사람 사이에는 차이가 있기는 한데, 그 차이는 '전자는 스스로 노예가 된 반면 후자

그래서 헤겔은 사랑에 대한 칸트의 이해를 비판함으로써 실정성으로 인해 초래된 주관과 객관의 분열을 극복하고, 합일된 인간적 삶을 실현하는 실천철학의 원리로서 사랑의 의미를 개진하고자 한다. 이러한 헤겔의 입장을 이해하기 위해서는 우선 사랑에 대한 칸트의 이해를 비판적으로 분석해야 한다.

칸트는 "무엇보다도 하느님을 사랑하고, 네 이웃을 너 자신처럼 사랑하라"와 같은 지시명령이 감정과 같은 경향성으로서의 사랑의 의미로는 해석될 수 없고, 실천적 사랑의 의미로만 해석될 수 있다고 주장한다.

> 경향성으로서 사랑은 지시명령될 수 없다. 비록 어떤 경향성도 그것을 채근하지 않음에도, 자연적이고 참을 수 없는 혐오가 일어남에도 불구하고, 의무로부터 하는 선행 그 자체는 실천적 사랑으로서, 정념적 사랑이 아닌 것이다. 실천적 사랑은 의지 안에 들어 있지 감각의 성벽(性癖)에 있지 않으며, 행위의 원칙들에 있지 애잔한 동정에 있지 않다. 이런 실천적 사랑만이 지시명령될 수 있다.(칸트, 2006: IV 399)

칸트는 사랑이 감각(느낌)의 문제라고 한다면, "내가 의욕한다고 해서 사랑할 수 있는 것도 아니고, 더욱이나 내가 해야 한다(사랑하도록 강요당한다)고 해서 사랑할 수 있는 것도 아니"(칸트, 2012: A39)라고 주장한다.

는 자유롭다'는 점에 있는 것이 아니라, '전자는 자신의 밖에 있는 주인을 섬기는 반면 후자는 자신 속에 있는 주인을 섬긴다'는 점에 있고, 따라서 후자는 자기 자신의 노예라는 점에 있다"라고 주장하면서 칸트 윤리학에는 "파괴할 수 없는 실정성이 그대로 남아 있다"라고 비판한다(헤겔, 2005: 530). 즉 칸트 윤리학의 체계에서는 인간의 수많은 능력 중 보편성을 산출하는 실천이성을 정점으로 모든 다른 능력들이 위계질서를 형성하기 때문에 칸트의 도덕성 개념으로는 권위를 그 본질로 하는 실정성을 제기할 수 없다는 것이다(정대성, 2005: 12).

이처럼 경향성으로서의 사랑이 어떤 대상에 자연스럽게 끌리는 감정이라고 한다면, 경향성으로서 "사랑해야 할 의무는 불합리하다"(칸트, 2012: A39)는 것이다. 칸트는 "모든 의무는, 설령 그것이 어떤 법칙에 따르는 자기강제라 하더라도, 강요 즉 강제이기"(칸트, 2012: A40) 때문에, 사랑해야 할 의무는 "순전히 실천적 사랑으로만"(칸트, 2010: A148) 이해될 수 있다고 주장한다. 다시 말해, "네 이웃을 너 자신처럼 사랑하라"라는 예수의 가르침은 네가 이성적 존재로서 '네 이웃을 너 자신처럼 사랑하는 것'을 도덕적 의무라고 판단하기 때문에 이웃을 사랑해야만 한다는 것을 의미한다. 이와 같이 칸트는 감정과 같은 경향성으로서 사랑의 의미를 배제하고 보편화 가능한 도덕법칙을 정초할 수 있는 실천이성의 우위를 전제로 하는 실천적 사랑만을 인정하기 때문에, 칸트 윤리학에는 분리와 대립, 권위적 지배를 그 본질로 하는 실정성의 문제가 여전히 남아 있다고 판단된다.[2]

헤겔은 칸트가 이성과 경향성의 분리와 대립에 기초하여 "네 이웃을 너 자신처럼 사랑하라"라는 예수의 가르침을 경향성으로서 사랑이 아닌 실천적 사랑으로 결론짓는 것은 오류라고 지적한다(임승필, 2009: 97). 즉 예수의 가르침에서 사랑을 법처럼 명령될 수 있는 것으로 생각하는 것은 오류라는 것이다(헤겔, 2005: 532). 헤겔은 "네 이웃을 너 자신처럼 사랑하라"라는 예수의 가르침이 "[칸트적] 도덕성을 넘어선 고양된 정신"(헤겔, 2005: 531)으로서, 의무가 가지는 정당성보다 더 완전한 새로운 의미의 정당성을 확보하고 있다고 이해한다. 왜냐하면 예수의 가르침은 일종의 패

2 이런 맥락에서, 헤겔은 "칸트에 따르면, 도덕성은 개별자의 보편자에 대한 종속, 보편자에 대립하고 있는 개별자에 대한 보편자의 승리"(헤겔, 2005: 495)라고 지적한다. 또한 헤겔은 "칸트의 실천이성은 보편성의 능력이다. 즉 그것은 배제할 수 있는 능력"(헤겔, 2005: 497)이라고 지적하면서, "사랑이 없는 도덕성의 경우 보편성 속에서 개별적인 객체에 대한 대립이 지양되기는 하지만, 즉 객체들의 종합이 이뤄지기는 하지만 개별자들은 배제된 것으로, 대립자로 현존한다"(헤겔, 2005: 508)고 주장한다.

러독스로 보일 수도 있지만 법과 경향성의 통일을 통해, 즉 법조항에 따라 행동하도록 이끄는 경향성의 보충을 통해 법의 결핍을 극복하기 때문이다(헤겔, 2005: 533). 헤겔은 "완전한 인간성을 회복시키고자 하는 사람이 분열된 인간의 모습을 그대로 방치하는, 그리고 더 나아가 그것에 대해 완고한 자만심을 갖게 하는 길을 택할 수는 없을 것"(헤겔, 2005: 531)이라고 선언하면서 예수의 가르침에 대한 자신의 고유한 해석을 제시한다.

3) 실정성 극복을 위한 원리로서 사랑

헤겔은 예수의 가르침을 실정성 극복이라는 차원에서 파악하고자 한다. 헤겔은 율법이 삶의 질서를 지배하고 있던 유대교를 실정 종교로 규정하고, 예수의 가르침의 핵심이 유대교의 실정성을 극복할 수 있는 새로운 관점을 제시하는 데 있다고 본다. 예수는 「마태복음」에 나타난 '산상설교'에서 "내가 율법이나 예언자들의 말을 폐하러 온 줄로 생각하지 말아라. 폐하러 온 것이 아니라 완성하러 왔다"고 말하였다. 이러한 예수의 가르침은 유대 사회의 삶의 질서 속에서 상실된 부분을 채움으로써 유대교의 실정성을 극복할 수 있다는 것을 의미한다. 헤겔에 따르면, 예수는 여기서 "계율 대신 심성(Gesinnung)을 내세운"(헤겔, 2005: 497) 것이다. 즉 예수는 그렇게 행동하게 하는 경향성(Geneigtheit)을 계율 대신 내세운 것이다. 이 경향성은 자기 안에 근거와 자기의 이상적인 대상을 갖고 있다. 따라서 "심성은 실정성, 즉 계율의 객관성을 지양함으로써"(헤겔, 2005: 499) 주관과 객관의 분리 및 대립을 극복하고 합일된 인간적 삶을 회복할 수 있도록 한다. 심성이 주관과 객관의 분리 및 대립을 극복하고 화해를 통해 합일을 모색하는 까닭은 심성의 본질이 바로 사랑이기 때문이다(이성환, 2007: 298).

헤겔은 또한 덕 개념에 대한 새로운 해석을 통해 칸트 윤리학에 남아 있는 실정성을 넘어서고자 한다. 헤겔은 "예수가 법과 의무 대신 덕을 내세웠기 때문에" 실정적 인간의 비도덕성을 극복할 수 있었다고 본다(헤겔, 2005: 545). 칸트 윤리학에서 사랑은 실천적 사랑으로 이해되기 때문에 이러한 실천적 사랑에서 경향성은 배제되며, 덕은 실천적 사랑을 방해하는 경향성을 극복하려는 꿋꿋한 의지로 파악된다. 그래서 헤겔에 따르면, 칸트주의적 덕 개념에는 보편성과 특수성의 대립이 여전히 남아 있으며, 보편자는 지배자가 되고 특수자는 피지배자가 된다(헤겔, 2005: 533). 이와 달리 헤겔은 예수가 내세운 덕을 '법을 따르려는 자연스러운 경향성'으로 파악하면서, "덕은 하나의 종합인데, 이 종합 속에서 법(칸트는 이를 항상 객관적인 것이라고 부른다)은 보편성을, 주체는 특수성을 상실한다. 다른 말로 하면 경향성, 즉 덕은 양자가 대립물을 상실한 종합"이라고 주장한다(헤겔, 2005: 533). 그래서 법과 의무, 이 양자의 보완관계에서 도덕적 심성과 같은 것은 더 이상 성향과 대립되는 보편자가 아니며, 성향은 더 이상 법과 대립되는 특수자가 아닌 것이다. 따라서 법과 성향의 일치는 삶이며, 타자들의 관계로서의 사랑이고 존재인 것이다(헤겔, 2005: 534). 우리는 여기서 덕(경향성)에 의해 뒷받침되는 사랑이 주관과 객관, 보편성과 특수성 등의 분리 및 대립을 극복하고, 즉 실정성을 극복하고 합일된 인간적 삶을 회복할 수 있는 실천철학의 원리로 고양되고 있음을 추론할 수 있다.

우리가 지금까지 논의한 것처럼, 청년 헤겔은 의식적 반성에 의한 '전개되지 않은 통일'이 주관과 객관, 자아와 타아, 보편성과 특수성 등의 분리와 대립을 만들어 내고, 이 분리와 대립이 지배와 피지배의 구조를 만들어 내어 인간에게 고통을 부여한다고 파악한다(소병일, 2008: 143). 예를 들어, 실정 종교는 계율에 의한 인간의 지배를 허락하고 도덕은 보편적 법칙을 인간에게 강요함으로써 총체적인 인간의 삶을 해체하고 인간의 자유와 자율성, 그리고 합일된 인간적 삶의 상실을 초래한다. 그래서 청년 헤겔은 종교와 도덕의 실정성을 극복하고 합일된 인간적 삶을 회복할 수 있는 실천철학의 원리로서 '사랑'을 제시한 것이다.

3. 헤겔 실천철학에서 사랑의 역할과 위상의 변화

헤겔은 프랑크푸르트 시기의 후반부로 갈수록 실천철학의 원리로서 사랑의 역할과 위상에 의구심을 갖게 된다. 헤겔은 이미 「그리스도교의 정신과 그 운명」에서 실천철학의 원리로서 '사랑'의 한계에 대해 언급한다. 예를 들어, 헤겔은 "사랑은 도덕성의 한계를 지양한다. 그러나 사랑 그 자체는 아직 불완전한 자연이다. 행복한 사랑의 순간에는 객관성을 위한 여지가 없다"(헤겔, 2005: 582)고 기술한다. 다시 말해, 사랑은 칸트의 도덕성보다 뛰어난 인간의 살아 있는 능력이긴 하지만, 객관성을 충분히 확보하지 못하거나 주관성이 과도하기 때문에 삶의 총체성을 드러내기에는 일정한 한계를 지닌다는 것이다. 또한 헤겔은 "사랑하는 자들이 행복의 의식을 갖기 위해, 그리고 늘 그렇듯이 자기에게 그 행복의 의식을 부여하기 위해 사랑은 자신을 분절시켜 고립시키지 않으면 안 되고, 심지어 적대성을 산출하지 않을 수 없다. 따라서 사람이 아주 많은 공동체에서의 사랑은 그 힘이나 내적인 깊이에 있어서 일정 정도의 수준만을 유지한다"(헤겔, 2005: 613)라고 기술한다. 즉 사랑은 항상 사랑받는 자와 사랑받지 못하는 자의 구별에 근거하지 않을 수 없기 때문에, 헤겔은 사랑이 모든 인류의 공동체에 적용될 수 있는 포괄적 원리로서는 한계를 지닌다고 판단한 것이다(권영우, 2016: 155-156). 이와 같이 헤겔이 사랑의 주관성과 포괄성의 한계를 인식하면서 사랑은 예나 시기 이후 (어떤 의미에서는 최선의 경우) 가족에서의 합일의 원리로 제한된다(정대성, 2005: 13). 그리고 헤겔은 사랑이 직접성에 기초한 감정이기 때문에 시민사회와 국가 전체를 포괄할 수 있는 원리로 자리매김할 수 없다고 생각한다. 이런 맥락에서, 헤겔은 사랑을 대신할 수 있는 실천철학의 새로운 원리를 모색한다.

1) 사랑에서 인정으로

헤겔은 예나 시기에 보편적 상호주관성의 영역을 사랑이 아닌 인정의 구조에서 확보하려는 이론적 변화를 보인다(소병일, 2008: 141). 헤겔은 예나 시기에 의식과 오성이 만들어 낸 분열의 문제를 인정의 구조를 해명함으로써 해소하고자 한다. 헤겔은 베른 시기와 프랑크푸르트 시기에는 인간의 삶을 그 자체로 충만한 통일이라고 간주하면서 삶을 형이상학적 원리로 전제하고 사랑을 합일된 인간적 삶을 가능하게 하는 실천철학의 원리로 제시한 반면, 예나 시기에는 인간 삶의 본질을 결핍으로 간주하면서 사랑을 이 결핍을 충족하려는(나와 대상의 분리를 지양하여 총체성을 추구하려는) 충동의 원리 내지 속성으로 규정하고 동시에 욕구의 문제로 구체화한다. 이 과정에서 사랑은 인륜성의 보편적 인정 관계로 나아갈 수 있는 계기로 축소된다.[3]

악셀 호네트(Axel Honneth)가 주장한 바와 같이, 사랑은 물론 인정의 첫 번째 단계로 해석될 수 있다.[4] 그러나 또한 호네트가 지적한 바와 같

---

3 예를 들어, 남녀 간의 사랑은 인륜적 공동체의 기초라고 할 수 있는 가족 구성의 동기로 축소된다. 가족이 사랑이라는 직접적 감성을 넘어 상호의존적 관계의 객관적인 출발점을 이룬다고 한다면, 사랑 그 자체가 진정한 통일성을 보장할 수는 없는 것이다. 그래서 헤겔은 사랑이 가족 관계 속에서 인정의 구조를 형성할 때 진정한 통일성을 만들어 낼 수 있다고 본다(소병일, 2008: 156-158).

4 호네트는 "타자 속에서 자신을 인식하는 상호적인 경험이 비로소 현실의 사랑 관계로 발전하는 것은, 이 경험이 두 당사자에게 상호주관적으로 공유된 인식으로 변할 수 있

이, 사람은 애정 관계 속에서 자립성과 의존성의 긴장 관계를 완전히 해소할 수는 없기 때문에, 사랑의 관계에서 상호적이면서 동시에 자립적인 인정 관계가 가능할지는 매우 의문스럽다(권영우, 2016: 157). 즉 사랑이 인정의 첫 번째 단계로 해석된다고 할지라도, 사랑이 가족의 범위를 벗어날 때 법적 개인 또는 권리 주체 간의 상호자립적 인정으로 나아갈 수 있는지는 확신하기 어렵다는 것이다. 헤겔은 『법철학』(*Grundlinien der Philosophie des Rechts*)에서 "뭐니 뭐니 해도 사랑은 감정이다. 즉 그것은 자연적인 형식의 인륜성이므로 국가에서는 애당초 통하지 않는다"(헤겔, 2010: §158 Zusatz)고 주장한다. 다시 말해, 사랑은 모든 인륜의 공동체에서 통용되는 합일의 원리 혹은 통일의 원리일 수는 없고, 가족 내에서만 통용될 수 있는 원리라는 것이다. '한 인간의 개인 됨'은 나와 네가 상호적으로 서로를 개인으로 인정할 때 이루어지기 때문에, 사랑은 가족의 범위를 벗어나 생명 및 재산과 관련하여 저마다 자신의 특수한 목적을 추구하는 시민사회나 통일성이 법률로 의식되어 있는 국가에서 실천철학의 원리로서 그 위상을 그대로 유지할 수는 없다는 것이다(헤겔, 2010: §158 Zusatz; 권영우, 2016: 157; 황설중, 2013: 251). 여기서 사랑은 보편적 인정 관계로 나아가기 위한 하나의 '계기'로 축소된다.

한 개인의 정체성은 자기 자신에 의해 규정되지 않고 나와 너의 상

을 때다. 왜냐하면 각 주체는 자신의 상대 또한 '자신을 그렇게 자신의 타자 속에서 인식한다'는 것을 경험했을 때, 비로소 '타자가 … 나에게 대자적으로' 존재한다는 확실한 '믿음'을 얻을 수 있기 때문이다. 서로가 자기 자신을 타자 속에서 인식하는 이러한 종류의 관계를 표현하기 위하여 헤겔은 여기서 처음 '인정'이라는 개념을 사용한다. 그는 한 각주에서 다음과 같이 쓰고 있다. 사랑 관계 속에서 '인정'되는 것은 '형상화되지 않은 자연적 자신'이다. 『인륜성 체계』(*System der Sittlichkeit*)와 마찬가지로 여기[『실재철학』(*Jenaer Realphilosophie*)—인용자 주]서도 헤겔은 사랑을 상호인정 관계로 파악한다"(호네트, 2013: 87)고 기술한다. 즉 사랑은 두 사람의 관계 속에서 이루어지는 인정 형식이라는 것이다(권영우, 2016: 156).

호인정 관계 속에서 규정된다. 헤겔은 "자기의식이란 오직 인정된 것(ein Anerkanntes)으로서만 존재할 뿐이다. … 자기의식이란 스스로 무한한 운동을 펴 나가는 가운데 일단 정립되고 난 성질과 정반대의 것으로 즉각 전화(轉化)한다. 이렇듯 이중화한 자기의식의 정신적 통일이란 어떤 것인가를 나타내 주는 것이 '인정'의 운동"(헤겔, 2011a: 220-221)이라고 주장한다. 다시 말해, 인륜적 차원의 진정한 인정은 자기의식이 타자를 자기식으로 규정하는 것을 넘어 타자 속에서 자기를 발견하고, 자기 속에서 타자를 발견하는 이중화 운동을 통해 서로가 주체로서 참여하는 관계 속에서 이루어진다(김석수, 2016: 260). 이와 같이 인간은 필연적으로 인정받으며 또 인정하는 존재이기 때문에(Hegel, 1969: 206), 모든 인간의 공동생활은 주체들 사이의 상호인정을 요구한다.[5] 삶이 분열되어 있다는 것은 실질적인 인정으로 나아가는 통합의 계기가 된다. 그런데 이러한 분열과 그것에서 파생되는 문제들은 그 구성원이 자신의 이익만을 추구하기 때문이 아니라, 그 이익 형성 과정이 타자에 대한 인정을 수반하는 과정임을 망각하기 때문에 발생하는 것이다(소병일, 2008: 161). 그렇다면 헤겔이 "의식이 자기에게로 돌아오는 데는 노동이 개재해야만 하는 것"(헤겔, 2011a: 231)이라고 주장하는 것처럼, 가족의 범위를 넘어선 인륜의 공동체에서는 사랑이 아니라 노동으로 매개된 인정의 구조를 통해 이러한 분열이 치유될 수 있는 것이다.

5 헤겔은 "화해의 말은 정신의 현현을 알리는 것으로서, 이제는 자기 자신을 보편적인 본체로 여기는 순수한 지(知, Wissen)가 역전하여 스스로를 절대적 개별 존재로 직관하는 순수한 지와 어우러지면서 대립자가 서로 간에 상대방을 인정하는 절대정신의 세계가 성립되어 있는 것"(헤겔, 2011b: 232-233)이라고 주장한다. 여기서 '상호인정'이란 본래 하나의 자기의식이 또 다른 자기의식과의 관계에서 교호적인 행동을 펴 나가는 가운데 두 개의 자기의식이 동일화되어 주인과 노예의 관계가 극복되는 것을 말한다. 이를 통해 양쪽 모두는 절대정신으로까지 고양된다.

따라서 인륜의 공동체에서 분열의 치유책은 사랑이 아니라 자신의 삶을 유지하는 과정에서 필연적으로 수반되는 인정의 구조를 자각하고 실현하는 것이며(소병일, 2008: 161), (상호)인정은 인륜의 공동체로 나아가는 실천철학의 원리라고 할 수 있다. 우리는 여기서도 사랑을 보편적 인정 관계로 나아갈 수 있는 계기로 긍정할 수는 있겠지만, 사랑 그 자체가 모든 인륜의 공동체에서 분열과 대립을 극복할 수 있는 실천철학의 원리로서 (상호)인정과 동일시될 수는 없다는 사실을 추론할 수 있다.

2) 결혼, 가족, 자녀, 그리고 인륜적 사랑

헤겔은 예나 시기에 작성한 『예나 체계기획들』과 『정신현상학』(*Phänomenologie des Geistes*) 등에서 사랑을 더 이상 원리적 측면에서 고찰하지 않고, 결혼, 가족, 자녀 등과 같이 객관화된 형태로만 고찰한다. 헤겔은 사랑의 주관적인 측면을 지양하기 위해 결혼을 통한 가족의 성립과 자녀의 출산을 사랑이 완성으로 가는 계기로 설정한 것이다. 이러한 인륜적 과정을 통해 사랑이 갖는 주관적 측면은 지양되고, 사랑은 가족제도 아래서만 완성되는 계기로 배치된다(서용순, 2012: 169). 이와 같이 헤겔은 결혼, 가족, 자녀 등과 같은 사랑의 제도화를 통해 사랑이 주관적이고 자연적 감정 상태에 머무르지 않고 인륜적 감정 내지 인륜적 합일로 나아갈 수 있도록 체계화한다. 이런 맥락에서, 헤겔은 『법철학』에서도 "사랑이란 한마디로 나와 타자의 일체성을 의식하는 것이다. 이때 나는 나 홀로 독립해 있는 것이 아니라, 나의 자기의식을 나만의 독립된 존재를 방기하는 데서 획득할뿐더러 오직 나와 타자의, 그리고 타자와 나의 일체성을 깨치는 데서 나를 알고 나를 획득한다. … 사랑은 다름 아닌 인륜적 합일"(헤겔, 2010: §158 Zusatz)이라고 기술하면서, 사랑을 '자연적인 형식의 인륜성'으로 규정한다. 다시 말해, 인간적인 사랑은 주관적이고 자연적인 감정의 측면이 없지 않지만, 사랑은 결혼, 가족, 자녀와 같은 객관적인 제도를 통해 인간적인 사랑의 주관성과 자연성을 지양함으로써 인륜적 감정 내지 인륜적 합일로 고양된다는 것이다.

헤겔은 결혼을 직접적인 인륜적 관계로, 더 자세히 말한다면 법적으로 뒷받침된 참된 인륜적 사랑으로 규정한다(헤겔, 2010: §161). 헤겔은 "양자가 자연 그대로의 개별적인 인격성을 방기하는 일체성 속에서 하나의 인격을 이루려는 두 인격의 자유로운 동의"(헤겔, 2010: §162)를 결혼의 객관적인 출발점으로 삼으면서, 양자는 결혼을 통해 일체성을 형성함으로써 그들의 실체적인 자기의식을 획득하게 된다고 주장한다. 헤겔은 여기서 주관적이고 자연적인 감정으로서의 사랑을, 서로 사랑하는 두 인격이 하나의 인격을 이루려는 정신적 통일 내지 인륜적 사랑으로 전환하는 데 주안점을 두고 있다. 그래서 서로 사랑하는 두 인격이 하나의 인격을 이루고자 한다면, 즉 실체적인 자기의식을 획득하고자 한다면, 두 인격이 결혼 상태에 들어서는 것은 "인간의 객관적인 사명, 즉 인륜적 의무"(헤겔, 2010: §162 Anm.)가 된다.[6] 이런 맥락에서, 결혼은 실체적 자기의식이라는 인륜적 정신을 획득하는 사회적이고 법적인 첫 번째 행위로서 인륜적 사랑으로 규정되는 것이다.

두 인격이 결혼을 통해 도달한 실체적 자기의식은 결국 가족으로의 이행이다(이정은, 2003: 164). 가족은 인륜성의 최초 형태인 것이다. 헤겔에 따르면, 가족의 성원들은 정신의 직접적 실체성으로서 사랑이라는 감정

6 이런 맥락에서, 헤겔은 결혼의 목적이 인륜의 목적이며 이 목적은 그 밖의 다른 어떤 요소보다 우위에 있는 신성한 것이므로, 정열이나 성애가 사랑의 중요한 육체적 요소임에도 불구하고 이것이 결혼을 교란시키거나 어지럽혀서는 안 된다고 주장한다(헤겔, 2010: §163; 윤병태, 2008: 327).

상의 통일을 기초로 성립되는 가족 내에서 하나의 독립된 인격으로서가 아닌 그 일원으로서 존재한다(헤겔, 2010: §158). 그래서 가족은 개별 인격의 단순한 합이 아니라 통일된 하나의 인격이고, 가족 성원들의 인격성은 가족 내에서 동일화된다. 따라서 가족은 불안정한 감정인 사랑을 제도화하는 기제이고(서용순, 2012: 165), 인륜적 사랑과 인륜적 정신을 현현하는 기제이기도 하다. 그렇다면 공동의 지속적인 인격으로서의 가족에게 필요한 가족의 재산 역시 단지 일개인의 특수한 욕구를 충족하기 위한 것이 아니라 공동생활을 위해 배려하고 취득해야만 하는 것, 즉 인륜적인 것이 된다(헤겔, 2010: §170). 우리는 여기서 가족의 성원들이 상호 배려를 통해 서로에 대한 사랑을 인식하고 있음을 알 수 있다(남기호, 2008: 15).

그런데 헤겔은 "부부 사이에서 사랑의 관계는 아직 객관적이지 않다. 왜냐하면 사랑의 감정은 실체적인 통일에 있지만 이러한 통일이 아직 대상성을 띠고 있지 않기 때문"이라고 주장한다(헤겔, 2010: §173 Zusatz). 부부의 사랑이 대상성을 얻게 되는 것은 그들의 자녀를 통해서다. 자녀는 부부가 완전한 합일을 목도하는 객관적 계기인 것이다. 즉 부부는 자녀를 보면서 자기들의 일체화된 사랑을 목도한다. 가족의 성원으로서 부부 간의 일체성은 자녀를 통해 정신적인 모습으로 드러나기 때문에, 부모는 그들의 자녀를 사랑할 뿐만 아니라 자녀를 매개로 서로를 사랑한다. 이런 의미에서 사랑은 가족 내에서 부부가 자녀를 출산하고 교육하는 가운데 완성되는 것이다.[7]

7 사랑의 완전한 실현은 자녀를 통해 이루어진다. 부모는 자녀의 대자적 생성을 위해 자신을 지양한다. 특히 부모의 자기지양은 자녀를 통일된 하나의 의식으로 도야하기 위한 자녀교육에서 명백히 드러난다. 헤겔은 자녀교육을 위해 부모의 의식이 자녀의 의식의 질료로서 소화되고 무화된다는 의미에서 "부모는 자녀 속에서 죽는다"(Hegel,

4. 나오는 말

헤겔은 사랑 그 자체를 실천철학의 원리로 정립하고자 했던 몇 안 되는 철학자에 속한다. 그는 베른 시기와 프랑크푸르트 시기에 실정성에 의해 초래된 이성과 감성, 자아와 타아, 주관과 객관, 특수성과 보편성 등의 분리 및 대립의 문제, 즉 근대 사회의 분열 문제를 해결하고 도덕적 자율성의 상실을 극복함으로써 총체적인 인간의 삶을 회복하는 것을 실천철학의 과제로 삼는다. 이를 위해 청년 헤겔은 도덕과 종교의 실정성을 극복하고 합일된 인간적 삶을 회복할 수 있는 실천철학의 원리로서 사랑을 제시한다. 사랑은 여기서 의식적 차원의 반성과 일상적 차원의 감성적 사랑을 넘어 전체적인 삶에 대한 총체적인 반성 능력 내지 삶의 근원적인 합일을 이룰 수 있는 실천철학의 원리로 고양된다.

그런데 헤겔은 프랑크푸르트 시기의 후반부를 지나 예나 시기에 이르러 사랑이 갖는 주관성과 포괄성의 한계를 성찰함으로써, 즉 사랑이 삶의 총체성을 드러내기에는 일정한 한계를 지닌다는 점을 성찰함으로써 실천철학의 원리로서 사랑을 포기한다. 즉 사랑은 모든 인륜의 공동체에 적용될 수 있는 합일의 원리 내지 통일의 원리로서 그 위상을 상실한다. 헤겔은 사랑을 대신할 수 있는 실천철학의 원리로서 인정을 제시하며 사랑을 인륜성이라는 상호인정의 관계로 나아갈 수 있는 계기로 축소시킨다. 그리고 사랑은 결혼, 가족, 자녀 등과 같은 객관화된 형태를 통해서만 그 주관적인 측면을 지양하고 인륜적으로 전개될 수 있는 것으로

1975: 304)고 표현한다. 즉 부모의 죽음은 자녀가 '생성하는 죽음'인 것이다(Hegel, 1975: 303). 이와 같이 총체적 의식은 객관적으로 존립하는 자녀의 개체성 내에서 대자적으로 형성된다. 따라서 도야된 자녀는 사랑의 가장 완벽한 실현태라고 할 수 있다(남기호, 2008: 17-18).

여겨진다. 다시 말해, 사랑은 예나 시기 이후 더 이상 원리적 차원에서 고찰되지 않는다.

이와 같이 헤겔의 실천철학에서 사랑의 위상은 변화했지만, 이를 곧 사랑이 그 의미와 가치마저 상실한 것으로 해석할 필연적인 이유는 없다. 청년 헤겔이 사랑을 통해 도달하고자 했던 이원성의 극복과 진정한 통일이라는 원리적 내용은 예나 시기 이후 더 구체적인 삶의 관계 속에서 심화되고 완성된다. 사랑은 이제 인륜적 감정 내지 인륜적 합일로 고양되고 결혼, 가족, 자녀 등과 같은 객관적인 형태를 통해 인륜적 사랑으로 완성됨으로써 '자연적인 형식의 인륜성'으로 자리매김한다. 사랑이 비록 인륜 전체의 통일의 원리로 기능할 수는 없다고 하더라도, 인륜성의 첫 단계인 가족의 형성을 가능하게 해 주고 도덕성에서 인륜성으로 이동하는 첫 단계를 가능하게 해 주기 때문에 인륜성 형성에서 사랑의 역할과 가치를 간과해서는 안 된다. 더 나아가, 청년 헤겔이 사랑의 원리적 내용으로 파악했던 사랑의 자기지양과 자기희생이 정신의 자기지양과 본질적으로 다르지 않다면, 청년 헤겔이 사랑을 통해 지향한 원리적 내용은 헤겔 실천철학의 전체 구조에서 확장된 형태로 실현된 것으로 평가할 수 있을 것이다.

참고문헌

권영우. (2016). 「헤겔 실천철학에서 세 가지 타자 개념」. 『헤겔연구』 제40호. 한국헤겔학회.

김석수. (2016). 「칸트와 헤겔의 철학에서 사랑과 존경」. 『철학논집』 제44집. 서강대학교 철학연구소.

남기호. (2008). 「헤겔의 '사랑' 개념과 그 철학적 위상 변화」. 『시대와 철학』 제19권 제4호. 한국철학사상연구회.

서용순. (2012). 「우리 시대의 사랑, 결혼, 가족」. 『철학논총』 제70집. 새한철학회.

소병일. (2008). 「사랑에서 인정으로: 청년기 헤겔의 사랑 개념과 예나 시기 인정 개념의 실천철학적 연관성에 관하여」. 『인문과학연구』 제20호. 강원대학교 인문과학연구소.

윤병태. (2008). 『칸트 그리고 헤겔』. 용의 숲.

이성환. (2007). 「헤겔의 초기 기독교 연구에 나타난 종교적 실존」. 『철학논총』 제48집. 새한철학회.

이정은. (2003). 「성애에 관한 철학적 고찰: 헤겔의 사랑, 결혼, 가족에 대한 이해를 통해」. 『헤겔연구』 제13호. 한국헤겔학회.

임승필. (2009). 「사랑의 윤리학: 칸트와 헤겔의 견해 비교」. 『인문학연구』 제15권. 경희대학교 인문학연구원.

정대성. (2005). 「옮긴이의 글」. G. W. F. 헤겔. 『청년 헤겔의 신학론집(베른/프랑크푸르트 시기)』. 정대성 옮김. 인간사랑.

칸트, 임마누엘. (2006). 『윤리형이상학 정초』. 백종현 옮김. 아카넷.

칸트, 임마누엘. (2010). 『실천이성비판』. 백종현 옮김. 아카넷.

칸트, 임마누엘. (2012). 『윤리형이상학』. 백종현 옮김. 아카넷.

헤겔, G. W. F. (2005). 『청년 헤겔의 신학론집(베른/프랑크푸르트 시기)』. 정대성 옮김. 인간사랑.

헤겔, G. W. F. (2010). 『법철학』. 임석진 옮김. 한길사.

헤겔, G. W. F. (2011a). 『정신현상학 1』. 임석진 옮김. 한길사.

헤겔, G. W. F. (2011b). 『정신현상학 2』. 임석진 옮김. 한길사.

호네트, 악셀. (2013). 『인정투쟁』. 문성훈 · 이현재 옮김. 사월의책.

황설중. (2013). 「얼굴과 폭력 그리고 사랑: 레비나스와 헤겔을 중심으로」. 『헤겔연구』 제34호. 한국헤겔학회.

Hegel, G. W. F. (1969). *Jenaer Realphilosophie*. Hamburg: Felix Meiner.

Hegel, G. W. F. (1975). *Jenaer Systementwürfe I*. Klaus Düsing & Heinz Kimmerle (Hrsg.). *Gesammelte Werke*, Bd. 6. Hamburg: Felix Meiner.

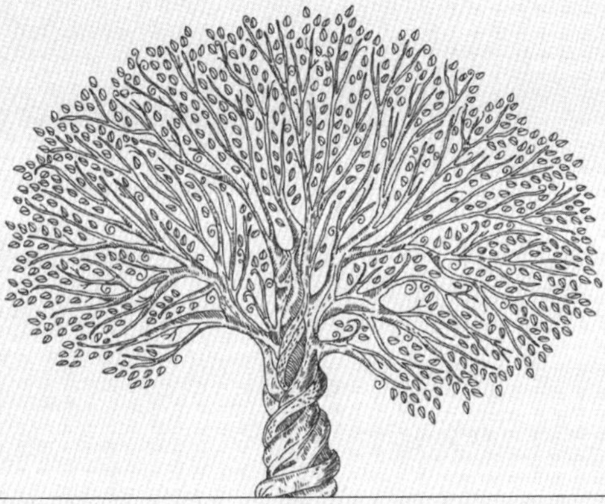

제3부

서양 현대 및 탈현대 사상에서 본 사랑의 의미

1장 슈타인의 사랑론

2장 셸러의 사랑론

3장 하르트만의 사랑론

4장 프롬의 사랑론

5장 마르쿠제의 에로스 개념

6장 베르그손의 사랑 이해

7장 레비나스의 에로스론

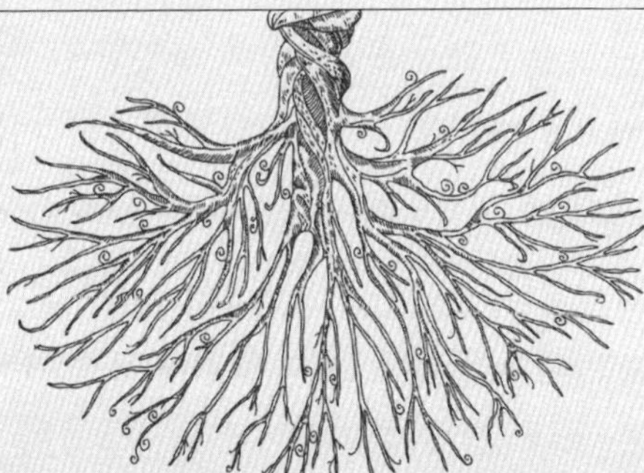

1장

슈타인의 사랑론

감정이입론(Einfühlung)을 중심으로

● 이은영

우리 사회는 오늘날을 '불안의 시대', 나아가 '불안 증폭 사회'라고 칭하고 있다. 최근 서울 강남의 한 화장실에서 발생한 살인사건이나 등산로에서 우발적으로 발생한 사건을 통해 우리는 '누구나' '어디에서나' 위험한 상황에 부닥칠 수 있다는 불안감에 혼란스럽다. 불안한 감정의 기저에는 사회적 문제가 자리 잡고 있다고 할 수 있다. 경제적 불안, 미래에 대한 불확실성, 극심한 취업난, 각종 희귀범죄에 대한 우려 등 수없이 많은 사회 문제를 통해 우리는 불안함과 더불어 이 사회에서 공존하고 있는 것이다. 이러한 상황을 돌파하려 대학생들은 스펙과 학점에 목숨 거는 고단한 대학 생활을 보내고 있다. 이제는 졸업을 늦춰서라도 재학 중 취업을 해야 하는 실정이다. 그렇기 때문에 대학이 4년이 아니라 5년이란 말이 나오는 것이며, '함께', '더불어'와는 거리가 먼 혼족(나홀로족), 혼밥족(혼자 밥 먹는 사람들), 혼술족(혼자 술 먹는 사람들), 혼영족(혼자 영화를 보는 사람들)을 쉽게 찾아볼 수 있다. 취업을 위한 하나의 과정으로 전락해 버린 대학 생활을 통해 대학생들은 이제 인간과 인간의 연결이나 마음과 마음의 연결보다 오히려 고독과 외로움, 소외와 경쟁을 선택한다. 협동이 더 많은 이익을 가져오는 것이 분명한 상황에서조차 기꺼이 경쟁을 선택하는 것이다.

그런데도 우리의 삶이 비인간적이며 이기적으로 변할지라도 '관계 속에서 살아가야 한다는 것'이 당연한 명제라 한다면 경쟁과 불신에서 벗어나 연대와 나눔을 강조하며 타인과의 소통능력을 새로운 평가 기준으로 제시할 수 있어야 한다. 다시 말해 이러한 암울한 현실 상황만을 바라보며 낙담하고 절망하는 것이 아니라 이것을 해결할 수 있는 방안에 대하여 고민해 봐야 한다는 것이다. 바로 이 지점에서 필자는 공감을 강조하고자 한다. 불안과 분노, 우울 등 불편한 정서를 경험할 때, 공감만으로도 어렵고 힘든 현실에 대처할 힘이 생길 수 있다. 그리고 이를 슈타인은 '감정이입(Einfühlung)'이라 일컫는다. 이러한 배경하에 필자는 공감 내지는 감정이입을 사랑의 종개념으로 제시하는 슈타인의 '감정이입'을 통해 현대사회에서 필요한 공감으로서의 사랑의 의미를 고찰하고자 한다.

1. 들어가는 말: 슈타인의 감정이입론의 배경

에디트 슈타인(Edith Stein, 1891-1942)은 1891년 10월 12일, 아버지 지크프리트 슈타인(Siegfried Stein)과 어머니 아우구스테 슈타인(Auguste Stein)의

신앙심이 깊은 유대인 가정에서 일곱 자녀 중 막내로 태어났다. 유대인 가정에서 자란 슈타인은 진리에 대한 열망을 구체적으로 실천하기 위해 대학에서 철학을 연구했으며, 그 결과 오늘날 슈타인의 전집이 28권으로 재편집되어 간행되고 있다.[1] 슈타인이 인간 감정에 대하여 관심을 가지기 시작한 것은 1911년 그녀가 철학을 시작했던 브레슬라우 대학 때부터다. 브레슬라우 대학 철학부 실험심리학과에서 스턴(William Stern)의 심리학 입문을 수강했고 이는 이후 프라이부르크 대학에서 박사 학위 논문 연구로 이어졌다. 다시 말해서 인간의 감정 문제는 슈타인이 대학 생활을 시작하면서부터 드러났던 중심 물음이었다.

슈타인은 프라이부르크 대학에서 후설(Edmund Husserl)의 조교 생활(1916-1918)을 하면서 박사 학위 논문을 제출한다. 박사 학위 논문은 「감정이입 문제의 역사적 발전과 그 현상학적 고찰」(Das Einfühlungsproblem in seiner historischen Entwicklung und in phänomenologischer Betrachtung)이라는 제목으로 출간되었고, 이 중 II-IV부만이 「감정이입의 문제」(Zum Problem der Einfühlung)로 남아 있다.[2]

1 현재 슈타인 전집은 *Edith Stein Gesamtausgabe*(총 28권)로 출판되어 있다.

2 슈타인은 1916년 프라이부르크에 있는 알베르트루트비히 대학에서 박사 학위 논문을 준비해 '감정이입 문제의 역사적 발전과 그 현상학적 고찰'이라는 주제를 제시했다. 이 논문은 원래 네 부분으로 되어 있으며, 그중 「감정이입 문제의 역사적 논증」(Historische Darlegung des Problems)은 출판되지 않은 채로 남아 있고 원본도 실종되었다. 유일하게 접근 가능한 것이 「감정이입의 문제」라는 제목으로 출판된 부분이다. 출판된 세 개의 장은 「감정이입 행위의 본질」(Das Wesen der Einfühlungsakte), 「정신물리적 개체의 구성」(Die Konstitution des psychophysischen Individuums), 「정신적 인격을 이해하는 것으로서 감정이입」(Einfühlung als Verstehen geistiger Personen)이라는 제목으로 되어 있다. Stein(1917) 참조.

슈타인은 감정이입 개념을 박사 학위 논문의 주제로 선택하고 1914년 여름부터 논문을 쓰기 시작했다(Körner, 1999: 326). 슈타인은 그 상황을 다음과 같이 말한다.

> 나는 감정이입이 무엇인지 연구하고 싶다. 그것(감정이입이 무엇인지 연구하는 것)은 마이스터(Meister, 즉 에드문트 후설)에게 반가운 일이다. 그럼에도 불구하고 받아들이기 어려운 일을 감수해야만 했다. … 후설은 내가 테오도르 립스(Theodor Lipps)와 대결하는 방식으로 논문을 완성하기를 요구했고 … 나는 상당수에 달하는 립스의 저서들을 연구하기 시작했으며, 이는 신 사과를 깨물어야만 하는 상황과 같았다.(Stein, 1985: 238-239)

슈타인은 후설의 의도에 따라 자신의 논문에서 립스의 감정이입론과 논쟁한다. 그 과정에서 슈타인은 립스의 이론과 부분적으로 일치하는 견해를 제시하지만, 대부분 립스의 이론을 비판하는 데 주력한다. 다시 말해서 슈타인의 감정이입론은 나와 타자와의 공감적 관계에서 타자를 나와 같은 하나의 인격적 존재로 인정하는 계기로 제시할 뿐 아니라, 타자를 통해 오히려 나 자신을 돌아볼 수 있고 나 자신을 알 수 있는 계기를 발견한다. 그런데 슈타인이 말하는 나와 타자의 공감적 관계는 인간과 인간뿐 아니라 인간과 신의 관계에도 적용되고 있다. 따라서 필자는 슈타인의 감정이입론을 통한 공감적 관계로서의 사랑의 의미를 인간과 인간, 그리고 인간과 신의 관계를 통해 제시하고자 한다.

2. 감정의 문제

종래의 학문은 감정을 이성에 비해 비합리적인 영역으로 보고 무시하거나 평가절하해 왔다. 플라톤, 데카르트, 칸트 등은 인간의 본질을 이성으로 간주하고 이성의 역할을 중시했다. 하지만 이성과 냉철한 판단으로만 도덕적 행동을 하는 것은 아닐 것이다. 행위 주체의 직간접적인 경험을 통해 타인을 이해하고 함께 느끼면서 도덕적 행위나 판단은 촉발될 수 있다.

감정이란 의식적 사고, 의미, 재현에 앞서 인간이 구체적인 사회 환경에서 언어, 몸짓, 표정 등을 통해 드러내 보이는 가장 근원적인 육체적·인지적 반응이다. 그것은 인간에게 감응을 불러일으키는 외부 대상이나 사건에 대해 인간이 표출하는 신체적·정신적 반응이다. 동시에 감정은 감각적 지각을 통해 '느껴지는(felt)' 것이다. 지각과 판단이 동시에 이루어지는 복합적 반응양태라는 점에서, 감정은 육체와 정신 어느 한쪽으로 분류되지 않고 양쪽 모두를 포괄한다(이명호, 2011: 156). 또 감정은 단순히 주체 내부에서 형성되는 것이 아니라 대상과의 접촉에 의해 발생하는 것이라는 점에서 주체와 대상, 안과 밖 어느 한쪽으로 귀속되지 않는다. 감정은 주체가 대상을 지향하고, 대상에 대해 느끼는 것이며, 동시에 대상과의 접촉을 통해 변용되는 감응양태(mode of affection)다. 이런 점에서 감정은 세계에 대한 인간의 '태도(Einstellung)'를 포함하며 세계를 감지하는 활동인 것이다. 감각적 반응이면서 인지적 판단이며, 대상에 의해 변용되면서 동시에 대상에 반응하는 정서적 활동이라는 점에서 감정은 육체와 정신, 대상과 주체의 이분법으로 포괄되지 않는 영역에 위치해 있다. 이런 이분법의 경계를 넘나드는 활동으로서 감정은 인간이 세계와 관계 맺는 가장 본원적인 방식이며 자기 자신을 변화시킬 수 있는 능력인 것이다(이명호, 2011: 156).

여기에서 중요한 것이 바로 타인과 함께 느끼는 감정의 한 부류인 공감이다. 슈타인이 1916년 「감정이입의 문제」에서 합리성을 기술했을 때, 그녀는 '이론적 행위'의 분석으로 시작하지 않았다. 왜냐하면 지각, 상상, 이론, 추론과 같은 이론적 행위 안에서 '나(I)'는 자신의 행위를 통해 대상 안으로 흡수되며 그렇기 때문에 나 자체를 인식하는 데 실패하지만, 반대로 감정에서 '나'는 항상 의식을 향해 있으며 주체와 대상에 모두 관계하기 때문에 '나'를 인식할 수 있다(Baseheart, 1997: 40-41). 감정에 관한 이러한 철학적 가치는 후기 저서에서도 계속되고 있으며, 그녀의 주저 『유한한 존재와 영원한 존재』(*Endliches und ewiges Sein*)에서는 전반에 걸쳐 감정이 존재에 접근하는 유효한 방법이라고 밝히고 있다. 이제 슈타인의 사상에서 감정, 그중에서도 감정이입이 어떤 의미를 지닐 수 있는가를 고찰해 보자.

3. 공감으로서의 사랑

공감(empathy, Empathie)은 현대에 이르러 다양한 학문에서 광범위하게 사용되고 있는 개념이다. "남의 감정, 의견, 주장 따위에 자기도 그렇다고 느낌. 또는 그렇게 느끼는 기분"(『국립국어원 표준국어대사전』)으로 정의되어 있는 공감은 타인의 기분과 감정을 자신의 경험처럼 느끼는 행위로 해석할 수 있기에 타인을 이해하는 방식이라 할 수 있다. 더불어 살아가는 의식을 요구하는 현대사회에서 공감은 필수적 요소일 수 있다. 왜냐하면 공감은 타인이 지닌 감정과 공통된 감정을 느끼는 것이며, 나와 타인의 같고 다름을 분명하게 이해함으로써 나와 다르면서도 같은, 타인과 더불어 사는 것에 대한 의미를 알 수 있게 하기 때문이다. 특히 공감의 관계적 입장을 강조하는 입장에서 이해한다면, 공감은 부부, 가족 내지는 집단과 같은 관계적인 단위에서 서로 관계를 맺는 근본적인 방법일 수 있다. 칼 로저스(Carl R. Rogers)에 의하면 공감은 첫째, 고립감을 용해시킨다. 공감받는 사람은 공감받는 동안 자신이 세계와 인류에 연결되어 있다는 사실을 발견한다. 둘째, 공감받는 사람은 자신이 한 사람으로서 수용과 돌봄, 그리고 가치를 인정받고 있음을 자각할 수 있다. 셋째, 공감은 한 사람이 정체성을 지닌 하나의 독립된 가치담지자로 존재하는 데 필요한 확인을 제공한다(Rogers, 1980).

이러한 공감은 동서양의 사상에서 맹자의 측은지심(惻隱之心), 공자의 서(恕), 그리스도교의 산상 수훈에서의 황금률과 유사하다고 볼 수 있다. 그 어원을 살펴보자면, 공감은 'empatheia'의 'em'이 '안(in, into)'의 뜻을 지니고 있으며, 라틴어의 'pathos'가 '고통', '열정'을 뜻한다는 점에서 그리스어 'empatheia'에서 유래했다고 할 수 있다. 하지만 본격적으로는 독일어 'Einfühlung'에서 유래한다. 독일어 동사 '느끼다(fühlen)'는 서부 독일에서 유래하며, 그 기본 의미는 '(손으로) 더듬다(tasten)'로서 이를 최초(1873년)로 사용한 사람은 로베르트 피셔(Robert Vischer)다. 그리고 이를 심리학에 도입해 사용한 인물은 테오도르 립스(Theodor Lipps)다. 그 이후 19세기 말과 20세기 초에 립스와 경험심리학자들은 이로부터 유래하는 '감정이입(Einfühlung)'이라는 말을 "자기 자신과 다른 사람의 내적이고 주관적인 체험(das eigene und fremde innere subjektive Erleben)"을 파악하려는 학술 개념으로 사용하기 시작했다(Körner, 1999: 326).[3]

3 프로이트는 유머에 관한 그의 논의에서 "우리가 지금 발생하고 있는 정신적 상태를 고려하고, 우리 자신을 그 안으로 넣어서 우리 자신의 것과 그것을 비교함으로써 그것을 이해하려고 하는 것"으로 'Einfühlung'을 사용하였다(김영란, 1999: 18).

한편 슈타인은 '공감'의 의미를 세분화하고 '동일시'와 구분한다. 예컨대 친구가 기쁨에 가득 차서 나에게 자신이 대학 입학 시험에 합격했다는 것을 이야기한다고 가정해 보자. 그러면 나는 감정이입하면서 대학 입학 시험에 합격한 친구의 기쁨을 이해하고, 그 과정에서 나는 그의 기쁨으로 나를 옮겨 놓는다. 마침내 나는 그가 합격했다는 결과에 대한 기쁨을 이해하면서 내 친구가 합격한 결과에 대한 기쁨을 갖게 된다. 이것이 바로 동일시다.

이에 대하여 슈타인은 우리가 해석의 흐름을 쫓아가고 체험의 연속성(Erlebniskontinuität)에 이르게 될 때 기억은 완전히 실현되고 증명된다고 말한다. 그렇지만 기억에 의한 체험이 공감은 아니다. 체험의 연속성이 기억을 지속하고 있는 한 기억하고 있는 현재자아와 기억되는 체험의 주체인 과거자아 사이에는 항상 차이가 존재하기 때문이다. 이러한 차이는 기억하고 있는 자아와 기억되고 있는 자아의 감정상태가 완전히 다를 수 있다는 것으로 분명해진다(Stein, 1917: 5). 이와 관련해, "나는 그 당시 착각하고 있었다는 사실을 기억할 수 있으며 지금 그 사실을 확신할 수 있다. 왜냐하면 나는 고통스러운 당시 상황에서의 불쾌감을 기억할 수 있지만, 지금은 그때의 고통스러운 상황이 그대로 기억되는 것이 아니라 그 상황에서의 불쾌감을 유쾌하게 즐길 수 있기 때문"(Fidalgo, 1991: 102)이라고 주장함으로써 슈타인은 다른 사람의 정서와 정확하게 일치하는 공감이 이루어질 수 없다는 점을 강조한다. 사랑하던 사람과의 이별이 그 당시에는 큰 슬픔으로 남겨졌지만, 지금은 그때의 상황을 담담하게 받아들일 수 있게 되는 경우가 그 예다. 또한 다른 사람의 불행을 즐거워하는 마음도 그 예라 할 수 있다. 그동안 인간의 감정적 능력, 즉 타인의 감정상태를 경험하고 그에 대하여 감정적 반응을 보이는 공감의 능력이 어떻게 형성되고 발달되는지에 관한 많은 연구들이 있었지만, 슈타인은 공감을 '감정이입(Einfühlung)'이라고 부른다.

4. 감정이입으로서의 사랑

18세기 이전까지 서양철학사는 이성을 중시하는 합리주의자들의 역사였다. 즉 감정 중심 철학보다 이성 중심 철학이, 감정과 열정, 충동과 욕망보다는 이성이 늘 우선이었다. 이성은 감정적 삶과 섞이지 않고 날카롭게 대립한다. 감정은 인간의 동물성에 속하고 이성은 인간의 신성에 속한다. 감정은 제멋대로이고 악과 재앙의 근원이다. 이성은 질서이며 빛이고 인간을 동물의 차원보다 더 높은 곳으로 끌어올리는 힘이다. 그 결과 이성은 선호의 대상으로 남지만 감정은 절제와 배제의 대상으로 전락한다. 그러나 감정론적 철학의 문을 열었던 흄을 비롯해 애덤 스미스, 쇼펜하우어, 셸러, 그리고 슈타인 등에 의해 감정우위론이 대두된다. 이들의 공통점은 칸트의 이성주의적 윤리학을 대담하게 전복시키면서 감정을 억압하는 이성을 비판의 대상으로 삼는다는 점이다. 감정우위론에 의하면 감정 없는 사고, 감정 없는 직관, 느낌 없는 정신은 공허감만 더할 뿐이다.

이러한 감정의 집단을 포괄할 수 있는 '공감'은 이제 21세기의 중심가치로 드러나고 있다. 슈타인은 공감을 '감정이입'이라고 부르는데, 그렇다면 슈타인이 강조하는 감정이입으로서의 사랑은 무엇을 의미하는가. 일반적으로 감정이입이란 감정이입을 하는 이의 존재나 행위를 감정이입을 당하는 이에게 옮겨 놓는 것을 말한다. 립스는 1900년 「미학적 감정이입」(Ästhetische Einfühlung)이라는 논문에서 "가장 넓은 의미에서 감정이입이라는 개념은 하나의 사상(Sache) 속에 또는 사상 옆에 내면적으로 존재하는 것"이라고 밝히고 있다(Lipps, 1900: 416). 이런 의미에서는 대상을 미학적으로 고무시키거나 충족시킬 수 있다. 하지만 우리는 인격(Person) 안에서 삶을 직접적으로 경험할 수 있다. 따라서 우리가 미학적으로 고무시키거나 충족시키는 대상은 그 자체로 우리 인격의 반사(Widerschein)로 나타나는 것이며, 그 안에서 우리는 그 대상에서 마치 거울을 보는 것과 같은 경험을 하게 된다는 것이다(Fidalgo, 1991: 95). 이러한 맥락에서 일반적으로 감정이입이란, 나 자신이 타인의 입장으로 들어가 그 입장에 동화되어 그 사람을 느끼는 훨씬 포괄적인 의미로서 '타인에 대한 경험'을 가리킨다고 할 수 있다.

슈타인은 이러한 감정이입 개념을 박사 학위 논문 주제로 선택하고 1914년 여름부터 논문을 쓰기 시작하였다(Körner, 1999: 326). 슈타인은 "감정이입이란 그 속에서 다른 사람의 체험이 이해되는 행위의 기본양식이며"(Stein, 1917: 4), 따라서 주로 '다른 사람'과의 관계에서 이루어지는 지각작용에 관계한다고 주장한다. 또한 "감정이입이란 그 나름대로 고유한 경험행위의 한 양식(eine Art erfahrender Akte sui generis)이며, 다른 사람의 의식에 대한 경험(Erfahrung von fremdem Bewußtsein überhaupt)"(Stein, 1917: 10)이라고 밝힌다. 그리하여 감정이입은 "타인의 의식에 대한 경험"이 되며, 그것은 "내가 다른 나에게 다가가서, 그의 경험을 '추-체험(Nach-Erleben)' 하는 것"(Stein, 1917: 26-27)이다. 이로써 슈타인은 감정이입을 통해 타인을 이해할 수 있음을 주장한다. 감정이입 개념은 통각(Apperzeption) 개념과 일치하며(Lipps, 2005: 195), 그 범주 내에서 감정이입은 감정이입하는 주체의 분명한 확실성을 감정이입된 주체에게 전이하는 것을 의미한다. 따라서 우리가 타자에게 감정이입할 때 주시해야 하는 것은 나 자신의 고유한 체험을 재현하는 것(Reproduktion)이다(Fidalgo, 1991: 95). 예컨대 우리는 타자에게 관찰되는 분노를 타자가 드러내는 대로만 체험할 수 있다. 우리가 직접 보고 경험할 수 있는 것은 타자가 표현하는 분노의 몸짓(Gebärde)이다. 이 몸짓에 우리는 분노의 표상을 부가한다. 우리가 몸짓을 주시하고 있는 사람의 분노는 그 재현된 형태 안에서는 고유한 분노이겠지만 그 몸짓에 부가한 표상은 바로 나 개인의 분노를 재현한 것이다. 즉 우리는 타자에게 혼을 불어넣고(beseelen), 타자를 체험하며 그 체험으로 우리는 스스로 타자를 알게 된다. 그런 한에서 타자는 대상이며 그 대상에서 우리는 우리의 고유한 (본연의) 감정을 발견할 수 있게 된다. 그런데 내가 다른 사물이나 타자를 일정한 거리를 두고 대상으로서 지각하는 것과는 달리, 나 자신으로부터 일정한 거리를 둘 수 없다. 나 자신의 신체를 완전히 대상화하기 위해 나는 타자가 나를 보는 방법으로 나 자신을 재현해야 한다. 이러한 재현작용이 바로 감정이입이다. 하지만 타자는 나에 의해 완전히 동일화될 수 있는 단순한 나의 표상이 아니라, 나로부터 초월적으로 존재하면서 나에게 영향을 미치기도 하고 나로부터 영향을 받기도 하는 존재다.

이러한 맥락에서 슈타인에게 감정이입된 타자는 우리 자신의 고유한 인격(Person)의 거울이다. 왜냐하면 나는 내 안에서 나타났던 과거의 경험과 나에게 나타날 수 있는 미래의 예측으로 타자를, 즉 나에게 낯선 것을 채우기 때문이다. 따라서 나는 감정이입을 통해 한편으로는 타인을 이해하며, 다른 한편으로는 감정이입된 타인을 통해 나를 느낄 수 있게 된다. 다시 말해 나는 마주보고 있는 대상을 통해 나를 알 수 있게 된다는 것이다. 이에 대해 슈타인은 다음과 같이 말한다.

> 사람과 사람이 마주 설 때, 다시 말해 내가 다른 사람의 눈을 들여다볼 때, 그 사람의 시선은 내게 응답한다. 그 사람은 나로 하여금 자신의 내면으로 뚫고 들어오게 하거나 또는 들어가지 못하게 하는 것이

다. 그렇기 때문에 그는 자기 혼의 주인이다. 따라서 그는 그 문(자신의 내면으로 들어가는 문)을 스스로 열 수도 있고 닫을 수도 있다. 그는 자기 자신으로부터 밖으로 향해서 나갈 수 있고, 사물 속으로 들어갈 수도 있다. 다시 말해 하나의 나와 다른 하나의 나(여기에서 하나의 '너'라고 표현한다면 하나의 '나' 안으로 다른 하나의 '나'가 들어온 경우를 의미한다)가 서로 마주하고 있는 경우, 이것은 '문(하나의 '나'가 다른 하나의 '나'의 내면으로 들어가는 문) 앞에서의 만남(eine Begegnung vor den Toren)'일 수 있고 또는 '문 안에서의 만남(eine Begegnung im Innen)'일 수 있다. 이 만남이 문 안에서의 만남일 때, 그때 다른 하나의 '나'는 하나의 '너'가 된다. 그렇게 되면 그 사람의 시선은 말을 하기 시작한다. 집주인이 깨어 있는 상태로 있는 그러한 나(Ein selbstherrliches, waches Ich)는(다른 하나의 '나'를 자신의 내면으로 들어오게 함으로써 자신과는 다른 상대방을 의식하고 있는 그러한 나는) 집 안(내 안)에서 나를 내다보게 한다.(Stein, 1994: 102-105)

결국 슈타인의 감정이입론은 감정이입을 통해 타인을 이해하는 것을 말한다. 그리고 감정이입에 의한 타인의 이해는 결국 나 자신의 고양된 인격을 통해 가능하다. 따라서 타인을 이해하기 위해 감정이입을 실행하지만 이는 타인이 나 자신을 되돌아볼 수 있는 거울과 같다는 의미다. 이와 같은 맥락에서 필자는 슈타인의 공감 내지 감정이입을 통해 경쟁과 불신의 시대에서 벗어나 연대와 나눔을 강조할 수 있으며, 그런 한에서 타인과의 소통을 새로운 평가기준으로 제시할 수 있어야 한다고 생각한다.

5. 비움으로서의 사랑

슈타인이 제시하는 공감으로서의 사랑은 한편으로는 일반적 의미에서 감정적 사랑이기도 하지만, 다른 한편으로는 그리스도적 사랑이라고도 할 수 있다. 이는 슈타인의 사상 발전 단계로 충분히 확인할 수 있다. 슈타인의 사상은 크게 세 단계로 구분된다. 첫 번째 단계는 후설과의 만남을 통한 '현상학의 단계'로, 이 시기에 슈타인은 괴팅겐 학파의 일원으로서 후설의 현상학을 접하게 되고 「감정이입의 문제」로 프라이부르크 대학에서 박사 학위를 받았다. 두 번째 단계는 '존재론의 단계'라 할 수 있는데, 토마스 아퀴나스의 『진리론』(*Quaestiones disputatae de veritate*)을 1931년 독일어로 번역하고 이 번역 작업을 통해 아퀴나스의 사상을 현대철학의 형태로 표현해 내는 시기다. 마지막 세 번째 단계는 '신비사상의 단계'로, 『십자가의 학문』(*Kreuze-wissenschaft*)을 집필하면서 전환된 국면으로 접어드는 시기다. 이처럼 슈타인의 공감으로서의 사랑은 현상학 단계를 토대로 비움으로서의 사랑을 통한 신비사상으로까지 이어진다는 점에서 그 의미가 있다고 하겠다.

그리스도적 사랑은 '모든 인간에 대한 무한한 사랑'이며 전 인류를 향해 있다는 점에서 보편성을 갖는다고 볼 수 있다. 특히 예수 그리스도의 삶을 이웃을 위한 삶으로 간주했던 슈타인은 실제 성 막달레나 고등학교 교사 생활에서도 학생들과 수도자들을 위해 많은 시간을 함께하고 이웃사랑을 실천했다. 이와 관련해 그녀는 "사람들과의 관계에서 이웃이 도움을 필요로 할 때 그에 응해야 함은 어느 율법보다도 중요한 것이다. 우리의 모든 활동은 하나의 목표로 향하는 수단에 불과하며, 사랑만이 그 목표다. 왜냐하면 하느님은 사랑이시기 때문"(Stein, 1963: 59)이라고 주장하며, 이웃과의 만남을 통해 애덕을 실천하며 그로써 결국은 자신의 낮아짐을 인식하는 계기를 만들 수 있다고 주장한다. 슈타인은 브레슬라우 대학 재학 당시(가톨릭으로 개종하기 이전 시기)에도 실천적으로 이러한 애덕을 보여 주었다. 제1차 세계대전 중이었던 이 시기에 슈타인이 간호사 과정에 등록하여 4주간 교육을 받고 이어서 간호사 시험을 통과했다는 사실은 많이 알려져 있지 않은데, 슈타인은 실제로 병원에서 간호사로 일하기도 했다. 그녀는 그 상황을 자서전에서 다음과 같이 밝힌다.

> 독일에서는 간호사 수요가 적은 반면에 오스트리아에서는 상당히 많은 수의 간호사를 필요로 했다. 급행열차(D-Zug)로 5-6시간 가야 도착하는 메리슈-바이스키르헨(Mährisch-Weißkirchen)에는 이미 많은 브레슬라우 여학생들이 간호사로 일하고 있었다. … 엄마의 반대를 무릅쓰고 나는 전쟁지원 근무를 위해 지방학무국의 허가를 받았으며 … 1915년 4월 7일 나병원으로 보내졌고 … 병원은 이제 전염병 환자보다는 전쟁 부상자들로 가득 채워지고 있었다. … 도착한 사람들은 즉시 그들 몸에 있는 모든 옷을 벗어야 했고, 극심한 고통을 수반하는 수술실로 옮겨졌다. … 수술병동에서 일했던 1915년 8월은 나의 간호사 생활 중 가장 어려운 시간이었다.(Stein, 1985: 286-322)

여기서 우리는 그녀가 죽음을 앞두거나 극심한 고통에 처해 있는 환자들 앞에서 얼마만큼의 참담함을 느끼고 있었는지를 짐작할 수 있다. 율법에서 가장 큰 계명인 하느님 사랑과 이웃사랑(「마태복음」 22: 37-39)의 이러한 실천은 슈타인이 스스로 자신을 비우는 겸손의 단계에 도달할 수 있는 계기가 되었다. 이웃과의 만남을 통해 결국은 이웃이 '너'가 아닌 '나'였음을 깨닫고 내가 비워지지 못해서 하느님으로 채워지지 못하고 있음을 알게 됨으로써, 타인에 대한 사랑이 타인을 넘어 자신을 비워 나가는 계기로 연결되는 것이다. 결국 '비움(Kenosis)'이란 하느님에 대한 신앙에 실질적으로 응답하는 것이라 할 수 있으며, 그분을 믿고 따르는 사람이 그분께로 향하기 위한 정신적·현실적 자세가 바로 비움이다(호돈, 1999: 195-196). 비움은 '빈(empty)', '내용이 없는' 것을 의미하는데, 「창세기」 31장 42절에서는 '어떤 사람을 빈손으로 보내다'라는 뜻으로도 사용된다. 하지만 예수의 비움은 신성한 특권으로 이익을 취하기보다는 오히려 평범한 인간으로 처신한 그리스도의 구체적 존재양식을 표현한다. 예수는 성부 하느님을 위해 자신의 뜻을 버리고 온전히 당신께로 향했고, 그런 비움의 자세가 슈타인의 일상에서의 비움, 그리고 아우슈비츠 수용소에서는 죽음 앞에서의 비움으로 실천되었다고 할 수 있다. 죽음의 어둠 속에서도 그리스도와 인류를 향한 비움의 마음을 놓치지 않았던 그녀는 암흑과 절망의 시대에 내적으로는 그리스도로 가득 채우고, 외적으로는 이웃을 위해 자신의 마지막까지도 나누는 삶을 보여 주었다.

6. 나오는 말

사랑은 인간이 지닌 가장 고귀한 본성 중 하나일 것이다. 사랑이 지닌 근본적인 선함과 타인에 대한 따뜻한 배려와 포용으로 인해, 사랑 자체가 하나의 윤리적 실천이라는 의미를 지닌다. 무엇보다도 사랑은 인간 간의 포용과 결합을 지향하는 인간주의적 윤리를 가능케 한다. 물론 현대 산업사회에서도 사랑의 필요성을 절감하며 이의 실천을 호소하는 주장은 쉽게 찾아볼 수 있다. 하지만 대부분의 사람들에게 그런 주장이 공허하게 들리는 이유는 사회적 현실성을 결여한 채 개인적인 혹은 이념적인 차원의 사랑 이야기에 그치기 때문일 것이다.

슈타인은 자신의 저서 『유한한 존재와 영원한 존재』(*Endliches und ewiges Sein*)에서 감정이 인간 존재에 접근하는 유효한 방법임을 밝힌다. 다시 말해 지나친 이성주의적·주지주의적 경향을 통해 인간 상호 간의 유대감이 사라지고 인간성 자체가 황폐화되어 가고 있는 현대 산업사회에서 감정은 '인간적 소통'을 가능케 하는 계기를 마련해 준다는 것이다. 예컨대 그녀는 전쟁 중에 일어나는 현상들에서 감정을 기술한다. 군대는 열을 지어 거리를 행진한다. 행진하는 병사들은 경험이 없고 차별이 없는 무리로 나타나기 때문에 하나의 집단이다. 하지만 엄마와 약혼자는 개개인의 군인을 본다. 여기에서 논점은 사랑이라는 감정이 병사들의 통일된 본성(동일성)보다는 이성적으로 완전히 파악할 수 없는 개인의 차별성을 보게 해 준다는 것이다. 물론 슈타인은 궁극적으로 신의 전능한 눈으로만 통일된 본성을 볼 수 있다고 주장한다(Stein, 1986: 464-465). 그러나 우리는 사랑이라는 감정을 통해 병사들의 통일된 본성(동일성)보다는 개개인에 대한 감정을 느낄 수 있으며, 그렇기 때문에 이성적으로 완전히 파악할 수 없는 개인의 차별성을 보게 된다(Borden, 2003: 104).

따라서 우리가 인간의 내재된 본성인 공감 내지는 감정이입 능력을 성숙한 공감적 반응으로 바꾸어 준다면 우리에게 내재된 공감적 본능이 후천적으로 발현되고 실천될 수 있다. 이때 우리는 다른 사람과의 경쟁과 스펙 쌓기에 여념이 없는 대학 생활에서 좀 더 자유로워질 수 있을 것이고, 사회적 존재로서의 삶을 충실히 이끌어 나감으로써 타인과 보다 잘 공존할 수 있을 것이다. 감정이입을 통한 공존의 삶, 그것은 다른 사고를 하는 사람과 조화를 이루며 살아가는 삶이며, 차이를 인정하고 배려하는 삶이라 할 수 있다. 그 삶이 성공적으로 이루어질 때 우리 사회는 너와 나, 그리고 이들을 무심히 지켜보는 방관자라는 삼각형적 구조에서 다른 사람들과 관계를 맺고 생활할 수 있는 하나의 공동체를 이룰 수 있을 것이며, 그 안에서 우리는 공동체 생활을 영위해 가면서 서로를 보살펴 주고 따뜻한 배려의 관계를 유지해 나갈 수 있는 진정한 '인간다운 삶'을 맞이할 수 있을 것이다.

참고문헌

김영란. (1999).「공감에 대한 인간중심적 이해」.『인간이해』 제20집. 서강대학교 학생생활상담연구소.

이명호. (2011).「아우슈비츠의 수치: 프리모 레비의 증언집을 중심으로」.『비평과 이론』 제16권 제2호. 한국비평이론학회.

호돈, 제랄드. (1999).『빌립보서』. 채천석 옮김. 솔로몬.

Baseheart, M. C. (1997). *Person in the World: Introduction to the Philosophy of Edith Stein*. Dordrecht/Boston/London: Kluwer Academic Publishers.

Borden, S. (2003). "Metaphysics and Epistemology of the Later Work." *Edith Stein*. New York/London: Continuum.

Fidalgo, A. (1991). "Edith Stein, Theodor Lipps und die Einfühlungsproblematik." *Phänomenologische Forschungen* 26/27. Eichstätt: Herder.

Körner, R. (1999). "Einfühlung nach Edith Stein." *Edith Stein Jahrbuch Band* 5. Das Christentum, Zweiter Teil, Würzburg: Echter Verlag.

Lipps, T. (1900). "Ästhetische Einfühlung." *Zeitschrift für Psychologie und Psychologie der Sinnesorgsne* 22. Berlin: Max-Planck-Institute.

Lipps, T. (2005). *Leitfaden der Psychologie*. Leipzig: Engelmann.

Rogers, C. R. (1980). *A Way of Being*. Boston: Miffin Company.

Stein, E. (1917). *Zum Problem der Einfühlung*. Hinführung, Prof. Dr. Johannes Baptist Lotz SJ. Freiburg/Basel/Wien: Herder.

Stein, E. (1954). *Kreuzeswissenschaft - Studie über Johannes a Cruce.* 2. Aufl. L. Gelber und R. Leuven (Hrsg.). Louvain/Freiburg: Herder.

Stein, E. (1963). *Eine grosse Frau unseres Jahrhunderts*. 9. Aufl. Freiburg: Herder.

Stein, E. (1985). *Aus dem Leben einer jüdischen Familie*. Louvain/Freiburg: Herder.

Stein, E. (1986). *Endliches und ewiges Sein: Versuch eines Aufstiegs zum Sinn des Seins*. Freiburg/Basel/Wien: Herder.

Stein, E. (1994). *Der Aufbau der menschlichen Person*. Freibrug/Basel/Wien: Herder.

2장

셸러의 사랑론

첫 번째 정신작용으로서 사랑의 역할과 그 결과

● 금교영

역사상 막스 셸러(Max Scheler)만큼 사랑을 의미심장하게 논의하고자 했던 학자는 얼마 되지 않을 것이다. 그는 사랑을 분홍빛 감도는 이성 간의 애정활동보다 훨씬 더 근원적인 것으로 논의하고자 했다. 예컨대 사랑은 '그 무엇에 대한 심정의 지향작용'이고, 그 무엇에 대한 사랑 없이는 그 무엇에 대한 의식이 생기지 않는다고 했다. 그리고 사랑이 높은 감정을 일깨워 생명적 삶에 필요한 생명적 가치보다 더 높은 정신 가치를 지향·추구할 수 있게 한다면서, 더 훌륭한 삶을 살기 위해 그리스도의 말씀처럼 '사랑을 잘하도록 해야 한다'고 했다. 셸러는 그리스도의 사랑을 그 누구보다도 깊이 있게 간파했던 것으로 알려져 있다. 셸러에 따르면 사랑을 하면 정신작용 가운데 하나인 감정작용(Gefühlsakt)을 잘하게 되어 진선미의 정신가치를 지향·추구하게 된다. 그래서 알지 못했던 것도 알게 되고, 옳은 것을 행할 수도 있게 되며, 아름다운 것도 저절로 향유할 수 있게 된다는 것이다.

물론 사랑이 심정활동이며, 그 활동에 법칙성이 있다는 것은 이미 아우구스티누스와 파스칼이 언급한 바 있지만, 사랑이 그것을 이행하는 사람에게 높은 감정을 열어 높은 가치를 지향·추구하는 삶을 가능하게 해준다는 것은 셸러가 처음 언급했다. 셸러는 감정작용이 이성작용 못지않게 많은 역할을 하는 정신작용이라고 본다. 즉 감정작용도 고유한 논리와 법칙을 가지고 있으며, 이성작용에 앞서 직관하고 표상하고 사태를 묘사한다고 생각한다. 이런 감정작용이 활발히 이뤄져, 감정이 그것의 논리와 법칙성에 따라 감성적 가치나 생명적 가치뿐만 아니라 심적 가치나 정신적 가치도 지향·추구하도록 하는 것이 바로 사랑의 힘이라는 것이다. 또 객관적으로 존재한다는 가치세계 또는 가치왕국에 대한 우리 인간의 안목을 개방하고 넓혀 주는 것도 사랑이며, 똑같은 상황에서 낮은 가치보다 높은 가치를 선호할 수 있는 윤리적 능력을 길러 주는 것도 사랑이다. 이 글에서는 이러한 셸러의 사랑론을 자세히 소개하고자 한다.

1. 들어가는 말: '사랑'은 첫 번째 정신작용이다

플라톤은 사랑을 통해 이데아, 즉 본질에 나아갈 수 있다고 말한 바 있으니(Hartmann, 1955: 318), 우리는 셸러에서 이런 사고를 더 확연히 찾아볼 수 있다. 그는 본질에 참여하고자 하거나 그것을 탐구하고자 하는 모든 인간은 본질에 대한 인식에 선행하여 사랑을 해야 한다고 주장한다. "사랑이 인식에 선행한다는 이 사고를, 셸러는 근원적 존재에 대한 철학적 참여방식이 그 존재 내용을 스스로 지향하는 것이라는 플라톤의 대전제와 바로 이 근원적 존재의 내용이 일체의 사랑이라는 그리스도의 소전제로부터 추론하고 있다"(Hammer, 1972: 40).

셸러가 사랑을 이처럼 강조하는 이유는 첫째, 우리는 어쨌든 현상세계에 둘러싸여 있고, 둘째, 정신활동 가운데 가장 선행하는 것이 바로 사랑임을 확신하고 있었기 때문이다. 첫째를 상술하자면, 우리에게는 본질세계가 개방되어 있지 않거나 알려져 있지 않다. 우리의 의식 정도에 따라 형성한 세계, 즉 현상세계가 우리를 둘러싸고 있고, 바로 그것이 우리에게 개방되어 있고 그 세계가 알려져 있다. 둘째를 상술하자면, 우리에게 닫혀 있는 세계를 향하여 무엇을 의식하거나 인식하기 위해서는 일차적으로 그 세계에 대해 마음을 열고 관심을 지향해야 한다. 이것이 선행되지 않는 한, 우리는 그 세계의 아무것도 의식하거나 알지 못한다.

사랑에 이어서 비로소 인식과 앎이 일어난다는 것을 안 사람은 셸러가 처음은 아니다. 그에 앞서 플라톤, 아우구스티누스, 파스칼, 스피노자, 괴테도 그와 같은 사실을 이미 알고 있었다. 그렇지만 셸러는 인식과 앎을 초래하는 표상과 판단의 모든 유형들뿐만 아니라 모든 의욕에 대해서도 사랑이 우선한다는 사랑의 작용성을 구체적으로 언급하고 있다(Scheler, 1968: 83). 더 나아가 그는 사랑이 가장 선행하는 작용일 뿐만 아니라 모든 정신작용에 그 토대를 부여한다고 주장한다. 우리가 어떤 대상을 사랑함으로써 비로소 그 대상에 관한 인식이 생겨나고, 또 그 대상에 관한 의욕활동이 생겨나게 된다. 무엇에 대한 사랑 없이 우리는 그 무엇에 관한 인식활동 혹은 의욕활동을 기대할 수 없다는 것이다.

또 셸러에 따르면, 어떤 존재자의 본질에 참여하기 위해 우리는 스스로 근원적 작용을 통해서 그 존재자에게 초월적으로 나아가야 하는데, 그렇게 하려면 인식작용에 앞서 더 근원적인 사랑이 필요하다. 사랑은 항상 인식과 의욕을 일깨워 준다. 실로 정신과 이성 자체의 어머니다. 사랑은 인간에게 인식할 수 있는 존재를 한정하고 규정하며, 존재의 대양에서 섬과 같은 인식할 수 있는 존재를 끄집어내 준다. 인식의 정도는 사랑의 정도에 의존한다. 그러므로 개인의 사랑하는 능력이 그의 인식능력을 결정한다고 할 수 있다(Scheler, 1986a: 356). 또 어떤 관심의 획득이나 소유는 항상 그 어떤 것에 대한 사랑으로 말미암아 가능하다. 그리고 그것들은 모든 인식의 근본조건이다. 의지작용과 노력작용은 인식작용, 예컨대 표상작용과 판단작용 등에 기초하고 있는 반면에, 인식작용은 사랑에 의한 관심 소유에 제약되어 있다(Scheler, 1986b: 370).

셸러처럼 사랑의 선행적이고 근원적인 작용에 관해서 의미심장하게 이야기한 사람들을 언급하자면, 예컨대 "괴테는 이미 젊었을 때 '인간은 그가 사랑한 것 이상은 알 수 없다. 그러므로 인식이 더 깊고 더 완전하게 되고자 하면 할수록 사랑이 더 확고하고 강렬하고 더 활동적이어야 한다'고 했고, 파스칼은 사랑의 작용으로 말미암아 그 대상의 의미를 스스로 내보이고 그 후에 이성이 판단하는 대상들이 비로소 나타난다"(Scheler, 1986a: 77)라고 했다. 여기서 논의하고자 하는 바를 한마디로 함축한다면, 파스칼과 괴테의 전통을 이어 셸러도 인간은 '사고하는 자(ens cogitans)' 혹은 '의욕하는 자(ens volens)'이기 전에 '사랑하는 자(ens amans)'라 했던 것이다.

2. 사랑이 가치세계를 열어 준다

셸러를 통해 사랑이 세계에 대해서, 더 나아가 가치세계에 대해서 어떤 역할을 하는지 알아보자. 그에 따르면 가치는 우리 또는 우리의 의식과는 상관없이 객관적으로 존재하며, 그런 가치들로 구성된 가치세계도 마찬가지로 그렇게 존재하고 있다. 이와 같은 존재에 우리가 나아가는 일은 (본질에 나아가고 참여할 수 있는 유일한 방법인) 사랑으로 말미암아 가능하다. 사랑은 그런 것에 나아가기 위한 일차적 통로다. 사랑이 없이는 높은 정신적 감정까지 개방하지 못하기 때문에 저 하늘의 별처럼 객관적으로 존재해 있는 모든 가치들에 우리는 다가가지 못하고, 따라서 그 가치들을 감지하고 인식하며 파악할 수 없다. 그것들에 다다르기 위해서는 먼저 사랑이 발동해 있어야 한다.

'사랑'이 무엇인지 설명하기란 결코 쉽지 않다. 왜냐하면 이성은 정의적 상태의 근원적 영역을 결코 다 설명할 수 없고, 사랑은 판단하는 이성이나 감지하는 감정에서 분석될 수 없는 개인 혹은 대상의 중심부를 향해 있기 때문이다(Frings, 1965: 68). 그런데도 불완전하지만 필요에 따라 사랑을 정의한다면, 사랑은 '그 무엇(Etwas)에 대한 마음 혹은 심정의 지향작용'이라 할 수 있다. 이때 그 무엇에 따라서 여러 종류의 사랑이 존재하게 된다. 예컨대 그 무엇이 재화라면 재화의 사랑이 성립하고, 그 무엇이 이성이라면 이성의 사랑이 성립하며, 그 무엇이 진리라면 진리의 사랑이 존재하게 된다.

사랑이 특정한 대상을 지향하지 않고 작용할 때도 있다. 셸러는 사랑을 심정의 원초적 운동이라고도 언급한다. 사랑은 건설적이고 적극적인 심정 운동이고, 반대로 증오는 파괴적이고 소극적인 심정 운동이다. 건설적인 심정에서 더 높은 가치가 주어지고 파괴적인 심정에서 더 높은 가치가 사라진다. 따라서 "심정이 사물에 대한 가치평가의 모든 척도를 지배하는 것이지, 사랑과 증오를 지배하는 것이 사물의 평가가 아니"(Frings, 1965: 69)라는 것이 인정된다. 이 사실은 이성적으로 쉽게 인정되지는 않지만, 그대로 드러나고 쉽게 밝혀진다. 그 이유는 가치 혹은 반가치의 직접적 존재가 사랑·증오의 이행 안에 있기 때문이다. 사랑이 작용하는 가운데 가치의 존재가 현상하고 증오가 작용하는 가운데 반가치의 존재가 현상하는데, 이는 사랑하는 심정이 사물에 나타나는 가치를 건설적으로 의식하고 증오하는 심정이 사물에 나타나는 가치를 파괴적으로 의식하기 때문이라고 주장할 수 있다. 우리가 먼저 어떤 사물을 보고 그 사물의 가치를 평가한 결과로 그 사물에 대해 사랑의 감정이나 증오의 감정을 가지는 것은 결코 아니다.

사랑은 무의식적 대상 세계를 지향하는데, 그 지향 활동을 우리는 살펴볼 수 있다. 사랑이 발동하면 "그것은 보다 낮은 가치로부터 높은 가치로 나아가려는 활동을 한다"(Scheler, 1973: 159). 사랑이 활동을 할 때 우리에게 높은 가치와 낮은 가치가 주어져 있는 것은 결코 아니다. 대개 보다 높은 가치는 사랑이 불러일으키는 가치의 감지작용이나 선호작용에 의해 우리에게 주어진다. 그리고 사랑의 활동이 어떤 대상에 담지되어 있는 더 높은 가치에 개입할 때 비로소 해당 대상 혹은 가치 담지자에 대해 사랑이 시작한다는 것이 사실일지라도, 보다 높은 가치가 먼저 존재하고 있는 것이지, 이 가치가 미리 존재하지 않고 다만 가치 담지자에서 비로소 존재하는 것은 아니다. 이런 사실에 의거해 볼 때, "사랑을 어떤 대상에서 항상 새롭고 더 높은 가치를 추구하는 태도라고 말하는 것은 거짓이다. 또한 비록 선(善)이 인간에서 소원되고 노력되거나 의욕된다 할지라도, 예컨대 한 인간을 개선하고자 하거나 그를 어쨌든 돕고자 하기 위하여, 더 높은 가치의 담지자가 되고자 하기 위하여, 사랑이 실제적 가치를 고양하려는 노력이라는 것도 거짓이다"(Scheler, 1973: 159). 사랑은 가치와 무가치를 무차별적으로 지향하고 그 지향이 가치 있음을 가능케 하는 계기가 아니라, 더 높은 가치로 나아가려는 활동일 뿐이다.

그래서 "사랑은 맹목적이지 않지만, 사랑이 지향하는 대상이 내보이는 더 높은 가치들에게 우리의 시야를 항상 열어 준다"(Frings, 1965: 69). 소위 맹목은 사랑을 동반하는 감각적 충동이고, 사랑은 더 높은 가치로 우리를 이끌어 주며 그 가치를 볼 수 있게 해 준다. 그래서 오직 사랑하는 자만이 그런 가치를 볼 수 있다. 이 사실은 사랑하는 자와 사랑받는 자를 관찰한 제3자의 진술, 즉 "나는 사랑하는 자가 사랑받는 자에게서 발견할 수 있는 것을 사랑받는 자는 발견하지 못한다"라는 것을 충분히 설명할 것이다(Frings, 1965: 69). 그러므로 더 높은 가치가 주어져 있기 때문에 우리가 사랑을 발동하는 것이 아니라, 우리가 먼저 사랑의 마음을 발동함으로써 그 발동이 지향하는 대상에서 보다 높은 가치를 (이 가치가 그 대상에 담지되어 있다면) 발견할 수 있다. 이 사실이 '사랑은 높은 가치가 사랑하는 자에게 나타나서 보이게 한다'는 것을 증명해 주고 있다.

사랑이 아무런 논리와 질서도 없이 작용하는 것은 아니다. 사랑도 이성 논리와는 전혀 다른 자신의 고유한 논리로 작용한다. 셸러는 감정도 이성과 다른 고유한 작용법칙을 소유하고 있음을 밝혔다. 감정의 작용법칙은 이를테면 논리학이 아니라 윤리학에서 볼 수 있는 고유한 선천적 내용을 가지고 있다. 사랑은 이성과 의지가 이르지 못하고 작용할 수 없는 가치의 자리로 나아가고, 그것들에 의해서 가능하지 않았던 가치인식과 가치직관을 가능케 하며, 가치영역의 유일한 통로가 되어 준다(Scheler, 1980a: 88). 사랑이 이런 방식으로 작용할 때, 그것은 어떠한 정신작용의 도움도 받지 않고 우리의 의식과는 상관없이 존재하는 선천적 가치영역으로 직접 나아가 관계하므로, 사랑이 그 스스로 고유한 법칙성을 가진다고 볼 수 있다.

이런 고유의 논리를 가진 사랑이 가치와 어떻게 관계하는지 알아보자. 사랑이 사물을 지향하든지 인간을 지향하든지 간에, 실제로는 그 사물에 담지되어 있는 가치 혹은 그 인간에 담지되어 있는 가치를 지향한다. 사랑이 단순히 한 사물의 통일체나 한 인간의 존재를 지향하는 것은 아니다. 사랑은 가치를 지향한다. 그리고 지향만으로 그 작용을 그쳐 버리는 것은 아니다. 사랑 자체의 자립성 혹은 가치로부터의 독립성은 이상적 가치상으로 방향정위(Orientierung)되어 있다. 사랑의 그 본성으로 말미암아 "사랑의 운동은 가치의 더 높음을 지향하고 있다. 이 사실은 플라톤이 벌써 알았던 사랑의 창조적 성향을 보여 준다. 그렇지만 사랑이 바로 가치 자체를 창조하는 것은 결코 아니다"(Scheler, 1973: 157).

사랑이 더 높은 가치를 현상케 하는 모습을 현실적으로 자세하게 서술하자면, "사랑은 모든 가능한 가치의 감지작용과 간취작용에도 관계하고 더 나아가 모든 선호작용에도 관계하면서, 즉 상관적으로 감지영역과 선호영역에 관계하면서, 정확히 말해 선호작용을 통해서 이미 생겨난 의욕, 선택, 그리고 행위의 전 영역에 관계하면서, 이 소여(所與: gegebene) 영역에 완전히 새롭고 더 높은 가치를 현상케 한다"(Scheler, 1973: 157). 사랑이 소여영역에 새롭고 더 높은 가치를 현상케 할 수 있는 것은 사랑이 가치소여와 가치본질에 대한 직관력을 소지하고 있기 때문이다. 따라서 가치는 사랑에 의해 나타나고 발견된다고 말할 수 있다.

3. 사랑은 어떤 방식으로 행해지는가?

앞에서 사랑이 가장 근원적이고 일차적인 작용임을 고찰했고, 또 사랑이 가치세계를 개방하는 등 가치들에 대해 행하는 역할을 알아보았다. 이를 토대로 하여 사랑이 우리의 심정에서 발동하게 된 결과로 무엇이 우리에게 가능한지 알아보기 위해, 우선 사랑이 어떻게 행해지는지 알아보자.

정신활동은 외적 대상에 관계해 이루어지는 경우도 있고 내적 대상에 관계해 이루어지는 경우도 있다. 또 정신활동은 무엇에 의해 촉발되어 이루어지는 경우도 있고 자발적으로 이루어지는 경우도 있다. 이런 정신활동의 여러 경우들이 있지만, 사랑은 그 본질상 거의 내적 대상에 관계하여 이뤄지며 자발적으로 이뤄지는 경우에 속한다(Scheler, 1986c: 118). 사랑은 자발적으로 아무런 보상도 바라지 않고 순수하게 작용하며, 심정의 깊은 곳에서 저절로 용솟음쳐 나오는 정신적 활력작용이다. 따라서 사랑은 그 무엇에 의해 생겨나는 것도 아니고 그 무엇을 향해 생겨나는 것도 아니다. 그래서 우리가 어떤 아름다운 여자를 보고 아름다움에 매혹되어 그녀를 사랑하게 되었다고 말할 때, 그 말은 우리가 아름다움에 의해서 그녀를 사랑하게 되었다는 것을 의미하지 않고, 우리가 사랑을 발동하는 가운데 그 여자의 아름다움을 감지하고 그 아름다움을 느껴 얻게 되었다는 것을 의미한다. 실로 우리의 마음이 불안하거나 증오심으로 가득 차 있을 때는 우리가 아무리 아름다운 여자를 만난다 해도 그 여자에 대해 사랑을 느낄 수 없다.

사랑은 정의적 활동의 중심체라는 심정에서 생겨나는 활동이고, 심정은 정의적인 지향성을 항상 갖추고 있다. 즉 심정은 정의적인 그 무엇을 항상 발동시키려 한다. 그래서 일차적으로 사랑과 증오를 발동시키려 하고, 그다음 사랑과 증오가 발동하여 지향한 대상을 상대해서 그 대상을 감지하고 선호·경시하려고 한다(Scheler, 1980a: 82). 그뿐만 아니라 이런 작용의 결과를 토대로 하여 의지작용으로서 무엇을 의도하고 기도하며 더 나아가 행위하고자 한다. 물론 심정이 사랑이든 증오든 무엇인가를 발동시키려고 할 때, 때에 따라 아무렇게나 발동시키는 것은 아니다. 만약 그렇게 한다면, 그것은 적어도 도덕적 차원에서는 아무런 의미가 없다. 그런데 우리는 교육을 통해서든 신앙생활을 통해서든 그 밖의 다른 것들을 통해서든 간에 심정을 내포하고 있는 심성(心性)을 가꾸어 사랑을 발동할 수 있다. 우리가 심성을 가꾸지 않고 본래 상태나 자연 상태로 놔둔다면, 정신층은 미개 상태로 남아 있게 된다. 따라서 우리는 동물과 차별화되는 정신층의 미발달로 인해 동물과 다를 바가 없을 것이고, 인간됨(Menschwerdung)을 이루지 못할 것이다(Scheler, 1976: 53).

그런데 심성이 잘 가꾸어져 있으면, 심성의 정의적이고 활동적인 국면인 심정이 바람직한 방면으로 발동하게 된다. 심성이 잘 가꾸어져 있지 않은 가운데 심정이 바람직한 방향으로 발동한다는 것은 기대할 수 없다. 심성이 잘 가꿔져 본능적인 생명활동에만 몰입되지 않고 정신활동에도 눈뜰 때, 그 일부인 심정이 용솟음쳐 오르는 활력적 힘으로 일차적 정신활동을 개시한다. 이처럼 심정이 일차적 정신활동을 개시하는 등 바람직한 방향으로 심정이 발동하게 된다는 것을 여러 가지로 달리 해설할 수 있겠으나, 셸러의 견해를 따르면 심정이 사랑을 발동하게 한다는 것으로 풀이할 수 있다. 그래서 심성을 교양하는 것은 다름 아니라 우리가 사랑을 발휘할 수 있도록, 쉽게 말해서 사랑할 수 있도록 하는 것이다.

또 셸러에 따르면 사랑이 발동함으로써 우리는 새로운 가치를 의식하거나 보다 더 넓은 가치세계를 볼 수 있다(Scheler, 1973: 155). 만약 우리가 증오를 발동하면, 의식하고 있던 가치도 스스로 망각 내지 상실하게 되고 우리에게 펼쳐지는 가치영역은 그만큼 좁아진다. 무슨 일을 할 때 사랑을 가지고 있으면 그 일이 잘되어 가고, 증오를 가지고 있으면 잘되지 않는다는 것을 우리는 일상적 경험으로 알고 있다. 무슨 일을 할 때 사랑을 가지고 있으면 그 일이 잘된다는 것은 우리가 그 일을 할 때 사랑의 마음이 발동함으로써 그 일을 잘할 수 있는 가치실현을 하게 되고 따라서 그 일이 잘되어 간다는 것이지, 그 일에 대한 사랑의 마음이 발동함으로써 그 일이 잘되어 간다는 것은 결코 아니다. 후자가 의미하는 것은 일 자체에 대한 사랑이다. 물론 그런 사랑이 우리로 하여금 그 일에 대해 적극성을 가지도록 하여 잘되게 할 수도 있지만 말이다.

가치윤리학에서 사랑의 발동은 객관적으로 존재하고 있는 가치세계를 우리의 시야에 점점 더 다가오도록 하는 활동이라고 한다. 이런 측면에서 볼 때, 사랑은 생명적 가치를 추구하는 삶을 위해 필요한 감성적·생명적 가치뿐만 아니라 정신적 삶을 살기 위해 필요한 정신적·심적 가치에도 의식이 열리고 개방되게 하며, 다른 종류의 가치의식(예컨대 선호경시작용, 가치판단)에 정확한 소재를 제공하고, 모든 노력 발동과 경향을 가치소지에 의거해 정당화해 나가게 한다. 그래서 인간 각자는 그가 사랑함으로써 노력을 발동시키는 것이지, 그가 노력한 것을 사랑하는 것이 아님을 (Scheler, 1973: 185 이하) 알 수 있다. 사랑은 앞서 이미 감지한 가치에 대한 단순한 반작용도 아니요, 선호 경시 결정에서 만나게 되는 기존 가치들에 대한 태도도 아니라는 것이 보증된다. 심지어 아리스토텔레스도 항상 세계를 향하여 사랑을 베푸는 자로 인정되고 있는 '신이 세계를 발동시킨다'는 말을 그의 『형이상학』에서 진술하고 있는 것으로 알려져 있다.

4. 사랑이 행해진 결과는 어떠한가?

사랑할 때 우리는 주체가 되어 대상 없는 정신활동을 하고 그야말로 심정에서 자발적으로 우러나오는 정신적 발로를 하게 된다. 자발적인 정신적 발로를 한다는 것은 마음을 무대상적으로 개방한다는 것이고, 세계 일반에 대해서 마음을 열어젖힌다는 것이다. 마음을 개방한다는 것은 우리의 모든 감정, 즉 감성적 감정, 생명 감정, 심적 감정, 정신적 감정 모두를 개방한다는 의미다. 그러므로 심정에서 사랑을 발동한다든가 사랑하는 마음을 가진다든가 하는 것은 우리가 세계를 향해 모든 종류의 감정을 열어젖힌다는 것을 뜻한다.

모든 종류의 감정이 세계를 향해 개방되어 있음으로써 (물론 이런 상태는 완전한 사랑을 할 수 있는 신에게만 가능하고 인간에게는 불가능하겠지만) 우리는 세계의 모든 것에 이를 수 있고 그 모든 것을 인식할 수 있다. 그 이유는 다음과 같다. 세계의 모든 존재는 그 존재 범주의 영역으로 볼 때 무생명 영역, 생명 영역, 심리적 영역 혹은 영혼의 영역, 정신적 영역 중 어딘가에 존재한다. 그런데 감성적 감정에만 몰입해 있다면 우리는 존재 범주상 무생명 영역에만 눈을 뜨고 있게 된다. 그러므로 우리는 생명 영역이라든가 심리적 영역 또는 정신적 영역에 대해서는 눈을 감고 있게 된다. 우리가 생명 감정만 발로한다면 우리는 생명 영역에만 눈을 뜨고 그 밖의 다른 영역에 대해서는 눈을 감고 있게 되며, 마찬가지로 우리가 정신적 감정만 발로한다면 우리는 정신적 영역에만 눈을 뜨게 되고 그 영역에 있는 정신적 가치들만 감지하고 만나게 된다. 이런 사실은 다른 감정들 모두에도 마찬가지다. 이처럼 감정들에는 그 자체의 고유한 법칙과 논리, 즉 각 종류의 감정은 그에 대응해 있는 존재 영역만 지향하는 본성을 가지고 있다(Scheler, 1980a: 122-124)는 것은 이미 알려진 바다. 따라서 우리가 사랑으로 인해 모든 감정을 잘 발로할 때, 우리는 그 감정들이 지향하는 모든 존재 영역에 눈을 뜨게 되고 모든 존재, 예컨대 가치를 인식할 수 있다.

실제로 단 하나의 감정만이 발로해 있는 경우는 거의 없다. 모든 감정은 심정에 공존해 있다. 그러면서 경우에 따라 어떤 감정이 다른 감정보다 더 강렬히 발로하기도 하고, 어떤 두 가지 감정이 비슷한 정도로 발로하기도 한다(Scheler, 1980a: 333). 그런데 여기서 사랑이 여러 종류의 감정 발로에 어떤 영향 내지 역할을 하는지는 의문이다. 사랑을 발동하면 우리의 모든 감정이 열린다는 것은 다소 원칙적인 이야기다. 사실은 우리가 사랑을 하면 감성적 감정이 강렬하게 발하여 있던 상태에서 그 감정이 덜 강렬해지고 그보다 더 높은 단계의 감정인 생명 감정이 좀 더 강렬하게 발로하는 상태로 변화한다. 그리고 우리가 사랑을 하면 강렬히 발하여 있던 생명 감정이 덜 강렬해지고 그보다 높은 단계의 감정인 심적 감정이 좀 더 강렬히 발로하는 상태로 변화한다. 또 우리가 사랑을 진실하게 할수록 가장 높은 단계의 감정인 정신적 감정이 더 강렬히 발할 것이다. 따라서 사랑이 바로 우리로 하여금 더 높은 단계의 감정을 발하게 하고 또 그것이 세계를 향해 열리게 하는 것임을 알 수 있다.

사랑으로 인해 더 높은 단계의 감정이 세계를 향해 열리면, 그 감정에 대응해 있는 존재 영역이 우리에게 다가온다. 예컨대 생명 감정이 열리면 그 감정이 지향하는 생명적 가치의 세계가 우리에게 다가옴으로써 우리는 생명적 가치를 감지한다. 정신적 감정이 열리면 그 감정이 지향하는 정신적 가치세계가 우리에게 다가오고 그럼으로써 우리는 정신적 가치를 감지한다(Scheler, 1980a: 348). 그런데 인간은 생명적 가치를 추구하는 삶을 잘 살도록 본능적·자동적으로 감성적 가치와 생명적 가치에 감정이 열려 있다. 그래서 유쾌와 불쾌의 가치, 아픔과 고통의 가치, 건강과 허약의 가치 등을 잘 의식하고 간파해서 생명적 가치를 추구하는 삶을 살아가는 데 어려움이 없고, 또 그럴 수 있도록 인간은 신체적으로 어느 정도 완성되어 있다. 그러나 아직 동물 상태에서 온전히 벗어나지 못한 인간은 생명적 가치처럼 정신적 가치에 본능적·자동적으로 열려 있지 못하다. 그러므로 우리 인간은 정신적 가치에도 안목이 열리도록 노력해야 하는데, 그것은 사랑으로 가능하다. 왜냐하면 사랑이 정신적 감정을 발동시켜 그 감정이 정신적 가치를 감지하고 추구하게 하기 때문이다.

사랑으로 감정들이 개방되어 여러 가치들이 우리의 눈앞에 주어질 때도, 두 개 혹은 그 이상의 가치 중 어느 하나를 취하는 상황이 주어지게 된다. 이때 우리는 당연히 그것들 중 상대적으로 가치가 높은 것을 취한다. 왜냐하면 감정은 보다 높은 가치를 선호하는 것을 고유한 작용으로 수행하기 때문이다(Scheler, 1980a: 265). 가치들은 그들 상호 간에 높고 낮음의 서열, 즉 선천적 위계서열을 갖추고 있는데, 우리가 두 개의 가치 중에서 보다 높은 가치를 선호할 때 이미 거기에 윤리적 가치인 선 가치가 성립하고, 그 선호한 가치를 실현할 때 우리는 선 가치를 실행하게 된다(Scheler, 1980a: 47 이하). 그러므로 결국 윤리적 가치인 선과 악은 사랑이 심정에서 얼마나 잘 발동하여 세계를 상대하느냐에 전적으로 의존해 성립한다는 놀라운 사실을 발견하게 된다.

바로 여기서 우리는 도덕성의 근거를 찾을 수 있다. 선과 악이라는 윤리적 가치는 감정의 선호·경시작용에서 성립하지만, 이 작용을 가능케 하기 위해서는 더 높은 가치가 감지되어야 한다. 더 높은 가치가 감지되려면 그 가치가 우리의 시야에 들어와야 한다. 그 가치를 우리의 시야에 들어오도록 하기 위해서는 그 가치를 지향할, 다시 말해 그 가치에 대응할 감정이 열려 있어야 한다. 그 감정이 열리려면 그만큼 사랑이 발동해야 한다. 생계를 유지하고 종족을 보존하기 위해 필요한 가치를 지향추구하는 데 생명 감정 등이 열리는 것을 넘어서서, 정신적 가치를 지향추구하는 것에 필요한 정신 감정이 열리도록 사랑이 발동해야 한다. 따라서 정신적 가치 가운데 윤리도덕 가치를 지향하고 추구할 만큼 사랑해야 도덕성을 확보할 수 있다. 이런 맥락에서 볼 때 어쨌든 사랑하느냐 증오하느냐가 바로 도덕성의 근본 토대임을 알 수 있다.

그러므로 우리가 스스로 도덕적이기 위해서는 항상 마음을 세계에 대해서 열어젖히고 사랑해야 한다. 그러면 우리는 보잘것없는 재화 가치나 관능적 가치뿐만 아니라 생명적 가치에도 얽매이지 않고, 보다 높은 가치인 미적 가치나 진리 가치, 윤리적 가치, 더 나아가 성(聖)의 가치를 보게 되며, 그럼으로써 가치를 실현하게 될 것이다. 그런 가치를 우리가 실현하게 되면서 우리는 스스로 동물임을 그만두고, 생명적 삶에 얽매이지 않고 정신적 존재로서의 역할도 그 나름대로 하는 인간됨을 스스로 이룩하게 된다. 그래서 우리는 인간다울 수 있고, 그리스도교에서 말하는 하느님의 모상(模像) 존재, 인격 존재로 스스로 고양될 수 있다.

5. 나오는 말

셸러의 사랑론을 고찰해 볼 때, 우리는 아마도 사랑에 생각지 못한 기대를 할 수 있다. 우리가 사랑을 세계에 대해 발휘하면 그만큼 세계에 관해 더 많은 것을 알게 되고, 또한 이념적이면서 실질을 갖춘 가치가 우리에게 점점 다가와서 시야에 들어오게 된다. 가치가 우리의 시야에 많이 들어올수록 우리는 가치세계에 존재해 있는 더 많은 가치들을 감지하게 되고, 감지된 가치들을 상대해 더 높은 가치를 선호하며 그 선호했던 가치를 실현하게 된다. 그래서 우리는 더 바람직한 것을 실행하게 되고 결국은 자신과 자신의 삶을 고양시키게 된다. 이런 측면에서 볼 때, 사랑을 최고의 덕목으로 삼고 우리 인간들에게 '사랑하라!' 하신 그리스도의 가르침은 매우 차원 높은 안목이라 할 수 있겠다.

참고문헌

Frings, M. S. (1965). *Max Scheler: A Concise Introduction into the World of a Great Thinker*. Pittsburg: Duquesne University Press.

Hammer, F. (1972). *Theonome Anthropologie?* The Hague: Martinus Nijhoff.

Hartmann, N. (1955). *Kleinere Schriften I*. Berlin: Walter de Gruyter & Co.

Pitter, J. (1974). *Historisches Wörterbuch der Philosophie*, Bd. 3. Basel: Schwabe & Co.

Scheler, M. (1968). *Vom Wesen der Philosophie und der moralischen Bedingung des philosophischen Erkennens*. M. Schelers Ges. Werke, Bd. 5, 5. Aufl. Bern: Francke.

Scheler, M. (1973). *Wesen und Formen der Sympathie*. M. Schelers Ges. Werke, Bd. 7, 6. Aufl. Bern: Francke.

Scheler, M. (1976). *Die Stellung des Menschen im Kosmos*. M. Schelers Ges. Werke, Bd. 9. Bern: Francke.

Scheler, M. (1980a). *Der Formalismus in der Ethiik und die materiale Wertethik*. M. Schelers Ges. Werke, Bd. 2, 6. Aufl. Bern: Francke.

Scheler, M. (1980b). *Erkenntnis und Arbeit*. M. Schelers Ges. Werke, Bd. 8, 3. Aufl. Bern: Francke.

Scheler, M. (1986a). *Liebe und Erkenntnis*. M. Schelers Ges. Werke, Bd. 6, 3. Aufl. Bonn: Bouvier.

Scheler, M. (1986b). "Ordo Amoris." M. Schelers Ges. Werke, Bd. 10, 3. Aufl. Bonn: Bouvier.

Scheler, M. (1986c). "Über Scham und Schamgefühl." M. Schelers Ges. Werke, Bd. 10, 3. Aufl. Bonn: Bouvier.

3장

하르트만의 사랑론

가치론적 분석을 중심으로

● 이을상

니콜라이 하르트만(Nicolai Hartmann, 1882-1950)은 '사랑'을 도덕적 특수가치인 다양한 덕들 가운데 하나로 본다. 덕이란 본래 인간 능력의 탁월성, 행위의 능숙성을 나타내는 기술적 용어이고, 역사적으로 변용되어 온 하나의 형성물이다. 이 역사적 형성물을 하르트만은 세 개의 군(群)으로 정리한다. 하르트만은 역사적 시기마다 생겨나는 덕의 체계를 하나의 '사태가치'로 규정하고, 이에 대한 가치론적 분석을 시도한다. 그의 사랑론도 이에 근거한다. 특징적인 사랑의 종류에는 다음과 같은 것들이 있다. 먼저 전근대적 에토스인 그리스도교의 '이웃사랑'으로, 그것은 말 그대로 이웃에 대한 이타적 행위를 일컫는 말이다. 하지만 사랑을 이웃에 한정하는 것은 너무 편협한 처사다. 이에 대한 니체의 비판이 인간 이념에 대한 사랑의 길을 열었는데, 그것은 곧 (보편적) '인간사랑'이다. 다음으로 사랑은 개인 간의 내밀한 관계에서 성립한다. 그것은 본성적으로 인간 대 인간의 내적 관계에서 성립하는 '인격적 사랑'이다. 이러한 차이에도 불구하고 사랑은 윤리(학)의 형성에 기여한다. 하르트만에 의하면 도덕적 근본 가치인 선악은 사태가치를 토대로 생겨나는 새로운 '작용가치'다.[1] 이에 우리는 하르트만의 사랑에 대한 가치론적 분석과 함께 이러한 가치론적 분석이 어떻게 선을 실현하게 되는지를 고찰할 것이다.

1. 들어가는 말: 하르트만의 윤리학에서 사랑의 특수 위치

하르트만에 의하면 사랑이란 도덕적 특수가치, 즉 '덕 가치'다. 덕이란 일찍이 사물의 탁월성 또는 인간 자신의 임무를 효과적으로 수행하기 위한 기술적 용어였지만, 오늘날에는 사람의 사람다움을 표시하는 '인간적 태도'를 가리키는 말로 제한적으로 사용되고 있다. 인간의 윤리적 태도는 여러 가지 사태와 관련이 있다. 그리하여 역사적으로 다양한 종류의 덕이 생겨났고, 오늘날 우리가 역사적으로 변용된 발전의 산물로서 많은 종류의 덕목을 갖게 된 것도 이 때문이다.

이러한 덕의 역사적 변용을 하르트만은 세 개의 군으로 정리한다.[2]

---

1 여기서 선과 악은 일종의 대립 개념이다. 그것은 엄밀한 의미에서 '가치대립(Wertwidrig)'인데, 이러한 가치의 대립이 생겨나는 까닭은 선이 작용에 부대된 가치이고, 악은 반작용에 부대된 가치이기 때문이다(자세한 내용은 Hartmann, 1962: 294 이하 참조).

제1군에는 고대의 덕목으로 정의와 지혜, 용기, 절제가 속하고, 제2군에는 그리스도교의 덕목으로 이웃사랑[3]과 진실, 믿음 등이 속한다. 이 두 군의 특징은 대체로 다양한 종류의 덕이 하나의 근본 가치를 중심으로 배치되어 있다는 점이다. 일찍이 플라톤(Platon)은 각기 독립적으로 존재하는 지혜와 용기, 절제가 서로 '조화'를 이룸으로써 정의를 이룬다고 보았고, 그리스도교는 대체로 이웃사랑이 진실과 믿음을 포용하는 것으로 보았다. 이렇게 고대 그리스와 그리스도교 세계에서는 여러 덕목들이 별개로 존재하면서 상보적인 관계를 이룬다. 하지만 이 시대에는 어떤 가치론도 형성되지 못했다. 그 이유를 하르트만은 덕목들 상호 간에 특정한 가치의 높고 낮음의 관계를 나타낼 수 있는 원리가 없었기 때문이라고 본다.

이러한 제1군과 제2군의 덕목들과 달리, 제3군에 속하는 인간사랑[4], 증여의 덕, 인격과 인격적 사랑은 모두 근세 이후에 생겨난 것들이고, 그 근저에는 공통적으로 사랑의 '지향가치'가 놓여 있다. 이러한 제3군의 덕목 형성

---

2 이 점에 관해 하르트만은 『윤리학』(*Ethik*, 1962) 제2부 "윤리적 가치의 영역: 도덕가치론"의 제5장에서 제7장에 걸쳐 논의하고 있다. 이 책의 한국어 번역본으로는 전원배 옮김(원광대학교출판부, 1979), 하기락 옮김(축약본, 형설출판사, 1988), 이을상 옮김(발췌본, 지만지, 2014)의 것들이 있다. 이 글에서 주석이 없는 하르트만의 인용과 언급은 모두 이 세 권의 번역본을 참조한 것이다.

3 '이웃사랑'이라는 용어는 'Nächstenliebe'의 번역어다. 이 말은 뜻을 풀어서 번역하면 '곁에 가까이 있는 사람에 대한 사랑'이다. 그런 까닭에 하르트만 『윤리학』의 한글 번역본에는 '근린애'(전원배) 또는 '인인애'(하기락)로 번역되어 있다. 이와 별도로 강성위는 '이웃사랑'에 해당하는 독일어 'Nachbarliebe'가 따로 있으니, 이와 구별하기 위해서라도 'Nächstenliebe'를 '근린애'로 번역할 것을 제안했지만(강성위, 1974: 105), 이웃이라는 말이 근린(近隣) 또는 인인(隣人)을 충분히 잘 나타내고 있다고 보고 이 글에서는 'Nächstenliebe'를 '이웃사랑'으로 번역하였다.

4 '인간사랑'은 'Fernstenliebe'의 번역어인데, 니체는 이 말을 예수의 'Nächstenliebe'에 대비시켜 사용했다. 말뜻으로 보면 그것은 '원인애', 즉 '멀리 떨어져 있는 사람에 대한 사랑'을 의미한다. 이것은 근본적으로 인간 그 자체 또는 인간의 이념에 대한 사랑을 가리키기 때문에 이 글에서는 'Fernstenliebe'를 '인간사랑'이라고 번역하였다.

에 결정적으로 기여한 사람은 니체(Friedrich Wilhelm Nietzsche)와 셸러(Max Scherler)다. 인간사랑, 증여의 덕은 니체로부터 연유한 것이고, 인격의 개념과 인격적 사랑은 셸러로부터 연유한 것이다. 니체가 반그리스도교적 관점에서 이웃사랑에 대한 반정립으로서 인간사랑을 설파했다면, 셸러는 인간 대 인간의 관계를 인격적으로 파악함으로써 단순히 개체 또는 자아의 개념으로는 접근할 수 없는 인간의 내밀한 관계를 사랑으로 나타냈다. 이것이 '인격적 사랑'이다. 하지만 공통적으로 사랑에 기초한다고 하나 이들 사이에는 제1군과 제2군에서 보이는 덕목들 간의 상보성을 찾아볼 수 없다. 그렇다면 이 덕들은 어떻게 하나의 군으로 묶일 수 있을까? 이러한 난점을 하르트만은 자신의 가치론 체계에서 극복한다.

이 제3군의 덕목은 모두 하르트만에 의하면 '한계가치'에 의해 파악되는 개념들이다. 한계란 하나의 가치가 다른 가치와 교차하는 것을 의미한다. 하지만 그것은 가치세계 일반의 한계가 아니라 서로 다른 관점에서 보았기 때문에 생겨난 한계이고, 따라서 가치관조(價值觀照, Werter-schauen)의 한계다. 여기에 하르트만 가치론 체계의 특징이 있다. 그것은 첫째로 가치세계 일반이 우리에게는 알려지지 않았다는 점이고, 둘째로 가치는 관조하는 우리의 주관에 '상대적'이라는 점이다. 즉 가치 그 자체는 하르트만에 의하면 플라톤의 '이데아'와 같은 절대적·이념적 존재다. 그러나 현실적으로 가치는 가치판단을 통해 우리에게 주어진다. 이때 가치판단이란 판단하는 사람에 대해 어떤 것이 얼마나 가치 있는지를 나타내는 작용이다. 이로써 가치가 주관에 주어지는데, 여기서 중요한 역할을 하는 것이 가치와 주관의 관계를 나타내는 '-에 대해(für)'다. 그러나 이 '대해'에서 주관은 가치를 결정하는 어떤 역할도 결코 하지 않는다. 단지 가치실질을 이루는 관계를 만드는 역할만 할 뿐이다. 이것은 주관의 가치에 대한 상대성을 말한다. 주관에 의해 판단되는 가치는 주관의 상대성으로 인해 자기 한계를 지닐 수밖에 없다. 동시에 이러한 가치의 자기 한계로 인해 우리는 가치의 고유한 법칙을 형성할 수 있게 된다. 이러한 가치의 법칙 형성 가능성을 처음 간파한 사람은 니체다. 그러나 니체는 가치관조에 대한 인간의 상대성을 가치 그 자체의 상대성으로 잘못 보았고 이 상대성을 교묘하게 그리스도교 비판에 이용했으며, 이로부터 근대 서구세계의 가치전도와 허무주의 선언이 나왔다. 이에 반해 하르트만은 상대성의 의미를 재해석하여 자신의 가치론 체계를 완성시키는 초석으로 삼았다. 상대주의란 하르트만에 의하면 가치를 관조하는 주관의 상대성이고, 그것은 가치존재와 가치관조자 사이의 '관계'를 의미한다. 바로 이 관계에서 착안하여 하르트만은 하나의 가치표를 형성했다.

하르트만의 가치표에 따르면 도덕적 가치는 매우 특수한 지위를 갖고 있다. 그것은 모든 도덕적 가치가 '재(財)가치'[5]를 토대로 삼고 있기 때문이다. 예를 들어 남의 물건을 훔친다는 것은 단순히 물건을 훔치는 것이 아니라 재화(가치물)를 훔치는 것이고, 이로부터 '도둑질은 나쁘다'는 도덕적 판단과 함께 '정직'이 하나의 도덕적 가치로 자리 잡게 된다. 이때 특이하게도 정직의 가치는 반드시 재화의 존재를 전제로 해야만 성립한다. 그러나 재화 속에는 '정직'이라는 도덕적 가치가 들어 있지 않다. 여기서 하르트만은 '재화'와 '정직' 사이에 일종의 '토대 관계'가 성립한다고 본다. 토대 관계란 높은 가치가 낮은 가치에 의존하는 불가역적 의존 관계를 말한다. 이 말은 낮은 가치가 보다 높은 가치를 형성하기 위한 실질내

5 '가치'라는 말은 본래 경제학 용어다. 경제학의 입장에 가장 가까운 것이 '재'의 영역이다. '재'에는 재화뿐만 아니라 생명적 재, 사회적 재, 정신적 재도 있다. 또한 정신적 재에는 도덕적 가치, 법률적 가치, 국가적 가치, 예술적 가치 등이 있는데, 하르트만의 『윤리학』은 어떤 의미에서 가치 원리에 근거하여 도덕적 가치의 근본 성격을 규명하고, 도덕적 가치와 다른 가치들 간의 관계를 모색하는 것이다.

용이고 필수조건임을 뜻한다.

하르트만 윤리학은 근본적으로 이 토대관계에 의존한다. 이에 따르면 모든 재가치는 도덕적 가치가 형성되기 위한 실질내용이고 필수조건이다. 이를 토대로 생겨나는 도덕적 가치는 어떤 재가치보다도 높지만, 그렇다고 도덕적 가치와 재가치가 같은 것은 아니다. 여기서 도덕적 가치의 특수한 가치 성격이 드러난다. 그것은 바로 도덕적 가치와 재가치 사이에는 '지향적 관계'가 있다는 점이다. '지향'이란 재화를 향해 일어나는 인간의 활동(심정, 의욕, 소망, 목적 등)을 특징적으로 일컫는 말이다. 지향적 관계에서 도덕적 가치는 재화를 향해 일어나는 인간적 활동의 가치인 '작용가치'가 된다. 이때 단지 실질내용에 불과한 재화가 주어진다고 하여 곧바로 도덕적 가치가 나오는 것은 아니다. 도덕적 가치가 생겨나기 위해서는 사람들이 재화 세계에서 다양한 방식으로 서로 관계해야만 한다. 이러한 인간의 활동을 통해 생겨난 도덕적 가치는 구조적으로 새로운 작용가치인데, 이것은 후설에 의해 정립된 '현상학'으로 잘 설명된다.

"사상 그 자체로(Zur Sache Selbst)"라는 슬로건이 말해 주듯이, 현상학은 사물의 본질을 파악하는 직관의 방법이다. 이러한 직관의 방식에서 '의식'은 언제나 '-에 대한 의식'이고, 여기서 의식은 원초적으로 '노에시스-노에마' 구조를 하고 있다. 이는 지향적 의식의 작용(노에시스) 측면과 대상(노에마) 측면을 가리킨다. 이러한 이중 구조의 의식이 현실적 대상에 대해 주어질 때, 그것은 곧 인식이 된다. 이러한 현상학의 방법을 하르트만의 가치론에 그대로 적용하면, 도덕적 가치는 인간의 활동 속에 들어 있는 지향 대상이 된다. 여기서 중요한 것은 인간의 활동이 재화를 향해 일어나고, 그 활동 속에서 도덕적 가치가 지향 대상으로서 지향작용 속에 주어진다는 점이다.

이렇게 파악된 도덕적 가치는 매우 특수한 지위를 갖는데, 그것은 도덕적 가치가 곧 '작용가치'라는 점이다. 이에 반해 특수한 도덕적 가치인 덕은 '사태가치'다. 그것도 역사적으로 변용되어 온 하나의 형성물이다. 이 역사적 형성물이 그 자체로 하나의 윤리일 수는 없다.[6] 덕이 작용가치인 도덕적 가치가 되기 위해서는 사태가치인 덕을 토대로 다시금 지향이 일어나야만 한다.

하르트만에 의하면 사랑 또한 역사적으로 형성된 사태가치다. 이러한 사랑이 윤리적으로 의미를 갖기 위해서는 사랑을 토대로 새로운 지향적 작용이 일어나야 한다. 이 점이 바로 사랑에 대한 하르트만의 가치론적 분석의 핵심이다.

2. 이웃사랑

이웃사랑은 '그리스도교 윤리의 본질'을 이루는 핵심 가치로서 복음서의 여러 곳에서 언급되고 있다. 하르트만은 이웃사랑을 제2군의 특수한 도덕적 가치에 귀속시켰다. 중세 그리스도교 시대에 이르러 가치의 대변혁이 일어나 고대의 윤리가 새로운 가치체계로 재편된 것을 하르트만이 높이 평가했기 때문이다. 이러한 가치체계의 재편을 불러온 가치론적 계기를 하르트만은 '가치해명(Wertenthüllung)' 또는 '가치개시(Werterschließung)'라고

6 종래의 윤리학은 선을 어떤 특수가치로 보고, 이 특수가치를 최고 가치로 보았다. 그리하여 선을 '쾌락'으로 보는가, '행복'으로 보는가, '정의' 또는 '사랑'으로 보는가에 따라 도덕의 유형(쾌락주의 윤리설, 행복주의 윤리설 등)이 달라졌다. 하지만 이것은 어떤 의미에서 하나의 덕목을 도덕적 가치로 보는 편협한 입장이다. 이를 하르트만은 윤리학의 '도덕화'라고 비판한다.

부른다. 이 말은 가려져 있던 가치를 새롭게 발견하고 드러내는 것을 의미한다. 여기에는 가치 그 자체가 주관과는 무관하다는 하르트만의 고유한 가치론이 가로놓여 있다. 이 점을 우리는 간과하면 안 된다. 하르트만에 의하면 가치 그 자체는 즉자적으로 존재한다. 그렇기 때문에 우리가 가치를 생각해 내(erdenken)거나 발명한다(erfinden)는 것은 난센스다. 가치는 다만 발견(Entdeckung)될 뿐이고, 그저 가치담지자에 의해 해명되거나 개시될 뿐이다. 따라서 이웃사랑도 그리스도교에 의해 고안되었거나 발명된 것이 아니다. 이웃사랑은 고대 윤리에서는 은폐되어 있었지만, 예수 그리스도가 새롭게 찾아낸 것이라는 말이다. 그런 만큼 예수는 이웃사랑의 창조자가 아니라 발견자일 따름이다.

그런데도 이웃사랑의 발견을 후세 사람들은 '혁명'에 비유한다. 그것은 고대의 윤리가 미처 알지 못했던 새로운 가치를 예수 그리스도가 발견했고, 이 새로운 가치가 한 시대의 정신을 완전히 바꿔 놓았기 때문이다. 혁명은 언제나 사회적 위기에서 일어난다. 이러한 위기를 예수는 유대교의 가르침 속에서 간파했고, 이 위기를 극복하고자 율법 대신에 사랑을, 그것도 이웃에 대한 사랑을 설파했던 것이다. 이웃사랑에 대한 "예수의 가르침은 유태인들의 귀에는 완전히 새로운 것이었고, 특히 율법학자들에게는 충격적인 자극을 준 가히 혁명적인 것이었다"(Mußner, 1955: 94-95). 그것이 혁명적인 까닭은 이웃에 대한 예수의 규정에서 잘 나타난다. 오늘날 '이웃'으로 번역되는 히브리어 re'a는 본래 동족, 혈족, 친구를 뜻하는 단어다. 유대교는 오직 '선택받은 자'(이스라엘)만을 이웃의 범주에 넣고 이교도는 배제해 버렸다. 이에 따르면 이웃은 오직 같은 신을 믿는 자로 한정된다. 하지만 예수는 '이웃'이 같은 민족이나 신앙의 동지만이 아니라 모든 사람을 아우르는 말임을 사람들에게 설득시키려 했다. 즉 나와 함께 있는 자, 사랑을 주고받으면서 마주 보고 있는 자가 모두 이웃이다. 이렇게 이웃은 나와 함께하기 때문에, 경우에 따라서는 내가 곤궁에 빠졌을 때 나를 도와줄 수도 있다(「누가복음」 10:25-37). 이것이 사랑이다.

이야말로 그리스도교의 이웃사랑이 이타주의로 해석되는 이유다. 이타주의란 말 그대로 남을 이롭게 하는 것이니, 사랑의 대상은 '나'가 아니라 '남'(이웃)이 된다. 다시 말해 이웃사랑은 일차적으로 이웃, 다시 말해 타인을 향한 내 마음의 지향이다. 그것도 적극적·긍정적 지향이다. 이 지향에서 내 마음의 중심은 자신에게서 타인에게로 옮겨진다. 이로써 "네 이웃을 사랑하라"는 계명(誡命)이 의미를 갖게 된다. 이에 덧붙여 예수는 단순히 이웃을 사랑하는 것이 아니라 심지어 원수까지도 '네 몸과 같이' 사랑하라고 역설한다. 이러한 예수의 가르침은 이타적 정신 위에 '자기희생'을 더한 것이라 하겠다.

예수의 자기희생을 나타내는 특징적인 낱말이 바로 '아가페'다. 이 말 속에 바로 위에서 말한 고대의 도덕에 대한 '가치혁명'이 들어 있다. 즉 고대에 사랑의 전형이었던 플라톤의 이념화를 향한 '에로스'나 아리스토텔레스의 인격적 '우애', 스토아학파의 '박애'와 같은 것들도 오늘날의 관점에서는 모두 '나의 자기 보존(Selbsterhalten des Ich)' 또는 '자기 자신의 관철(Sich-Selbstdurchsetzung)'을 위한 노력에 지나지 않는다. 이 자기 자신을 향한 노력은 '이기주의'가 아닌가? 이기주의란 말 그대로 자기중심의 행동, 즉 이 세상 재화와 관련된 모든 것을, 심지어 남의 것까지도, 내 것이라는 관점에서 바라보는 태도를 말한다. 이러한 이기주의는 도덕적 규범이 될 수 없다. 왜냐하면 이기주의에는 어떤 당위도 들어 있지 않기 때문이다. 그것은 하나의 자연법칙, 즉 본능작용에 불과할 뿐이다. 여기서는 어떤 계명도 당위로서 생겨나지 않는다. 예수의 이타적 이웃사랑은 이러한 이기주의의 반대편에 서 있으면서 자기 자신이 아닌 남을 지향하는 윤리적 태도를 말한다. 이러한 '전회'를 하르트만은 가치혁명으로 평가한 것이다.

그러나 이러한 사실만으로 우리는 이웃사랑을 고대 도덕에 대한 가치혁명이라고 말할 수 있을까? 남을 대하는 태도로서 고대에도 '정의' 사상이 있었다. 정의란 다른 사람의 정당한 권리에 대한 존중을 말한다. 이 권리 존중은 다른 사람 모두와 관련된 것이 아니라 당사자인 개인에 국한된다. 그러나 이웃사랑은 어떤 사람의 권리나 공적, 품위에 대한 고려 없이 인간 그 자체와 상관이 있다. 그리하여 이웃사랑은 모든 사람의 행복을 긍정하고 기뻐하며, 다른 사람의 불행을 전적으로 부정하고 방어하려는 노력이다. 이러한 원만한 인간 생활은 정의의 안중에 없다. 그뿐만 아니라 정의는 개인의 사정을 조금도 봐주지 않는다. 정의의 여신이 눈을 감고 손에는 저울과 칼을 들고 있는 모습으로 그려진 것에서 알 수 있듯이 정의는 목적 중립적이고, 공정하게 저울질하며 엄하게 심판한다. 하지만 이웃사랑은 심판사의 태도로 타인을 보는 것이 아니라 심정에서 우러나오는 오직 측은지심의 태도로 타인을 보는 것이다. 여기서 이웃사랑은 자연스럽게 가난한 사람과 곤경에 빠진 사람을 향하게 된다.

이러한 측은지심의 태도에서 이웃사랑은 '동정(Mitleid)'을 수반하는 현상인 것처럼 보인다. 하르트만에 의하면 이러한 오해에서 쇼펜하우어(Arthur Schopenhauer)의 '동정 윤리'도 비롯되었고, 니체의 '르상티망' 현상도 나왔다. 쇼펜하우어의 동정 윤리는 타인의 고통에 의해 유발된 동정심이 내 행위의 궁극 목적이 되기 위해 그의 고통에서 내가 고통을 느끼고, 그의 쾌를 내 것처럼 느껴야 한다는 사실을 전제한다(Schopenhauer, 1998: 84 이하). 니체는 이러한 감정이입에 종래에는 알지 못했던 인간의 '은미(隱微)한 증오'가 숨겨져 있음을 간파했다. 어떤 사람이 나에게 고통을 준다면, 나는 대체로 그 사람에 대해 분노할 것이다. 그러나 그 상대를 내가 감당할 수 없을 때(예를 들어 부자, 국가권력, 심지어 하느님 등) 나는 분노를 숨기고 적극적으로 '화해'를 모색할 것이다. 니체가 볼 때 이 화해의 모색은 내가 감당할 수 없는 상대에 대한 일종의 굴복을 의미한다. 그래서 니체는 이를 '노예도덕'이라 불렀다. 하지만 현실적으로 주인에게 굴복해야 하는 노예라 할지라도 마음속으로는 주인의 가치를 전도함으로써 내적인 복수를 다짐하게 되는데, 이러한 증오의식이 곧 르상티망 현상이다. 오늘날 민주주의 사회체제 속에서 불가피하게 일어나는 이른바 '님비' 현상은 전형적인 르상티망 현상이라 하겠다(니체, 2002: 362 이하).

그러나 쇼펜하우어도 니체도 사랑의 본질을 오해하고 있다. 하르트만에 의하면 분명한 사실은 이웃사랑의 핵심이 동정이 아니라 타인을 타인으로서 긍정하는 감정이요 노력이라는 점이다. 동정받는 것은 인간의 궁핍함이고 병약함이지만, 이러한 궁핍함과 병약함을 사랑은 지향하지 않는다. 다시 말해 동정과 사랑은 결코 같은 것이 아니다. 하르트만에 의하면 사랑은 본질적으로 가치 있는 것을 지향하는 것으로, 가치와 무관한 것을 지향하지 않는다. 그런 만큼 이웃사랑도 타인의 가치에 대한 생생한 가치감정이다. 이 가치감정은 인간성 전체를 지향한다. 이때 사랑받을 만한 가치가 있는 것은 적극적으로 생활하려는 능력과 살 가치를 지닌 인간 자체다. 그럼에도 불구하고 이웃사랑이 가난과 곤궁을 향하는 것은 가난과 곤궁이 인간의 자유로운 삶을 압박하기 때문이다. 이것은 르상티망과 무관한 가치감정이다. 이러한 이웃사랑의 성격을 하르트만은 다음과 같이 설명한다.

> 사랑의 근본 경향은 타인의 주어진 상태에 반응하는 것이 아니라 자발적·근원적으로 타인의 인격과 그의 모든 관심사를 자신의 인격 및 자신의 관심사와 같은 가치영역에서 보는 것이다. 그것은 마치 남이

슬퍼할 때 같이 슬퍼하는 것과 같다(이에 대해 동정은 어떤 사람이 당하고 있는 상태에 반응하는 것이다). (하르트만, 2014: 158)

이렇듯 이웃사랑은 자아가 타아의 체험, 감정, 심지어 도덕적 존재에 관여하는 것을 말한다. 이러한 관여가 없었더라면 두 세계, 즉 자아와 타아는 영원히 분리되어 있을지도 모른다. 하지만 이웃사랑이 이를 매개해 줌으로써 자아와 타아 사이에는 비로소 윤리적 소통의 길이 열린다. 이러한 소통은 이론적 인식으로 아는 것이 아니라 누구나 본래 알고 있던 것을 타인에게서 재인식하는 것이고, 일종의 정서적 회상, 즉 따라 느끼고(모방감, Nachfühlen), 같이 느끼고(공감, Mitfühlen), 같이 체험하는(공체험, Miterleben) 것이다.

여기서 우리는 또한 이웃사랑의 도덕적 가치, 즉 순수한 심정가치의 자립성에 관해 말할 수 있다. 이웃사랑의 경향은 어디까지나 타인을 위해 재가치를 획득하려는 것이고, 그런 만큼 이웃사랑은 타인으로 하여금 재가치를 소유하고 이용하게 하는 데 목표를 둔다. 이러한 이웃사랑의 목표 지향은 언제나 재화의 가치에 의해 제약된다. 이때 제약된다는 것은 바로 토대가 된다는 말이다. 이것은 곧 도덕적 가치가 재가치나 사태가치를 토대로 일어난다는 하르트만의 말과 같다.

그러나 하르트만에 의하면 지향된 도덕적 가치는 재가치와는 질적으로 다른 보다 높은 가치이고, 재가치와는 무관한 것이다. 따라서 도덕적 가치는 재화의 많고 적음에 의존하는 것이 아니라 지향의 크기와 강도에 의존한다. 마찬가지로 하나의 도덕적 가치로서 이웃사랑도 사랑의 크기와 타인을 향한 지향의 강도에 의존하는데, 이때 이기심을 떠난 정도, 즉 사심을 극복하고 자기를 초월하는 정도야말로 이웃사랑을 측정하는 기준이 된다. 이것은 사태가치다. 바로 이 사태가치를 토대로 일어나는 작용가치가 도덕적 가치이니, 하르트만에 의하면 사랑은 도덕적 가치를 실현하기 위한 하나의 토대가 된다.

3. 인간사랑

이웃이란 하르트만에 의하면 친지(우리는 그들의 삶과 궁핍에 대해 잘 알고 있다)와 지금 내 곁에 있는 사람(시간적·공간적으로 마주칠 수 있는 사람)을 모두 아우르는 개념이다. 이 모두를 하르트만은 '함께 사는 사람(Mitmensch)'이라는 말로 집약했다.[7] 이 말은 지금, 동시대에, 가까운 곳에 함께 살아가는 '우리'라는 뜻이다. 그러나 이 말 속에는 내가 들어 있지 않다. 따라서 이웃은 곧 '남'을 가리키는 말이고, '우리'라는 공동체 속에서 나와 함께 살아가는 '너'라는 뜻이다. 이러한 '너'를 사랑하라는 것이 이웃사랑인데, 예수는 특히 너를 '내 몸과 같이' 사랑하라고 했다. 우리는 왜 남인 너를 내 몸과 같이 사랑해야만 하는 것일까? 그 이유는 바로 '너'가 나와 무관한 존재가 아니라 '다른 나(das fremde Ich)'를 가리키는 말이기 때문이다(Löwith, 1969: 21). 이 다른 나와 마주하여 인간은 모나드처럼 고독한 존재가 아니라 남과 함께 살아가는 존재가 된다. 이것이 공동체다. 공동체 속에 있는 남을 사랑한다는 것은 곧 다른 나를 사랑하는 것이니, 이것은 엄밀한 의미에서 이기주의가 아닌가?

---

7 하르트만은 특히 이웃의 '지금-동시대에-가까이 있음'을 강조한다. 이웃사랑과 대립하는 것이 '인간사랑'인데, 인간사랑은 현재의 인간이 아니라 미래의 인간을 지향한다. 미래의 인간은 지금 나와 가까이에서 함께 사는 사람이 아니다. 이렇게 사랑의 지향 범위를 시간적으로 확대함으로써 하르트만은 사랑의 의미를 새롭게 음미한다. 따라서 이웃의 (나와) 가까이 있음을 강조하는 것은 인간사랑의 의의를 더 높이려는 하르트만의 전략으로 생각된다.

이기주의는 인간의 타고난 자연적 경향이다. 이타주의는 이기주의와 대립해 있지만, 이러한 자연적 경향 없이 존립할 수 없다. 왜냐하면 이타주의라 할지라도 사랑하는 주체는 바로 '나'이기 때문이다. 따라서 나 없이는 이웃사랑을 실천할 수 없다. 이웃사랑에서 문제는 이타주의가 아니라 다음과 같은 것이다. 우리는 왜 먼 곳에 있는 사람보다 가까이 있는 이웃에 더 애착을 느끼는가? 그것은 이웃이 바로 우리 눈앞에 있기 때문이다. 그렇다면 이 이웃에 대해 무엇이 우리로 하여금 사랑을 느끼게 하는가? 그것은 우리가 그를 알고, 그의 궁핍함을 보고 있다는 사실이다.

이러한 이웃사랑의 도덕적 가치를 하르트만은 높이 평가하면서도, 이웃사랑의 범위는 너무 편협해서 그것이 사랑하는 사람의 지향을 구속하는 질곡이 된다고 비판한다. 이 말은 이웃사랑이 미치는 범위가 함께 사는 사람을 벗어나지 못하기 때문에 함께 사는 사람의 죽음과 함께 이웃사랑의 효력도 끝나고 만다는 뜻이 된다. 그렇다면 이웃사랑은 도덕의 영구적인 효력 발휘를 목표로 하는 것이 아니라 현재의 존재에 국한된 근시안적인 것에 그치고 말 것이다. 이렇게 인간의 도덕생활이 근시안적인 것에 국한된다면, 우리는 멀리 떨어져 있는 사람이나 미래 인류에 대한 책임을 지지 않게 될 것이다. 진정 우리는 멀리 아프리카 대륙에서 기아로 죽어 가는 사람을 외면하고 자원을 낭비하는 사람이나 환경오염과 생태계 파괴에 무감각한 기업가들에게 윤리적 책임을 물을 수 없다는 말인가? 그렇지 않다. 이들에게 윤리적 제재를 가할 수 있는 것은 우리의 도덕생활이 근본적으로 이웃사랑의 편협한 시공간을 초월하기 때문이다.

이렇게 시공간을 초월하려는 계기가 인간에게 있음을 하르트만은 플라톤의 에로스로 설명한다. 에로스는 불멸에 관여한다. 불멸에 대한 욕구가 동물의 경우에는 생식으로 나타난다. 나아가 새끼에 대한 어미의 배려, 새끼를 위해서라면 죽음도 불사하는 것은 동물의 유(類)적 생명의 미래와 관련된 것이다. 그리하여 개체는 죽어도 유는 죽지 않는다. 이에 더해 인간은 정신적 생식을 한다. 그래서 인간의 육체는 죽어도 정신적 작품은 영원히 남는다. 정신적 생식을 가능하게 해 주는 것이 바로 에로스다. 플라톤의 에로스는 하르트만에 의하면, 이 말이 내포하는 다른 모든 계기는 무시하고 오직 윤리적 계기만 부각시켜 본다면 이념에 대한 심각한 집착이고, 이념을 향한 강렬한 열정이며, 이념을 위해서라면 모든 인격까지도 바치는 희생정신이다. 이러한 정열로 인해 인간은 자기 자신과 이웃을 넘어설 수 있다. 그것은 미래를 위해 현재를 희생하는 것이고, 다른 생활을 위해 자기 생활을 바치는 것이다. 이러한 능력, 즉 에로스를 플라톤은 동물의 생식활동과 비유하여 '잉태하고 출산하는 능력'이라 불렀다. 이것은 인간의 '자기초월'이다. 에로스는 이웃사랑과 달리 미래 인간에 대한 사랑이고, 현존재를 넘어 이념 속에서만 파악될 수 있는 인간에 대한 사랑이다. 이러한 사랑은 오직 주기만 하고 받을 줄 모르는 사랑이고, 사랑하는 사람 자신도 만족할 수 없는 고상한 갈망이다. 이를 니체는 이웃사랑과 대비시켜 '인간사랑'이라 불렀다.

이러한 인간사랑은 어떻게 가능한가? 그 근거를 니체는 인간에게만 있는 특유한 예언 능력에서 찾는다. 무릇 인간의 활동은 예언적이다. 오직 인간만이 미래를 예측할 수 있다. 그러나 이웃사랑에서 보듯이 인간의 예언 능력은 먼 데까지 미치지 못한다. 이것이 인간의 자연적 한계다. 이러한 한계를 넘어서기 위해서는 새로운 가치론적 '전환'이 필요하다. 그것은 단적으로 말해 자신의 편협한 삶의 목표뿐 아니라 함께 살아가는 동시대인들의 목적까지도 제쳐 두고, 미래 인류를 위해 행하고자 하는 특수한 가치를 명료하게 간취하는 일이다. 이 간취된 새로운 가치를 미래의 도덕생활을 위한 가치척도와 도덕규범에 합당한 것으로 만들어 가야 한다. 여기서 이웃사랑의 초월이 일어난다. 이웃사랑의 실천이 현실 문제나 인간관계의 해결에 국한되었다면, 인간사랑은 도덕적으로 승화된 미래의 삶을 살도록 촉구한다.

이렇게 현재보다 미래의 삶을 더 소중하게 생각한 니체는 그리스도교에 대한 사형선고와 함께 이웃사랑도 부정했다. 니체는 『도덕의 계보학』(*Zur Genealogie der Moral*)에서 '노예도덕'과 '군주도덕'을 구분하고, 노예도덕은 근본적으로 나약하고 비천한 이웃사랑을 나타내는 것으로, 군주도덕은 강하고 고귀한 인간사랑을 표상하는 것으로 형상화했다. 그러나 하르트만에 의하면 이웃사랑마저 부정해 버린 니체의 처사는 지나친 것이다. 왜냐하면 이웃사랑과 인간사랑은 동전의 양면처럼 서로 불가분의 관계이기 때문이다. 니체에 따르면 단지 인간의 자연적 소질인 이기심을 극복하면 이웃사랑을 실천할 수 있다는 주장과 먼 미래의 인류를 향한 인간사랑의 요구 사이에는 어떤 합의점도 찾을 수 없다. 이러한 니체의 비유가 하르트만에게는 매우 불합리해 보였다. 그럼에도 불구하고 이 비유 속에서 관조되는 긍정적 측면까지 배제해서는 안 된다는 것이 하르트만의 생각이다. 왜냐하면 니체의 비유에서 이웃사랑과 인간사랑의 본질적 차이가 가장 잘 드러나기 때문이다. 따라서 하르트만은 이웃사랑과 인간사랑이 서로 이율배반적이라 하더라도, 미래 지향적인 인간사랑이 현실 지향적인 이웃사랑에서 시작되어야 한다고 주장한다. 모든 인간의 활동은 목적 추구의 형식을 취한다. 이때 그 최초 수단은 현존하는 것에서 구해져야 한다. 인간사랑은 다만 이웃사랑보다 '더 큰 것'을 지향할 뿐이다.

더 큰 것이란 무엇인가? 이를 하르트만은 정치가의 비유를 통해 설명한다. 훌륭한 정치가라면 누구나 민족과 국가의 먼 장래를 내다보고 책임감 있게 행동해야 한다. 그러나 현실적으로 정치가들은 오로지 눈앞의 목표와 당파적 이익을 위해 일하고 있지 않은가? 이러한 현실의 정치가들이야말로 함께 살아가는 사람들의 이익밖에 보지 못하는 근시안이다. 이러한 근시안적 인간은 미래에 대한 역사적 책임감을 느끼지 않는다. 이에 대해 하르트만은 다가오는 미래 세대에 대한 우리의 도덕적 책임과 의무가 피할 수 없는 사명임을 강조한다. 그것이 바로 '연대성'이다. 연대는 사람과 사람 사이를 수평적으로 묶어놓는다. 그것은 시간적으로 일어나는 '일방적' 결합이다. 이 결합에 우리는 도덕적 책임을 부과하는데, 하르트만에 따르면, "앞서 살던 사람만이 다음에 올 사람을 보장할 수 있다. 거꾸로 후배가 선배에 대해 책임을 질 수 없고, 책임은 언제나 다가올 세대에 대한 새로운 책임이다. 이러한 차원에서 연대성은 그저 앞만 바라보고 전진할 따름이다"(Hartmann, 1962: 490). 바로 이 점에서 니체는 인간사랑을 주기만 하고 받을 줄 모르는 고상한 갈망이라고 설파했던 것이다.

하지만 정치가의 책임정치나 연대성의 원리가 인간사랑과 동일한 것은 아니다. 왜냐하면 정치가는 동시에 '정의'의 실현을 목표로 하지만, 이미 살펴보았듯이 사랑과 정의 사이에는 가치갈등이 있기 때문이다. 다시 말해 정의는 사랑을 배척하지 않지만, 사랑이 곧 정의는 아니다. 오히려 인간사랑은 불평등을 야기할 수도 있다. 인간사랑은 오직 '가장 좋은 것'(즉 최선자)을 목표로 하기 때문이다. 그래야만 발전이 일어난다.[8] 인류는 역사를 통해 끊임없이 발전해 왔고, 이 발전을 통해 인간은 언제나 최선 중에서 최선을 추구해 왔다. 이 '최선 중의 최선'이야말로 윤리적 이상, 즉 마땅히 되어야만 하는 인간의 이념인 것이다. 이 이념에 관계하는 것

8 정의의 실현을 통해서는 이러한 발전이 일어나지 않는다. 아니, 정의는 발전을 방해한다. 왜냐하면 정의는 가치 높이의 무차별성, 즉 절대적 평준화를 목표로 하기 때문이다. 이에 반해 사랑은 보다 높은 가치를 지향하기 때문에 불평등을 용인할 뿐만 아니라 스스로 초래하기도 한다. 이 점이 정의와 사랑의 가장 본질적인 차이이다.

이 에로스인데, 플라톤은 에로스를 '이념에 대한 정열'이라고 해석했다. 하르트만은 이 플라톤의 명제에서 인간사랑을 이끌어 가는 원동력은 곧 인간의 이념, 즉 윤리적 이상이라고 본다.

여기서 인간사랑의 본질도 분명해진다. 그것은 플라톤의 명제에서 보듯이 고귀가치를 지향한다. 다시 말해 인간사랑은 탁월한 가치의 선택이다. 그것은 가치의 높고 낮음을 저울질하는 관점에서 일어난다. 이로써 이상이 형성되는데, 어떤 의미에서 이상의 형성은 가치선택의 형식이고, 나아가 가치의식의 타성을 극복해 가는 과정이라 하겠다. 이 과정은 니체가 종래의 모든 가치에 대한 전도(顚倒)를 선언한 것과 맥이 닿아 있다. 즉 이상의 형성은 이미 승인된 가치를 넘어선 가치예상이고, 가치의식의 혁명이다. 이때 이상 속에 들어 있는 내용(즉 가치실질)은 인간사랑에서 토대의 역할을 하는 사태가치다. 인간사랑은 이상의 내용을 지향하고 실현하는 것을 목표로 한다. 그러나 이상의 내용 속에는 도덕적 가치가 들어 있지 않다. 여기서도 도덕적 가치는 순수한 지향작용의 가지이고, 이상의 가치실질을 토대로 해서 그 토대 위로 떠오르는 가치다. 이러한 사정은 이웃사랑의 경우와 같다.

4. 인격과 인격적 사랑

일반적인 이웃사랑이나 인간사랑과 다를 뿐 아니라 증여자의 사랑[9]과도

9 사랑은 하르트만에 따르면 본질적으로 '주는 것'(즉 증여)이다. 이웃사랑의 경우에는 증여의 근거가 궁핍이고, 따라서 약자와 가난한 사람에게 베풀어 주는 것이 이웃사랑의 목표다. 이에 반해 인간사랑에서 증여의 근거는 풍요인데, 그것은 심대한 인간의 이념을 일깨워 사랑받는 사람의 심정을 풍요롭게 하는 고상한 갈망이다. 이렇게 주더

다른 또 하나의 사랑이 있다. 그것은 오직 한 사람의 내면을 향한 은밀한 사랑인데, 이를 하르트만은 '인격적 사랑'이라 불렀다. 인격적 사랑이란 인격 그 자체를 위한, 인격 그 자체에 대한 사랑이다. 앞에서 살펴본 이웃사랑이나 인간사랑은 모두 가치의 보편적 원리에 기초한 것이었다. 그러나 인격적 사랑은 이 보편적 원리에 따르지 않는다. 보편적 원리에 따르는 사랑은 비인격적이어서 인간의 깊은 내면적 본질에는 참여하지 못한다. 왜냐하면 인격은 그 자체로 개별적 존재이고, 인격적 사랑은 말 그대로 개인과 개인 사이의 인간적 접촉을 말하기 때문이다. 이러한 인간 내면에 대한 접근은 이웃사랑이나 인간사랑이 미치지 못하는 새로운 방식인데, 그것은 경향상 사랑하는 사람을 온전히 차지하려는 것이다(예를 들어 남녀 간에 성립하는 연애를 보라).

이 점을 분명히 하기 위해 우리는 먼저 하르트만의 인격 개념을 확실히 이해해야 한다(이을상, 2007: 193-216). 하르트만은 인격을 하나의 인간적 개체, 즉 "행위하고 담화하고 의욕하고 노력하는 자로서, 각자의 의견, 식견, 편견의 옹호자로서, 요구와 권리를 가진 자로서, 자기와 똑같이 인간적인 다른 개체들과 함께 살면서 결합되어 있고, 따라서 그들의 취급, 의사표시, 의욕과 노력을 경험하고 그들의 의견, 식견, 편견과 마주하고, 그들의 요구, 의향, 평가에 대해 어떤 식으로든 태도를 취하는 그러한 인간적 개체로서"(하르트만, 1990: 197) 이해한다. 이렇게 인격이 개체라고 해서 그것이 소수자의 전유물이나 유아독존적인 어떤 것을 의미하지는 않는

라도 결코 고갈되지 않는 것이 사랑인데, 그 이유는 사랑이 정신적 가치이기 때문이다. 이러한 정신적 가치의 범주에는 위대한 시인이나 예술가, 사상가 등의 정신세계가 속한다. 이들은 자신의 풍요로운 정신세계에 참여하는 사람들을 언제나 사랑하는 마음으로 대하는데, 이러한 정신적 가치의 특수한 교감을 하르트만은 '증여의 덕'이라 부른다. 그것은 모든 사람이 받을 수 있는 것이 아니라 오직 받을 능력이 있는 사람에게만 유효한, 정신적으로 풍요로운 삶에 적합한 인격적 생활이다.

다. 인간은 누구나 태어나는 순간 한 개인이고, 개인으로 살다가 죽는다. 이렇게 개체로서 인간은 사회 속에서 다른 사람과 관계하며 살아가는데, 이때 다른 사람과 맺는 관계가 인격적이어야만 한다는 것이다. 그렇지 않고 인간의 사회적 관계가 비인격화될 때, 그것은 '지배-복종' 또는 '주인-노예' 관계로 전락하고, 이러한 종속화는 인간을 한갓 '사물화'해 버린다. 그리고 인간의 사물화는 '탈가치화'로 이어진다. 이러한 인간의 사물화, 탈가치화를 막을 수 있는 유일한 방법은 인격의 회복밖에 없다.

이렇게 인간의 사물적 관계를 비판하고 '인간 대 인간'의 작용 관계를 처음으로 역설한 사람은 막스 셸러다. 셸러에 의하면 인격은 정신적 작용의 수행 속에 존재한다. 다시 말해 구체적인 정신 속에 나타나는 본질필연적인(wesensnotwendig) 정신의 실존형식이 곧 인격이다(셸러, 1998: 456 이하). 셸러는 이러한 인격의 존재를 이미 살펴본 현상학의 '노에시스-노에마' 구조에서 해명한다(이 구별은 다만 개념상 구별일 뿐이고, 실제로는 분리될 수 없다). 하나의 가치의식에서 가치가 지향 대상이라면, 사랑은 이 가치를 지향하는 작용이다. 바로 이 가치 지향작용의 중심, 즉 지향작용의 구체적 실존형식이 바로 '인격'이다. 이렇게 인격은 순수하게 정신의 작용적 측면을 드러내기 때문에 셸러는 인격의 대상화가 불가능하다고 보았다. 하지만 하르트만은 인격에 대한 셸러의 현상학적 파악을 수용하면서도, 동시에 타자의 인격이 대상이 아니라면 우리는 어떻게 타자의 존재를 인식할 수 있는가를 반문한다. 그러면서 윤리학에서 구하는 인격 존재의 대상화는 인식에서 사물 또는 사물연관에 대한 태도와는 다른 것이라는 주장을 편다. 다시 말해 하르트만은 삶 속에서 정신과 개별 존재의 통일을 인격이라고 정의하면서 인격과 주관을 분명히 구별했는데, 이에 따르면 인간은 이중의 관계 속에 놓이게 된다. 즉 인간은 한편으로는 사물의 세계에 대립해 있고, 다른 한편으로는 인격의 세계에 대립해 있다. 전자에서 인간은 사물세계를 가리키는 비아(Nicht Ich)에 대립하는 자아(Ich)다. 이 자아가 후자에서는 너(Du)에 대립하는 나(Ich)가 된다. 이로써 일인칭 '나'와 이인칭 '너' 사이에 새로운 하나의 대립이 생겨난다. 그것은 단순히 주관과 객관의 대립이 아니라 인간과 인간의 대립을 말한다. 이 인간 대 인간의 관계가 '인격적'이어야만 한다는 것이 하르트만의 주장이다.

이렇게 하여 인격의 존재는 분명해졌지만, 인격의 본질을 정확하게 규정할 수는 없다. 인격은 본래 가치를 지향하는 개인의 고유한 정신작용 속에 숨겨져 있기 때문이다. 그렇지만 우리는 다른 사람을 인격으로 알아본다. 우리는 각자 특별한 방식으로 상대방의 마음을 들여다본다. 이때 타자는 바로 우리의 보는 작용 안에 들어 있는 지향적 대상이고, 이 대상은 현상학적으로 간취된다. 그런데 앞에서 말한 현상학적 구조에서 내가 간취한 것은 상대방의 인격이 아니라 '인격가치'가 아닌가? 인격가치와 인격은 같은 것이 아니다. 인격의 존재는 우리가 인식할 수 없는 구조 속에 갇혀 있다. 그래서 하르트만은 인격가치를 통해 인격에 접근해 갈 수 있는 방법을 제안했다. 그것은 먼저 인격을 '여러 가지 가치요소가 집결된 총체'로 파악하면서, 인격과 인격가치를 서로 분리시켜 생각할 수 없음을 분명히 한 것이다. 다음으로 인격의 주요 가치요소로 '활동성', '고난', '힘', '의지의 자유', '예견', '목적활동'을 든다. 다시 말해 인격은 이 여섯 개의 가치요소에 의해 충분히 파악될 수 있다는 것이다.

첫 번째 요소인 활동성은 도덕적 가치와 반가치를 인격에 부가함으로써 인격을 곧 도덕성의 출발점이 되게 한다. 두 번째 요소인 고난은 나 자신뿐만 아니라 남의 마음의 깊이를 알게 하는데, 우리가 고난을 당하는 만큼 인생 일반의 깊이를 알게 되는 것도 모두 이 때문이다. 인격의 세 번째 요소인 힘은 윤리적 힘으로, 이 힘은 의지의 결단에서 잘 드러난다. 네 번째 요소인 의지의 자유는 인격이 이러저러한 결단을 내릴 수 있는 능력을 갖게 한다. 특히 중요한 것은 인격의 다섯 번째 요소와 여섯 번째 요소다. 다섯 번째 요소인 앞을 내다보는 예견 능력으로 인해 인격은 과거나 현재에 갇히지 않고 미래의 인간이념에 관계한다. 이러한 예견 능력이 없다면, 인간은 어떤 행위도 할 수 없고 의욕을 할 수도 없을 것이다. 더욱이 인간의 행위나 의욕은 모두 가치의 실현을 목표로 하는데, 이를 위해 가치파악이 전제되어야 한다. 가치파악은 인간의 예견 능력과 밀접한 관련이 있다. 이렇게 파악된 가치는 인격의 여섯 번째 요소인 목적활동으로 전달되어 목적활동에서 비로소 가치의 실현이 완성된다. 이때 가치실현이란 자기 소망을 목적의 형태로 만들어 이를 실현하는 활동과 그에 부대된 가치파악을 말한다.

인격의 다섯 번째 요소와 여섯 번째 요소가 특히 중요하다고 했는데, 그 이유는 인격의 목적활동이 자연과정을 자신의 목적 속으로 끌어들여 가치와 결합하게 하기 때문이다. 가치와의 결합을 가능하도록 해주는 원초적 힘은 '예견'이다. 예견을 통해 가능해진 가치는 목적활동에 의해 도덕적 가치로 승화된다. 이로써 인격은 도덕적 가치의 담지자가 된다. 우리가 선악이라 부르는 성질은 본래 이러한 합목적적 결정에서 일어나는 '작용'에 부대된 가치다. 그래서 우리는 도덕적 가치를 '작용가치'라 불렀던 것이다. 이 작용의 구체적 중심이 바로 인격이다. 인격이 지닌 가치가 인격가치다. 따라서 도덕적 가치와 인격가치는 별개의 것이 아니다. 그런데 여기에 문제가 있다. 바로 개별적인 인격가치를 가지고 우리가 어떻게 보편적인 윤리를 수립할 수 있는가 하는 문제다. 이 문제와 관련하여 도덕적 가치로서 인격가치의 성격에 관해 새로운 해명이 필요해 보인다. 먼저 인격의 존재는 개별적이기 때문에 인격가치 또한 개별적이지 않을 수 없다. 그리하여 인격은 오직 한 사람에게만 마땅히 이러저러한 사람이 되라고 요구한다. 즉 인격가치는 많은 사람들을 통일적으로 규정하는 보편적 가치가 아니다. 이 점에서 인격가치는 다른 모든 가치와 구별되는데, 그것은 인격가치의 실질이 사람마다 다르게 주어지기 때문에 생겨나는 차이다. 즉 인격가치의 실질은 다양한 가치성분에 의해 합성된다. 그러나 이 가치성분은 모두 일반적인 가치이고, 다만 합성의 형식이 인격마다 다를 뿐이다.

이렇게 인격마다 다른 가치 합성의 형식이 바로 '오직 단 한 사람의 내면을 향한 은밀한 사랑'인 인격적 사랑이다. 이웃사랑은 함께 살아가는 사람의 궁핍을 향하고, 인간사랑은 직관된 인간의 이상을 향하며, 증여의 덕은 정신적 재를 향한다. 그러나 이들은 모두 개인에게는 발언권을 주지 않는 '비인격적 사랑'이다. 이와 달리 인격적 사랑은 개인이 사랑의 대상을 선택하고, 선택된 대상인 인격을 향해 일어난다. 이러한 선택권이 이웃사랑이나 인간사랑에는 없다. 이들은 그저 보편적 가치를 지향할 뿐이다. 이렇게 되면 우리는 개별 인간의 권리를 전적으로 보편적 가치에 의해 판단할 수밖에 없는데, 이것은 '전체주의'다. 이러한 전체주의와 달리, 개별 인간의 권리는 하르트만에 의하면 오직 인격적 사랑에서만 진정한 의미를 획득할 수 있다. 왜냐하면 그 자체로서 가치 있는 것은 구체적으로 그 누구'를 위해(für)' 가치 있는 것이 될 때에만 충분한 의미를 갖기 때문이다. 다시 말해 즉자적인 인격 그 자체는 아무 의미가 없다. 이러한 즉자적 인격을 타인을 위해 존재하는 새로운 차원의 '자기'(즉 대자적 존재)로 만들어 주어야 한다. 그것이 사랑의 힘이다. 따라서 인격적 사랑이 향하는 것은 바로 타자의 인격이고, 이렇게 나의 사랑이 타자를 지향함으로써 사랑하는 '나'는 사랑받는 남'에 대해' 대자적으로 존재하게 된다. 타자가 없었더라면 나는 그저 '혼자' 있는 즉자적 존재에 불과했을 것이지만, 사랑에 의해 새로운 차원의 가치영역이 발견되었다. 이러한 의미에서 인격적 사랑은 인격을 위한 '보충가치'고, 이것이 인격에 새로운 의미를 부여한다.

또한 즉자적 인격은 자신을 알 수 없지만, 대자적 존재가 됨으로써 인격은 타자의 인격에 스스로를 비춰 볼 수 있게 된다. 즉 사랑받는 남이야말로 사랑하는 '나'의 거울인 셈이다. 여기서 인격적 사랑에 대한 하르트만의 형이상학이 나온다. 즉 사랑받는 사람은 사랑하는 사람이 직관하는 덕성을 추구할 수 있고, 사랑받는 사람이 사랑하는 사람에 의해 참된 도덕적 본성으로 인도된다는 것이다. 진정한 사랑은 "상대방을 도덕적으로 변화시켜 내가 그 자신 속에 있는 것을 그가 보게 하고, 그를 내가 사랑하는 것으로 만들 수 있는 힘을 가지고 있다"(Hartmann, 1962: 537). 하르트만에 의하면 이러한 사랑의 힘이 우리의 도덕적 의지를 움직이는데, 그것은 의식적 반성에 의해 주어진다기보다 막연한 감정적 느낌으로 나타난다. 즉 사랑하는 사람은 사랑받는 사람이 '최고'라는 의식을 갖게 되고, 이러한 의식에서 승리감을 느낀다. 거꾸로 자기 사신에 대해서는 상대방과 같지 못함에 대해 부끄러움을 느끼게 되는데, 바로 이 부끄러움이 상대방에 대한 자기비하가 아니라 자신을 상대방과 같은 가치수준으로 고양시키려는 충동을 불러일으킨다. 그러나 이 충동은 외부에서 오는 것이 아니라 자기 내부에서 생겨나는 까닭에 사랑은 강제되거나 욕구될 수 없다. 이것이 바로 '사랑에 숨겨진 신비한 도덕적 힘'이다.

이와 같이 인격적 사랑 속에 숨겨진 힘은 하르트만에 의하면 강력한 의지의 계기가 된다. 그것은 전적으로 사랑받는 사람을 위해 사랑하는 사람이 보내는 긍정적인 지향, 호의, 헌신, 자기희생 등을 말한다. 다시 말해 그것은 사랑받는 상대방을 독점하려는 것이 아니라 사랑받는 사람을 향한 사랑하는 사람의 절대적·적극적인 의지다. 독점적 사랑은 타인의 인격을 자기 자신에게 종속시키려는 지배의지이고, 이러한 지배의지는 자기 자신의 행복을 목표로 한다. 그러나 다른 사람을 위한 희생 속에는 자신의 행복을 넘어서려는 강력한 의지가 들어 있다. 그렇기 때문에 사랑하는 사람은 고뇌하는 것이 그 자체로 행복일 수 있고, 행복이 오히려 고통일 수 있다. 사랑의 자기희생은 어떤 대가를 바라고 하는 것이 아니라 무조건적이라 할 수 있는데, 이 점에서 사랑은 맹목적이다. 그것은 눈앞의 이익을 취하지 않기 때문이다. 그럼에도 불구하고 사랑은 눈에 보이지 않는 가치를 본다. 따라서 사랑은 가치 투시적이다. 가치는 본래 이념적 존재로 현실존재 속에는 들어 있지 않다. 가치 투시적인 사랑이 이러한 인간의 현실존재를 지향함으로써 인간은 마침내 가치 있는 인간이 된다. 여기서 사랑하는 사람과 사랑받는 사람은 서로 마주 대하게(gegen) 되고, 이 점에서 인격적 사랑은 '답애(答愛, Gegenliebe)'를 구한다. 답애란 사랑을 주고받는 것을 말하는데, 흔히들 말하는 짝사랑이나 실연처럼 일방적인 사랑은 진정한 사랑이라 할 수 없다. 진정한 사랑이란 이미 말했듯이 상대방을 위해 있는 대자적 관계에서 나온다. 이 대자적 관계에서 일어나는 '사람과 사람의 초월적 결합'이 하르트만에 의하면 인격적 사랑이다. 이 결합이 초월적인 까닭은 현실적인 두 인간의 결합이 이념적 가치의 존재에 의해 일어나기 때문이다.

이때 현실과 이념을 매개하는 역할을 하는 것이 인격이다. 이러한 인격의 존재와 인격적 사랑을 하르트만은 제3군의 도덕적 특수가치에 귀속시켰는데, 이것은 인격적 사랑도 이웃사랑이나 인간사랑의 경우와 마찬가지로 하나의 사태가치임을 말해 준다. 도덕적 가치는 이 사태가치를 토대로 새롭게 생겨난 작용가치를 말한다. 따라서 인격적 사랑이 진정한 도덕적 가치가 되기 위해서는 다시금 새로운 지향작용에 수반되어야 한다.

5. 나오는 말

사랑이란 하르트만에 의하면 절대적이고 적극적인 심정의 활동이다. 윤리는 원칙적으로 이 심정에 주어진다. 이 말은 곧 사랑의 감정이 어떤 것의 현상에 앞서 주어지는 원초적 현상임을 의미한다. 이로써 우리는 사랑의 눈으로 현실적 인간의 배후에 있는 인간의 이념, 즉 본래의 참된 인간을 본다(따라서 사랑하지 않는 사람은 인간의 이념을 보지 못한다). 여기서 '본래의 참된 인간이란 누구인가'라는 물음이 나오는데, 예수 그리스도는 이를 '이웃'이라 보았다. 예수의 이웃사랑은 이웃의 가난과 병약함을 향한다. 이웃사랑은 이웃의 가난과 병약함을 지양하여 참된 인간을 회복하라는 의미를 담고 있다. 하지만 니체는 이웃의 시공간적 제약성을 비판하면서 미래 인간의 초월적 이념을 지향하는 사랑을 '인간사랑'이라 불렀다. 이 인간사랑에서 하르트만은 보편적 인간의 이념을 간파했다. 그러나 이러한 보편적 인간 이념에 정초한 윤리는 곧 전체주의적 성격을 띨 것이고, 전체주의에서 개인의 가치는 존중받지 못한다. 개인의 존재 성격은 '인격'에 의해 잘 파악되고, 인격에 부대된 가치가 곧 인격가치다. 이 인격가치를 지향하는 개인의 심정적 작용이 다름 아닌 '인격적 사랑'이다. 인격적 사랑은 오직 두 사람 사이에서만 성립한다. 그러나 인간사랑과 마찬가지로 인격적 사랑은 최고의 자기 가치 실현을 목표로 한다. 이로부터 인생의 궁극적 의미도 실현될 수 있다. 그것은 개인적 사랑이라 하더라도 근본적으로는 절대적·이념적 가치의 실현을 목표로 하기 때문에 가능한 일이다.

이렇듯 하르트만은 사랑을 특징적으로 이웃사랑, 인간사랑, 인격적 사랑으로 구분한다. 그러나 사랑 그 자체는 아직 도덕적 가치가 아니다. 도덕적 가치란 하르트만에 의하면 선악의 작용가치를 말한다. 작용가치란 지향 대상으로서 도덕적 가치가 지향 작용 속에 주어진다는 뜻이다. 하지만 도덕적 가치는 현실적으로 덕 가치와 불가분의 관계에 있다. 그것은 마치 플라톤이 이데아를 통해 현실세계를 파악하는 것과 같다. 다시 말해 플라톤이 현실세계를 보고 이데아를 '상기'하듯이, 하르트만은 덕의 실현을 통해 도덕적 가치인 선을 인식한다.

이 인식의 관점에서 볼 때 사랑은 근원적인 심정의 활동이다. 이 심정의 활동을 칸트(Immanuel Kant)가 순수 '선의지'로 본 것(칸트, 2012: 77)과 달리, 하르트만은 심정 자체가 다시금 '가치의 법칙'에 의해 조명되어야 한다고 주장한다. 이 점이 하르트만의 사랑에 대한 가치론적 분석이 필요한 이유인데, 이 글에서는 하르트만의 '가치론'에 관해 언급하지 않았다.

이러한 인식 틀에서 볼 때 사랑은 근원적인 심정의 활동을 말한다. 그러나 이 심정의 활동을 근대의 칸트는 순수 '선의지'로 보고, 근원적인 심정의 활동에서 도덕적 가치를 규명하려고 했던 것이다. 그러나 하르트만에게 근원적인 것은 사랑이 아니라 가치다. 다시 말해 가치 있는 심정의 활동이 곧 사랑이다. 심정 자체가 다시금 '가치의 법칙'에 의해 조명되어야 하는 이유도 이 때문이다. 하르트만은 순수 심정의 활동으로서 사랑을 이웃사랑, 인간사랑, 인격적 사랑으로 구분한다. 이 심정의 지향적 활동은 필연적으로 '노에시스-노에마' 구조를 하고 있다. 이러한 현상학적 구조에 따라 하르트만은 도덕적 가치를 규정한다. 도덕적 가치를 작용가치라 함은 노에시스적 작용을 가리키는 말이고, 선이라 함은 노에마적 대상을 가리키는 말이다. 이것이 곧 하르트만의 사랑에 대한 가치론적 분석의 핵심이라 하겠다.

참고문헌

강성위. (1974).「가치의 혁명으로서의 근린애」.『철학』 제8집. 한국철학회.

니체, 프리드리히. (2002).『도덕의 계보』. 김정현 옮김. 책세상.

셸러, 막스. (1998).『윤리학에서 형식주의와 실질적 가치윤리학』. 이을상 외 옮김. 서광사.

이을상. (2007).「하르트만의 인격론」. 진교훈 외.『인격』. 서울대학교출판부.

칸트, 임마누엘. (2012).『윤리형이상학 정초』. 백종현 옮김. 아카넷.

하르트만, 니콜라이. (1979).『윤리학』. 전원배 옮김. 원광대학교출판부.

하르트만, 니콜라이. (1988).『윤리학』. 하기락 옮김. 형설출판사.

하르트만, 니콜라이. (1990).『정신철학원론: 역사철학과 제정신과학의 정초를 위한 논구』. 하기락·이종후 옮김. 이문출판사.

하르트만, 니콜라이. (2014).『윤리학』(발췌본). 이을상 옮김. 지만지.

Hartmann, Nicolai. (1962). *Ethik*. Berlin: Walter de Gruyter.

Löwith, Karl. (1969). *Das Individuum in der Rolle des Mitmenschen*. Darmstadt: Wissenschaftliche Buchgesellschaft.

Mußner, Franz. (1955). "Der Begriff des 'Nächten' in der Verkündigung Jesu." *Trierer Theologische Zeitschrift*, Bd. 64.

Schopenhauer, Arthur. (1998). *On the Basis of Morality*. E. F. J. Payne (trans.). Indianapolis: Hackett.

4장

프롬의 사랑론

『사랑의 기술』을 중심으로

● 추정완

이 글의 목적은 에리히 프롬(Erich Fromm, 1900-1980)이 제시한 사랑의 의미와 방법을 이해하는 것이다. 이러한 목적에 따라 먼저 프롬의 사상적 배경을 간략히 살펴보고, 그의 저서 중에서도 사랑에 관한 주요 입장을 제시한 『사랑의 기술』(*The Art of Loving*, 1956)의 사랑론을 중심으로 논의하면서, 필요에 따라 다른 저서들에서 발견되는 사랑에 대한 그의 관점을

* 이 글은 필자의 「프롬의 사랑론에 관한 연구」(『윤리교육연구』 제48집, 한국윤리교육학회, 2018)를 수정·보완한 것이다.

보충하는 형태를 취하고자 한다.

일반적으로 학자들은 프롬을 신프로이트학파에 속하는 정신분석학자이자 사회심리학자로 분류한다. 실제로 프롬은 프로이트의 인간에 대한 이해가 생물학적 해석에 치중하는 경향을 보였다고 비판하면서, 인간에 미치는 사회적이고 문화적인 영향에서 새로운 심리학의 방향을 찾고자 하였다. 이러한 관점에서 그는 인간의 정신적인 문제를 개인과 관계된 사회적 권력의 문제, 그리고 문화 대 개인의 관계 문제 등으로 진단하였다. 그 밖에도 그의 학문적인 이력에서 주목할 만한 것은, 그가 독일에 있는 사회과학연구소에 있으면서 히틀러의 야만적 파시즘에 반대하였고 프랑크푸르트학파의 일원으로서 마르크스주의적인 관점에서 휴머니즘적인 지향을 자신의 심리학에 중요한 요소로 설정하였다는 점이다.

이러한 사회심리학적 배경과 휴머니즘적인 관점을 토대로 하여, 그는 평생에 걸쳐 많은 저작물들을 발간하였다. 고립적인 인간의 자유 문제를 검토하여 인간의 개성을 유지하는 가운데 적극적인 자유의 실현을 제안하는 『자유로부터의 도피』(*Escape from Freedom*, 1941), 인간 실존에 대한 이해에 근거한 사랑, 그리고 이러한 사랑을 바탕으로 휴머니즘적인 사회 형성을 제안한 『사랑의 기술』, 소비에트 사회주의의 문제를 비판하고 자아의 완성과 인류를 통합하는 휴머니즘을 강조한 『사회주의 인간론』(*Socialist Humanism*, 1965), 현대사회의 소유 중심적 사고와 물질주의적 태도를 비판하고 존재적 실존양식을 통한 삶의 가능성을 모색한 『소유냐 존재냐』(*To have or to Be?*, 1976) 등이 그의 대표적인 연구물이라고 할 수 있다.

이처럼 프롬은 평생에 걸쳐 현대 자본주의 사회 구조의 문제와 그 속에서 고뇌하는 사람들을 위한 인본주의적 메시지를 전달하고자 했다. 이러한 그의 사상은 진정으로 자유로우면서도 다른 사람들과 사랑하고 서로에 대해 의미 있는 존재로 살아가는 인류애적인 모습이 잘 드러나는 사회를 지향했다고 간략히 정리할 수 있다.

1. 들어가는 말: 통속적인 사랑에 대한 오해

프롬은 『사랑의 기술』의 머리말에서 "사랑은 스스로 도달한 성숙도와는 관계없이 누구나 쉽게 탐닉할 수 있는 감상의 대상이 아니라는 것"(프롬, 1976: 3)을 밝히는 것이 책의 집필 의도이고, 인간이 자신을 발전시키지 않는다면 사랑에 실패할 것이며, 이웃을 사랑하는 능력이 없고 참된 겸손과 용기와 신념과 훈련 등이 없다면 개인적인 사랑도 성공할 수 없다는 것을 일깨우는 것이 책의 주요 목적이라고 말하고 있다. 이러한 목적을 토대로, 프롬은 가장 먼저 사랑을 일종의 기술(art)로 정의해야 한다는 점을 분명히 한다. 그는 『사랑의 기술』의 첫 구절에서, "만약 사랑을 기술이라고 가정한다면, 우리는 사랑을 위한 지식을 갖추고 사랑을 위해 노력"해야 할 것이라고 가정한다(프롬, 1976: 7). 이처럼 프롬은 사랑을 배움이 필요한 기술이라고 보고, 진정한 사랑을 위해 사랑을 잘 이해하고 사랑하는 방법을 배워야 한다고 강조한다.

사랑을 배움이 필요한 기술로 본다면, 사랑을 위한 개념과 이론을 정확하게 알아야 한다. 이 점과 관련하여 프롬은 많은 사람들이 생각하는 통속적인 사랑에 대한 이해가 잘못된 것임을 지적한다. 프롬에 따르면 많은 사람들은 사랑의 문제를 사랑하는 능력이 아니라 사랑받는 문제로 인식하거나, 사랑의 과제를 단순히 자신이 사랑할 대상을 찾는 문제로 생각하거나, 아니면 사랑이라는 최초의 경험을 지속적으로 사랑하는 상태와 자주 혼동한다. 그래서 사람들은 어떻게 사랑할 것인가보다는 어떻게 하면 자신이 다른 사람들로부터 사랑받을 수 있으며 사랑스러운 대상이 될 수 있을까에 더욱 골몰하게 되고, 이는 사랑의 능력을 성숙시키는 데 집중하기보다는 타인으로부터 사랑의 대상으로 선택받기 위한 헛된 치장에 관심을 갖게 만든다.

프롬은 사랑에 대한 이러한 오해가 많은 사람들로 하여금 사랑의 대상을 일종의 상품처럼 바라보게 하고, 자신과 교환 가능한 범위 내에서 최상의 선택이 가능한 대상을 발견했을 때 사랑을 성취한 것이라고 여기게 한다고 비평한다. 만약 사랑이 자신의 주어진 조건에서 가장 좋은 교환 대상을 찾는 일이라고 한다면, 사람들은 자신에게 손해가 되지 않을 만한 대상을 찾으려 애쓸 것이다. 이러한 과정 속에서 사랑하는 사람과 사랑받는 사람에 대한 개념적인 불균형이 있다면 그것은 진정한 사랑의 관계가 아니라고 할 수 있다.

이러한 문제 외에도 프롬은 우리가 사랑을 경험하는 최초의 순간과 지속적인 사랑의 관계를 혼동해서는 안 된다고 강조한다. 최초의 사랑 경험은 물론 타인과 하나가 되는 가장 유쾌한 '기적적인 경험'이지만, 이러한 경험이 언제나 지속될 수는 없기 때문이다. 즉 사랑을 경험하는 최초의 기쁨은 시간이 지남에 따라 권태와 실망 등을 낳기 마련이고, 시간이 지나면 결국 사랑을 경험하기 이전에 자신이 얼마나 외로웠는지를 스스로 확인하는 것에 지나지 않는다는 것이다.

따라서 프롬은 사랑의 의미를 배워서 사랑에 대한 혼동과 실패를 극복해야 한다고 주장한다. 그는 통속적인 사랑 이해에 대한 자신의 진단과 평가에 공감할 것을 호소하면서, 인간에 대한 근본적인 규정을 토대로 진정한 사랑의 이론과 실천 방법을 제시하고자 한다.

2. 현대사회에서 인간 실존의 이해와 그 과제

프롬은 사랑을 이해하기 위해서는 먼저 인간 실존에 대한 이해로부터 실마리를 찾아야 한다고 말한다. 그는 인간을 불확실한 삶 속에서도 이성을 발달시켜 인간적인 조화를 찾아내야 하는 존재로 규정한다. 그런데 이러한 문제를 이해하고 인간적인 조화의 단서를 발견하기 위해서는 현재 우리가 시도하고 있는 인간적인 조화의 문제를 사전에 진단해야 한다. 이와 관련하여 프롬은 인간이 오늘날 외부세계와 결합을 시도하는 과정에서 발생하는 두 가지 '실패한' 방식과 현대 자본주의적 관점이 내포하고 있는 평등관의 한계를 지적한다(프롬, 1976: 15-19).

먼저 오늘날 우리가 외부세계와 조화를 시도하는 방식에서 실패하는 이유에 대해 알아보자. 프롬의 이해에 따르면 인간은 '자기 생명의 덧없음과 고독, 그리고 자연과 사회의 힘에 무력함을 인식'하며 자신을 둘러싼 것들과 분리된 자신의 실존에 대해서 괴로워하는 존재다. 이러한 분리의 경험은 대체로 인간의 불안과 수치심, 그리고 죄책감의 원인이 되고, 그래서 인간은 분리의 불안을 극복하고 고독의 상태를 벗어나려는 욕구를 가지게 된다는 것이다. 이러한 과정에서 인간은 끊임없이 어떤 형태로든 다른 사람들이나 외부세계와의 결합을 시도하는데, 여기서 두 가지 실패한 결합 방식이 드러나게 된다.

프롬은 이러한 두 가지 실패한 결합 방식을 '도취적 합일'과 '비도취적 합일'로 구분하여 설명한다. 먼저 도취적 합일은 특정한 문화권의 집단이 만들어 내는 의식 또는 관습과 같은 것에 개인이 참여함으로써 얻게 되는 합일의 방법이다. 이러한 합일은 여러 행사나 전통적인 관행 등을 통해 집단적으로 '진탕 마시고 떠드는 상태'와 같은 일종의 황홀경에 빠지면서 외부세계의 불안과 자신의 고독을 잠시 잊는 것이다. 이에 대해 프롬은 도취적 합일의 특징이 강렬하고 난폭하며 인간의 몸과 마음 전체에 일어나고, 일시적이고 주기적이라고 말한다(프롬, 1976: 19). 이러한 예로는 원시부족의 축제나 개인의 성적 즐거움 추구와 같은 것이 있는데, 이것들은 도취적 합일의 상태를 만듦으로써 개인의 죄책감이나 수치심을 잊게 만든다. 그러나 이것은 실제 외부세계와 자신이 조화롭게 결합되는 것이 아니라 일시적으로 외부세계와 자신이 분리된 느낌을 잊게 만드는 것이기 때문에 진정한 합일이 될 수 없는 순간적인 망각에 불과한 것이다. 결국 이러한 합일은 자신의 상실을 초래하기 때문에 사이비 합일에 불과한 것이라고 평가할 수 있다(박찬국, 2011: 16).

한편 비도취적 합일은 도취적 합일의 의식이나 관습이 발생하지 않는 사회에서 개인이 선택하는 방식이다. 이러한 예로는 알코올 중독이나 마약 중독과 같은 것들이 있다. 자신을 둘러싼 것들과 분리되었다는 생각에서 죄책감이나 후회감에 휩싸인 사람들은 자신의 괴로움을 잊고 사회와 분리된 감정에서 벗어나려고 비도취적 합일을 시도한다. 그러나 이러한 시도는 이후에 결국 절망적인 결과를 가져온다. 예를 들어 더 큰 분리감을 낳거나 약물 등에 대한 의존을 강화하게 되는 것이다. 이러한 방식은 성적 도취에서도 유사하게 드러난다. 그래서 프롬은 사랑이 없는 성행위는 한순간을 제외하고는 두 인간 사이의 간격을 좁혀 주지 못한다고 말한다. 이처럼 분리감 극복이라는 과제에 대한 개인의 실존적 고민은 도취적 또는 비도취적 합일의 방식을 통해 해결되는 문제가 아니다. 따라서 앞서 언급한 도취적 합일이나 개인의 비도취적 합일의 시도는 모두 실패하고 만다.

그 밖에도 프롬은 인간이 분리감을 극복하기 위해서는 오늘날 오해받고 있는 평등 개념에 대한 교정이 필요하다고 주장한다. 프롬의 관점에서 평등 개념은 분리감 또는 차이의 문제를 제거하려는 경향과 맞물려 있는 개념이다. 그런데 과거 서양 사상의 저변에 영향을 미치고 있는 종교적 맥락에서나 혹은 근대 사상가들의 계몽주의적 기획이 추구한 평등 개념은 주로 개인의 실재를 인정하고 착취와 인권 남용에 대한 반대를 목적으로 기획된 것이다.

하지만 프롬이 볼 때 오늘날 사람들은 평등의 의미를 '동일성'으로 잘못 이해하고 있다. 많은 사람들이 오해하고 있는 동일성은 추상적 동일성, 곧 같은 일터에서 일하고, 같은 오락을 하고, 같은 신문을 읽고, 같은 감정과 같은 생각을 가지고 있는 사람들의 동일성과 같은 것이다. 프롬의 관점에서 보면, 결국 현대사회를 살아가는 사람들은 자신의 비개성화된 일률적인 평등을 마치 이상(理想)인 것처럼 여기며, 사회는 이러한 인간들을 원자적인 인간으로 표준화하고, 이러한 표준화를 평등의 진정한 개념인 것처럼 호도한다.

현대 자본주의적 관점이 인간의 동일화를 평등으로 대치시킴으로써 개인의 불안을 은폐하는 방식에는 어떤 것들이 있을까? 프롬은 그 예를 노동, 여가, 창조적 활동의 세 가지 방식에서 찾을 수 있다고 본다(프롬, 1976: 20-25).

첫째는 노동을 하는 것이다. 자본주의 사회에서 평균화된 노동에 참여하는 것은 집단과 하나가 되는 방법이다. 그러나 자본주의적 노동은 관료적인 조직에 의해 지시되며, 심지어 일하는 사람의 감정조차도 지시하여 사람들을 표준화하는 문제가 있다. 둘째는 오락 등 여가활동을 하는 것이다. 하지만 노동과 마찬가지로, 프롬은 현대사회에서 인간이 경험하는 오락 역시 상투적인 생활의 일부가 되어 버렸다고 비판한다. 단적인 예로, 그는 독서클럽이 책을 선택하고, 극장의 소유자가 영화를 선택하며, 일요일의 드라이브나 텔레비전의 연속물, 카드놀이, 파티 등도 모두 기성품으로 변했다고 말한다. 셋째는 창조적 활동을 하는 것이다. 프롬의 해석에 따르면, 창조적 활동은 창조하는 개인이 외부세계의 자료와 결합하는 방식에서 나오는 것이다. 가령 농부가 곡식을 기르든 화가가 그림을 그리든 창조적 작업은 일하는 사람과 그 대상이 어떤 식으로든 결합하고, 인간은 이러한 창조의 과정 속에서 세계와의 결합을 경험하게 된다. 그러나 이러한 작업 중 다수는 결국 개인과 세계에 관한 것으로, 다른 인간과의 관계와는 거리가 먼 개인적 활동이라는 한계를 지닌다(프롬, 1976: 24-25). 아울러 창조의 욕망은 많은 경우 자신의 명성을 높이고자 하는 욕망 또는 다른 사람을 지배하려는 욕망과 같이 부정적 형태로 나타나기도 한다(박찬국, 2011: 18).

현대 자본주의 사회에서 재단된 평등 개념의 문제에 관한 프롬의 진단을 고려하면, 오늘날 우리는 '평등하다'는 형식적 틀 안에서 여전히 외롭고 고립된 존재로 살아가고 있다는 점을 발견할 수 있다. 그렇다면 우리가 이러한 문제를 앞에 두고 고민해야 하는 또 다른 문제는 우리와 함께 살아가는 다른 인간과의 진정한 결합에 관한 것이라고 할 수 있고, 그것이 곧 프롬이 생각하는 사랑의 필요성이자 과제가 되는 것이다.

3. 사랑: 인간 실존 문제의 해법

프롬은 "인간적인 융합 또는 합일을 달성하는 것"(프롬, 1976: 28)이 곧 사랑이라고 말한다. 또한 그는 사랑이 "자기를 재생시키고 자기를 증대시키는 하나의 과정"(프롬, 1999: 63)이며 곧 인간 실존 문제에 대한 해답이라고 말한다. 그런데 우리가 사랑을 합일이라고 말할 때 조심해야 할 것은, 이러한 합일을 '공서(共棲)적 합일'로 이해해서는 곤란하다는 점이다. 프롬은 공서적 합일의 예로 임신한 어머니와 태아의 관계를 들면서, 공서적 합일은 사랑이 아니라고 지적한다(프롬, 1976: 26-28).

어머니와 태아는 함께 살며 서로를 필요로 하는 관계다. 또한 신체적으로 이들은 서로를 돕고, 서로에 대한 애착이 있는 관계다. 그런데 이러한 관계에서 어머니와 태아는 서로를 수동적인 대상 또는 능동적인 대상으로 삼음으로써 실존의 문제를 해결하고자 한다. 여기서 공서적 합일의 수동적 형태는 상대에 복종하거나 타인의 일부가 됨으로써 고립감에서 도피하는 것이고, 능동적 형태는 다른 사람을 자신의 일부로 만들어서 고독감에 갇힌 자신을 잊고자 하는 것이다. 프롬은 이러한 관계 속에서 형성된 공서적 합일은 진정한 사랑의 모습이 아니라고 평가한다.

그렇다면 프롬이 생각하는 진정한 사랑은 어떤 것일까? 프롬이 말하는 성숙한 사랑은 자신의 개성을 유지하는 상태에서 타인과의 합일을 이뤄 내는 것이다. 우리는 사랑의 힘을 통해 타인과 결합하여 고립감을 극복하면서도, 타인에게 복종하거나 타인의 일부가 되는 것이 아니라, 여전히 자신의 개성을 유지할 것을 원한다. 이에 관해 프롬은 "사랑에 있어서는 두 존재가 하나로 되면서도 둘로 남아 있는" 역설이 성립한다고 말한다(프롬, 1976: 28). 또한 그는 이러한 사랑의 힘을 스피노자가 정식화하고 있는 능동적 감정과 같은 것이라고 설명하면서, 사랑을 수동적인 감정이 아니라 자유롭고 스스로 자신의 감정의 주인이 되는 능동적인 활동으로 규정한다. 사랑에 대한 이러한 정의를 따르게 되면, 사랑은 빠지는 것이 아니라 능동적으로 주는 것이면서 동시에 타인과의 합일에 이르는 활동에 참여하는 것이 된다.

여기서 중요한 것은 사랑이 지닌 능동적 성격에 있다. 프롬은 사랑의 능동적 성격을 우리가 사랑을 사랑하는 대상에게 주는 활동에서 찾았다. 프롬은 특별히 마르크스가 말한 휴머니즘적인 사랑의 가치를 언급하면서, "사랑은 사랑으로써만, 신뢰는 신뢰로써만 교환"(마르크스, 2006)되기 때문에 사랑은 주는 것이고, 이러한 사랑은 사랑을 일깨우는 힘을 가지고 있다고 말한다. 이러한 해석은 다른 사람에게 사랑을 줌으로써 그 관계성의 가치를 강조한 것으로, 사회 공동체적 관점에서 보면 이러한 사랑은 사회에 생산적으로 기여하는 요소가 되는 것이다. 아울러 사랑의 능동적 성격이 나타나는 방식과 관련하여, 프롬은 사랑이 주는 것으로써 어떤 특징을 보인다는 점을 언급할 뿐만 아니라 사랑에는 '보호', '책임', '존경', '지식'의 기본 요소가 필요하다는 점을 말한다(프롬, 1976: 35-42).

먼저 사랑이 보호라는 요소를 지닌다는 것은 사랑하는 대상의 생명과 성장에 관심을 보인다는 것을 의미한다. 보호와 관심은 또 다른 사랑의 요소인 책임과 밀접한 관련을 지닌다. 사랑이 보호와 관심의 성격을 지녔다는 의미는 모성애에 비유되는 것으로, 사랑의 대상에 대해 적극적인 관심을 보이는 것을 말한다. 이러한 보호는 비단 인간에 대한 사랑뿐만 아니라 동물이나 사물에 대한 사랑에도 그대로 적용된다. 꽃을 사랑한다면 물을 주어야 하는 것처럼, '자신의 노동의 대상을 사랑하고 자신이 사랑하는 것을 위해 일해야 하는 것'[1]이다. 이러한 보호를 잘하기 위해서 사랑하는 사람은 사랑의 대상에 대한 책임의식을 지녀야 한다. 여기서 말하는 책임은 타율적인 것이 아니라 자발적인 행동, 즉 다른 인간에 대한 나의 응답으로서 자발적인 반응을 의미한다.

한편 사랑은 보호와 책임의 요소 외에도 대상에 대한 존경과 지식을 필요로 한다. 존경은 앞서 언급한 책임의 요소가 자칫 사랑하는 상대를 지배하거나 소유하지 않도록 해 주는 기능을 한다. 존경은 우리들 각

---

1 이와 관련하여 프롬은 『구약성서』「요나서」(4: 10-11)의 내용을 제시하면서, "하느님은 요나에게 무엇인가를 위해서 일하고 무엇인가를 키우는 것이 사랑의 본질이며 사랑과 노동은 불가분의 것이라고 설명"한다고 해설한다.

자가 독립적인 개성을 지니고 나름의 방식으로 성장하는 존재이므로, 우리가 누군가를 사랑한다면 그 대상을 존중해야 한다는 것을 의미한다. 프롬은 사랑하는 대상을 존중하기 위해서는 그의 개성을 잘 아는 것이 필요하다고 말한다. 좋은 존중에는 사랑의 또 다른 요소인 사랑하는 사람에 대한 지식이 필요하다. 여기서 지식은 주로 사랑하는 타인의 입장에서 그 대상을 바라보는 것을 의미한다. 이러한 지식은 타인뿐만 아니라 자기 자신을 포함한 인간에 대한 이해를 얻는 과정에서 쌓이는 것으로, 우리는 이러한 지식을 통해 성숙한 사랑을 만들어 낼 수 있다.

이처럼 사랑의 기본 요소들은 서로 개념적으로 의존적인 관계에 있으며 이를 통해 인간은 보다 성숙한 사랑을 만들어 낸다. 이에 대하여 프롬은 우리는 자신에 대해 언제나 수수께끼라고 말하면서, 결국 사랑이 인간 존재에 대한 비밀을 알아가는 올바른 길이고 우리는 사랑을 실천함으로써 나와 다른 사람을 객관적으로 알아갈 수 있다고 제안한다.[2]

4. 사랑의 대상에 대한 이해

프롬은 사랑의 이론을 전개하면서 사랑의 대상에 대해 별도의 논의를 이어 간다. 많은 사람들은 사랑이 대상에 의해 성립된다고 믿지만, 프롬은 사랑이 대상에 의해 성립되는 것이 아니라 사랑하는 능력과 관련된 것이

2 이러한 측면에서 프롬은 심리학의 귀결도 사랑이라고 말한다. 다만 그는 남녀의 육체적 결합과 같은 것에 대해서는 그 갈망을 부정하지는 않지만, 인체에 대한 유물론적 관점에서 성을 이해하고자 했던 프로이트의 사상에 대해서는 반대하는 입장을 분명히 한다.

라고 본다. 또한 그는 사랑이 특정한 사람과의 관계를 의미하는 것이 아니라 세계 전체와의 관계를 설정하는 태도, 곧 성격의 방향이 되어야 한다고 말한다. 왜냐하면 프롬이 생각하는 사랑은 활동이며 영혼의 힘이기 때문이다. 이러한 관점에서 그는 "만일 내가 어떤 사람에게 '나는 당신을 사랑한다'고 말할 수 있다면, '나는 당신을 통해 모든 사람들을 사랑하고 당신을 통해 세계를 사랑하고 당신을 통해 나 자신도 사랑한다'고 말할 수 있어야 한다"(프롬, 1976: 57)고 주장한다. 그러나 프롬은 사랑의 대상에 따라 일부 차이가 존재할 수 있다는 사실은 부인하지 않으며, 사랑의 대상을 형제애, 모성애, 성애, 자기애, 신에 대한 사랑 등으로 구분하여 제시한다.

프롬은 형제애를 모든 형태의 사랑에 있어 가장 기본적인 것으로 규정한다. 이것은 앞서 논의한 사랑의 네 가지 요소(보호, 존경, 책임, 지식)를 전부 포함한 사랑으로, 성서가 말하는 "네 이웃을 네 몸처럼 사랑하라"는 것과 같은 것이다. 형제애는 모든 인류에 대한 사랑이며 서로 동등한 사람들 사이의 사랑이다. 그러나 프롬은 항상 모든 사람이 동등한 여건에 있지는 않기 때문에 무력한 사람, 가난한 사람, 이방인을 사랑해야 한다고 말한다. 또한 그는 도움을 필요로 하는 사람을 사랑하기 위해서는 그러한 사람에 대한 이해(지식)와 자신의 동일시가 필요하다고 했다.

두 번째 사랑의 형태는 모성애다. 프롬에 따르면 부성애가 조건적인 사랑임에 반해 모성애는 아이에 대한 무조건적인 긍정을 의미한다. 또한 형제애가 동등한 사람들 사이의 사랑임에 비해, 모성애는 아이의 생명과 성장에 관심을 쏟는 일방적인 관계에서 나타나는 사랑이다. 그런데 프롬은 모성애가 단순히 아이의 삶을 유지하고 성장시키는 의미만 지닌 것이 아니라고 보았다. 그는 모성애를 통해 아이가 성장하면서 자신의 삶에 대한 사랑을 깨치도록 하는 것이 더욱 중요하다고 주장하였다. 프롬은 이를 두고 전자를 단순히 젖을 주는 어머니, 후자를 꿀까지 주는 어머니로 비유하여 말한다. 즉, 훌륭한 어머니는 단순히 아이에게 젖을 먹이는 어머니를 넘어서 아이가 삶을 긍정하는 태도를 길러 주는 어머니인 것이다. 이러한 차원에서 어머니는 아이를 보호하는 '좋은 어머니'일 뿐만 아니라, 아이에게 이 세상에 산다는 것이 스스로에게 좋은 일이고 이 지상에 있다는 것이 좋은 일이라는 것을 알려 주는 '행복한 어머니'여야 한다.

한편 프롬은 모성애가 때때로 아이를 지배하거나 소유하려고 하는 자아도취적 성향을 보일 수 있음을 경계해야 한다고 지적한다. 모든 어머니는 아이가 연약할 때 모성애를 보이는 상냥한 어머니가 될 수 있지만, 아이가 성장하여 분리될 때까지도 상냥하기는 어렵다는 것이다. 비록 한 몸이었던 두 사람이지만, 아이는 성장하여 결국 어머니와 분리되어야 하는 존재다. 따라서 프롬의 관점에서 올바른 모성애를 지닌 어머니는 성장한 아이의 분리를 이해하고 후원해야 하며, 분리된 자식을 계속 사랑해야 한다.

세 번째로 프롬은 성애에 대해 설명한다. 그는 형제애가 동등한 사람 사이의 사랑이며 모성애는 무력한 아이에 대한 사랑이지만, 이들 사랑의 형태는 한 사람만을 사랑하는 것이 아니라 결국 모든 사람에 대한 사랑을 지향하는 것이라고 보았다. 그런데 이와 대조적으로 그는 성애가 형제애와 모성애에는 없는 '독점하고자 하는 욕구'의 특성을 지니고 있다고 보았다. 즉 성애는 자신과 다른 단 한 사람과 결합하고자 하는 배타적인 갈망이며, 따라서 성애는 현존하는 사랑의 형태 중에서 가장 기만적인 것이 될 수 있다는 것이다.

프롬에 따를 때 성애에서 기만적인 특징이 드러난다는 의미는 육체적으로 서로를 원할 때 서로 사랑하고 있다는 잘못된 결론에 도달하는 것을 말한다. 두 사람 사이의 성적인 교섭이 서로 간에 친밀감을 키우고 외부세계와의 분리감을 일시적으로 잊게 만드는 효과가 없는 것은 아니지만, 이러한 형태의 가까운 감정은 시간이 지나면서 줄어들고 또 다른 성적 대상을 찾게 되는 문제를 낳는다는 것이다. 그러므로 프롬은 성적인 결합에 있어서도 인류에 대한 사랑의 보편적인 요소가 전제되어야 한다고 보았다. 왜냐하면 사랑은 성적으로 결합하고자 하는 소망을 일으킬 수 있지만, 사랑을 단순한 성애로 착각하는 욕망은 일시적인 합일에 지나지 않기 때문이다. 이러한 관점에서 프롬은 비록 성애 그 자체는 배타적이지만 그 사랑하는 사람을 통해서 전 인류를 사랑하는 방향으로 나아가야 한다고 말한다.

네 번째는 자기애에 관한 것이다. 자기애의 의미를 언급하기에 앞서, 프롬은 서양사상에서 자기애가 부정적으로 취급되어 왔던 사례들이 지닌 문제점을 잊지 말아야 한다고 주장한다. 먼저 그는 칼뱅이 자기애를 '페스트'라고 비판한 사실과 프로이트가 자기애를 '자아도취'로 규정한 예들을 상기시키면서, 자기 자신에 대한 사랑을 일종의 이기심으로 규정하고 타인에 대한 사랑과 배치되는 것으로 여기는 관점에 대해 의문을 제기한다. 더 나아가 그는 자기 자신에 대한 사랑과 타인에 대한 사랑이 상호배타적인 관계에 있는 것이 아니라고 주장한다. 프롬은 인간을 이해할 때 자신을 배제한다는 것은 불가능하며, 나 자신을 사랑하는 것과 타인을 사랑하는 것은 양자택일이 아니라 불가분의 것이고 그것들이 서로 결합 가능한 것이라고 보았다. 왜냐하면 사랑은 사랑받는 사람의 성장과 행복에 대한 희망이며, 사랑하는 사람인 자기 자신이 지닌 사랑의 능력에 의존해서 그러한 희망을 이루려고 하기 때문이다.

여기서 사랑하는 사람은 자신이 지닌 사랑의 능력을 통해 사랑할 줄 아는 힘을 실현한다. 그런데 이러한 사랑의 힘은 앞서 언급한 사랑의 요소들을 사랑하는 사람(궁극적으로는 모든 사람)에게 쏟는 것을 말한다. 따라서 한 사람에 대한 사랑에는 인간 자체에 대한 사랑이 내포되어 있으며, 이러한 인간 자체에는 자신이 포함된다는 것이다. 이러한 관점에서 프롬은 나 자신도 사랑의 대상일 수밖에 없다고 보았다. 마찬가지로 타인만 사랑할 수 있다면 그는 전혀 사랑할 줄 모르는 사람이라고 하였다. 이처럼 그는 자기애가 인류애와 모순되지 않는다는 점에 근거하여 자기애는 다른 사람을 사랑하는 것과 모순되지 않는다고 주장하였다.

이러한 관점에서 프롬은 이기심과 자기애를 구분해야 한다고 하였다. 그의 견해에 따르면, 이기심은 '다른 사람의 욕구에는 관심이 없고 다른 사람의 존엄성과 통합성을 존중하지 않는' 것이다. 또한 이기적인 사람은 자신에 대한 유용성을 기준으로 모든 사람을 판단하기 때문에 타인을 사랑할 줄 모르는 사람이다. 아울러 프롬은 이기적인 사람은 자신을 사랑한다고 착각하지만 실제로는 자신을 거의 사랑하지 않고 오히려 미워하는 사람이라고 말한다. 이를 두고 그는 직접 "이기심은 결코 만족할 줄 모르는 불만족을 포함하며, 그 결과 진정한 만족은 존재하지 않는다. 탐욕은 바닥이 없는 구덩이이며, 탐욕스러운 사람은 욕구를 충족시키기 위해 끊임없이 노력하지만 끝내 만족에 도달하지 못하고 기진맥진한다"(프롬, 2002: 125)고 말한다. 왜냐하면 자기 자신에 대한 애착과 타인에 대한 배려의 결핍은 스스로를 공허하게 만들고 진정한 자아를 돌보는 데 실패하게 만들기 때문이다. 이러한 프롬의 견해에 따르면 결국 이기적인 사람은 자신을 포함한 어느 누구도 사랑하지 않는 사람인 것이다.

마지막으로 프롬은 사랑의 종교적 형태(즉 신에 대한 사랑)에 관한 자신의 입장도 제시한다. 이 부분에서 프롬은 자신이 유신론적 관점을 따르지 않으며 역사적인 관점에서 신 개념을 다루고 있음을 분명히 하고 있다(프롬, 1976: 86-87). 또한 그는 실존적인 태도를 유지하면서 적어도 인간 스스로가 삶에 의미를 부여할 수밖에 없으며, 서로 돕고 살아가지 않는 한 외롭다는 입장에서 신에 대한 사랑을 다룬다.

프롬은 비교적 긴 호흡으로 신에 대한 사랑의 문제를 서구 사회에서 진행된 종교의 역사적인 변화 과정과 동서양 종교가 지닌 차이 및 그 결과를 통해 묘사한다. 특히 동서양 종교에 대한 프롬의 해석은 복잡하고 유신론적인 것과 신비주의적인 것을 포괄적으로 바라보는 입장이지만, 이 부분에서 프롬이 제안하고자 하는 핵심적인 내용은 신에 대한 사랑도 분리의 상태를 극복하고 합일을 원하는 인간이 지닌 태도와 다르지 않다는 것이다. 즉 프롬이 신에 대한 사랑을 언급하면서 의도한 것은, 인간이 지각을 초월하지 않으면 신을 알 수 없으므로 일체성을 경험하는 것이 중요한 것처럼(그래서 종교가 올바른 생활방식을 강조하는 것처럼), 사랑에도 실천의 가치가 중요하다는 점이다.

5. 사랑의 실천

프롬은 특히 『사랑의 기술』 제4장에서 사랑의 실천 문제를 집중적으로 다룬다. 사랑을 '기술'로 정의하면서 그는 사랑의 '기술'을 실천하기 위해서는 다른 기술을 습득하는 것처럼 훈련, 정신 집중, 인내, 최고의 관심이 중요하다고 말한다.[3] 사랑의 기술을 익히기 위해서는 전 생애에 걸쳐 자신의 의지로 꾸준히 훈련해야 하며, 홀로 있는 것을 배우고 불필요한 잡담을 줄이며, 타인의 말과 상황에 정신을 집중하는 능력을 키우고, 단기

3 이 부분에 대해서는 일반적인 기술의 습득 과정과 유사하기 때문에 별도의 긴 설명이 필요하지 않다.

간에 결과를 바라지 말고 꾸준히 인내하는 자세가 필요하다. 또 지속적으로 사랑을 최고의 관심 대상으로 두어야 한다. 물론 사랑의 기술을 훌륭하게 습득하기 위해서는 훈련과 정신 집중, 그리고 인내를 실행해야 한다.

그 밖에도 프롬은 사랑의 기술을 배우고자 한다면 겸손과 객관성, 그리고 객관성을 사고하는 이성을 발달시켜야 한다고도 말한다. 왜냐하면 사랑은 모든 인류에 대한 사랑인바, 다른 사람에 대해 겸손함과 객관성을 유지하는 것이 중요하기 때문이다. 아울러 그는 사랑의 기술이 지닌 실용적 관점에 볼 때, 합리적인 신앙[4]은 인간의 삶에 생산적인 지성 및 정서적 활동의 근원이 될 수 있기 때문에 합리적인 신앙의 실천도 필요하다고 보았다.

또한 프롬은 사랑을 실천하는 데 장애가 되는 사회적 영역의 제약을 간과하지 않았다. 그는 사랑의 태도를 획득하고 발달시키기 위해서는 개인적 영역에서 노력해야 할 뿐만 아니라 사랑의 실천이 가능하도록 사회적 영역을 개선해야 한다고 보았다. 그런데 안타깝게도 프롬은 오늘날 자본주의 사회에서 사회의 기본 원칙, 즉 교환의 공정성에 집착한 원칙은 사랑의 원칙과 양립할 수 없다고 진단한다(프롬, 1976: 151). 따라서 그는 자본주의 사회 구조에 급진적인 변화가 필요하다고 말한다. 이러한 관점에서 프롬은 강한 어조로 인간이 사회적으로 사랑할 줄 아는 방식으로 사회가 조직되어야 한다고 말하면서, 사랑의 발달을 막는 사회는 멸망할 수밖에 없다고도 했다. 프롬이 마르크스주의의 영향을 받은 것은

4 프롬은 합리적인 신앙과 비합리적인 신앙을 구분한다. 프롬은 비합리적인 신앙을 '불합리한 권위에 복종을 바탕으로 하는 믿음'으로, 합리적인 신앙을 '우리의 확신이 갖고 있는 확실성과 견고성'이라고 정의한다(프롬, 1976: 140).

논외로 하더라도, 우리가 고려해야 할 것은 우리 사회가 자본주의적 태도에 물들어 탐욕스럽게 상품에 집착하는 모습을 보이는 경향을 방치해서는 안 된다는 것이다.

6. 나오는 말

우리는 일상에서 진정한 사랑의 가치를 잊은 채 자신의 감정에 대한 즉흥적인 표출과 물질의 낭비를 행복으로 착각하는 경향을 보일 때가 있다. 또한 우리는 자본주의적 사회의 틀 속에서 경제적 성취를 인생의 최종 목적이라고 착각하고, 또 이러한 생각 속에서 인간마저도 소비의 대상, 교환의 대상, 상품의 대상으로 삼는 폭력적인 시대를 방관한 채 살아가고 있다.

프롬의 사랑론은 단순히 사랑에 대한 낭만적인 감상이 아니라 오늘날 자본주의 사회에서 문제가 되고 있는 인간의 고립과 소외의 문제, 그리고 진정한 휴머니즘이 무엇인가에 대한 고뇌에서 전개된 것이다. 이러한 문제가 실상 프롬이 고민한 인간 실존의 과제였으며, 오늘날에도 그다지 개선되지 않았다는 점에서, 프롬의 사랑론은 여전히 유효하다.

프롬은 우리에게 진정한 사랑을 위해 사랑하는 방법을 알아야 하고, 사랑을 이해하고 실천하기 위해서는 모두가 사랑의 기술을 익혀야 한다고 말한다. 특히 그는 통속적인 사랑에 대한 대중적인 생각에서 드러나는 문제점을 지적하며 스스로 인간다운 모습을 지니는 것의 가치, 그리고 사랑의 정신으로 확장된 인류애적 관계를 밝히는 과정 등을 통해 우리에게 사랑에 대한 이해와 실천 방법을 제안하고 있다. 만약 이러한 프롬의 사랑론을 긍정했다면, 이제 전 인류를 사랑하는 마음으로 사랑의 기술을 실천하고 우리 사회가 진정한 사랑이 실천 가능한 사회로 거듭나는 데 스스로 기여할 수 있는 것에 대해 생각해 보는 것은 어떨까?

참고문헌

마르크스, 칼. (2006). 『경제학: 철학 수고』. 강유원 옮김. 이론과실천.

박찬국. (1996). 「에리히 프롬의 인간관」. 『시대와 철학』 제7권 제2호. 한국철학사상연구회.

박찬국. (2011). 「목적론적 입장에서 본 행복: 아리스토텔레스와 프롬을 중심으로」. 『동서사상』 제11집. 경북대학교 인문학술원.

정문길. (1994). 『소외론 연구』. 문학과지성사.

진덕규. (1977). 「서평: 에리히 프롬과의 대화」. 『기독교사상』 제21집 제2호. 대한기독교서회.

최홍순. (1985). 「프롬에 있어서의 인간이해」. 『윤리연구』 제21권. 한국윤리학회.

프롬, 에리히. (1976). 『사랑의 기술』. 황문수 옮김. 문예출판사.

프롬, 에리히. (1983). 『인간과 종교』. 최혁순 옮김. 한진출판사.

프롬, 에리히. (1994). 『존재의 기술』. 최승자 옮김. 까치.

프롬, 에리히. (1999). 『소유냐 존재냐』. 최혁순 옮김. 범우사.

프롬, 에리히. (2002). 『자유로부터의 도피』. 김석희 옮김. 휴머니스트.

Braune, Joan. (2012). "Erich Fromm's prophetic messianism: Toward a critical theory of hope." Ph. D. dissertation, University of Kentucky.

Durkin, Kieran. (2014). *The Radical Humanism of Erich Fromm*. New York: Palgrave Macmillan.

Fromm, Erich. (1956). *The Sane Society*. London: Routledge & Kegan Paul.

Fromm, Erich. (1995). *The Art of Loving*. London: George Allen & Unwin Ltd., Thorsons.

Fromm, Erich. (2006). *Beyond the Chains of Illusion: My Encounter with Marx and Freud*. London: Continuum.

Funk, Rainer. (2000). *Erich Fromm: His Life and Ideas: An Illustrated Biography*. New York: Continuum.

5장

마르쿠제의 에로스 개념

생명관에 관한 인간학적 성찰

임채광

헤르베르트 마르쿠제(Herbert Marcuse, 1898-1979)에 의하면 후기자본주의는 기술과 자본이 개인과 사회를 지배하고 통제하는 사회다. 그 배후에는 '기술적 합리성'이라 불리는 사회적 통제의 논리와 이념이 놓여 있다. 그는 이와 같은 사회의 특징을 '에로스(eros)' 개념으로 설명한다. 그는 현대인이 '탈에로스적' 사회에 살아가고 있다고 전제한다. 이러한 현상의 징후는 경제적 가치의 무분별한 일반화, 인간과 자연 등 모든 과학적 연구대상의 중립적 대상화, 은닉된 정치성과 함께 나타난다. 마르쿠제는 독특하게도 에로스 개념을 성욕과 구분되는 탈육체적·정신적 가치로 보았는데, 이를 타나토스(tanatos) 또는 성애와 구분하여 '생명에 대한 사랑'과 동일시하였다.

사랑은 인간의 욕구를 구성하는 심리적 현상의 일종이고 사랑의 표출은 욕구를 드러내는 한 방편이다. 다만 현대인의 사랑은 한편으로 일차원적 성격을 지니고, 다른 한편으로는 물질 의존적 성향을 갖는다. 마지막으로 현대인의 사랑은 비도덕적이다. 기술적 합리성과 자본주의적 생산 논리, 기술과 과학의 맹목적 신봉에서 오는 단정적 가치가 지배하는 현대인들의 욕구와 사랑은 일차원적이고 반생명적이며 죽음의 본능과 맞닿아 있다. 진정한 사랑의 회복은 생명을 살리는 일이며 '에로스적 충동'의 복권이다. 이는 근본에 있어서 미학적·도덕적 욕구이며 동시에 인간됨의 가치이자 존재의 역사성이다. 그 중심에 사회적 실천의 가치가 전제되어 있다.

건전한 사회란 생명의 원리에 따라 구성된 자유로운 사회이며, 에로스적 충동이 사회의 내부 구조를 규정하는 공동체다. 생명의 원리에 입각한 에로스적 공동체에 대하여 마르쿠제는 나음과 같이 기술한다. 첫째, 자유로운 자아, 즉 개인이 다양성과 독특성을 최대한 발현할 수 있는 사회이며 그 어떠한 이념적·정치적 억압도 허용하지 않는 '열린 공간'이자 '놀이터'다. 둘째, 역사적 가치와 의미를 함유한 개체들의 '실천공동체'다. 현재의 불평등과 억압적 쾌락에 순응하지 않고 내일을 표상하며 궁극적으로 '현존재의 평화로운 충족'을 지향하는 사회다.

1. 들어가는 말: 마르쿠제의 생애

1898년 베를린에서 유대계 독일인으로 태어난 마르쿠제는 철학자이자 문화이론가였으며 호르크하이머, 아도르노와 함께 비판이론을 대표하는 철학자로 꼽힌다. 마르쿠제가 자신의 저술과 철학적 작업의 핵심 과제로 삼아 온 것은 한편으로는 이 시대를 사는 현대인들의 실존적 지위와 사회적 구조에 대한 분석이었으며, 다른 한편으로는 현대사회의 구조적 모순을 해명하여 그에 따른 대안을 제시하는 일이었다.

마르쿠제에게 철학은 인간과 세계에 대한 존재론적 또는 사회 구조적 해명에 그치지 않고 보다 인간적인 욕구를 구현하는 과정이며, 궁극적으로 사람들에게 평화로운 삶을 영위하는 길을 가르쳐 주는 실천적 작업이다. 인간의 일상은 곧 사회적 실천이자 역사적 사건인 것이다. 사회적 현실에 대한 분석은 철학이 추구하는 핵심 가치이자 궁극적 목적을 달성하는 데 필수불가결한 전략이고 과제다. 개인의 일상이나 문화현상에 대한 분석과 해명은 비판이론의 중심과제였다.

마르쿠제의 사회이론은 그 자신의 인생 경로와 관련되어 전개되었다. 나치스를 피해 미국으로 도피했던 기간은 그의 사상세계를 전기와 후기로 가름하는 중요한 전환점이 되었다. 전기 철학은 그가 1932년에 쓴 『헤겔의 존재론과 역사이론의 기초』(*Hegels Ontologie und die Grundlegung einer Theorie der Geschichtlichkeit*) 이후부터 유배생활을 시작하기 이전까지의 작업을 지칭한다. 그의 철학적 관점은 후설의 현상학과 하이데거의 존재론으로부터 깊은 영향을 받고 성장하였다. 이들 외에도 그의 사상에 큰 영향을 준 철학자로는 마르크스와 프로이트가 있다. 특히 20세기 초에 발간된 마르크스의 유고작들에 대하여, 마르쿠제는 당시 나치를 위시로 하여 전개되던 억압과 독단의 권위주의 체계를 분석하고 그 논리적 배후를 규명해 줄 인간학적·사회과학적 방법론에 주목한다.

프로이트의 정신분석학을 접목시킨 것은 마르쿠제의 철학적 방법론이 지닌 독특한 시선이다. 그의 이런 시도는 프랑크푸르트학파의 일부 다른 구성원들의 관심사항이기도 했는데, 이는 나치스의 위협을 피해 미국으로 망명한 이후의 저서에서 두드러지게 나타난다. 마르쿠제는 정신분석학의 경험과학적 방법론을 대폭 수용하면서 후기자본주의 사회로 진입한 현대 문화와 사회구조에 대해 총체적 분석을 시도한다. 특히 개인과 사회 사이의 긴장구조와 모순, 그리고 심리적 관계성에 대한 해명에 프로이트의 인간 분석은 하나의 효율적인 대안임에 틀림없었다. 이와 같은 정신분석학을 도입하는 경향이 마르쿠제에게만 나타난 것은 아니었다. 에리히 프롬(Erich Fromm)과 레오 뢰벤탈(Leo Löwenthal) 등 많은 사상가들에게 정신분석학은 인간과 사회적 문제들을 분석하고 해명하는 데 매우 매력적인 방법론으로 주목받았다. 19세기부터 서구에 불기 시작한 학제 간 연구에 대한 관심과 무관치 않은 현상이었다. 동시에 당시 파시즘이나 후기산업사회가 도래하면서 발생한 사회적 위기 상황에 대처하는 데 있어 기존의 정치학이나 전통적 철학이론의 방법론으로는 의미 있는 성과를 거두지 못했다고 진단했던 시각이 이들에게 영향을 주었다.

2. 현대사회의 특징

현대사회는 고도의 기술산업사회이자 후기자본주의적 사회의 특성을 보인다. 마르쿠제에 의하면 이 사회는 인간과 자연을 파괴하고 동시에 인간의 노동력을 동원하는 거대한 생산과 소비 장치 그 자체이기도 하다. 이러한 거대 장치의 지배원리는 '기술적 합리성'이다. 이 원리는 개인의 의식과 욕구를 통제하며, 이로써 현대인들은 더욱 부자유하고 소외된 삶을 살아가게 된다. 부자유한 사회란 인간의 존재 목적인 '평화로운 현존재'에 대한 위협이 일상화되는 사회, 인간과 생명이 속박되고 억압되는 사회를 말한다. 즉 평화롭지 못한 사회, 자유로운 욕구와 생명적 요소가 실종된 사회를 뜻한다.

철학은 이와 같은 소외된 현실의 문제를 들추어내고 문제를 지적하며 그 문제에 적합한 대안을 제시할 수 있어야 한다. 이런 의미에서 현대사회와 인간의 실존적 현실에 대한 비판은 필수적이다. 현대 문화의 반생명적 요소는 기술산업사회의 이데올로기이자 개인의 일상을 규정하는 근거인 소위 '기술적 합리성(technologische Rationalität)'에 대한 마르쿠제의 비판에 함축적으로 나타나 있다. 그것은 생명의 역동성을 억압하고 사랑의 에너지를 감축시키는 핵심 논리다.

현대 기술산업사회의 체제에서 기술적 합리성은 "자연을 지배하고 생산성의 잠재적 요인들을 억제하며 후기산업사회의 전체주의의 이념이 되어 널리 퍼져 있다. 대중은 내적·외적으로 영구적 동원상태에 놓여 있다"(마르쿠제, 1989: 88). 이 시대의 지배적인 합리성은 인간이라는 유기체를 극히 자극적이고 말초적인 매체들을 이용하여 그 총체적 가치까지도 말살시키는 방향으로 "분화시켰으며 교환 가능한 도구로 변형"해 버렸다(마르쿠제, 1989: 87). 생명적 가치는 사라지고, 자연에 대한 존재가치 및 인간에 대한 사랑은 현존하는 문명을 지탱, 보존하며 제도화된 경제논리와 기술의 이데올로기적 신화로 대체되었다.

마르쿠제는 기술적 합리성의 사회적 통제로 인한 또 하나의 특징은 '은닉된 정치성(verborgene Parteilichkeit)'이라고 보았다. 기술문명의 결과인 익명성과 자기은폐적 경향으로 인해 개별자는 자기의 정치적 자유와 소신을 표현해야 하는 책임과 부담으로부터 도피하고 면죄를 받는다. 현대사회에서 개인의 자유와 권리가 무한정 확대되고 있는 듯 보이지만, 현대인의 일상 뒤에는 존재구조에서 유래하는 부자유와 억압의 원리가 숨겨져 있다는 것이다. 이와 같은 다양한 요인으로부터 마르쿠제는 현대인의 사랑 방식을 '반(反)생명적'이라고 주장한다.

제도 권력에 의한 지배와 통제의 효율성으로 인해 개인의 "리비도에 부과되는 억제력은 사회가 합리적이면 합리적일수록, 보편적이면 보편적일수록 전 사회에 더욱더 효율적으로 침투"(마르쿠제, 1989: 51)할 수 있게 되었다. 그것들은 때로는 법의 객관적 설득력으로, 때로는 개인의 심상에 길들여진 권력의 메커니즘을 동원해 구성원을 조종한다. 그리고 개인은 이와 같은 "억압 상황을 자신의 생활의 일부로 받아들이고 '자유롭게' 살아간다. … 순응하는 개인에게는 다소간에 적절하게 보답하고, 그렇게 하여 사회 전체를 재생산하는 거대한 사물의 객관적 질서로 되어 버린다"(마르쿠제, 1989: 51). 마르쿠제는 이와 같은 자본주의적 사회 내 개인의 심리적 경향을 일종의 "퇴행"이며 "죽음의 궤도 속으로 끌려가는 본능의 한 양태"(마르쿠제, 1989: 37 이하)라고 규정하였다. 현대 문화를 소위 과학과 기술을 토대로 하는 '대중문화'이자 '기술산업문명'이라고 전제할 때, 이 안에서 우리가 적지 않은 혜택과 가능성을 확보한 것은 주지의 사실이다.

우리는 인류의 오랜 숙원이었던 '생존'이라는 목표를 달성하기 위하여 오랫동안 노력해 왔고 드디어 생존에 유리한 환경을 갖출 수 있게 되었다. 현대인들은 대량생산으로 인해 의식주와 같은 인간의 기본 욕구들을 큰 수고 없이 충족할 수 있게 되었다. 그렇지만 분명한 사실은 현재 우리가 체험하고 있는 현대 문명사회는 우리가 의도하고 기대했던 바와 어느 정도 차이가 있다는 점이다. 현대인들이 문화 생활을 하는 과정에서 느끼는 부정적 정서를 마르쿠제는 개인의 '소외감(Entfremdungsgefühl)'에서 발견하고 있다. 소외는 고통이자 억압이다. 즉 극복의 대상이다. 그것은 '생명의 소외'이고 궁극적으로는 인간과 그의 천성 사이에서 발생하는 소외를 의미하는 것이었다. 생명의 목적(telos)이 존재이자 쾌락이라고 보았던 마르쿠제에게 고통스러움과 부자유는 분명 반생명적이고 억압적인 것이다.

3. 사랑의 양태

사랑은 인간의 욕구를 구성하는 심리적 현상의 일종이다. 사랑의 표출은 욕구를 드러내는 한 방편이다. 사랑이라는 마음상태는 표출 유형에 나타난다. 현대인의 사랑 방식과 구조에 대하여 마르쿠제는 흥미로운 관점을 갖고 있었다. 그는 현대사회를 기술과 대중사회로 규정하고 이와 같은 사회 구조적 환경에서 촉발된 사랑 방식에 대하여 다음과 같이 설명한다.

첫째, 현대인의 삶은 일차원적이다. 현대사회는 일차원화되어 있으며 현대인의 가치와 사유방식은 일차원적 모습을 보여 준다. 과학과 기술의 사회적 통제는 개인의 사유와 욕구 체계를 합리적 논리를 통해 억압하고 재구성해 낸다. 다양성과 다원성의 가치는 무시되거나 억압되고 일차원적 단일 가치가 주도적 힘을 지닌다. 생산성과 효율성 등을 내세운 일차원적 의미체계가 그 대표적 사례다. 사랑의 의미와 욕구도 다르지 않다. 기술적 합리성의 논리 안에서 문화적 환경과 자연, 그리고 인간 자체까지도 경제적 효용성에 의해 그 가치가 측정된다. 인간의 노동력이나 자연마저도 경제적 효용가치에 의해 존비가 결정되며 개인의 가치와 인격성은 시장 질서에 의해서 규정 및 평가된다. 개인의 욕구와 충동까지도 경제적 효용가치에 의해 축소되며 조작된다.

둘째, 현대인의 사랑은 물질의존적이다. 현대문명 자체가 물질적 산업문명의 토대 위에 형성되어 있기 때문이다. 이 시대의 기술산업문명은 개인의 생각과 욕구를 조종하고 통제할 수 있게 되었으며, 사랑조차도 사물화되고 제도화된 모습으로 대체되는 단계에 이르게 되었다. 기술과학의 논리에서 인간과 자연은 '중립적' 대상으로 간주된다. 인간 그 자체는 어떠한 존재의 이유나 목적도 내재하고 있지 않으며 단지 현존하는 사회적 체제의 부산물로 간주된다. 동시에 스스로 자신의 존재이유를 증명해내지 못하는 모든 대상은 무가치한 중립적 존재이므로 과학과 기술의 분석 및 조작의 대상으로 간주된다. '경영의 합리화'라는 이름으로 "과학은 가장 파괴적인 도구의 하나"로 등장했으며, "공포로부터의 자유를 파괴하는 도구"로 둔갑한 것이다(마르쿠제, 1989: 71).

셋째, 사랑의 표출 양태가 왜곡되어 있고 비도덕적이다. 특히 인간의 천성과 자연의 보편원리에 어긋나는 가치나 욕구 표출이 낯설지 않게 드러나고 보호받는 성향이 있다. 사랑의 이름으로 권력이 표출되거나 사랑의 이름으로 음탕한 자본 욕구가 나타난다. 사랑의 이름으로 성은 자본의 도구로 전락했으며 자본과 권력의 지배 아래 종속되어 버렸다.

4. 생명으로서의 '에로스'

'삶' 또는 '생명(Leben)'의 문제는 철학이나 과학에서 인간과 자연을 규정하는 과정에서 제기되는 매우 중요한 과제다. 특히 자연과학의 발달과 함께 16세기 이후부터 근대인들은 인간을 하나의 생명체로 이해하기 시작했으며, 인과성의 원리를 통해 인간을 설명하고 이해할 수 있다는 확신을 얻게 되었다.

데카르트는 인간의 신체가 갖고 있는 기계적 역동성 속에서 생명의 본질을 발견했으며, 관념철학 시대의 칸트에게 생명이라 함은 선험적 이성이 보증해 주는 온전한 자율성이었다. 프로이트 역시 인간의 생명 문제에 관심을 기울였던 많은 근현대 인간학자들 중 한 명이었다. 인간의 심리적 구조를 분석하고 과학적으로 객관화하는 것이 그의 관심사였다. 마르쿠제는 프로이트의 정신분석학적 연구 성과를 자신의 사회이론과 인간관에 대폭 수용하고 발전시킨다.

마르쿠제는 에로스 개념을 통해 인간의 존재론적 지위와 생명에 대해 설명한다. 특히 후기 저작에 속하는 『에로스와 문명』(*Triebstruktur und Gesellschaft. Ein philosophischer Beitrag zu Sigmund Freud*)에서 마르쿠제는 인간의 생명 문제를 심도 있게 다룬다. 여기에서 그는 생명과 에로스 개념을 연결시키면서, 에로스를 생명의 상징이자 원천이요 존재의 속성이라고 표현한다. 에로스 개념의 명확한 이해를 위해 다음 두 가지 사항을 짚어 보고자 한다.

첫째, 마르쿠제는 인간과 사회의 이해에 있어 프로이트의 주요 개념을 자신의 이론적 기반으로 삼는다. 그에 의하면 인간의 행위를 규정하고 이끄는 행위자의 내재적 동기는 충동이다. 그리고 충동체계는 그 기능과 성향에 따라 두 범주로 구분된다. 하나는 '쾌락원칙(Lustprinzip)'이고, 다른 하나는 '현실원칙(Realitätsprinzip)' 또는 '성과원칙(Leistungsprinzip)'이다. 에로스는 이 두 원리의 조화가 전제되어 있을 때 발현된다.

둘째, 마르쿠제는 프로이트의 정신분석학 개념들을 철학적 의미로 재구성한다. 그는 철학을 '역사화'로 이해한다. 한편으로 철학은 우리가 지식으로 보유하고 있지 않으나 지적 느낌으로 다가오는 일종의 상상력이며(Habermas, 1978: 24), 다른 한편으로는 역사적 행위이고 실천이다. 인간은 필연적으로 역사적 현실의 소산이고 판단과 행위의 주체이기 때문이다.

마르쿠제는 프로이트와 달리 개인과 문화 또는 쾌락원칙과 현실원칙 사이에 갈등이 발생했을 때 그 원인을 생물학적 동기에서 찾기보다는 사회·역사적 관점, 즉 문화적 배경에서 찾고자 했다. 우리가 문제의 해결을 원한다면 "충동 구조 자체가 변하지 않고는 어떠한 대안도 기대할 수 없다"(Marcuse, 1957: 418). 그렇기 때문에 우리는 사회·역사적 계기들을 분석하고 그 해결책을 강구해야 한다는 것이 마르쿠제의 관점이다.

인간은 충동에 의해 기능하는 유기체이며 그렇기 때문에 어떠한 방식으로든지 욕구에 따라 행동한다. 그리고 욕구는 생명을 향한 욕구와 죽음을 향한 욕구로 구분된다. 이는 프로이트가 인간 존재의 두 원칙으로 현실원칙과 쾌락원칙을 제시한 것과 무관하지 않은데, 마르쿠제는 죽음을 향한 욕구가 현실원칙과 연계되며 생명을 향한 욕구는 쾌락원칙의 표출에 대응한다고 보았다. 생명의 욕구는 에로스이며 죽음을 향한 욕구는 타나토스다(마르쿠제, 1989: 38 이하). 마르쿠제의 에로스 개념의 올바른 이해를 위해 오해나 혼동을 불러일으킬 가능성이 있는 몇몇 개념들을 대비해가면서 에로스 개념을 재구성해 보겠다.

5. 에로스와 성욕

마르쿠제의 에로스가 유기체로서의 인간과 관련된 개념이라는 점은 사실이지만, 그것이 '성욕'과 혼동되어서는 안 된다. 에로스는 "성욕의 양적·질적 확장을 의미한다"(Marcuse, 1968: 203). 그는 프로이트가 사용했던 에로스 개념에서부터 출발하지만 이를 단순히 성욕으로서 간주하면서 성적 감흥 정도로 이해하는 일을 경계하였다. 프로이트에 의해 우리에게 익숙해져 있듯이 에로스와 성욕 두 개념은 분명 유사성을 갖고 있다. 개인의 생물학적 본성과 관련된 개념이라는 점, 그리고 프로이트의 개념인 소위 '리비도(Libido)'의 표출과 긴밀한 연관 관계에 있다는 점이 그것이다. 에로스는 단지 성적 감흥과 관련되어 있지만 그 적용 범위에 있어 프로이트와 마르쿠제는 다소 차이를 보여 준다.

후기 자본주의적 생활양식에 대한 심층 비판서 『일차원적 인간』(*Der eindimensionale Mensch: Studien zur Ideologie der fortgeschrittenen Industriegesellschaft*)에서 마르쿠제는 에로스와 성욕이 경우에 따라 적대 관계를 형성할 수 있음을 지적하고 있다. 특히 성을 경제적 가치를 창출하는 도구로 사용할 때 성은 일종의 사회·경제적 효용성의 전리품으로 전락하게 된다. 성의 상품화 현상이 그 예가 될 것이다. 이때 동원된 것은 성욕이지 에로스가 아니다. 이는 오히려 제도적으로 억압된 '탈승화(Entsublimierung)' 현상이며 사회적 현실에 적합하게 동원된 도구인 셈이다. 마르쿠제에 의하면 사랑은 미학적 차원의 '승화(Sublimierung)'를 그 특성으로 삼는다. 이는 자유를 전제로 한다. 탈승화는 가장된 아름다움이나 억압된 자유의 속성이기도 하며, 현실세계 내부에 있는 반생명적 미적 감각의 한 단면을 드러낸다(Marcuse, 1967: 92).

성욕은 현실원칙에 의해 억압되고 종용된 욕구의 유형 중 하나이다. 현실원칙에 의해 형성된 욕구의 배후에는 늘 '아난케(Ananke)', 즉 궁핍(Lebensnot)이 자리하고 있다(마르쿠제, 1989: 45). 이로 인해 개인은 본래적 존재와 쾌락원리에 지향되어 있기보다는 고통을 자명한 것으로 삼고 수용하며 고통스러운 노동을 감내하며 살아간다. 이에 반해 에로스는 어떠한 폭력과 부자유도 자명한 것으로 인정하지 않는다. 이는 미학적으로 승화된 욕구이자 현실원칙에서 억제된 리비도의 해방이다.

승화는 리비도의 표출이 갖는 질적 특성의 한 양태다. 탈승화 현실이란 개인이 충동활동을 할 때 "억압적 요소로 인해 사회적 유용성을 염두에 둔 활동으로 전이"되어 있음을 의미한다(마르쿠제, 1989: 173). 이뿐만 아니라 성욕과 달리 에로스는 유기체인 몸과 관계하면서도 '탈신체성'

을 그 특징으로 한다(마르쿠제, 1989: 176). 정신적 가치와 사랑을 추구하기 때문이다. 그런 의미에서 “에로스는 아가페와 동질적이다”(마르쿠제, 1989: 176). 또한 에로스는 “생명이 지속되고 더 높은 발전이 이룩되도록 살아 있는 실체를 더 큰 단위로 형성하려는 것”이며, 생물학적 충동을 “문화적 충동으로” 변형시킨다(마르쿠제, 1989: 177).

6. 에로스와 타나토스

마르쿠제는 타나토스 개념도 에로스와 차별화하여 설명하고 있다. 현실원칙이 지배하는 일상생활에서 개인은 노동의 억압과 부자유를 경험하게 된다. 억압의 정도가 심해지고 제도적 통제가 강화될수록 이에 대항하려는 ‘생명체의 항거’는 거세질 수밖에 없을 것이다. 그러나 왜곡된 제도적 환경의 지배로 무기력해진 개인은 생명에 대한 적대적 환경에 매몰되어 버린다. 오히려 그 속에서 의미를 찾고 억압적 사회체제의 친위부대를 자처하면서 안위한다. 여기에서 자아의 생명성을 소멸시키는 현상에 동조하거나 동화된 의지를 ‘죽음을 향한 욕구’, 즉 타나토스라고 부른다. 죽음을 향한 욕구는 간혹 위안이나 희망으로 가장되기도 하지만 ‘현존재에 대한 궁극적 부정’을 그 본성으로 하는 것은 명백하다(마르쿠제, 1989: 193). 이에 반해 에로스는 ‘평화로운 현존재’를 그 특성이자 내재적 지향점으로 삼는다. 이는 생명의 본성이다(Marcuse, 1965: 148). 에로스는 개인에게 자유 또는 자유의 갈망과 같은 성향으로 드러난다.

에로스에 반하여 타나토스는 비역사적 성향을 지닌다. 기억된 시간들을 망각해 버리며 현재가 제공하는 전체성에 의해 내일과 미래까지도 상실해 버린다. 그러나 에로스는 일종의 “기억으로써 자체의 질서에 반항

한다. 에로스는 시간에 의해 지배되는 세계 속에서 시간을 이겨 내려는 노력에 기억을 사용한다"(마르쿠제, 1989: 195). 또한 현재에 만족하지 않고 '잃어버린 낙원만을 진정한 낙원'으로 회상하는 '역사적 성향'을 지닌다. 이는 타나토스와 달리 존재의 발자취와 내일을 떠올리고 기획하는 역사적 욕구이자 충동인 것이다. 마르쿠제에게 생명은 곧 시간의 되살림이요, 죽음은 시간성의 망각, 즉 현재와 자신의 동일화다. 마르쿠제에게 철학을 한다는 것은 '시간성'의 회복이며 생명을 되살리는 일이다. 이는 곧 철학적 행위가 갖는 '역사성'의 출발점이다.

7. 에로스적 사회와 삶

마르쿠제가 주장하는 사랑은 '생명'이며 '에로스적 충동'이다. 이는 근본에 있어 미학적·도덕적 욕구이며 동시에 인간됨의 가치이자 존재의 역사성이다. 그 중심에는 '사회적 실천'의 가치가 전제되어 있다. 우리는 여기에서 마르쿠제의 에로스 개념이 갖는 실천철학적 의미에 대하여 좀 더 구체적으로 살펴보고자 한다.

마르쿠제의 '사회' 개념이 갖는 흥미로운 대목은 그 스스로 철학이란 "사회학이며 … 사회이론"(마르쿠제, 1989: 23)이라고 강조한 바 있듯이 생명 및 에로스 개념과 관련하여 독특한 시각을 갖고 있었다는 점이다. 사회란 일부 전통 철학이론에서 규정하듯이 자아 또는 개인과 대립되는 타자적 대상이 아니라, 인간이라는 유기체들로 이루어진 '거대한 유기체'와 같다. 그러므로 개인과 사회는 무관하지 않으며 그것들은 일종의 유기체적 덩어리, 즉 하나의 몸이다. 단, 개인이라는 개별적 유기체와 사회는 에로스 또는 타나토스에 의해 구조화되어 있다. 이와 같은 의미에서 에로스는 철저히 사회적 충동이라고 말할 수 있다.

마르쿠제는 미국을 비롯하여 서구세계 전체로 퍼져 나갔던 1960년대 말의 학생운동을 보며, 그들의 중심에 '사회적 책임으로서의 에로스'가 작용했다고 생각했다. 이상사회를 꿈꾸는 젊은이들을 움직이는 동력이 에로스적 충동이었다는 것이다. 이에 따르면 건전한 사회란 생명의 원리에 따라 구성된 자유로운 사회이며, 에로스적 충동이 사회의 내부 구조를 규정하는 공동체다. 생명의 원리에 입각한 에로스적 공동체에 대하여 마르쿠제는 다음과 같이 기술한다.

첫째, 에로스적 공동체는 자유로운 자아, 즉 개인이 다양성과 독특성을 최대한 발현할 수 있는 사회이며 그 어떠한 이념적·정치적 억압도 허용하지 않는 "열린 공간"이다(Marcuse, 1969a: 36). 우리 사회를 이끌고 주도하는 제도적 가치와 논리에 의해 그 지위가 결정되거나 개인의 행위 체계 및 의미가 규정되는 곳이 아니며, 사회 구성원 모두가 자연으로부터 부여받은 언어적 소통과 자신의 개별적 의미 및 가치의 지평을 어떠한 억압도 없이 발현할 수 있는 '놀이 공간'이다.

둘째, 역사적 가치와 의미를 함유한 개체들의 실천공동체다. 현재의 불평등과 억압적 쾌락에 순응하지 않고 미래를 그리며 궁극적으로 "현존재의 평화로운 충족"을 지향하는 사회다(Marcuse, 1967: 246). 이 사회는 평등한 내일을 계획하고 실행하는 구성원들이 이끌어 간다. 그들의 뇌리엔 '유토피아'가 내일의 희망으로 간직되어 있고 변혁과 더 나은 미래를 위해 현재의 감각적 충족에 만족하지 않는다. 오히려 문화적 또는 제도적 환경에서 주어진 현실의 거부 의지이자 부정이다(Marcuse, 1980: 10). 이러한 의지가 곧 에로스로서 구성원들의 "의식에 침투"하여 사회와 인류의 운명을 바꿀 수 있는 주체로 기능할 것이다(Marcuse, 1968: 229).

프로이트와 달리 마르쿠제의 에로스 개념이 갖는 독특한 해석은 에로스의 가치론적 해석에 있다. 이는 전통적 가치론에 정신분석학의 논리를 통합시킨 형태를 보여 주어 흥미롭다. 칸트에게 이성은 지식이성과 함께 도덕이성의 작동을 통해 그 근본 기능이 충분히 발현될 수 있다고 전제된다. 이때 칸트는 도덕이성의 마비는 이성의 야만성으로 변신할 위험요소를 내포하고 있기 때문에 지식이성에 비해 우위에 있다고 강조한다. 그러나 칸트는 이성의 양 기능 사이의 완전한 통합적 구조를 설명해내지 못했다는 비난에 직면하게 된다. 반면 마르쿠제는 에로스가 그 '감지자' 역할을 할 수 있다고 믿었다. 에로스가 도덕이성의 온전한 실행의 전제라는 것이다. 이러한 의미에서 에로스적 경험은 이성적 경험이며 새로운 합리성에 대한 경험이라는 것이다(마르쿠제, 1989: 187 이하). 죽음의 본능으로부터의 해방은 곧 지식과 도덕, 이성과 에로스적 본능 사이의 모순이 사라짐을 의미하며 양자 간의 통일이기도 하다(마르쿠제, 1989: 196). 그렇기 때문에 마르쿠제의 시각에서 이성적 가치인 '선'은 도덕적 가치이지만 동시에 미학적 가치와 모순을 일으키지 않는다.

8. 나오는 말

에로스의 속성은 '자유'이며 현존재의 평화로운 실존, 더 나아가 넓은 의미의 정치적 해방을 지향한다. 에로스적 사회라는 개념 속에서 우리는 무엇에 의해 규정되거나 구속받지 않는, 그러면서도 스스로 자신의 존재를 지키며 평화로운 공동체를 위한 책임을 다할 수 있는 인격적 공동체를 꿈꾼다. 에로스적 공동체에서 살아가는 개인은 자연으로부터 부여된 생존본능에 충실한 자아이자 역사적 존재이고, 정치적 자유를 지향하는 에로스적 충동을 보유한 인격체로서 세상에 자신을 드러낸다.

참고문헌

마르쿠제, 헤르베르트. (1984). 『이성과 혁명』. 김현일 옮김. 중원문화.

마르쿠제, 헤르베르트. (1989). 『에로스와 문명: 프로이트 이론의 철학적 연구』. 김인환 옮김. 도서출판 나남.

마르쿠제, 헤르베르트. (2009). 『일차원적 인간: 선진산업 사회의 이데올로기 연구』. 박병진 옮김. 한마음사.

Habermas, Jürgen. (1978). *Gespräche mit Herbert Marcuse*. F/M: Suhrkamp.

Marcuse, Herbert. (1957). *Freud in der Gegenwart: Frankfurter Beiträge zur Soziologie*. F/M: Suhrkamp.

Marcuse, Herbert. (1965). *Kultur und Gesellschaft* I, II. F/M: Suhrkamp.

Marcuse, Herbert. (1967). *Der eindimensionale Mensch: Studien zur Ideologie der fortgeschrittenen Industriegesellschaft*. Neuwied und Berlin: Luchterhand.

Marcuse, Herbert. (1968). *Triebstruktur und Gesellschaft: Eine philosophischer Beitrag zu Sigmund Freud* [1955]. F/M: Suhrkamp.

Marcuse, Herbert. (1969a). *Versuch über die Befreiung*. F/M: Suhrkamp.

Marcuse, Herbert. (1969b). *Ideen zu einer Kritischen Theorie der Gesellschaft*. F/M: Suhrkamp.

Marcuse, Herbert. (1973). *Konterrevolution und Revolte*. F/M: Suhrkamp.

Marcuse, Herbert. (1980). *Das Ende der Utopie: Vorträge und Diskussionen in Berlin 1967*. F/M: Suhrkamp.

Marcuse, Herbert. (1998). *Feindanalysen: Über die Deutschen*. Lüneburg: zu Klampen.

6장

베르그손의 사랑 이해

열린 도덕의 근원적 추동력

● 백춘현

20세기 초반의 위대한 생명철학자 중 한 사람으로 우리는 앙리 베르그손(Henri Bergson, 1859-1941)을 들 수 있다. 베르그손은 폴란드계 유대인 아버지와 영국인 어머니의 아들로 파리에서 태어나서 소르본 대학에서 철학박사 학위를 받은 후 파리고등사범학교와 콜레주 드 프랑스(Collège de France)에서 철학과 형이상학 등을 가르쳤다.

베르그손은 1928년 『창조적 진화』(*L'évolution créatrice*) 등으로 노벨문학상을 받았고, 『도덕과 종교의 두 원천』(*Les deux sources de la morale et de la religion*, 이하 『두 원천』)을 포함하여 여러 권의 중요한 저서와 논문집을 남겼다. 그는 프랑스 유심론적 전통에 서서 생물학과 수학 등 과학적 지식을 기반으로 우주적 생명의 가치를 극대화한 철학자로 널리 알려졌다.

베그르손 사상에서 사랑이 중심 개념은 아니다. 『두 원천』을 제외하고 '사랑'이라는 단어는 거의 드러나지 않고 『두 원천』조차 이 단어가 중심에 자리하고 있지는 않다. 그럼에도 사랑은 베르그손 도덕론에 있어 필수 개념으로 자리 잡는다. 그의 윤리학에서 사랑은 열린 도덕을 가능하게 하는 근원적 추동력이기 때문이다.

베르그손은 도덕을 두 가지로 구분한다. 인류사의 대부분을 차지했던 사회를 규제하는 규범으로 작용하는 닫힌 도덕(morale close) 혹은 의무 도덕과, 인류를 품에 안는 희망의 도덕, 다시 말해 인류를 인류적 완성으로 이끄는 열린 도덕(morale ouverte) 혹은 사랑의 도덕이 그것이다.

사랑이 지닌 형이상학적 추동의 힘은 이미 고대부터 주목받아 왔다. 플라톤은 대화편 『향연』(*Symposion*)에서 이미 존재론적 상승의 원동력으로 사랑(eros)을 말한 바 있다. 베르그손은 고대 그리스의 디오니소스교, 오르페우스교 등에 나타난 신비주의를 분석하고 힌두교와 불교, 그리고 가톨릭적 사유를 면밀하게 조사하여 이들의 공통 근원으로 사랑을 발견한다. 사랑은 베르그손의 도덕론을 이해하기 위해 크지는 않더라도 빼놓을 수도 없는 개념으로, 베르그손의 도덕론에서 사랑이 어떤 의미로 사용되었으며, 또 어떤 역할을 했는지 살펴보도록 하자.

1. 들어가는 말: 닫힌 사회와 닫힌 도덕

흔히 베르그손 철학의 특징을 '실재의 일원론, 경향의 이원론'이라고 평한다. 베르그손의 형이상학은 존재론적 관점에서 보자면 일원론적 성격을 가지고 있으나, 인식론적 관점에서 보자면 이원론적 성격을 가지고 있다는 뜻이다. 베르그손 철학에는 이런 의미에서 서로 짝을 이루는 두 개념이 동시에 나타난다. 공간과 지속, 물질과 생명, 습관과 창조 등 서로 대칭되는 두 개념을 중심으로 베르그손은 세계를 바라본다. 『두 원천』에도 이런 이원론적 일원론의 경향이 잘 드러난다. 이 책에서 베르그손은 열린 도덕과 닫힌 도덕, 정태적 종교와 역동적 종교 등 그의 사상 전반에 걸쳐 꾸준히 유지해 온 이원론적 관점을 사회와 종교, 그리고 도덕에 적용한다.

1) 닫힌 사회와 의무

베르그손은 인류사의 대부분을 차지한 사회를 '닫힌 사회(société close)'라고 본다. 닫힌 사회는 도덕적 의무(obligation morale)가 지배하는 사회라고 할 수 있다. 베르그손은 의무의 예로 금지 규범을 든다. 금지 규범은 "-를 하지 말라!", "안 돼!"라는 말로 특징지어지는데, 우리는 말을 배우기 시작하면서부터 금지 규범에 물들기 시작한다. 베르그손은 금지 규범이 부모나 스승을 통해 우리에게 주어지지만, 그 배경에는 그들이 차지하는 사회적 지위가 있고 이 지위가 힘의 원천이라고 본다. 사회적 지위가 힘의 원천이기에 금지 규범은 그토록 강력한 침투력을 가진 명령이 된다. 만약 "그것(명령)이 다른 곳에서 내려졌었다면 결코 그와 같은 힘을 갖지 못했을지도 모른다"(베르그손, 2015: 8).

도덕적 의무의 원천은 사회다. 19세기 프랑스 사회학자 에밀 뒤르켐(Émile Durkeim)은 도덕이 탄생한 배경으로 사회를 지목했다. 뒤르켐은 "도덕은 어떤 형태로든 사회와 연관되지 않고는 존재할 수 없다"(Durkeim, 1952: 399)라고 단언한다. 그는 사회를 없앤다면 모든 도덕이 사라질 것이라고 보았다.

베르그손은 이런 뒤르켐의 생각을 이어받아 도덕의 근저에서 사회를 발견한다. 베르그손에 따르면 사회는 유기체에 비유될 수 있다. 사회와 유기체는 대단히 흡사하다. 유기체에서 각각의 세포들은 보이지 않는 끈으로 연결되어 복잡한 위계질서 안에서 서로 종속되어 있고 또 전체의 최대 이익을 위해서 부분의 희생을 요구할 수도 있는 규율에 자연스럽게 따르듯이, 개인도 사회 안에서 서로가 서로에게 의지하고 있으며 사회적 요구에 순응하고 사회적 요구를 실현하려고 노력한다는 점에서 유기적으로 얽혀 있다. 그러나 이 비유를 통해 베르그손이 유기체적 사회관을 주장했다고 오해해서는 안 된다.

베르그손은 자신의 사회관이 콩트나 스펜서 등의 유기체적 사회관과 혼동될 것을 극히 우려한다. 그는 "필연적 법칙들에 따르는 유기체와 자유의지에 의해 구성된 사회는 분명히 다르다"(베르그손, 2015: 8)라고 못박는다. 인간 사회는 본질적으로 자유의지를 가진 각 개인의 집합체다. 베르그손은 인간이 본래 독립적이고 자유로운 존재임을 인정한다.

그렇지만 『두 원천』을 집필할 당시 그의 심신은 많이 약해져 있었다. 류머티즘은 그의 몸을 구속했고, 제1차 세계대전의 충격은 정신을 위협했다. 시대는 암울했고 희망은 보이지 않았다. 암울한 세계에서는 삶의 의지마저 위협받기 마련이다. 아무리 자유롭고 활발한 생명이라 할지라도 폐쇄된 공간 안에 갇히면 약해진다.

베르그손은 자유의지를 가진 개인이라 할지라도 사회 안에서 조직화하는 순간부터 유기체를 모방한다고 생각한다. 유기체의 질서와 구속을 개인이 행동 규범으로 받아들인다고 본 것이다. 이것이 의무의 출발이다. 개인이 지켜야 할 책무를 최우선 규범으로 명령하려는 의무 도덕은 자유로운 개인을 복종하는 타율적 기계로 바꾸려고 한다.

베르그손에게 의무 도덕은 닫힌 도덕이다. 닫힌 도덕의 전형적 예는 군사적 명령이다. 군인에게 주어지는 명령은 이유도 없고 반박할 수도 없다. 군인은 명령에 살고 명령에 죽는다. 군인이 명령에 따라야 하는 유일한 근거는 '해야 하기 때문에 해야 한다'는 것이다. 이 점에서 칸트의 정언명령은 의무 도덕의 전형이다. 정언명령은 왜 그것을 따라야 하는지 이유를 제시하지 않는다. 이유를 제시하지 않는 명령은 의식적·도덕적 반성 없이 무조건 행동할 것을 요구하는 것과 같다. "절대적 정언명령은 본능적이거나, 아니면 몽유병적 본성에 속할 뿐"이다(베르그손, 2015: 33). 의무 도덕은 우리를 구속한다. 의무 도덕은 우리에게 사회의 규범적 명령에 절대적으로 복종할 것을 요구한다. 의무 도덕 안에서 개인은 결코 자유로울 수 없다.

왜 자유로운 개인이 규범 혹은 명령에 따라야 하는가? 규범이나 명령은 결코 자유롭지 않다. 규범 혹은 명령과 자유는 본성적으로 대척적이다. 베르그손은 규범이나 명령이 우리 삶을 지배하는 까닭을 사회가 본질적으로 우리의 일상적 삶을 편안하고 안정적으로 만들어 주기 때문이라고 분석한다. 만약 사회 규범에 복종하지 않으면 우리들의 일상생활은 대단히 복잡하고 피곤해질 것이다. 또한 우리들은 마음 놓고 쇼핑을 하거나 산책을 하거나 심지어 집 안에서 휴식을 취하는 것조차 불가능할 것이다.

베르그손은 각 개인이 지니고 있는 자아에는 두 가지가 있다고 본다. 태어날 때에는 개인적 자아를 가지고 있으나, 사회는 우리에게 사회적 자아를 개발하도록 강요한다. 사회적 자아를 개발하는 것이 사회에 대한 개인적 의무의 본질이다. 사회적 자아가 일단 우리 안에 자리잡게 되면, 우리는 아무리 애를 써도 사회적 자아에서 벗어날 수 없다. 물론 사회적 자아에 매여 있는 정도는 사람에 따라 차이가 있다. 그러나 이는 문자 그대로 '정도의 차이'에 지나지 않는다. 사람들은 사회적 자아에서 벗어날 수도 없고 벗어나려고 하지도 않는다. 사회적 자아는 우리의 일상적 삶과 생활을 가능하게 하는 강력하면서도 유용한 힘이기 때문이다.

한마디로 사회 규범은 우리의 삶을 편안하게 이끌어 주는 길이다. 사회 규범에 업혀 갈 때 우리들의 삶은 쉽고 단순하며, 안전해진다. 베르그손의 말대로, "기수(騎手)는 말이 가도록 그저 앉아 있기만 하면 된다"(베르그손, 2015: 25).

2) 닫힌 도덕과 습관

의무 도덕은 인간의 사회적 삶을 편리하고 안전하게 보장해 주지만 인간의 지성적 반성이나 도덕적 판단력을 필요로 하지 않는다. 인간 사회에서 이러한 의무 도덕은 어떻게 생겨난 것일까? 베르그손은 의무 도덕의 원천을 습관(habitude)에서 찾는다. 베르그손에게 습관은 '자연에 의해 준비된 인간의 본능'이다. 우리가 행하는 거의 대부분의 일상 행위는 습관적인 행동이다. 이를 닦을 때 우리는 습관적으로 칫솔질을 한다. 그 밖에 밥을 먹거나 대화를 할 때에도 습관적으로 행동한다. 이와 같이 우리는 습관에 따라 행동하며, 일상적 삶은 우리가 '습관을 들이는 습관'에 익숙해지도록 강요한다.

베르그손은 이미 『창조적 진화』에서 습관의 진화론적 중요성을 강조하였다. 그는 생물 진화에 나타나는 획득 형질은 습관이나 습관의 결과로 나타난다고 본다(베르그손, 2005: 132-138). 우리가 익힌 습관은 살아남기 위한 생물체의 본능적 생존방식이라는 것이 베르그손의 추측이다.

베르그손은 도덕적 의무가 사회질서 유지에 필수라고 본다. 도덕적 의무가 습관의 힘을 빌려 개인에게 내면화되어 사회질서 유지에 기여한다고 본 것이다. 베르그손은 자연이 개미나 벌의 경우처럼 인간도 사회적 동물이 되기를 원했으리라고 추측한다. 그러나 인간은 벌이나 개미처럼 본능에 따라 움직이는 존재가 아니다. 베르그손은 생명이 본능과 지성이라는 서로 다른 방향으로 진화해 왔다고 생각한다. 본능과 지성은 둘 다 생명에 닥친 문제를 해결하기 위한 방편이지만, 해결 방식은 정반대 방향으로 작용한다. 본능은 즉각적이고 획일적으로 문제를 해결한다. 반면 지성은 반성적이고 가변적으로 문제를 해결한다. 본능적 문제해결 방법은 빠르지만 단순하고 정해져 있어 변화에 적응하지 못한다. 지성적 문제해결은 다양하고 가변적이어서 변화에 적응할 수 있으나 시행착오를 일으켜 문제해결에 실패할 수 있다.

우화에 나오는 여우와 토끼의 일화는 이런 본능과 지성의 차이를 잘 보여 준다. 토끼를 만난 여우는 적에게 공격당했을 때 도망칠 수 있는 방법이 열 가지가 넘는다고 자랑한다. 반면 토끼는 자기는 오직 한 가지 방법밖에 모른다고 부끄러워한다. 그런데 바로 그 순간 사자가 나타나자, 한 가지 방법밖에 모르는 토끼는 재빨리 도망쳤지만 열 가지 방법을 알고 있던 여우는 어떤 것을 선택할까 고민하다가 그만 사자에게 잡히고 만다. 이 우화는 본능의 문제해결과 지성의 문제해결의 차이를 잘 보여준다. 앞서 언급한 대로 베르그손은 생명의 진화가 이 두 방향으로 이루어졌다고 보았다. 인간은 지성적 존재이지만 늘 생각하면서 살아갈 수 없다. 만약 그렇다면 인간은 빠르게 변화하는 자연현상에 적응하지 못해 도태되었을 것이다. 이런 문제를 해결하고자 인간은 자연의 본능적 요소, 즉 생각하지 않고 행동하도록 만드는 습관을 형성하게 되었다는 게 베르그손의 생각이다.

베르그손에게 습관은 개인의 행동을 규제하는 것이다. 그리고 습관은 더 나아가 사회의 관습을 형성한다. 그래서 개인이 우연적으로 갖고 있는 습관이라 할지라도 이는 사회 보존을 목표로 한다는 것이 베르그손의 생각이다. 동물은 본능에 따라 행동하지만 인간은 본능적 존재가 아니다. 본능을 지닌 동물과 달리, 인간은 '습관을 들이는 습관'을 지니고 있다. 이렇게 획득된 습관의 우연성을 가로질러 생겨난 사회 전체의 규범적 필연성이 "도덕적 의무 일반"이라는 게 베르그손의 주장이다(베르그손, 2015: 78).

이런 베르그손의 주장은 '에토스(ethos)'의 어원을 설명한 아리스토텔레스의 주장과 연결되어 있다. 아리스토텔레스 역시 습관을 강조하였다. 그는 『니코마코스 윤리학』 제2장에서 이미 '윤리(ēthica)'의 어원인 'ἦθος(ēthos, 성품)'의 뿌리를 'ἔθος(ethos, 습관)'에서 찾지 않았던가. 습관이 '제2의 천성(天性)'이라고 단언한 사람 역시 아리스토텔레스였다. 베르그손 또한 닫힌 도덕의 근원은 습관이라고 본다. 사회에 따라 도덕이 다른 것은 우연의 산물이다. 그렇지만 이 우연성은 개인에게 필연성으로 바뀐다. '부분들은 단지 사회의 눈에만 우연적이지, 사회가 습관을 가르치는 개인에 있어 부분은 전체처럼 필연적'이라는 것이 베르그손의 생각이다. 결국 베르그손에게 "인간의 원초적이고 근본적인 도덕구조는 단순히 닫힌 사회를 위해 만들어진 것"이다(베르그손, 2015: 79).

2. 열린 사회와 열린 도덕

1) 열린 도덕과 신비주의

베르그손의 철학은 일반적으로 생(生)철학으로 분류된다. 이는 "기계론, 유물론, 결정론 등을 반대하고 자기의 세계관을 '삶(la vie)'이라는 모토 아래서 정립한다"(힐쉬베르거, 1994: 806)는 의미에서 그렇다는 게 일반적 평가다. 이런 평가는 일면 정당하다. 그의 철학이 공간보다는 시간(베르그손의 용어로는 '지속')을 근본으로 보았으며, 인과적 결정론을 부정하고 창조적 자유를 강조했고, 물질적 법칙 대신에 약동하는 생명을 강조했다는 점에서 그러하다. 그러나 동시에 베르그손적 사상은 반(反)지성주의 혹은 비(非)합리주의로 평가받기도 한다.

베르그손의 사상이 반지성주의 혹은 비합리주의로 불릴 때 이는 크게 두 가지 의미다. 하나는 그의 사상이 18세기 계몽주의적 합리성 중심의 기계론적 세계관에 대한 인류적 반성이라는 긍정적 시각이다. 베르그손의 철학은 "이성에 근거한 도덕성의 고양을 믿는 피상적 낙관론을 고발"(김진성, 1985: 15)하는 데 그 의의가 있다는 것이다. 다른 한편 베르그손의 사상은 논리적 사유로 이해될 수 없는 불합리한 철학이라는 평가도 있다. 철학적 사유의 기반을 물리적 사실 그 자체에서 찾으려고 했던 논리 실증주의자들의 비판이 특히 그러하다. 그러나 이런 비판은 베르그손의 사상을 지나치게 협소하게 평가한 결과다.

그런데 이 논쟁에서 빼놓을 수 없는 것이 '신비주의(mysticisme)' 논란이다. 신비주의 논란은 특히 『두 원천』을 두고 벌어진다. 베르그손은 "진정하고 완전하고 활동적인 신비주의는 그것의 본질인 사랑 덕분에 (인류에게) 확산되기를 열망한다"라고 분명하게 말한다(베르그손, 2015: 455). 진정한 신비주의는 새로운 인류를 만들고, 새로운 도덕을 제시하며, 인류를 진정한 의미에서 해방시킬 것이라는 생각이다.

베르그손에 따르면 신비주의는 인류에 대한 참된 사랑이 드러나는 방식이다. 자신이 이룩한 진보의 무게에 반쯤 짓눌려 신음하고 있는 인류에게 탈출구를 제시할 수 있는 힘은 신비주의에서 나온다. 베르그손은 역동적 도덕과 열린 도덕을 가능하게 하는 힘은 진정한 신비 사상가들에서 나온다고 본다. 예수나 석가모니, 마호메트 등 '신적 체험(l'expérience du divin)'

을 했던 사상가들이 제시한 열린 도덕은 마치 촛불이 주변을 밝히듯 세상을 밝힌다. 사람들은 이 촛불 주변에 모여 스스로 촛불이 되어 세상을 밝힌다는 게 베르그손의 생각이다.

베르그손은 사랑이 신적 본성이라고 본다. "신은 사랑 그 자체(Dieu est amour)"(베르그손, 2015: 370)이며, 또한 인간적 사랑의 대상이기도 하다. 이는 그리스도교의 가르침과 상통한다. 그리스도교의 가르침은 유대교에서 나왔다. 그러나 그리스도교는 유대교를 넘어선다. 본질적으로 민족적이었던 유대인의 종교가 모든 인류를 사랑할 수 있는 보편적 종교로 바뀐 것이다. 이 핵심에는 신(Dieu)에 새로운 이해가 자리하고 있다. 그리스도교에서는 "무엇보다도 하나의 종족에 관련된 신에서 인류 전체를 사랑하는 사랑의 신(Dieu d'amour)으로 이어졌다"(베르그손, 2015: 351).

인류를 포괄하는 보편적 힘의 근원은 사랑이다. 신에 대한 인류의 사랑은 인류를 신에게까지 고양시키고 신적 창조를 완성하게 만든다. 베르그손에게 인간은 "사랑하고 사랑받도록 운명 지워진 존재(un être capable d'aimer et de se faire d'aimer)"다. 신의 창조적 에너지는 사랑으로 정의되어야 한다. 사랑하고 사랑받을 수 있는 존재로서 인류의 출현은 "이 우주가 나타날 수 있었던 존재 근거(raison d'être)"이기 때문이다(베르그손, 2015: 377).

베르그손의 신비주의는 고대 그리스 신비주의 분석에서 출발해서 그리스도교 신비주의 분석으로 끝난다. 이 긴 분석을 통해 그가 이끌어낸 결론은 진정한 신비주의는 인류 전체에 대한 사랑이어야 한다는 것이었다. 베르그손은 신비주의의 본성이 사랑이라고 본다. 더욱이 이 사랑은 인류 전체에 대한 사랑이다. 인종적 구분이나 지역적 혹은 국가적 사랑을 넘어서 인류 전체를 사랑하는 것이야말로 진정한 도덕이라는 게 베르그손의 생각이다.

2) 열린 도덕과 사랑의 약동

베르그손에게 열린 도덕은 본질적으로 닫힌 도덕과 다른 것이다. 가족이나 사회, 국가나 민족의 사회적 결속을 목표로 하는 닫힌 사회에서 열린 사회로 가는 길은 연속적이지 않다. 그것은 일종의 비약이며, 초월의 방법으로 도달할 수 있는 것이다.

베르그손은 열린 도덕의 가능성을 도덕적 영웅의 출현에서 찾는다. 공자나 석가, 예수나 마호메트 등이 그 영웅들의 예다. 베르그손은 인류 역사에 있어 이런 완전한 도덕을 구현한 예외적 사람들이 출현했다고 보았다. 절대적이고 완전한 도덕은 이들을 통해 나타난다. 다만 베르그손은 이런 도덕적 영웅들을 종교의 측면에만 국한하지 않는다. 서구의 그리스도교 성자뿐만 아니라 소크라테스를 비롯한 그리스의 여러 철학자들, 『구약성서』에 등장하는 여러 선지자들, 불교의 아라한 등도 모두 도덕적 영웅이라고 본다. 이런 점에서 베르그손은 종교적 도덕의 범위를 넘어선다.

열린 도덕은 닫힌 도덕으로는 결코 도달할 수 없는 새로운 차원의 도덕이다. 열린 도덕은 그 도덕적 힘을 전달하는 방법에 있어서도 닫힌 도덕과 구분된다. 닫힌 도덕은 억압(pression)으로서의 도덕이다. 이 도덕은 사회질서를 유지하기 위해 개인을 억압한다. 금지 규범을 제시하고 명령한다. "너는 할 수 있다. 왜냐하면 해야 하기 때문이다(Du kannst, denn du sollst)"라는 정언명령은 이유를 제시하지 않은 채 행위를 강요한다.

반면 열린 도덕의 힘은 동경(aspiration)에서 나온다. 예수나 공자 뒤에는 사람들이 늘 따라다녔다. 사람들은 도대체 무엇 때문에 예수나 공자를 따라다녔을까? 베르그손은 위대한 성인들은 아무것도 요구하지 않지만 따라다니는 사람들을 저절로 얻는다고 본다. 성인들은 훈계할 필요가 없다. 그저 그 자리에 있기만 해도 다른 사람들이 영향을 받는다. "성인들의 존재 자체가 일종의 호소력(appel)"(베르그손, 2015: 46)이기 때문이다.

베르그손은 이 호소력의 본성이 영혼의 심층으로부터 의식의 빛으로 이끌어 낸 우리 마음 안에서 생겨나는, 나중에는 우리를 통째로 사로잡을 수 있다고 느끼는 인격에서 흘러나오는 힘이라고 본다. 즉 촛불이 가만히 있어도 주위를 밝히듯이 위대한 인격은 존재 그 자체만으로도 주위를 밝힌다는 것이다.

그런데 이렇게 위대한 도덕적 영웅에 의해 열린 도덕이 나타난다면, 왜 우리는 열린 도덕의 현존을 쉽게 보지 못하는 것일까? 열린 도덕은 왜 그토록 드물고 희귀할까? 왜 열린 도덕은 인류의 기억 속에만 존재하는 것일까? 베르그손은 열린 도덕이 가능한 사회를 '열린 사회'라고 부른다. 열린 사회는 원리상 인류 전체를 포용하는 사회다(베르그손, 2015: 392). 역사적으로 볼 때 인류는 위대한 도덕적 성인들이 출현했을 때 열린 사회를 경험했다. 베르그손은 영웅들에 의해 열린 사회가 나타나지만 이 사회는 닫힌 사회로 되돌아간다고 본다. 열린 사회는 일단 열리면 새로운 사회를 창조한다. 그러나 이러한 창조 후에 열린 원이 다시 닫힌다. 새로운 것의 한 부분이 틀에 박힌 옛것으로 굳어지는 것이다. 도덕적 영웅의 "개인적 열망은 사회적 압력으로 변하고, 의무가 모든 것을 덮어 버린다"(베르그손, 2015: 393). 이렇게 굳어 가는 닫힌 사회가 인류 역사의 대부분을 차지한다.

열린 도덕은 인류 역사에서 여러 차례 나타났지만 오래 지속되지는 않았다. 그만큼 억압으로서의 닫힌 도덕이 지닌 구속력이 강했던 것이다. 그렇지만 열린 도덕은 그런 강한 억압을 뚫고 꾸준히 솟아올랐다. 베르그손은 이런 열린 사회의 출현을 '사랑의 약동(élan d'amour)'이라고 부른다. 사랑의 약동은 생명의 약동이다. 베르그손의 형이상학에서 생명은 우주 그 자체다. 생명은 자신을 무화(無化)하려고 하는 무(néant)의 위협을 극복해 가며 매 순간 스스로를 창조해 가는 끊임없는 지속이다.

사랑의 약동은 인류의 진화 선상에 놓여 있는 지성(知性)을 넘어서는 '지성 이상의' 것이다. 지성은 도덕적 규정들에서 행위의 동기를 찾고 이를 분석하여 판단하려고 한다. 지성이 찾는 도덕적 판단의 근거는 '지적 내용'이다. 지성은 도덕적 행위에서 일반적 이익과 개인적 이익을 찾는다. 사랑의 약동은 인류 전체를 향한 보편적 사랑이라는 점에서 지성의 한계를 넘어선다.

3. 베르그손의 창조적 사랑

베르그손에 따르면, 인류사의 대부분을 차지했던 닫힌 도덕은 폐쇄적이고 억압적이며 수구적 특징을 가지고 있다. 베르그손의 관점에서 닫힌 도덕과 그 도덕의 산물인 의무는 사회 변화를 거부하려는 속성이 있다. 한마디로 닫힌 도덕은 억압적이다.

반면 열린 도덕은 간헐적으로 나타나기는 하지만 가족이나 집단, 종족, 국가의 범위를 넘어서 인류 전체를 품 안에 품는 사랑의 도덕이다. 이는 개인이나 집단의 제약과 구속을 넘어선다. 집단이나 국가 혹은 인종이라는 좁은 테두리를 넘어 인류 전체를 포용하는 넓은 지평으로 우리를 이끌어 가는 힘은 열린 도덕에서 나온다.

베르그손은 열린 도덕과 닫힌 도덕 사이에는 정도의 차이가 아니라 본성의 차이가 있다고 본다. 이 둘을 구분하는 본성의 차이는, 닫힌 도덕이 사회적 관습에서 발생한 의무에 의해 특징지어진다면, 열린 도덕은 도덕적 영웅의 출현에서 발현한 사랑에 의해 특징지어진다는 데서 기원한다고 보아야 한다. 열린 도덕은 인류에 대한 사랑에서 닫힌 도덕과 구분된다.

베르그손은 열린 도덕의 원천인 인류에 대한 사랑을 어떻게 이해하고 있을까? 사실 베르그손은 사랑의 개념을 명확하게 규정하고 있지 않다. 그에게 사랑은 제1차 세계대전이라는 유례없던 상황을 겪으면서 처참하게 무너진 유럽 사회의 절망을 극복하려는 의도에서 나타난 것이다. 그의 주저 『창조적 진화』에는 사랑이 자리할 여지가 없다. 생명 그 자체의 힘찬 약동이 우주 전체에 이미 가득한 세계에서 반쪽이 부족한 사랑은 설 자리가 없다.

본래 사랑은 플라톤이 잘 지적한 대로, 결핍된 것을 충족시키려고 하는 욕망이나 열정이었다. 플라톤은 대화편 『향연』에서 에로스의 기원과 성격을 다양하게 소개한다. 그 가운데 아리스토파네스는 에로스의 기원을 제3의 인종에 빗대어 설명한다. 본래 인간은 남성, 여성, 그리고 이 두 성(性)을 합한 제3의 성이 있었다는 것이다. 남성은 태양의 자손이고, 여성은 땅의 자손이며, 제3의 성은 달의 자손이었다. 달의 자손인 이들은 남녀를 앞뒤로 붙여 놓은 듯한 존재들이었는데, 머리는 하나요, 얼굴은 둘이고 팔과 다리는 각각 넷씩 있는 존재였다고 한다. 이들은 보통 사람에 비해 힘이 두 배나 세고 머리도 두 배나 좋았다. 조상을 닮아 이들은 빨리 가야 할 때에는 몸을 둥글게 말아 굴러갔다.

이들은 자신들의 능력을 과신하여 신들을 공격하게 되었고, 가까스로 이들의 공격을 막아 낸 신들은 이들을 어떻게 처리할지 고민하기 시작했다. 이들을 없애 버린다면 그만큼 신들을 경배할 인간의 수가 줄어들겠고, 다시 반란을 일으킬지 몰라 내버려 둘 수도 없는 상황이었다. 고민하던 신들의 왕 제우스는 마침내 이들을 두 쪽으로 갈라놓기로 결정했다. 이들은 신들에 의해 본성이 둘로 잘린 후부터 자신의 나머지 반쪽을 그리워하면서 줄곧 찾아다니게 되었다. 이 반쪽들은 서로 부둥켜안고 한 몸으로 자라기를 욕망하다가 끝내는 아무것도 하지 않으려고 하여 결국 서서히 굶어 죽어 갔다고 플라톤은 전한다. 플라톤은 아리스토파네스의 입을 빌려 사랑의 결핍과 충족을 이야기하려 한다. 사랑은 "인간의 본성을 함께 모아, 둘에서 하나를 만들어 내어 인간 본성을 치유하려는 노력"(플라톤, 2010: 97)이라는 게 플라톤의 주장이다.

베르그손의 사랑은 이런 플라톤적 완성의 힘을 특징으로 한다. 베르그손은 열린 도덕을 추동하는 사랑이 인간 종의 완성을 가능하게 하는 형이상학적 힘이라고 본다. 이 사랑은 단지 도덕적인 힘이 아니라 인간 본원의 깊은 곳에 자리하여 인류를 인류가 꿈꾸었던 바로 그런 존재로 승화시키는 근원의 힘이다. 이 사랑은 인간 종의 가장 깊은 원천에 속하는 것이기에 감성이나 이성, 더 나아가 본능조차도 뛰어넘는 근원적 힘이다. 이 사랑은 "모든 것을 창조한 사랑, 즉 인간에 대한 '신의 사랑'과 일치한다"(베르그손, 2015: 343).

4. 나오는 말

베르그손의 『두 원천』은 19세기 낙관론적 세계관이 제1차 세계대전을 거치면서 어떻게 바뀌었는지를 잘 보여 준다. 베르그손은 『창조적 진화』에서 티끌 하나 없는 명징한 낙관의 세계를, 『두 원천』에서는 상대적으로 어둡고 우울한 세계를 보여 준다. 여기에는 인류의 미래가 결코 그렇게 낙관적이지 않다는 반성이 들어 있다.

베르그손에 따르면 인류는 자신들의 사회를 유지하기 위해 닫힌 사회와 닫힌 도덕을 만들었다. 본래 자유로운 존재였던 인간은 생존의 필요에 의해 습관을 삶에 끌어들이게 되었고, 습관은 사회 유지의 필요성을 강조하면서 의무를 만들었다. 닫힌 사회는 닫힌 도덕을 특징으로 한다. 닫힌 도덕의 형성은 습관에서 비롯한다. 본래 인간은 자유로운 존재로 태어났으나, 삶의 필요에 의해 개인의 자유를 억압하는 사회적 규범을 받아들여 살아가게 되었으며, 베르그손은 이 사회적 규제의 대표가 도덕적 의무라고 본다.

인류사의 많은 부분이 닫힌 사회로 이어져 왔으나 인류가 닫힌 사회만 경험한 것은 아니다. 간헐적으로 인류는 열린 사회를 겪었다. 도덕적 영웅들에 의해 제시된 열린 사회는 전 인류를 인류적 존재로 승화시키는 힘을 가지고 있는 열린 도덕이 나타나는 사회다. 열린 도덕은 인류에 대한 사랑, 즉 인류애를 특징으로 한다. 사랑은 신적 본성이며 또한 인간의 본성이기도 하다. 사랑을 통해 인류는 비로소 인류적 본성을 회복한다.

사랑은 베르그손에게 열린 도덕을 가능하게 하는 근원적 추동력이다. 사랑을 통해 인류는 그의 본성을 본성대로 실현할 수 있다. 사랑이야말로 인류를 인류로 만들어 주는 근원적 힘인 것이다.

참고문헌

김진성. (1985). 『베르그송 연구』. 문학과지성사.
베르그손, 앙리. (2015). 『도덕과 종교의 두 원천』. 박종원 옮김. 아카넷.
베르그손, 앙리. (2005). 『창조적 진화』. 황수영 옮김. 아카넷.
콜라코프스키, L. (1994). 『베르그송』. 고승규 옮김. 지성의 샘.
플라톤. (2010). 『향연』. 강철웅 옮김. 이제이북스.
힐쉬베르거, 요한네스. (1994). 『서양철학사』 下. 강성위 옮김. 이문출판사.

Bergson, Henry. (1961). *Les deux sources de la morale et de la religion*. Paris: PUF.
Bergson, Henry. (1969). *L'évolution Créatrice*. Paris: PUF.
Durkeim, Émile. (1952). *The Division of Labor in Society*. Illinois: Glencoe.
Mossé-Bastide, Rose-Marie. (1955). *Bergson éducateur*. Paris: PUF.

7장

레비나스의 에로스론

타자를 사랑한다는 것의 의미

김연숙

에마뉘엘 레비나스(Emmanuel Levinas, 1906-1995)는 사랑의 문제를 우정, 신, 인격 활동 등 다양한 형태로 살펴보는 것이 아니라 단도직입적으로 남녀 사이의 에로스로 다룬다. 그는 에로티시즘과 섹슈얼리티를 동일시하지 않는다. 향유적 에로스는 먹거나 마시는 것처럼 홀로 느끼는 기쁨이 아니라는 것이다. 성적인 본능이라는 주제가 은폐하고 있는 것은

---

* 이 글은 필자의 「레비나스 에로스론 연구」(『동서철학연구』 제71호, 한국동서철학회, 2014)를 수정·보완한 것이다.

"관계로서의 에로스"이고 "타자의 입구로서의 에로스"(레비나스, 1996: 83)라는 점을 강조하면서, 에로스적 관계를 통해 오히려 타자의 절대적 다름, 절대적 타자성을 극명하게 잘 보여 주는 전형적인 인간관계를 드러낸다.

레비나스의 에로스론은 『시간과 타자』(*Le temps et l'autre*), 『전체성과 무한』(*Totalité et infini*) 등에서 본격적으로 다루어진다. 이 글은 해당 저서들을 중심으로 에로스를 논한다. 필자는 에로스에 관한 다양한 논의들과의 비교를 통해 레비나스적 에로스론의 특징을 드러낼 것이다. 먼저 에로스와 감각의 문제를 설정하여 시각중심적 사유의 전체성에 대한 비판과 더불어 촉각적 감각인 애무를 통해 에로스에 접근해 가는 감각의 형이상학을 설명할 것이다. 이어서 에로스와 소통의 문제를 설정하여 색욕의 배타성이 어떻게 상호주체성을 보여 주며, 동시에 에로스적 관계가 어떻게 타자성을 보존하는 모든 보편적인 인간관계의 원형이 될 수 있는지도 설명할 것이다. 마지막으로 에로스의 출산성을 통해 초월과 미래를 약속하고 가장 감각적인 에로스가 어떻게 성스러움으로 향하는지를 논할 것이다.

1. 들어가는 말: 에로스와 감각

에로스의 현상을 살펴볼 때, 에로스는 애인인 타자를 향해 있다. 사랑의 화살을 타자로 향하게 하는 힘, 다시 말해 에로스를 잡아끄는 힘은 무엇인가? 플라톤은 아리스토파네스의 입을 빌려 에로스를 잡아끄는 강력한 힘은 원형을 지향하는 합일체로의 본능이라고 말한다(Guthrie, 1977: 371). 레비나스는 이에 대해 "에로스를 하나의 영혼을 지닌 존재의 두 반쪽의 재

결합으로 보는 것은 자기에게로 돌아가는 모험"(Levinas, 1991: 254)이라고 해석한다. 그 순간에 연인들은 각 존재가 서로 다르다는 생물학적 운명으로부터 벗어난다(레비나스, 1996: 76). 원래 하나였기에 근본적으로 새로울 것도 없고 신기할 것도 없는, 아리스토텔레스의 용어로 표현하자면 '또 다른 나(alter ego)'의 발견이라고 할 수 있다. 여기서 에로스는 본질적으로 우리를 내재성의 차원으로 내던진다. 타자와의 관계에서 오는 사랑조차도 근본적인 내재성으로 환원되며, 타자는 어떤 전율이나 소요를 불러일으키지 않고 그저 조용히 내 안으로 들어와 나와 일치될 것이다.

플라톤은 에로스의 시발점에서 작용하는 요인으로 '애인의 아름다움', 특히 시각적으로 보이는 육체적·감각적 아름다움으로의 강한 끌림을 언급하였다. 심지어 미의 여신 아프로디테의 생일 잔칫날 에로스가 태어났기에 에로스는 아프로디테, 즉 미를 추종하게 되어 있다고까지 설명한다. 시각적인 대상이 에로스에 미치는 효과를 간과할 수는 없을 것이다. 그러나 애인이 지닌 아름다움이 에로스에 미치는 힘에 대해 모든 이들이 동의하는 것은 아니다. 파스칼은 다음과 같이 묻는다. "그런데 미모 때문에 누군가를 사랑하는 사람이 과연 그 사람을 사랑한다고 말할 수 있을까?" 아니라는 것이 이에 대한 그의 대답이다. 그 예로 파스칼은 사람을 죽이지는 않지만 미모를 죽이는 천연두가 그로 하여금 더 이상 상대방을 사랑하는 마음이 들지 않게 할 것이라고 말한다(핑켈크로트, 1998: 61). 플라톤 또한 감각적 아름다움과 정신적 아름다움을 구분하고 있으며, 일시적이고 소멸해 가는 감각적 아름다움보다는 더욱 지속적이고 소멸하지 않는 정신적 아름다움이 에로스의 열망을 더욱 강하고 지속적으로 불러일으킨다고 말한다.

반대로 알랭 핑켈크로트(Alain Finkielkraut)는 사랑이 사람의 눈을 멀게 한다고 말한다. 그는 『사랑의 지혜』(*La sagesse de l'amour*)에서 이 관계를 집중적으로 다룬다. 그는 사랑이 사람을 눈멀게 하지만, 정열에 의한 맹목은 빛이 결여된 것이 아니라 오히려 아름다움이나 여러 자질을 넘어서 애인을 애인답게 만들고, 타자를 타자답게 만드는 것이라고 한다(핑켈크로트, 1998: 49). 사랑이란 아름다움을 추종하는 것이 아니라 오히려 아름다움의 기준이나 전제주의로부터 도망가는 것이며, 아름다움의 왕국에 괄호를 치고 미적인 것을 부차적인 위치로 격하하는 것이라고 설명한다. 그리고 사랑받는 얼굴은 아름답지도 숭고하지도 않고, 다만 감금할 수 없는 현존이라고 말한다(핑켈크로트, 1998: 54-56).

에로스의 문제를 다룰 때 많은 이들이 에로스를 시각이나 아름다움과 연관 짓는 것과는 다르게, 레비나스는 시각중심적인 접근 자체를 문제 삼는다. 이 문제점들은 그의 주저 『전체성과 무한』에서 진지하게 논의되고 있다. 특히 '타인의 시선'에 노출된 자아의 불편함, 내가 타인의 시선에 잡힌 것 같은 상황에 대한 사르트르의 알레르기 같은 반응은 "나의 자유가 아닌 하나의 자유, 나의 존재의 조건 자체인 하나의 자유의 중심에서 내가 예속적으로 있는 한도에서 나는 노예"(사르트르, 1993: 443-446)라는 말로 표현된다. 타인이 나를 대상으로 전락시키고 타인의 눈길이 나의 자유를 파괴하고 부정할 것 같은 불안감의 표출은 '타인은 지옥이다'라는 자의식 강한 선언에서 절정에 이른다(김연숙, 2001: 49).

보이는 것에 대한 불안감과 보이지 않고 보는 자에 대한 서구적 환상은 그리스 시대에 이미 '기게스의 반지'라는 메타포로 상징되었다(레비나스, 2010: 272-273). 시각의 특권은 사물에 대한 접촉을 주관하고 경험을 구성한다. 그런데 플라톤의 '동굴의 메타포'에서(피퍼, 1999: 223) 드러나듯이, 시선은 눈과 사물 이외에 빛을 필요로 한다. 빛이 어둠을 몰아내면서 사물을 드러나게 하는 시각의 구도에서처럼, 시각중심적 접근은 보편성과 일반성, 그리고 추상성의 빛 속에서 개체와의 관계를 확립한다. 존재에 대한 접근이 시각에 관계되는 한, 그것은 존재를 지배하며 권력을 행사한다. 구체적으로 존재하는 개별적인 존재자들은 중립적 개념 아래로 분류되면서 익명성으로 떨어진다. 여기서 사물은 소여된 것으로 나에게 제공되며, 동일성을 넘어서 절대적으로 다른 타자성의 지평을 열지 못한다(김연숙, 2001: 118). 타자에게 시각으로 접근하게 될 때, 나는 나 자신을 동일자(le même)로 유지하게 된다(Levinas, 1991: 188).

시각중심적 접근이 초래하는 문제점을 통찰하고 있는 레비나스는 시각이 아닌 촉각을 매개로 하는 에로스적 관계를 고찰한다. 특히 애인 사이에 행해지는 촉각작용인 애무를 면밀히 분석한다. 직접 애인에게 다가서는 몸짓으로서 쓰다듬고 만지는 행위인 애무는 촉각과 밀접한 관련이 있다. 즉각적인 접촉과 느낌이 전해진다.

우리는 애무가 궁극적인 목적으로 삼고 있는 것을 애인과의 신체적인 접촉만으로 생각하지 않는다. 사르트르 역시 이를 잘 설명해 준다.

> 애무는 단지 쓰다듬는 것이 아니다. 애무는 가공이다. 애인을 애무하면서 나는 내 손 아래 타인의 육체를 살아나게 한다. 애무는 타인에게 육체를 부여하는 의식의 총체다.(사르트르, 1993: 59)

사르트르에게 애무, 손을 내미는 행위는 애인을 육체화하는 동시에 자기 자신의 의식적 행위를 강화하는 의식의 총체인 것이다. 달리 말하면, 애무는 애인의 매혹 속에서 일어나는 거부할 수 없는 격정적 행위의 소산이나 사랑의 몸짓에 의한 일시적인 의식의 전복이 아니라는 것이다.

그러나 레비나스는 "소유보다 에로스로부터 멀리 떨어져 있는 것은 없다"(Levinas, 1991: 265)고 단언한다. 애인을 소유하고 장악하고 인식할 수 있다면 그들은 더 이상 연인관계가 아니며, 그들 사이에는 더 이상 에로스가 깃들어 있지 않다. 이때 소유에서는 색욕 자체가 소멸되는 아이러니가 발생하며, 그래서 에로스를 장악, 소유, 인식의 관점에서 접근한다면 에로스를 통한 타자와의 관계는 실패하고 불통일 수밖에 없다(레비나스, 1996: 110). 색욕은 타자가 아닌 자신의 욕정을 목표로 하면서 그 비인간성을 드러낸다(Levinas, 1991: 265). 또한 자신의 욕정을 목표로 하는 한, 자신의 욕망을 욕망하는 한, 그 욕망은 채워지기 어렵다.

레비나스는 애무를 단지 자신의 자유가 부각되는 의식의 측면이나 소유의 유혹을 부추기는 육체성의 측면에서만 보는 것을 문제시한다. 그는 애무를 '보이지 않는 것의 갈구'라는 측면에서 조망한다. 애무를 애인에 대한 위로이자 갈구로, 감성적이지만 감각을 초월하는 어떤 것으로 본 것이다. 애무는 단순히 애인의 몸을 쓰다듬는 감각적 행위에 그치는 것이 아니라 보이지 않는 것을 향한 몸짓과 초월의 흔적을 나타낸다. 애무를 통해 주체는 타자와 접촉하면서 단순한 접촉 이상의 차원으로 넘어간다. 애인에 대한 사랑을 표현하고자 하지만, 언설로는 이루 다 말할 수 없는 것에서 사랑하는 이는 고통을 느낀다. 이렇게 보이지 않는 것을 찾아 헤맨다는 측면에서 사랑의 몸짓은 오히려 '형이상학적'이라고도 칭할 수 있겠다. 그래서 애무의 핵심은 "무엇을 향한 몸짓인지 모른다"(레비나스, 1996: 109)라는 것이다. 그리고 바로 여기에 상승과 하강, 향유와 초월, 감각과 정신이 결합하는 레비나스적 사유의 장점이, 즉 감각의 형이상학적 의미가 잘 드러난다고 볼 수 있겠다.

2. 에로스와 소통

1) 에로스적 욕망의 배타성과 상호주체성

에로스적 관계의 사랑이 여타의 사랑과 구분되는 것 중 하나는 육체적 교섭을 갖는다는 것이다. 그리고 육체적 교섭은 본질적으로 배타적 관계를 요구한다.

만약에 연인 사이에 어느 한편이 다른 한편을 동일한 조건을 가진 다른 사람으로 대체하거나 교체할 수 있다면, 그리고 이들 사이에 제삼자의 개입이 허용된다면, 이들은 더 이상 사랑의 관계를 유지하기 어려워질 것이다. 육체적·정서적 교섭 아래 있는 에로스적 관계에서 개인은 육체적·정서적으로 상대방에게 대체 불가능하며 유일무이한 존재이기를 소망하기 때문이다. 만일 애인의 육체가 유사한 느낌을 공유할 수 있는 대체 가능한 육체성이라면 그것은 애인을 모욕에 빠트릴 것이다. 이 문제는 쿤데라의 글에서 잘 표현된다. 『참을 수 없는 존재의 가벼움』(*L'insoutenable légèreté de l'être*)에서 테레사는 자신의 육체가 겪는 모욕을 고통 속에서 호소한다.

> … 그녀는 모든 육체가 평등했던 어머니의 세계로부터 벗어나기 위해 그와 함께 살러 온 것이다. 자신의 육체를 유일하고 대체 불가능한 것으로 만들기 위해 그녀는 그와 함께 산 것이다. 그런데 이제 그 역시 그녀와 다른 여자들 사이에 평등의 선을 그었다. 그와 같은 방식으로 모든 여자에게 키스를 했고 같은 식으로 애무를 했으며 테레사의 육체와 어떤 구별도, 정말 추호의 구별도 하지 않았던 것이다. 그는 그녀가 벗어났다고 믿었던 세계로 그녀를 되돌려 보낸 셈이다.(쿤데라, 2008: 68-69)

만일 육욕의 대상으로서 애인의 육체성이 똑같은 살덩어리, 몸덩이에 동일한 신체구조를 가질 경우 어떤 이로라도 대체 가능한 것이라면, 쿤데라가 정확히 지적했듯이 그것은 그 육체로부터 영혼을 박탈한 것이며, 애인의 육체를 영혼이 없는 단순하고 동일한 육체성으로서 철저하게 비개성화된 살덩어리로 추락시켜 버린 것이다.

연인 사이에 작용하는 배타성을 레비나스는 "육욕은 사회로 환원할 수 없다"(Levinas, 1991: 265)라는 말로 간단명료하게 표현한다. 그는 에로스적 육욕이 지닌 배타적 특성에 주목한 것이다.

> 근본적으로 보편화에 저항하는 육욕에서 연인 사이의 관계는 사회적 관계에 대해 대립한다. 연인 사이는 근본적으로 제삼자의 개입을 배제한다. 그것은 애무, 밀폐된 사회, 극단적인 비공개성을 유지한다.(Levinas, 1991: 264)

연인 사이에 작용하는 육욕이 대중에게 전시되거나 노골적으로 공개되면 저속함을 표출하게 된다. 그래서 육욕의 표출은 은밀한 애인들만의 공간을 필요로 한다. 그러나 연인 사이의 육욕이 배타성을 지니고 그것의 표출을 위해 둘만의 밀폐되고 고립된 장소를 요구(Levinas, 1991: 264)할지라도, 이런 특징이 곧 사회로부터 단절되거나 세계를 부정하거나 망각하는 것을 의미하지는 않는다. 연인만이 존재하는 장소의 신비 속에서 연인의 서로를 향한 욕망의 표출은 세속적임과 동시에 신성한 의미를 함축하게 된다. 실제로 둘만의 공간은 오히려 애인 사이의 지극한 친밀성의 공간이자 온전하고 전적인 개방성이 이루어지는 장소다. 그래서 지극히 밀폐되어 사적이면서도 애인인 타자와 함께한다는 측면에서 사회적인, 이중적 공간성을 지니게 된다.

레비나스는 육욕을 감각과 지각의 사회성을 지닌 것으로 설명한다(Levinas, 1991: 265). 육체적 욕망의 배타성이 비사회성을 의미하는 반면에 연인들 사이에서 작용하는 감각과 지각은 사회를 구성한다는 것이다. 에로스의 타자는 단지 감각되는 것이 아니라 감각 속에서 확실히 지각된다. 여기서 감지되는 감각적 지각은 유사한 느낌에 기반을 둔 것이 아니다. 육체적 욕망은 의식으로 단순화되지 않으며 반성적 사고로부터 부수되는 것도 아니다. 그것이 욕망일지라도 전적으로 개인적인 것만은 아니고 상호주체적으로 구조되며, 그것이 노골적으로 욕망과 감각을 도모한다 할지라도 전적으로 육체에 머물러 있지도 않다.

에로틱한 사랑은 타자의 자유를 소유하는 쾌락이나 힘, 전쟁을 초월해서 일어난다. 에로스의 주체가 느끼는 즐거움과 고통은 타자의 즐거움에 대한 즐거움이고, 타자의 고통에 대한 고통이다. 에로스의 주체성은 타자의 자아로서 감각하고 감지되는 공통의 행위 속에서 구성되며, 타자와의 관계에서 구성된다. 에로스의 사회성 안에 모호성의 유희가 있다. 이런 점들이 에로틱한 사랑이 열망을 넘어서는 존재와 욕망 아래 있는 존재 사이를 오가는 이유다.

2) 에로스의 타자성과 신비

레비나스는 모든 사랑에 빠진 이들이 갖게 되는 욕망의 에로스를 인정한다. 그러나 육욕 속에서 타자가 나와 맞닿아 있는 동시에 분리되어 있음(Levinas, 1991: 265)을 주목한다. 육체의 만남에도 불구하고 두 존재의 분리를 선언한 것이다. 우리는 욕망의 에로스를 인정하지만 애인에게서 결국 나에게로 환원할 수 없는 불가침적 존재성을 발견하게 된다. 이러한 점에 대해 핑켈크로트는 "에로스란 개인과 개인 사이의 불연속이 사라지는 극히 짧은 순간의 무대가 아니고, 현기증 나는 심연이 입을 벌리고 탐색되는 순간이다. 에로스에 의한 일체감은 없다"(핑켈크로트, 1998: 76)고 한다. 완전한 일체감을 원할지라도 결국 건너기 어려운 절대적 간격, 거리를 체험할 뿐이다(Levinas, 1991: 271). 일심동체를 찬미하고 바랄지라도 애인은 나의 외부에 존재하게 된다.

레비나스는 애인의 타자성이야말로 근본적으로 에로스를 불러일으키는 것으로 본다. 애인의 타자성은 무엇인가? 바로 연인의 연약함, 모호성, 수줍음, 신비, 수수께끼 등과 같은 것들이다. 에로스는 연인의 연약함(Levinas, 1991: 256)에 사로잡히고 매혹당한다. 그리고 애인의 연약함에 동정에 빠지며 애무로 위로하고자 한다. 부드러움 속에서 함께 나타나는 연약함은 힘에 대한 열등함으로 받아들여지는 것이 아니라 오히려 에로스를 끌어당기는 강력한 요소가 되는 것이다.

애인은 나의 것이 되거나 나 자신이 되는 대상이 아니다. 반대로 애인은 타자로서 신비로 물러선다. 여성적인 것이 존재하는 방식은 스스로 자신을 감추는 수줍음이다. 여성적인 것으로서의 타자성은 단순히 주체의 외부에 머무는 것이나 의지에 대립하는 저항을 의미하지 않는다. 단지 그의 타자성이 여성적인 것의 힘이며, 바로 거기에 그의 신비가 있다(레비나스, 1996: 106). 여성적인 것은 자신을 빛으로 향한 초월 속에서의 존재자로서 실현하는 것이 아니라 수줍음 안에서 실현한다(레비나스, 1996: 107). 여성적인 것의 초월은 의식의 운동과는 정반대 방향의 운동이다.

레비나스는 "애무는 '아직 존재하지 않은 것'을 추구하며, 그리하여 대상과 얼굴을 넘어, 실존을 넘어서게 된다"(Levinas, 1991: 285)고 말한다. 이렇게 본다면 사랑에 있어 현존이란 부재의 한 양상인 것이다. 부드러움은 유연하고 섬세한 민감성 속에서 드러나며 존재와 비존재의 경계에 있다. 사랑과 미적 창조에서 미묘하면서도 고통스런 감수성이 발현한다는 말이 있다. 이는 사랑에 눈이 멀어서라기보다는 오히려 애인에 대한 세심한 관심과 민감성으로 말미암아 끊임없는 생명과 감정의 흐름 속에 있는 애인을 감지하였기 때문일 것이다. 이런 측면은 사랑이 부재한 관계와 비교해 보면 더욱 분명해진다. 사랑이 부재한 곳에서는 조심스럽고 세심한 민감성이 사라지고 과감하고 확실하게 애인을 형상화하기 쉽다.[1] 이를 핑켈크로트는 "사랑하지 않는 사람은 어렴풋함보다는 명확함을 취하고 움직임을 초상으로 바꾼다"(핑켈크로트, 1998: 51)라는 말로 잘 나타낸다.

3. 에로스와 초월

레비나스는 남녀 사이의 에로스가 출산이라는 특별한 것과 관련됨에 주목한다. 출산은 인간의 삶에서 절대적 타자성과 초월성, 미래의 가능성을 열어 주는 아주 특별한 계기가 된다. 『전체성과 무한』을 중심으로 이 의미를 살펴보도록 하겠다.

1) 에로스와 출산

사람들 사이에는 다양한 형태의 사랑이 있다. 친구, 자녀, 자매, 애인, 부모 등과의 다양한 관계 중 남녀 간에 작용하는 사랑의 관계에는 친구들 사이의 우정이나 다른 모든 형태의 사랑과는 구분되는 특별함이 있는데, 그것

1 프루스트도 "우리는 그 사람을 사랑하지 않을 때에는 그 사람이 고정되어 있다고 생각한다. 하지만 일단 그 사람을 사랑하게 되면, 그 사람은 잠시도 가만히 있지 않는다. 우리는 그에 관한 흐릿한 사진 외에는 아무것도 가질 수 없게 된다"(핑켈크로트, 1998: 49에서 재인용)고 말한다.

은 바로 아이를 낳을 수 있다는 것이다. 사람 사이에서 출산을 한다는 것은 근본적인 관계성 자체를 바꿔 놓는 계기가 된다는 점에서 의미심장하다.

출산의 에로스는 사랑하는 이들이 단지 동일자와 타자로서 결합하는 것에만 머무는 것이 아니라, 모든 가능한 설계나 지적인 힘을 벗어나는 아이를 잉태하는 것에 이르는 것을 보여 준다(Levinas, 1991: 265-266). 출산으로 인한 잉태는 무엇인지 모를, '아직 존재하지 않은' 어떤 것과의 관련성을 예고하는 것으로, 애초에 실존의 구조를 갖지 않는다. 그러므로 출산의 에로스는 사랑하는 이를 초월해 간다. 에로스는 지금, 여기에 있는 얼굴, 즉 현전(presence, 現前)도 넘어선다(Levinas, 1991: 264). 에로스는 대상과 얼굴을 넘어 아직 존재하지 않는 미래로 향한다. 이런 점에서 무한한 미래를 추구하는 에로스의 작용은 씨앗을 싹 틔우는 것에 비유되기도 한다. 에로스의 출산으로부터 도래하는 미래는 절대적인 미래로, 아직 존재하지 않은 것과의 관계다. '아직 존재하지 않음'은 다른 가능성보다 더 멀리 있는 가능성을 의미하는 것이 아니며, 절대적인 간격을 가로질러 다가오는 '미래보다 더 먼 미래'[2]다.

2) 에로스의 주체성과 초월

사랑에서 드러나는 초월의 관계를 살펴보기에 앞서, 먼저 초월의 의미를 살펴보자. 레비나스는 기존의 서구철학에서 초월성의 개념이 지닌 자기모순성을 지적한다. 서구철학에서 초월은 자기 내적 초월의 의미가 강했

2 통시적 시간성을 보여 주는 레비나스의 시간관을 반영하는 용어다. 과거-현재-미래로 연결되는 연대기적 시간이 아니라 타자로부터 이어지는 미래의 시간성이므로 불연속적 연속성의 시간성을 잘 보여 준다(김연숙, 2007).

다. 초월이란 자기 자신의 모순이나 한계를 극복하는 것, 자신 안에서 정신성을 발전 및 고양시키는 것으로 자기내재성의 경계 안에 머물러 왔다고 볼 수 있다. 서구철학에서 존재는 단자론적이기에 다원주의는 주체의 복수성으로 설명되어 왔다. 존재의 실존에 외재적인 복수는 주로 숫자로 주어지며, 계산하는 주체에 의해 합제(synthèse)로 종속된다. 서구전통에서 양의 개념은 피상적 범주로 경멸되었기에 초월성 자체가 제대로 다루어질 수 없었다는 것이다.

이와 달리 레비나스는 초월을 의식과 힘의 외부에서, 타자를 전제한 것에서 찾고 있다. 그는 초월의 의미를 근본적으로 자기를 벗어나 자기를 비우면서 다른 이에게로 향하는 것, 자기와 타자 사이에 놓여 있는 절대적 간격을 가로질러 타자에게 다가가는 것, 타자에게 말을 걸고 경청하며 환대하고 함께하는 것과 같은 것에서 찾는다. 이런 방식은 자기 안에 갇히는 자폐적이고 단자론적인 지평을 벗어나 다른 사람과 함께하는 일, 다른 사람과 연대를 갖는 일 등에서 초월의 의미를 찾는 것이다. 우리는 여기서 '타자의 형이상학'의 묘미를 볼 수 있다.

에로스적 관계나 에로스가 산출하는 출산의 관계성은 인식론적 관계나 권력 관계가 아니다. 출산을 생산해 내는 에로틱한 관계는 실재를 종/속, 부분/전체, 능동/수동, 진리/오류 등과 같이 분명하고 명료하게 구분하고 분별해 내는 범주를 벗어나 버린다. 에로스적 관계는 현존의 복수성을 나타내며, 주체는 인식론적이고 능동적인 힘의 주체로 머물지 않는다. 에로스의 주체는 주체의 소유물로 전환되지 않으며, 주체의 힘의 영역을 벗어나 버리고, 장악 불가능한 타자, 절대적인 다름, 타자성과 관련을 맺는 것이다.

비록 욕망의 에로스가 동일성을 드러내는 주체와 결합되어 있을지라도, 에로틱한 관계가 빚어내는 출산은 근본적으로 동일성이나 권력 관계와는 다른 구조를 보여 준다. 출산의 초월성은 내면성의 구조를 갖지 않으며, 자아의 힘이 미치는 영역 안에 머무는 것도 아니다. 에로스의 주체는 대상을 향해 고착된 주체나 실존의 가능성을 향해 미래로 자신을 던지는 기투(projet)와 같은 것으로 완성되는 것이 아니다(Levinas, 1991: 260). 에로스는 자아를 예측 불가능한 곳, 설계가 불가능한 미래, 절대적 미래로 휩쓸어 간다. 그와 같은 곳에서는 자아가 더 이상 주체로서의 지위를 유지할 수 없다.

에로스는 어떤 기획이나 의도, 설계를 벗어난 채 매혹되어 버리고 마는 근본적인 무분별이며, 이미 존재하는 어떤 것의 폭로 같은 것이 아니라 '아직 존재하지 않은' 것과 관련된다. 타자와의 만남을 전제로 가능성을 넘어선 곳, 설계를 넘어선 곳으로부터 아이의 미래가 도래한다. 출산은 나 자신이면서 나의 것이 아닌, 나 자신의 가능성이면서 사랑하는 이의 가능성인, 절대적인 미래와의 관계다. 출산은 나의 미래를 나타내지만 동일성의 영역 안에서 일어날 수 있는 역사나 사건 또는 동일자의 미래가 아니다. 출산으로 생산되는 타자와의 관계는 절대적인 미래, 무한한 시간과의 관계성을 갖게 한다(Levinas, 1991: 269).

4. 나오는 말

이 세상에 한 생명체로 태어나 살아가고 죽어가는 과정에서 가장 깊은 의미와 가치를 생성해 내는 사건은 아마도 사랑일 것이다. 레비나스의 에로스에 관한 글들은 우리가 사랑이라고 생각해 왔던 것들에 대한 재고를 촉구하며, 참으로 사랑하고자 하는 데 있어 참조할 만한 지혜를 전하고 있다. 미셸 푸코(Michel Foucault)가 쾌락의 활용 문제를 존재론적 미학의 측면에서 다룬 것과는 다르게, 레비나스는 에로스의 현상에 대해 타자 윤리학적 성찰을 시도한다.

이 점을 앞에서 논의된 것에 의거하여 좀 더 구체적으로 정리해 보자. 첫째, 사랑을 함에 있어서, 사람들은 상대방의 외모에 사로잡히고, 심지어 주관적 의도를 통해 상대방을 규정짓고 형상화하며, 더욱이 상대방을 장악할 수 있기라도 한 것처럼 오만하게 구는 경우가 있다. 그러나 진실한 사랑을 하게 될 때 우리는 오히려 획일화된 미의 지배력으로부터 벗어나게 되며 급기야는 맹목적으로 된다. 또한 레비나스가 진지하게 논구하는바, 일반성이라는 빛의 중재를 필요로 하고 자아중심적인 특징을 지니는 타자에 대한 시각중심적 접근방법은 사랑하는 이의 개체성을 희석시켜 익명성에 떨어지게 하고 중립화하므로 그의 얼굴을 대면하기 어렵게 하며, 주체는 상대에 대해 전제적인 동일성을 유지할 수 있게 된다. 사랑에 작용하는 감각의 측면에서 레비나스가 주목하는 것은 촉각, 특히 애무의 현상과 관련된다. 사르트르는 애무에서조차 의식의 육체화를 통한 상대방의 정복을 운운하지만, 레비나스는 소유나 정복의 추구는 곧 에로스의 종말로 보고 있다. 그는 애무를 본질적으로 잡히지 않는 것을 잡으려는 몸짓이자 갈망인 것으로, 감각적이지만 감각을 초월하며 보이는 것에 접촉하기도 하지만 보이지 않는 것을 갈망하는 일종의 초월, 형이상학적인 어떤 것의 의미를 함축하고 있는 것으로 본다.

둘째, 에로스적 관계의 남녀 사이는 제삼자의 개입을 허용하지 않으며, 서로에 대해 대체 불가능하고 유일무이한 존재이기를 요구한다. 그런데 이와 같은 에로스적 배타성이 자폐적이라거나 사회성 결여를 의미하는 것은 아니다. 오히려 에로스적 욕망이 작동하는 곳에서 애인들 각각은 서로에 대해 공명한다. 비록 연인들만의 밀폐된 공간을 요구하고 다른 이들로부터 분리된 배타성을 표출한다 할지라도. 레비나스가 말하는 연인들 사이의 감각과 지각의 사회성은 바로 둘 사이의 감각의 공명을 의미한다. 어느 순간 나의 쾌락이 상대방의 쾌락이 되고 상대방의 고통이 나의 고통이 된다. 그러므로 에로스적 주체의 즐거움과 고통은 상대방의 즐거움에 대한 즐거움이 되고, 상대방의 고통에 대한 고통이 된다.

그런데 연인들 사이의 에로스적 관계가 외부에 대해 배타성을 지니고 상호 간에 감각과 지각의 상호주체성을 지닌다 할지라도, 에로스적 욕망이 곧 서로의 하나 됨을 의미하는 것은 아니다. 열렬한 합일의 욕망에도 불구하고 둘 사이에는 심연과 같은 절대적 타자성이 가로놓여 있다. 연인의 타자성은 바로 그 자신의 내용으로, 주체에게로 환원될 수 없는 것이며, 동일시할 수 없는 절대적 다름인 것이다. 아무리 애인과의 사이에 일체감이 있고 사랑의 교류가 있다 할지라도 연인의 타자성은 침해할 수 없는 것이며, 연인의 타자성은 신비이고 에니그마와 같은 것이다. 상대방의 잡히지 않고 형상화되지 않음에 우리는 조바심이 날 수도 있지만, 새롭게 다가오는 신비 속에서 상대의 타자성은 유지된다. 이를 다른 측면에서 본다면, 사랑으로 말미암아 상대에 대해 생겨난 예민한 감수성으로 애인의 미세한 변화까지도 크게 감지하면서 새롭게 느껴지는 것일 수도 있다. 상대방에게 무감각하다면 아무리 큰 변화도 알아차리지 못할 것이다.

셋째, 남녀 사이의 에로스적 관계는 동성애 등 여타의 에로스적 관계와 구분되는 아주 경이로운 방식의 특이성을 지니는데, 그것은 출산을 할 수 있다는 것이다. 에로스로 말미암은 출산은 단지 아이를 잉태하는 것에 머물지 않는다. 출산은 주체에 의해 기획된 미래도 아니며 주체가 디자인할 수 있는 어떤 것이 아니기에 레비나스는 주체의 힘이나 가능성을 벗어나 있는 것, 미래보다 더 먼 미래로 설명한다.

나아가 에로스가 잉태하는 아이는 절대적 간격을 가로지르며 우리

유한한 자아에게 미래를 가져다준다. 출산의 초월성은 우리에게 절대적 미래와의 연관성을 가져다주며, 인간들 사이의 연합과 유대를 열어 준다. 이렇게 해서 레비나스의 에로스는 세속적인 쾌락과 욕망을 부정하지 않는 향유적 에로스의 모습을 지니기도 하지만, 동시에 타자와 공명하면서도 상대의 절대적 타자성을 보존하는 초월의 에로스의 모습도 보여 준다. 여기서 우리는 아가페와 에로스가 결합되는, 감각을 통해 향유적 에로스와 초월의 에로스가 동시에 구현되는 레비나스 사유의 독특성과 탁월성을 이해할 수 있다.

참고문헌

김연숙. (2001). 『레비나스 타자 윤리학』. 인간사랑.

김연숙. (2007). 「레비나스의 시간론」. 『동서철학연구』 제46호. 한국동서철학회.

레비나스, 에마뉘엘. (1996). 『시간과 타자』. 강영안 옮김. 문예출판사.

레비나스, 에마뉘엘. (2010). 『존재와 다르게: 본질의 저편』. 김연숙 · 박한표 옮김. 인간사랑.

로쯔, 요한네스. (1988). 『사랑의 세 단계』. 심상태 옮김. 서광사.

박한표. (2011). 「레비나스의 에로스와 타자의 문제」. 『레비나스와 타자의 질문』(대동철학회 추계학술대회대회보). 대동철학회.

사르트르, 장 폴. (1993). 『존재와 무』 I. 손우성 옮김. 삼성출판사.

쿤데라, 밀란. (2008). 『참을 수 없는 존재의 가벼움』. 이재룡 옮김. 민음사.

플라톤. (2003). 『향연』. 박희영 옮김. 문학과지성사.

피퍼, 안네마리. (1999). 『현대윤리학 입문』. 진교훈 · 류지한 옮김. 철학과현실사.

핑켈크로트, 알랭. (1998). 『사랑의 지혜』. 권유현 옮김. 동문선.

Beavers, Anthony F. (1995). *Levinas beyond the Horizons of Cartesianism*. New York: Peter Lang Press.

Guthrie, W. K. C. (1977). *A History of Greek Philosophy* IV. Cambridge & New York: Cambridge University Press.

Levinas, Emmanuel. (1991). *Totality and Infinity*. A. Lingis (trans.). Dordrecht & Boston: Kluwer Academic Publishers.

제4부

정신의학·신학에서 본 사랑의 의미

1장 융의 사랑론

2장 빈스방거의 사랑 이해

3장 사랑에 대한 종교철학적 성찰

4장 테야르의 사랑론

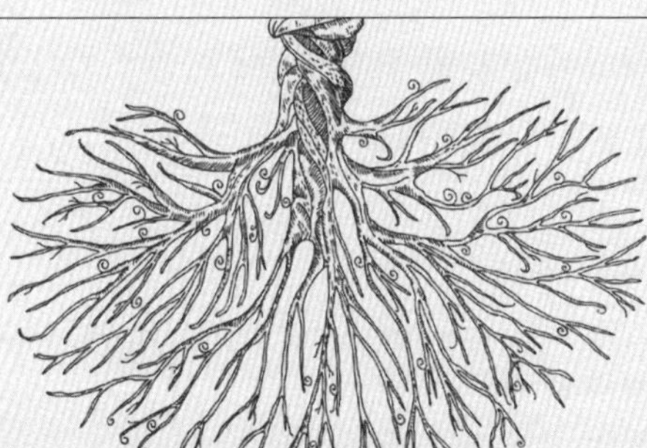

1장

융의 사랑론

아니마 · 아니무스의 사랑 이야기

● 윤영돈

분석심리학을 개척한 카를 구스타프 융(Carl Gustav Jung, 1875-1961)은 우리 자신의 고유한 삶의 여정을 '개성화 과정(individuation process)'으로 표현한다. 개성화 과정은 의식의 표면으로부터 무의식의 심층으로 나아가기 때문에 결코 쉽지 않은 작업이지만, 인생 후반기에 이루어 가야 할 중요한 과제다. 필자는 이 글에서 융 심리학의 기본 개념과 개성화 과정을 간단히 소개하고,

---

* 이 글은 「융의 개성화 과정에서 사랑의 문제」(『윤리연구』 제117호, 한국윤리학회, 2017)의 일부를 발췌하여 수정·보완한 것이다.

이에 근거하여 「창세기」에 나타난 요셉의 내러티브를 예증적으로 해석하고자 한다. 융의 개성화 과정과 요셉 내러티브의 친화력은 무엇보다 무의식의 의식화 과정인 개성화 과정에서 꿈이 지닌 상징적 의미에 있다. 흔히 요셉은 꿈꾸는 자이자 꿈을 해석하는 자로 간주되곤 한다. 특히 필자는 개성화 과정의 두 번째 단계인 아니마·아니무스의 분화 및 통합과 결혼관계를 중심으로 융의 사랑론을 논해 보고자 한다.

1. 들어가는 말: 융 심리학의 기본 개념과 개성화 과정

인간의 정신은 의식뿐만 아니라 무의식을 포괄하고 있다. 의식과 무의식은 서로 대립하면서도 보완하는 관계, 즉 대극(對極, Gegensatz) 관계에 있다. 의식이란 정신의 극히 작은 부분을 구성한다. 우리는 인류학의 발달로 의식이 무의식에서 극히 최근에 분화되어 나온 산물임을 알고 있다(베어, 1989: 74). 프로이트가 개인 무의식에 머무르는 반면에, 융은 집단 무의식으로까지 나아간다. 개인 무의식이 개별적이고 주관적인 데 반해, 집단 무의식은 초개인적이며 객관적인 것을 표현한다. 즉 집단 무의식은 계절에 따라 피고 지는 개별적인 꽃의 '뿌리'와 같다. 융은 집단 무의식의 구성요소로서 사람들에게 같은 방식으로 생각하고 행동하게 하는 정신적 요인을 '원형(archetype)'이라고 부른다. 그런데 원형 개념에서 중요한 것은 그 형식이지 내용은 아니다. 원형의 내용은 시대와 문화와 사람에 따라 가변적이다(김성민, 2001: 30-31; Hogenson, 1998: 133). 융 심리학에 나타난 주요 원형으로는 페르소나, 그림자, 아니마·아니무스, 자기(Selbst, self) 등을 들 수 있다. 이들을 중심으로 융 심리학의 기본 개념에 대해 살펴보자.

무의식이 바다라면 의식은 그 가운데 떠 있는 작은 섬과 같다. 그러한 의식의 중심에 해당되는 것이 '자아(ego)'다. 무의식적인 것이 의식화되기 위해서는 자아가 필요하다. 자아와 외부세계의 접촉을 중재하는 것을 '페르소나(persona)'라 하는데, 그것은 일종의 사회적 자아로서 가면과도 같다. 그런데 자아는 페르소나 이면에 부정적이거나 열등한 모습은 은폐하는 경향이 있다. 이렇게 인간의 정신을 구성하지만 자아에 포함되지 못한 내용들은 '그림자(shadow)'가 된다. 개인의 무의식 가운데 자리 잡은 그림자는 '사람들이 되기를 원하지 않는 것'이며, '또 다른 나'이자 그 실재를 인정하기 싫은 '검은 형제'다(Jacobi, 1951: 126-128). 사실 분석심리학의 관점에서 카인과 아벨은 동일인의 자아와 그림자의 관계를 상징한다.

인간의 집단 무의식에 속하는 원형 가운데 자아와 내면세계를 매개하는 중재자로 '아니마·아니무스'가 있다(Jung, 1974: 16; 이부영, 2002: 97). 아니마와 아니무스는 남성과 여성 안의 상반된 성적 이미지라 할 수 있다. 아니마는 남성에게서 여성적인 형태로, 아니무스는 여성에게서 남성적인 형태로 의인화하여 존재한다. 가령 아니마는 이브나 마리아 등으로 형상화되며, 아니무스는 아담, 다윗 등으로 형상화된다.

끝으로 '자기'란 의식과 무의식을 총괄하는 중심이며, 양심의 근원적인 소리나 신의 부르심이 들려오는 일종의 성전(temple)이다. 그것은 한마디로 '우리 안에 있는 하느님(God within us)'으로 간주된다. 자기를 인식하고 회복한다는 것은 정신의 전일성과 정신의 대극 요소들 간의 조화를 의미한다(진교훈·윤영돈, 2003: 87-88).

앞서 간략하게 언급한 그림자, 아니마·아니무스, 자기는 개성화 과정의 주된 요소이며, 개성화 과정이란 '자기 자신이 되는 길'을 의미한다. 개성화 과정의 첫번째 단계는 자신의 그림자를 직면하여 그것을 수용하는 단계이고, 두 번째 단계는 아니마·아니무스를 분화 및 통합하는 단계이며, 마지막 단계는 자기인식(self-recognition)을 통해 자기실현에 이르는 단계다.

2. 『구약성서』「창세기」 족장의 이야기에 나타난 개성화 과정[1]

사람은 이야기를 좋아한다. 이야기가 '발단-전개-위기-절정-결말'의 구조를 지니듯 우리 삶 또한 그러한 구조를 지니고 있으며, 그것은 우리 자신의 정체성이 이야기 구조로 되어 있기 때문일 것이다. 우리 삶의 이야기는 의식적이든 무의식적이든 우리 자신과 관계를 맺은 동시대 사람들의 이야기뿐만 아니라 우리 조상들의 이야기가 상호작용하며 구성된 것이다.

성서는 이 세상을 살아왔던 사람들의 무의식적인 욕망과 삶이 담긴 기록이며, 우리가 매일 씨름하며 살아가는 삶의 기록이다. 인간의 무의식적인 욕망과 삶을 표현하는 성서에 대한 심리학적 해석은 1970년대 말부터 시작되었다(김성민, 2001: 235-236). 웨인 롤린스(Wayne G. Rollins)에 따르면 성서를 심리학적인 관점에서 연구하는 것은 다음과 같은 긍정적인 측면이 있다. 첫째, 종교적인 진술이 인간 무의식의 심층에서 나오는 무의식적인 진술과 깊이 관련되어 있으므로 심리학적 접근은 매우 적합한 방법론이 될 수 있다. 둘째, 이와의 연장선상에서 인간 정신의 심층을 다루는 심리학은 영혼의 책인 성서 연구에 적합하다. 셋째, 성서 기자의 개인적 무의식은 물론이고 그가 살던 시대의 상황적인 특성에서 파생된 집단적 무의식의 원형들을 파악할 수 있다. 넷째, 성서는 하느님(하나님)의 말씀을 체험하게 하는 문서이므로 상징에 관한 연구를 통해서 하느님의 말씀을 체험하게 할 수 있다(Rollins, 1983: 57).[2]

---

1 「창세기」 족장 가운데 야곱의 내러티브에 나타난 개성화 과정에 대한 연구(Kille, 1995: 9-39)의 방법론을 활용하였다.

2 프랑수아즈 돌토(Françoise Dolto), 마리 발마리(Marie Balmary), 게르트 타이센(Gerd Theissen) 등은 프로이트의 정신분석학 이론을 바탕으로, 웨인 롤린스(Wayne

융은 성서를 무의식을 드러내는 수많은 상징들로 가득 찬 영혼의 책으로 간주한다. 따라서 무의식을 표출하고 있는 상징의 의미를 제대로 해석할 때 비로소 치유와 삶의 변화를 이끌어 낼 수 있다고 보았다(Rollins, 1983: 94-97; 김성민, 2001: 238). 상징을 의미하는 독일어 'Sinnbild'는 논리적이고 합리적인 사유로서의 의미(Sinn)와 비논리적이고 상징적인 심상(Bild)이 혼합된 것이다. 때문에 성서를 지나치게 합리적인 관점에서 바라볼 경우, 상징적 의미를 제대로 읽어 낼 수 없다(Jacobi, 1951: 114).

성서에 나타난 대표적인 무의식의 세계는 주로 꿈으로 표현된다. 「창세기」에 나타난 한 족장으로서 요셉은 형제들에 의해 붙여진 별명처럼 "꿈꾸는 자"(「창세기」 37:19)였다. 무의식을 드러내는 상징으로서 '꿈'을 어떻게 해석할 것인가?

「창세기」 37장에는 꿈꾸는 자 요셉의 내러티브가 본격적으로 등장한다. 17세 소년 요셉은 두 가지 꿈을 꾸고 그 꿈을 형들에게 자랑해 형제들의 미움과 시기를 샀다. 그 꿈 중 하나는 '요셉의 곡식 단은 일어서고 형제들의 곡식 단은 요셉의 단을 둘러서서 절하는 것'이었고, 다른 꿈은 '해와 달과 열한 별이 요셉에게 절하는 것'이었다. 결국 형제들의 미움과 시기를 산 요셉은 애굽(이집트)에 팔려 갔다.

청소년기의 요셉이 '꿈을 꾸는 자'였다면 청년기의 요셉은 '꿈을 해석하는 자'였다. 요셉은 감옥에 갇힌 술(잔) 맡은 자와 떡 굽는 자의 꿈을 해석했고, 이를 계기로 바로(파라오)의 꿈까지 해석하기에 이른다. 요셉은 꿈 때문에 형제들의 시기를 사 애굽에 팔려 갔고, 모함을 받아 감옥에 들어갔으나 꿈을 해석하여 감옥에서 나올 수 있었으며, 바로의 꿈을 해석

G. Rollins), 월터 윙크(Walter Wink), 앤드루 킬르(D. Andrew Kille) 등은 융의 분석심리학을 바탕으로 성서 해석을 시도한다(Rollins, 1995: 13; 김성민, 2001: 236).

하여 7년간의 풍년과 그 후 7년간의 흉년을 효과적으로 대처하게 함으로써 애굽의 총리 자리에까지 오르게 되었다. 유다의 내러티브를 표현하고 있는 「창세기」 38장을 제외하고, 「창세기」 37장부터 50장까지에서는 이른바 '꿈'을 매개로 한 요셉의 내러티브가 전개되고 있다.

이제 융의 개성화 과정에 근거하여 요셉의 내러티브를 해석해 보자. 앞서 살펴본 바와 같이 인간 정신의 표층(의식)으로부터 심층(무의식)으로까지 나아가는 것을 개성화 과정이라 한다. 한마디로 개성화 과정은 '자기'를 실현하는 과정이다. 그 첫 단계는 '그림자'를 통합하는 단계다. 요셉에게 그림자는 무엇이었을까?

야곱이 가장 사랑했던 여인인 라헬에게서 뒤늦게 얻은 요셉을 야곱과 라헬은 편애했다. 라헬이 친정아버지집을 나올 때 훔친 드라빔은 가족을 수호하는 우상의 일종이지만, 누지(Nuzi) 토판에서 언급하듯이 '드라빔'의 소유자에게 상속권이 주어진다고 볼 때 라헬은 요셉을 야곱의 상속자로 생각하고 키웠을 것으로 보인다. 그에게 채색옷을 입힌 것 역시 장자권을 상징한다. 그래서였을까, 요셉은 자기 잘난 맛에 살았고 레아와 라헬의 첩들과 그 아들들에 대해 야곱에게 좋지 않게 말하곤 했다(「창세기」 37:2). 형들, 심지어 부모까지 자신에게 절하는 꿈을 꾸고 나서는 그것을 자랑 삼아 형들에게 말해 크게 미움을 받은 것이다. 이런 일들이 요셉의 나이 17세경에 일어난 것이니, 그는 매우 자기중심적이고 상대방의 어려움을 배려할 줄 모르는 독불장군 같은 모습을 지닌 것으로 보인다. 이러한 모습이 요셉의 그림자인 셈이다.

그렇다면 요셉은 자신의 그림자를 언제 직면하게 되었을까? 아마도 애굽에 팔려 간 후 보디발을 섬기면서 자신의 교만한 그림자를 직면하고 겸손을 배우게 된 것으로 보인다. 부모의 편애로부터 벗어나 하느님이 함께하셨기에 요셉은 주변 사람들에게 은혜를 입었고, 그 행사가 형통했으며, 그로 말미암아 주변 사람들까지 복을 받게 되었다(「창세기」 39:2-5).

개성화의 두 번째 단계는 아니마·아니무스의 분화 및 통합이다. 생물학적 성(性)과 상반된 아니마·아니무스는 흔히 이성의 육체성에 투사되지만 사물에도 투사될 수 있다. 그런데 아니마·아니무스는 자아를 무의식의 내면세계로 이끄는 영혼의 인도자(psychopompos; spirit guide)로서 무의식의 의미를 추구하는 데 중요한 역할을 한다. 궁극적으로 영혼의 인도자인 아니마·아니무스는 '자아'를 정신의 중심인 '자기'에게로 인도하는 내적 인격이다. 요셉의 아니마와 관련된 사건들을 살펴보자. 보디발의 아내가 요셉을 유혹했으나 요셉은 자신의 아니마를 그 여인에게 투사하지는 않았다. 요셉은 '하느님 앞에서(Coram Deo)' 자신의 아니마를 구별해 간 것으로 보인다(「창세기」 39:9). 요셉은 억울하게 감옥에 갇혔지만 그때에도 하느님께서 함께하셨고 사람들로부터 은혜를 입었다. 특히 요셉의 아니마는 꿈이 지닌 의미를 해석하는 데 활성화된 것으로 보인다. 이는 남성의 무의식 가운데 아니마는 남성성(합리성, 논리성, 개별성)을 보완해 주는 여성성(직관성, 수용성, 관계성)을 지향하기 때문이다. 하느님이 함께하시고, 그 부르심을 듣고, 꿈을 해석하는 정신의 활동은 지혜와 밀접한 관련이 있는데, 이는 아니마의 중요한 특성으로 볼 수 있다.

개성화의 마지막 단계는 '자기인식'과 관련된다. '자기'는 그리스도교적 의미에서는 '우리 안에 있는 하느님(God within us)'이 드러나는 곳으로서 일종의 지성소에 비견할 만하다. 한마디로 자기는 우리 삶의 궁극적인 방향과 목적을 규정하는 형상이자 원형이다. 우리는 요셉의 자기인식의 깊이를 그의 형들이 자신을 애굽의 노예로 팔았던 사건에 대한 새로운 통찰에서 확인할 수 있다. 인간의 눈으로 보면 형들에 의해 애굽에 팔린 것이지만, 하느님의 시각으로 보면 이스라엘(과 더 나아가 만민)의 생명을 구원하시고자 먼저 요셉을 애굽으로 보낸 것이다. 요셉은 자신을 애굽으로 보낸 것은 바로 하느님이라 고백한다(「창세기」 45:5-8; 50:19-21). 요셉은 내면으로부터 들려오는 신적 소명과 부르심에 순종했고, 자신을 애굽에 팔았던 형들의 악을 하느님의 선으로 용서할 수 있었다. 요컨대 요셉은 자기에 깃든 신성의 요구를 전적으로 수용하였고, 이를 통해 근본적인 용서와 화해에 이를 수 있었다.

3. 인생 후반기 과제로서 아니마·아니무스의 분화 및 통합

융에 따르면 인생 전반기의 과제는 인격(personality)의 의식적인 측면, 이를테면 사회적 자아로서의 페르소나를 강화하고 외부세계와 결부된 활동을 통해 사회적 기능과 자질을 기르는 것이다. 하지만 인생 후반기의 과제는 무엇보다 내면적인 활동과 관련되며, 인생의 전반기에는 간과하거나 억제했던 삶의 무의식적인 측면을 인식하고 통합해야 할 과제가 주어져 있다.

또한 융을 찾아온 환자 가운데 3분의 1 이상은 임상적 관점에서 볼 때 신경증 때문이 아니라 '중년의 위기'를 제대로 극복하거나 해소하지 못해서 온 것이다(Jung, 1978: 70; 김성민, 2001: 86). 그런가 하면 통계적으로 남성들의 우울증은 40대를 전후로 빈도가 증가하며, 여성들의 신경증적 장애는 이보다 좀 더 일찍 시작된다. 그러니까 35-40세 사이에 생의 전환기로서 무의식으로부터 기인하는 인간 정신의 의미 있는 변화가 생긴다는 것이다(융, 2004a: 83). 중년을 맞이하는 이들에게 성인교육(adult education)이 필요한 지점이다. 이는 우리의 인격이 의식적인 차원뿐만 아니라 무의식적인 차원도 있으며, 인생의 전반기에 자아와 외부세계를 중개하는 외적 인격으로서 페르소나 형성에 관심을 기울여야 하는 것처럼 인생의 후반기에는 자아와 내부세계를 중개하는 내적 인격으로서 아니마·아니무스의 분화와 통합에 관심을 기울일 필요가 있기 때문이다(Jung, 1981: 168-171; 이부영, 2001: 42-44).

아니마·아니무스는 매우 특수하고 중요한 원형이다. 그것은 태초부터 남성이 여성과 관계하면서 그 경험이 누적되어 형성된 패턴이다. 정신의 구조에서 아니마·아니무스는 의식의 중심인 자아(나)의 무의식 차원인 그림자와 자기 사이에 걸쳐 존재하므로 자아(나)와 자기를 잇는 다리와 같다. 그런데 그림자가 아니마·아니무스를 감싸고 있어서 그림자를 의식화하지 않고서는 아니마·아니무스를 의식화하기 어렵다(이부영, 2001: 32-33).

아니마는 남성의 마음속에 있는 여성적 심리경향, 즉 막연한 느낌, 예감, 비합리적인 것에 대한 감수성, 무의식의 심리경향이 인격화된 것으로, 자아와 무의식을 중개한다. 융에 따르면 아니마는 네 단계에 걸쳐 발전한다. 제1단계 아니마는 이브상(像)으로 나타나는데, 이는 주체와의 본능적이고 생물학적인 관계를 나타낸다. 제2단계는 괴테의 『파우스트』에 등장하는 헬레나처럼 로맨틱하고 미학적이나 여전히 성적인 수준에서 인격화한 아니마상이다. 제3단계는 동정녀 마리아처럼 정신적인 헌신의 높이까지 사랑(에로스)이 고양되어 있는 아니마상이다. 제4단계는 사피엔티아(Sapientia)인데, 이는 가장 성스럽고 지순한 것까지도 초월한 '지혜'를 상징한다(프란츠, 1996: 185).

다음은 중세의 신비적 경서, 『떠오르는 새벽의 빛』(*Aurora consurgens*)에서 폰 프란츠(Marie-Louise von Franz)가 인용한 아니마의 정체가 드러나는 문단이다.

> 나는 들판의 꽃이요, 골짜기의 백합이다. 나는 아름다운 사랑의 어머니, 인식, 그리고 거룩한 희망…의 어머니. 나는 어떤 요소와 어떤 요

> 소를 화합케 하는 중개자. 따뜻한 것을 차갑게 하고 차가운 것을 따뜻하게 하며, 마른 것을 습하게 하고 습한 것을 말린다. 나는 딱딱한 것을 부드럽게 하고 … 나는 사제에게는 율법이요, 예언자에게는 언어이며, 현자에게는 분별이다. 나의 손에서 빠져나갈 수 있는 것은 이 세상에 아무것도 없다.(프란츠, 1996: 186)

한편 아니무스는 여성의 무의식이 인격화된 남성상이다. 아니마처럼 아니무스 역시 네 단계의 발전과정을 보인다. 제1단계의 좋은 예는 스포츠 경기 우승자나 근육질의 남성이다. 제2단계에 이르면 아니무스는 주도적으로 계획하고 행동하는 능력을 드러내 보인다. 제3단계에서 아니무스는 '말씀(Words)'이 되어 교수나 목사 같은 사람으로 인격화된다. 제4단계에서 아니무스는 '의미'의 화신이 된다. 아니마가 그러했듯이 최종단계의 아니무스 역시 삶에 새로운 의미를 부여하는 종교적 체험의 중개자가 될 수 있다(프란츠, 1996: 194).

아니무스의 의식화에 관한 폰 프란츠의 다음과 같은 언급은 주목할 필요가 있다.

> 길고 고통스럽기는 실생활에서 여성이 자기의 아니무스를 만나는 과정도 마찬가지다. 즉, 실제로 여성이 자기의 아니무스에 의식적인 주의를 기울이는 과정 역시 이렇게 험난하다는 것이다. 그러나 아니무스에 사로잡혀 버리는 대신 일단 자기에게 무슨 일을 하려고 하는지를 깨닫고 그 현실을 직시할 수만 있다면 아니무스는 둘도 없는 내적 반려자로 작용하면서 당사자에게 창의성, 용기, 객관성, 정신적 지혜 등의 남성적 자질을 부여한다.(프란츠, 1996: 194)

아니마·아니무스는 가장 낮은 단계에서 육체적인 사랑의 측면이 강하고, 가장 높은 단계에서는 지혜 및 삶의 궁극 의미가 두드러진다. 우리는 플라톤의 에로스론에서 아니마·아니무스의 상승 과정의 한 사례를 확인할 수 있다. 풍요의 신인 포로스와 빈곤의 여신인 페니아 사이에서 태어난 에로스는 가사적인 것과 불사적인 것의 중간자요, 신과 인간을 중개하는 다이몬이다(*Symposium*, 202e). 지상에서 천상으로 상승하는 날개로서 에로스는 육체의 아름다움으로부터 일과 활동의 아름다움으로, 더 나아가 학문의 아름다움으로, 궁극적으로는 아름다움 자체로 상승한다(*Symposium*, 210e-211b). 아름다움 자체에 이르면 올바름과 절제와 진리의 직관이 가능하다. 그런데 에로스의 상승 과정은 자동적으로 이루어지는 것이 아니다. 에로스는 육체적 관계로 함몰될 가능성이 있으며, 온갖 위험한 유혹에 노출되기도 한다. 그런데 플라톤이 묘사하고 있는 정화된 에로스의 화신으로서 소크라테스는 자신의 영혼 속에서 살아 숨쉬는 다이몬의 소리(지혜)에 귀를 기울인다.[3] 사실 그것은 융의 어법으로 표현하면 소크라테스의 내적 인격으로서 아니마의 요구인 것이다.

에로스의 왜곡 가능성에서 우리는 아니마·아니무스에 긍정적인 측면뿐만 아니라 부정적인 측면도 있음을 알 수 있다. 남성은 자신의 아니무스를 배나 자동차에 투사하기도 하고, 여성은 자신의 아니무스를 히틀러나 신흥종교 교주에게 투사하기도 한다. 그런가 하면 아니마·아니무스의 심상은 부모의 영향을 비롯한 문화적인 영향을 받는다. 가령 가부장적 문화에서는 남성 안의 여성적 요소인 아니마가 억압되어 에로스의 영

3 소크라테스에게 있어 영적인 예언으로서 다이몬의 소리가 잘못할 것 같은 일에 대해 반대하는 방식으로 내면으로부터 들려오는 경우가 종종 있었다(*Apology*, 31d, 40a; *Phaedrus*, 242c).

역이 불안해지고, 여성 안의 남성적 요소인 아니무스가 억압되어 로고스의 영역이 불안해진다(Jacobi, 1951: 134).

한 개인이 고유한 개성을 지니기 위해서는 아니마 혹은 아니무스를 잘 가꾸는 것이 필요하다. 아니마·아니무스를 억압하는 것뿐만 아니라 그것을 외부의 대상에 투사하는 것도 문제가 된다. 가령 한 남성이 자신의 아니마를 억압할 경우 에로스의 성질, 즉 여성성을 억압하게 되어 생동감과 관계성에 손상이 가며, 한 여성이 자신의 아니무스를 억압할 경우 로고스의 성질, 즉 남성성을 억압하게 되어 상황에 부합한 논리성과 합리성의 태도를 견지하지 못하게 된다. 한편 아니마 혹은 아니무스를 외부의 대상(사람, 사물, 사상)에 투사하게 되면 그 대상에 집착하게 되는 문제가 발생한다. 그러므로 자신의 아니마 혹은 아니무스와의 내적인 대화가 요구되고, 육체적 심상을 넘어서서 지혜 혹은 삶의 의미를 추구하며 양성성을 균형감 있게 지님으로써 인격의 전일성을 지향할 필요가 있다.

4. 아니마·아니무스와 결혼관계

인생의 후반기에 불행한 결혼생활로 고통과 비탄에 이르는 경우가 많은데, 이는 아니마·아니무스에 대한 몰이해에서 기인한다. 아니마·아니무스가 결혼생활에 유발하는 문제에는 다양한 유형이 있다.

먼저 아니마·아니무스를 상대방에게 투사할 경우 발생할 수 있는 문제가 있다. 흔히 상대방을 한번 만났는데, '첫눈에 반해' 적극적으로 구애를 하는 경우가 있다. 하지만 남성 안의 아니마 혹은 여성 안의 아니무스와 상대방을 구별할 필요가 있는데, 이를 지속적으로 동일시할 경우 결혼생활의 위기를 맞이할 수 있다. 예를 들어 현숙하고 헌신적인 여성상을 무의식의 아니마로 지닌 남편이 그것을 자기도 모르게 아내에게 투사하고 있을 때, 아내가 그러한 아니마에 부합한 행동을 하는 동안 남편은 사회생활을 건강하게 잘 해낼 수 있다. 이럴 경우 외견상 사회에서 요구하는 남편 및 아내의 관계가 유지되는 셈이다. 하지만 점차 아내는 남편이 자신에게 투사하고 있는 아니마에 부합되기가 어려워지고 인생의 어느 순간 이들 두 사람은 위기에 직면하게 된다(이부영, 2001: 53).

그런가 하면 부모로부터 영향을 받아 형성된 아니마·아니무스가 배우자를 선택하는 데 부정적인 영향을 미칠 수도 있다. 가령 젊은 남성에게는 어머니와의 관계가, 젊은 여성에게는 아버지와의 관계가 결정적이다. 부모와의 밀착 정도가 배우자 선택에 영향을 미치는데, 그 선택을 쉽거나 어렵게 만든다. 부모의 의식적인 사랑을 통해 형성된 아니무스 혹은 아니마는 자신의 아버지나 어머니와 비슷한 사람을 고르게 한다. 하지만 자녀에 대한 부모의 무의식적 밀착은 그러한 선택을 어렵게 만든다. 최악의 결과들은 부모의 '인위적 무의식성'에 기인한다. 예를 들어 행복한 결혼생활을 한다는 인상을 아들에게 주고자 인위적 무의식성을 견지하는 어머니가 무의식적으로 남편 대신 아들과 밀착할 경우, 그 아들은 자기 어머니보다 현저하게 열등한 여성과 결혼하거나 독재적이고 거만한 여성에게 빠져들 수 있다(융, 2004b: 60-61).

다음으로 아니마와 아니무스가 상대방의 약점을 찌르고 질투심이 많은 의인화된 애인이라는 이해가 결여될 때, 남녀관계가 깨질 가능성이 크다. 아니마가 남성의 성적 보완요소로서 "모성적인 에로스"에 해당한다면, 아니무스는 여성의 성적 보완요소로서 "부성적인 로고스"에 해당한다. 여기서 에로스나 로고스의 개념보다는 그 기능이 중요한데, 에로스가 "맺는 기능"(즉, 관계형성)을 지칭한다면 로고스는 "구별하는 기능"(즉, 성찰, 숙고)을 지칭한다(이부영, 2001: 74, 82). 에로스의 맺는 기능이 아니마의 기분(Launen, mood)에 상응한다면, 로고스의 구별하는 기능은 아니무스의 의견(Meinungen, opinion)에 상응한다(이부영, 2001: 63). 그런데 이와 같은 아니마와 아니무스를 이해하지 못한다면 남녀 간 교제에서 다툼이 발생할 가능성이 크다. 예를 들어 서로 떨어져 있을 때는 편지를 통해 의미 있는 대화를 나누곤 하지만, 직접 만나서 시간을 보내다 보면 남성은 아니마의 영향하에 감상적인 기분 혹은 약간 과장된 감정에 젖어 상대방과 관련된 개인적인 이야기를 언급할 수 있고, 이에 비해 여성은 가차 없이 차가운 아니무스의 의견으로 비수를 꽂듯 남성의 기분을 상하게 할 수 있다. 이에 남성은 상처 입은 아니마를 안고 분노 속에 자리를 박차고 나가는 상황이 연출될 수 있다(이부영, 2001: 71). 이러한 갈등은 생의 후반기에도 일어날 수 있는데, 남성이 자신의 부드러운 감정을 발견하고, 여성이 자신의 오성을 발견했을 때 결혼생활의 파탄이 초래되기도 한다.

우리는 생의 전환기를 대비해야 한다. 생의 전반기는 아침과도 같아서 남성은 남성적 물질의 많은 부분을, 여성은 여성적 물질의 많은 부분을 사용했고, 이후 남성은 지금까지 사용하지 않았던 여성성의 재고분을, 여성은 남성성의 재고분을 활용해야 한다. 그러므로 생의 후반기는 아침 때와 같은 프로그램에 따라 살기는 어렵다. 아침에 많았던 것이 저녁에는 적을 수 있고, 아침에 진실이었던 것이 저녁에는 그렇지 않을 수 있기 때문이다(융, 2004a: 87).

남성과 여성은 각자의 성에 부합한 자기를 실현할 필요가 있다. 결혼식에서 흔히 말하는 남성과 여성의 일심동체가 아니라, 일심일체의 남성과 일심일체의 여성이 서로를 존중하며, 각자 고유한 자기완성의 길을 가도록 할 필요가 있다(이부영, 2001: 63). 남성과 여성이 결혼의 목적으로 삼을 만한 중요한 지적이다.

5. 나오는 말

누구에게나 생의 전환기는 다가온다. 생의 전반기에는 자아가 외부세계와 관계를 맺는 중개자로 페르소나, 즉 외적 인격을 건강하게 형성하도록 북돋아 줄 필요가 있다. 남성은 남성의 페르소나를, 여성은 여성의 페르소나를 배우고 익힐 줄 알아야 한다. 물론 자아와 페르소나를 동일시해서는 안 될 것이다. 왜냐하면 생의 후반기에는 자아가 무의식의 내부세계와 관계를 맺게 하는 중개자로 무의식의 아니마·아니무스, 즉 내적 인격을 의식화할 수 있어야 하기 때문이다.

남녀 간의 건강한 관계를 맺기 위해서는 생의 전환기에 대해 관심을 기울일 필요가 있다. 생의 전환점은 정오의 태양과도 같다.

> 낮 12시에 하강은 시작된다. 하강은 아침이 갖는 모든 가치와 이상의 역전이다. 태양은 모순에 빠진다. 그것은 마치 태양이 광선을 빨아들이는 것과 같다. 빛과 열은 감소하여 마침내 소멸한다.(융, 2004b: 85)

우리가 태양은 아니지만, 우리 안에 어떤 것은 태양과 유사하다. 삶의 아침과 봄, 저녁과 가을은 “심리적인 진리”이자 “생리적인 사실”이다(융, 2004a: 85-86). 생의 후반기에 이르면 남성은 여성성이 증가하고, 여성은 남성성이 증가한다.

아니마·아니무스의 의식화와 그를 통한 높은 단계로의 분화는 반복적인 순환을 통한 상승 또는 하강의 양상을 띤다.

> 창녀에서 고급한 지혜의 여신에 이르기까지 남성의 아니마는 무수히 반복 순환하고 발전하며 때로는 최선의 경지에서 최악의 나락으로

> 곤두박질한다. 또한 악한과 깡패에서 현자에 이르는 다양한 아니무스를 여성들은 똑같이 되풀이해 경험하면서 분화 통합시킨다.(이부영, 2001: 319-320)

삶의 과정에서 이러한 양면성은 공존하기 마련이다. 중요한 것은 남성이든 여성이든 모두 내적 소명, 자신의 고유한 법칙 혹은 내면의 길을 지향할 때 자신의 아니마 혹은 아니무스를 승화시킬 수 있다는 사실이다.

참고문헌

김성민. (2001). 『분석심리학과 기독교』. 학지사.

베어, 게르하르트. (1989). 『카를 융: 생애와 학문』. 한미희 옮김. 까치.

윤영돈. (2007). 「융의 인격론」. 진교훈 외. 『인격』. 서울대학교출판부.

윤영돈·최순옥. (2017). 「융의 개성화 과정에서 사랑의 문제」. 『윤리연구』 제117호. 한국윤리학회.

융, 카를 구스타프. (1996). 「무의식에의 접근」. 『인간과 상징』. 이윤기 옮김. 열린책들.

융, 카를 구스타프. (2004a). 「생의 전환기」. 『인간과 문화』. 한오수 옮김. 솔출판사.

융, 카를 구스타프. (2004b). 「심리학적 관계로서의 결혼」. 『인간과 문화』. 홍숙기 옮김. 솔출판사.

이부영. (2001). 『아니마와 아니무스』. 한길사.

이부영. (2002). 『분석심리학: C. G. Jung의 인간심성론』. 일조각.

진교훈·윤영돈. (2003). 「융 심리학의 인간학적 함의에 관한 연구」. 『사대논총』 제66집. 서울대학교.

프란츠, 마리 루이제 폰. (1996). 「개성화의 과정」. 『인간과 상징』. 이윤기 옮김. 열린책들.

Hamilton, E. & Cairns, H. (1961). *Plato* (I). Princeton: Princeton University Press.

Hogenson, George B. (1998). "C. G. Jung." Edward Craig (ed.). *Routledge Encyclopedia of Philosophy*, Vol. 5. New York: Routledge & Kegan Paul.

Jacobi, Jolande. (1951). *The Psychology of C.G. Jung: An Introduction with illustrations*. London: Routledge & Kegan Paul.

Jung, C. G. (1974). *Aion: Researches into the Phenomenology of the Self.* R. F. C. Hull (trans.). London: Routledge & Kegan Paul.

Jung, C. G. (1977). *Two Essays on Analytical Psychology*. R. F. C. Hull (trans.). Princeton: Princeton University Press.

Jung, C. G. (1978). *Modern Man in Search of a Soul*. W. S. Dell & C. F. Baynes (trans.). London: Routledge & Kegan Paul.

Jung, C. G. (1981). *The Development of Personality*. R. F. C. Hull (trans.). Princeton: Princeton University Press.

Jung, C. G. (1989). *Psychology and Religion*. R. F. C. Hull (trans.). Princeton: Princeton University Press.

Kille, D. A. (1995). "Jacob: A Study in Individuation." D. L. Miller (ed.). *Jung and the Interpretation of the Bible*. New York: Continuum.

Rollins, W. G. (1983). *Jung and the Bible*. Atlanta: John Knox Press.

Rollins, W. G. (1995). "Psychology, Hermeneutics, and the Bible." D. L. Miller (ed.). *Jung and the Interpretation of the Bible*. New York: Continuum.

2장

빈스방거의 사랑 이해

의학적 인간학과 정신병리학을 기반으로 한 사랑의 현상학

진교훈

사랑 없는 삶은 맹목이며 삶이 없는 사랑은 공허한 것이다. 1972년 빈 대학교에서 「셸러의 사랑과 인격의 관계 연구」로 학위를 받은 후로도 필자는 줄곧 사랑의 의미에 관해서 공부해 왔지만, 학위를 받고 48년이 지난 오늘날에도 사랑의 의미에 관해서 논한다는 것은 벅찬 일이다. 700페이지가 넘는 루트비히 빈스방거(Ludwig Binswanger, 1881-1966)의 기념비적인 저술 『인간현존재의 근본형상과 인식』(*Grundformen und Erkenntnis menschlichen Daseins*)이 전쟁 중에 쓰였으면서도 사랑의 존재적 상태와 사랑의 존재론 사이에서의 기묘한 일치를 이룬 것을 필자는 늘 마음에 간직해 왔다.

이 글은 현상학적 정신병리학(phänomenologischer Psychopathologie)을 정초한 정신신경과 전문의로서 인간현존재 분석을 시도한 철학자이기도 했던 루트비히 빈스방거가 제시한 사랑의 의미와 사랑 이해를 고구(考究)한 것이다. 그는 생물학과 인문학 사이에서 상충되는 위치에 있는 정신병학(psychiatry)의 확고한 기반을 추구했으며, 이를 철학의 현상학에서 찾아냈다. 그의 임상(臨床)은 사랑에 기반을 두고 있다. 그에 의하면 정신병이란 사랑의 결핍이다. 우리(Wirheit, we-hood) 인간은 나와 네가 서로 사랑하도록 되어 있는데, 서로 사랑하지 못할 때 정신병(정신분열증; Schizophrenie)이 발생한다는 것이다(Spiegelberg, 1972: 197-202).

이 글에서 필자는 먼저 독자의 이해를 돕기 위해 빈스방거의 생애와 그의 기본사상을 다루고, 그의 인간관을 이해하기 위한 예비지식으로 그가 사용한 중요한 개념들의 의미와 함께, 그가 말하는 실존심리학의 의미와 현존재인식의 본질을 검토한 뒤, 그가 중시하는 정신병리학에서 환자의 병력(病歷)에 대한 이해의 중요성을 찾아보고, 끝으로 이 모두를 근거로 빈스방거의 사랑의 의미를 규명하려 한다.

1. 들어가는 말: 빈스방거의 생애와 그의 기본사상[1]

빈스방거는 스위스의 크로이츨링겐에서 출생했다. 로잔, 하이델베르크와 취리히에서 공부했으며, 카를 구스타프 융(Carl Gustav Jung)의 지도교수였던 오이겐 블로이러(Eugen Bleuler)와 융의 지도로 취리히의과대학에서 의학박사 학위를 받았다. 그는 취리히 정신병원의 블로이러 밑에서 인턴

1 이 절은 진교훈(2007: 376-378)과 Holbrook(1988: 153-154)을 참조해 작성하였다.

생활을 하고, 그의 숙부가 운영하던 예나(Jena)의 정신병원에서 근무했다. 1907년에는 '정신분열증(Schizophrenie)'이라는 병명을 처음 만들어 내기도 했다. 그는 1909년부터 아버지가 운영하던 크로이츨링겐의 벨르부에 정신요양원(Bellevue Sanatorium)에서 근무하고, 1910년부터 1956년까지 병원장으로 45년간 이 병원을 운영하면서 수많은 업적을 남겼다. 이 병원은 유럽의 정신적 삶의 중심이 되어 수많은 당대의 명사들, 즉 하이데거, 후설, 부버, 셸러, 실라지, 메를로-퐁티 등의 철학자와 프로이트, 융, 슈트라우스, 프랑클 등의 심리학자 및 정신의학자들, 그 밖에 예술가들이 방문하여 그와 대화를 나누고 교유(交遊)하였다.

그는 초기엔 신칸트학파의 과학론, 특히 파울 나토르프(Paul Natorp)의 주체의 심리학과 프로이트의 심리분석(정신분석)에 고무되기도 하였으나, 얼마 지나지 않아 만족하지 못하게 되었다. 그는 후설로부터 '생활세계(Lebenswelt)'의 의미를, 하이데거로부터 '세계-내-존재'를, 부버로부터 '대화'의 의미를 받아들이고 '현상학적 정신병리학'을 정초한 정신신경과 의사다. 초기에 그는 하이데거를 사사하고 그의 사상에 기반해 인간학을 발전시켰다. 그러나 그는 나중에 하이데거의 '현존재'가 '세계-내-존재'에만 머무르고 타인에 대한 이해가 결핍해 있음을 비판하였다. 그리고 그는 30여 년 동안 프로이트와 친구처럼 지내면서 한때 그의 심리분석(정신분석)[2]에 동조하기도 했으나, 나중에 프로이트가 인간을 일방적으로 자연과학의 관점으로만 보려고 하고 유물론적 자연주의와 환원론에 빠진 것에 대하여 격렬히 비판했다. 그런 후 그는 그 자신의 의학적 인간학을 발전시켜 나갔다. 그는 유럽과 미국에서는 '실존심리학자(existential psychologist)'

2 일본과 한국에서는 심리분석(psychoanalysis)이 '정신분석'으로 잘못 통용되고 있다. 정신은 분석의 대상이 될 수 없다(Holbrook, 1988).

로 알려지기도 했다. 그는 1920년대 후반에 후설, 하이데거, 부버, 셸러 등의 현상학적 방법론을 받아들여 정신병학을 연구했으며, 1930년대에 이르러 최초로 '실존주의적 치료사'라고 불리게 되었다(Spiegelberg, 1972: 193). 정신분석학에 인간학적 방법을 도입하여 '현존재분석(Daseinsanalyse)'을 시도한 그의 주저 『인간현존재의 근본형상과 인식』은 1942년에 발간되었다. 그의 현존재분석은 세계 내에서 타자와 공동으로 현전(現前, vorhanden)하는 인간의 실존을 대화의 대상으로 삼는다. 그는 인간의 근본적인 불안이 현존재의 근본구조에서 유래함을 분석해 보이고, 사람들로 하여금 이와 같은 숙명적 상황을 회피하려고 하는 대신에 오히려 적극적으로 불안을 짊어질 것을 다짐하게 함으로써 새로운 극복의 길을 열었다. 이것의 원동력은 사랑이다. 그는 이와 같은 현존재의 적극적 존재방식을 '사랑을 통한 세계 초월적 존재'라고 불렀다. 그는 "『인간현존재의 근본형상과 인식』의 목표는 사랑의 현상학"이라고 확언하였다(Binswanger, 1964: 17).

빈스방거는 자신이 리하르트 회닉스발트(Richard Hönigswald)에게 쓴 편지를 인용하면서 다음과 같이 말했다.

> 나는 이 책을 저술하는 오랜 시간 동안 사랑의 문제가 겨우 몇 사람을 제외한 대부분의 철학자들에게 무시받고 있다는 것에 심히 놀랐다. 그러나 나에게 "사랑이 없는 인생이란 맹목이고 인생이 없는 사랑이란 공허한 것"이다. … 회닉스발트는 "60년이 지났건만, 만일 빈스방거의 『인간현존재의 근본형상과 인식』이라는 600면(제4판부터는 703면—인용자 주)이 넘는 대저가 전쟁 중에 쓰였으며 현상의 존재적 상태와 사랑의 존재론 간의 묘합(妙合)을 그를 통해 우리가 조우(遭遇)하지 못했다면, 우리가 사랑의 문제에 관해서 말하는 것은 쉽지

않았을 것"이라고 말했다.(Binswanger, 1964: 316)

빈스방거의 철학적 이론을 따르는 의학적 인간학자로는 에르빈 슈트라우스(Erwin Straus), 외젠 민코프스키(Eugène Minkowski), 빅토르 바이스제커(Viktor von Weizsäcker) 등이 있다. 그의 주요 저술은 『인간현존재의 근본형상과 인식』 외에도 『우울증과 광기』(*Melancholie und Manie*, 1960), 『정신분열증』(*Schizophrenie*, 1957) 등이 있다. 그는 독일과 스위스의 여러 대학에서 명예교수 및 명예박사로 추대되었고, 스위스정신의학연합회 회장을 역임하였으며, 또 스위스철학회지 *STUDIA PHILOSOPHICA*의 발행자로 활동하기도 하였다.

『인간현존재의 근본형상과 인식』에서 그는 공동체(Gemeinschaft)의 형상들(사랑, 우정, 교제)을 분석하고, 이러한 분석을 기반으로 현존재의 가능한 형상들(사랑, 실존, 교제[소통, Kommunikation])을 발전시킨다. 여기서 그는 하이데거의 실존론적·존재론적 개념을 사회존재론적으로만 이해될 수 있는 사랑과 교제(자기 자신이나 타인과의 교제)의 근본형상을 통해 확대시킨다. 그는 이러한 착상으로부터 현존재인식의 본질을 심리학적 인식 일반의 개관 형태로 이끌고 간다. 당시의 유물론적이고 기능주의적인 심리분석학(정신분석학)자들이 인간의 태도(방식)에서 기능을 찾아내어 이를 대상화하고 분석해 낸 것이 마치 인간존재의 실제인 것처럼 보는 데 대해 그는 반론을 제기했다. 왜냐하면 인간의 현존재와 정신은 물건처럼 분석대상이 될 수 없기 때문이다.[3] 그의 현존재분석 개념은 그에 비하여 하나의 실존심리학적 방법론임을 암시한다. 이 방법론은 심리학적 인식

3 진교훈, 「빈스방거의 인간이해: 현존재분석을 중심으로」, 『서강인문논총』 제22집, 서강대학교 인문과학연구소, pp. 375-406 참조.

에서 항상 인식하고 있는 자의 주체성과 마찬가지로 인식되고 있는 자의 주체성을 포함하는 주관으로부터 나온다는 것이다. 그는 이러한 방식으로 전통적인 주관과 객관의 간극을 현상학적으로 중화한다. 이러한 착안의 사회존재론적 결과는 "심리학(실존심리학 ―인용자 주)은 현존재와 자기 자신의 문답(問答)유희에 관한 학"(Binswanger, 1993: 441)이라는 그의 정의에서 잘 나타나고 있다.

헤르조크(Max Herzog)는 "빈스방거 저서의 특별한 의미는 무엇보다도 육체에 우선을 두고 있는 임상적(臨床的)인 정신병학에 대하여 정신과학적 입장을 전파하며, 거꾸로 경험적으로 수정해 가면서 아카데믹한 심리학에서처럼 현상학적 철학에서 방법론적으로 절대화하는 데 영향을 미치고 있다는 점에 있다"(Herzog, 1999: 182-183)고 평한다. 이처럼 빈스방거 저술의 특별한 의의는 특히 육체적으로 편중되어 있는 임상적인 정신의학에 정신에 우위를 두고 있으며, 과학적인 심리학과 현상학적 철학에서 방법론이 절대화되는 경향을 경험적으로 수정하는 점에 있다고 하겠다. 그러므로 빈스방거의 저술은 의학철학과 의학적 인간학의 연구과제가 될 수 있다.

2. 빈스방거의 인간관

빈스방거의 인간관을 이해하기 위해서는 먼저 그가 사용하는 용어와 개념에 대한 올바른 이해가 필요하다. 그는 실존철학과 현상학에서 사용되는 개념들을 사용한다. 그리고 그의 정신병리학의 기반인 '실존심리학'적 표현과 그의 인간관의 핵심인 '현존재분석(현존재인식)'의 오의(奧義)에 대해 살펴보지 않을 수 없다.

1) 빈스방거가 사용하는 용어들의 의미

(1) '실존심리학'의 의미

실존심리학은 어떤 한 사람에 의해 창안된 이론이 아니라 19세기 후반의 철학자들(특히 키르케고르과 니체)의 저서에 뿌리를 두고 있으며 그들에 의해 영향을 받은 사조(思潮)다. 키르케고르와 니체는 상반된 생각을 가지고 있기 때문에 두 사람이 한 학파에 속한다고 말하기는 어렵다. 키르케고르가 당시 코펜하겐의 메말라 보이는 종교에 심오한 신앙을 회복시키는데 관심을 가지고 있었다면, 니체는 "신은 죽었다"고 외침으로써 유명해진 사람이다. 그러나 이 두 사람이 서로 다른 것보다는 이 두 사람이 앞서간 선배 철학자들과 다른 점이 훨씬 많았다. 그들은 현실 사람의 입장으로부터 철학에 접근해 보려고 하였으며, 현실 삶의 어려움에 몰두했다. 요컨대 이들은 종교든 철학이든 간에 인간현존재는 복잡한 합리적 체계로 파악될 수 없다고 믿었다. 이들은 논리적인 사람들이라기보다는 시인에 가까운 사람들이다. 이들은 실존주의 이념을 확장하고 발전시키려고 애썼고, 수세기 동안 지배적이었던 고도로 체계적이고 이성적이고 논리적인 철학의 흐름과, 심리학을 생리학과 행태로 환원하려는 것에 반대하려는 마음을 품었다. 전통적인 논리학과 자연과학을 신뢰하도록 배워 온 사람들에게 그들이 하는 말은 조금 이상하게 들릴 것이다.

(2) '현상학'의 의미

현상학은 현상들(phenomena)에 대한 신중하고 복합적인 연구다. 이 '현상들'이란 후설이 만든 말이다. 현상들은 우리가 체험하는 의식의 내용들, 관계, 상상, 기억, 추억, 느낌 등으로 구성되어 있다. 현상학은 우리가 이러한 체험들을 왜곡되지 않은 모습으로 기술하도록 하기 위해 이러한 체험들을 우리에게 있는 그대로 말해 주려는 시도이며, 이러한 체험들을 우리에게 드러나게 해 주는 시도라고 하겠다.

실험심리학을 연구해 온 사람들은 실험심리학이란 객관성에 관해 말한다고 생각할 것이다. 일반적인 자연과학이 그러하듯이 실험심리학은 주관으로부터 벗어나 사물을 객관적으로 보려고 노력한다. 그러나 현상학자들은 과학자들이 아무리 노력해도 주관으로부터 벗어날 수 없다고 시사한다. 과학적인 시도는 사물을 어떤 관점에서부터 접근해 볼 뿐이다. 결국은 과학자들도 주관으로부터 벗어날 수 없다. 왜냐하면 어떤 것도 주관으로부터 완전히 분리되어 있는 것이 아니기 때문이다.

과학철학을 포함한 근대철학은 대부분 이원론적이다. 이원론적이라는 것은 세계를 둘로 갈라놓고 객관적인 부분은 대체로 물질적인 것으로, 주관적인 부분은 의식으로 간주한다는 것이다. 그렇지만 우리의 경험은 객관적인 부분과 주관적인 부분의 상호작용이다. 그러나 근대과학은 객관적인 물질적 부분만을 중시하고 주관적인 부분을 무시해 왔다. 심지어 의식을 '부수 형상'이라고 부르고, 뇌기능을 화학 및 다른 물질 과정의 하찮은 부산물로, 극상해야 성가신 것으로 간주한다. 심지어 행태주의자(behaviorist)인 버러스 스키너(Burrhus F. Skinner) 같은 사람들은 의식이란 존재하지 않는다고까지 주장한다. 그러나 현상학자들은 이런 생각이 틀린 것이라고 시사한다. 그들은 과학자들이 다루는 모든 것은 우리의 의식을 통해서 나오는 것이며, 우리가 경험하는 모든 것은 '주관적인 것'에 의해 물들여진다고 한다. 그러나 경험된 것과 경험하고 있는 것을 포함하지 않는 경험이란 존재하지 못한다는 것은 부인할 수 없다. 이러한 생각을 현상학에서는 '지향성(Intentionalität)'이라고 부른다.

현상학은 우리가 공부하고 있는 것이 무엇이든지 간에, 그것이 우리 안에 있는 느낌이거나 사상이건, 아니면 우리 밖에 있는 사물이건, 다른 사람이건 인간 존재 자체이건 간에, 그것이 저절로 우리에게 드러나는 것을 우리로 하여금 요청하게 한다. 우리는 거기에 있는 것을 부인하지 않으면서 체험에 열어 놓음으로써 체험할 수 있다. 그것은 특별히 우리로 하여금 판단중지(Einklammerung, epoche)할 것이나, 체험('실제로' 있는 것이다)의 객관적 실재에 대한 의문을 보류할 것을 요청한다. 비록 우리가 공부하고 있는 것이 우리가 경험하고 있는 것보다 항상 더 많다고 할지라도, 그것은 우리가 체험(Erlebnis)하는 것과 다른 것이 아니다.

그러므로 현상학이란 인간들 사이에서 존재하는 하나의 '일'이라고 하겠다. 실험심리학은 주체들의 경험들로부터 주관성이 통계적으로 제거될 수 있도록 일단의 주체들을 이용하는 반면, 현상학은 공동연구자들의 전망들이 현상에 대한 충분하게 풍부한 이해(Verstehen)를 형성하는 데 보탬이 될 수 있도록 일단의 공동연구자들을 이용한다고 하겠다. 이렇게 하는 것이 바로 상호주관성(Intersubjektivität)이다.

이러한 방법을 적용하는 것은 분리와 고독과 연대와 같은 것들, 예술적 체험, 종교적 체험, 침묵과 말하기, 지각과 행위 등 상이한 정서(情緖)를 연구하는 데 사용되어 왔다. 즉 인간실존 자체를 연구하는 데 사용되어 온 것이다. 하이데거와 사르트르 등이 사용한 이런 방법은 고유한 실존주의의 기반이 되었다.

(3) '실존(Existenz)'의 의미

키르케고르는 언젠가 인간을 하느님과 비교하고 나서 인간이 모자라는 존재임을 발견했다고 한다. 하느님은 전통적으로 전지전능하고 영원한 존재로 이해되어 왔다. 반면에 인간은 심연에 떨어져 있는, 무지하고 비참할 정도로 무력할뿐더러 모두 죽을 수밖에 없는 존재다. 인간의 한계란 명백하다. 그럼에도 불구하고 사람들은 때때로 하느님과 같을 수 있기를 바라며, 적어도 천사와 같기를 바란다. 상상하건대 천사들은 인간처럼 무지하지도 않고 무력하지도 않으며 불멸할 것이라는 것이다. 그러나 천사들은 하느님이 명령하는 것 외에는 아무것도 하지 못하고, 그들을 위해서 하느님이 계획한 대로 살 뿐이다. 책상은 우리가 책상에 부여한 어떤 성질과 목적과 본질을 가지고 있다. 천사가 하느님에게 봉사하려고 있는 것처럼, 책상은 우리에게 봉사하기 위해 존재한다. 그래서 천사나 책상의 본질은 그들이 현존하기 이전에 있다. 다시 말해 그들이 무엇인가 하는 것은 그들이 무엇을 하기 전에 이미 있다는 것이다. 그러나 실존주의자들은 이를 부정한다. 사르트르는 우리의 실존이 우리의 본질에 우선한다고 말한다. 내가 나의 삶을 살기까지는 여기 있는 내가 무엇인지 나는 모른다. 나의 삶, 내가 누구인가는 자연법칙도, 나의 유전자도, 내가 속한 사회도, 심지어 나의 가족도 대답해 줄 수 없다. 그것들 하나하나는 내가 누구인가에 대한 원료를 제공해 줄는지 모른다. 그러나 나를 만드는 것은 어떻게 살 것인가에 대한 나의 선택이다. 내가 나 자신을 창조하는 것이다. 인간성의 본질, 즉 우리 모두가 나누고 있고 세상의 다른 것과 우리를 구별해 주는 것은 우리 본질의 결핍, 우리의 무(無, nothingness, Nichts), 우리의 자유다. 우리는 어떤 철학적 체계나 심리학적 이론으로 파악될 수 없다. 물리학적·화학적 과정으로 환원될 수 없는 우리의 미래는 사회학적 통계에 의해서도 예측될 수 없다. 우리 모두는 우리 자신을 만들 과업을 나누도록 되어 있다.

(4) '현존재(Dasein)'의 의미

빈스방거는 하이데거가 소개한 용어들과 개념들을 주로 차용했는데, 그 중에서 최초로 사용한 것이자 가장 많이 사용한 개념이 '현존재(Dasein)'다. 많은 실존주의자들은 이 말을 인간실존에 관련시켜 사용한다. 문자로 보면 'da'라는 말에 '존재(sein)'라는 말을 붙인 것인데, 이 말은 아주 미묘한 의미연관을 가지고 있다. 이 말은 독일어에서는 일상적으로 '지속적인 실재', '잔존', '영속'의 의미로 사용되고 있다. 'da'라는 말은, 우리가 속해 있는 곳에 우리가 전혀 있지 않으며, 어디로든 간에 그곳을 향하여 긴장해 있는 것처럼 여기에 있는 것과는 반대되는 거기에 있는 것을 의미한다. 그리고 비록 이 말은 간명하게 번역할 수 없는 말이지만, 많은 사람들은 이 말을 '실존'이라든가 '인간실존'이라는 의미로 사용한다. '실존(Exsistenz)'이라는 말은 '오다', '발을 디디다', ' 튀어나오다', '나가다'의 의미를 가지고 있는 라틴어 'ex-sistare'에서 유래한다. 그러므로 '실존'이라는 말은 '현존재'와 같은 미묘한 의미를 약간 가지고 있긴 하지만, '현존재'와는 다른 것이다. 하이데거에 의하면 현존재는 또 다른 이름을 가지고 있는데, 그는 현존재를 열어 놓은 것(Lichtung, openness), 즉 숲 속에 있는 빈터인 풀밭과 같은 것이라고 언급하기도 했다. 왜냐하면 세계를 스스로 드러나게 허용해 주는 것이 바로 현존재이기 때문이라는 것이다.[4]

하이데거에 의하면 현존재의 주요한 성질은 염려(Sorge)다. '여기에 있음'이란 결코 무관심한 사건이 아니다. 우리는 세계 안에, 다른 사람 안에, 우리 자신들 안에 연루되어 있다. 우리는 삶에 맡겨져 있거나 관여하고 있다. 우리는 많은 것들을 할 수 있으나, 그것들 중에 어떤 것도 염려하지 않는다.

(5) '던져져 있음(Geworfenheit, thrownness)'의 의미

던져져 있음이란 우리가 스스로 선택하지 않은 우주에 던져져 있다는 것을 말한다. 유전자, 환경, 사회, 가정이 그러하다. 던져져 있다는 것은, 우리가 이미 이룩되어 있는 사회세계에 태어났다는 사실을 말한다. 우리의

4 실존과 현존재의 의미에 대해서는 진교훈(2007: 381-382) 참조.

사회는 우리보다 앞서 있으며, 우리의 문화도 우리보다 앞서 있고, 또한 우리의 언어도, 우리의 부모도 마찬가지다. 우리는 아기와 어린이처럼 무원(無援)의 상태에서 선재(先在)하고 있는 것들에 의존하지 않을 수 없다. 어른조차도 다른 사람에 의존한다. 때로 우리는 '다른 사람들'의 희생물이 되기도 한다. 이 다른 사람들은 얼굴 없는 세대들이며, 흔히 "사람들이 쳐다보고 있다"라고 말할 때의 '사람들(독일어의 부정대명사 man, people, 세상 사람)', 또는 "우리는 그런 것을 못해요"라고 할 때의 '우리', 또는 "그들은 그런 것을 좋아하지 않는 것 같다"고 말할 때의 '그들'과 같은 의미로 사용된다. 우리는 우리의 자유를 상실하고 스스로 사회의 노예가 되는 것을 허용하고 만다. 이는 자기를 방기하는 것이며, 자기를 무너뜨리는 것(Verfallen, 타락시키는 것)이다.

그러나 빈스방거는 부버를 따르면서, 이 무너뜨린다는 관념에 좀 더 적극적인 의미를 부여한다. 자기를 무너뜨린다는 이 말은 '우리가 되는 것(Wirheit, we-hood)'과 '나와 너의 관계(Ich-Du)'를, 더 나아가서 사랑을 허용해 준다는 것이다. 만일 현존재가 열려 있는 것이라면, 우리는 서로 열어 놓을 수 있다. 그러므로 어떤 실존주의자들이 암시하듯이 우리 자신 안에 잠겨 있는 것이 아니다. 빈스방거는 바로 이러한 가능성을 현존재의 본질로 보고, 현존재를 "세상 안에 있으면서 세상을 넘어서 있는 존재(In-der-Welt-über-die-Welt-hinaus-sein)"라고 본다(Binswanger, 1964: 47-49, 499, 504, 583, 696 이하).

(6) '죽음'의 의미

실존주의자들은 때때로 죽음에 사로잡혀 있다고 비판받기도 한다. 실제로 그들은 어떤 이론가들보다도 깊이 있게 죽음에 대해 토론을 벌이며, 거의 병적으로 죽음에 관심을 가진다. 우리가 생명의 이해를 가장 잘하게 되는 것은 죽음에 임박해서다. 하이데거는 우리를 '죽음에 이르는 존재'라고 불렀다. 인간은 그 자신의 종말을 알고 있는 유일한 피조물이다. 우리가 우리의 죽을 수밖에 없음을 알게 될 때, 처음에는 죽음을 피하고 싶어서 일상적인 사회활동에 열중함으로써 죽음의 실재를 잊으려고 한다. 그러나 죽음을 회피하는 것은 바로 삶을 회피하는 것이다(Binswanger, 1964: 50-52).

(7) '진단(Diagnose)'의 의미

빈스방거는 다른 실존심리학자들과 마찬가지로 내담자(client, 來談者) 또는 의뢰인의 세계관을 발견하는 것을 중시한다. 그러나 이는 반드시 어떤 사람의 종교나 인생철학에 대해 토론하는 것을 의미하지는 않는다. 빈스방거는 후설이 말하는 '생활세계(Lebenswelt)'에 대해 알고자 한다. 그는 구체적인 일상적 세계관을 찾아보려고 한다. 예컨대 그는 환경(Umwelt)이나 물리적 세계, 즉 건물들, 나무들, 가구 같은 것들을 내담자가 어떻게 보고 있는가를 이해하려고 한다(Binswanger, 1964: 62, 64). 그는 내담자의 공세계(共世界; Mitwelt)(Binswanger, 1964: 65-67)나 사회를 이해하려고 한다. 내담자와 다른 개인들의 관계, 내담자와 공동체와 문화의 관계 등에 대해 함께 이야기함으로써 그는 내담자의 고유한 세계(Eigenwelt)(Binswanger, 1964: 440-445)나 개인적인 세계를 이해하려고 한다. 이는 몸과 마음을 포함하며, 내담자가 무엇을 느끼든지 간에 의뢰인이 자기가 누구라고 생각하는가에 초점을 두는 것이다(Binswanger, 1964: 445).

또한 빈스방거는 내담자와 시간의 관계에 대해서도 관심을 갖는다. 그는 내담자가 그의 과거, 현재, 미래에 대해 어떤 견해를 가지고 있는가를 알고 싶어 한다. 내담자가 좋았던 과거에 사로잡혀 있는가, 항상 더 좋은 삶을 준비하거나 희망하고 있는가, 아니면 오늘만 있고 내일은 없다고 보는가를 알고 싶어 한다. 그는 내담자가 발판을 삼고 있는 공간에 대해서도 관심을 가진다. 그의 세계는 열려 있는가, 아니면 닫혀 있는가. 포근한가, 아니면 삭막한가. 내담자가 삶을 운동이나 여행, 모험으로 보는가, 아니면 움직일 수 없는 중심체로 보는가. 이들 중 어떤 것도 내담자들 그 자신의 전부를 의미하는 것이 아니라 그 모든 것과 결합되어 있고 치료와 밀접한 관계에 있음을 배우는 것은 큰 의미가 있다.

빈스방거는 실존분석의 언어를 은유(隱喩)라고 본다. 삶은 너무나도 크고 너무나도 풍부하여 거친 산문으로는 파악될 수 없다. 나의 삶은 너무나도 풍부해서 사람들이 나를 만나 보기 이전에 생각했던 낱말들로는 파악될 수 없는 것이다. 실존적 치료사들은 내담자들이 그들 자신의 시간에 맞추어 그들 자신의 말로 그들 자신을 드러내는 것을 허용한다. 예컨대 실존주의자들은 내담자의 꿈에 관심을 가질 수도 있다. 그러나 내담자의 꿈이 무엇을 의미하는가를 내담자에게 이야기하기 전에 내담자에게 물을 것이다. 그들은 내담자가 자기의 꿈으로 스스로를 고무하고, 그 꿈이 자기를 안내하며 자신의 의미를 제시하도록 암시할 수도 있을 것이다. 그렇지만 그 꿈들은 아무것도 의미하지 않을 수 있는가 하면, 모든 것을 의미할는지도 모른다(Binswanger, 1964: 87, 228, 275, 279, 296 이하, 309 이하).

(8) '실존적 치료(Therapie)'의 의미

실존적 치료의 핵심은 '만남(Begegnung)'이라고 불리는 치료사와 의뢰인의 관계다. 만남이란 하나의 현존재가 다른 현존재에게 순수하게 나타나는 것이며, 마음의 문을 여는 것이다. 프로이트와 같은 형식적인 치료사나 행태주의자와 같은 기술적인 치료사와는 달리, 실존주의적 치료사는 내담자가 치료에 참여하는 것을 원한다. 영향을 주는 것과 받는 것은 만남의 자연스러운 부분들로 보이며, 물론 남용되지 말아야 하지만 서로 피해야 하는 것은 아니다. 실존적 치료사들은 내담자가 자연스러워지기를 선호한다. 그들은 대부분 조용히 경청하지만 때로는 그들 자신의 생각과 경험과 정서까지도 표현한다. '자연스럽다'는 말은 또한 치료사와 내담자의 차이를 인정하는 것을 의미한다. 치료사들은 훈련 경력과 경험을 가지고 있으나, 문제를 가지고 있는 자는 내담자다. 실존적 치료는 치료사나 내담자의 독백이 아닌 일종의 대화로 볼 수 있다.

실존 분석은 내담자의 자율성을 목표로 삼는다. 자전거 타는 방법을 어린이들에게 가르칠 때처럼, 얼마 동안은 어린이들을 붙잡아 주어야 하지만 결국은 어린이들이 스스로 자전거를 타고 가도록 해야 할 것이다. 어린이들은 넘어질 수도 있으나, 만일 스스로 자전거를 타고 가도록 해주지 않으면 결코 자전거 타는 법을 배우지 못할 것이다. 현존재의 핵심이 자유이고 그 자신의 삶에 책임을 지는 것이라면, 내담자들을 해방시킬 준비가 되어 있지 않을 경우 그들이 더욱 완전한 인간이 되는 것을 도와줄 수 없을 것이다.

실존적 치료란 특정 방식으로 행해지는 치료라기보다는 사고의 방식이다. 실존적 치료는 별도의 치료학파나 구체적 기법으로 정제된 모형이 아니라 상담심리사의 실제 치료에 영향을 주는 철학적 접근이라고 할 수 있다. 이러한 접근은 우리가 삶의 방향을 자유롭게 선택할 수 있으나 그 선택과 행동에 책임을 져야 한다는 가정을 전제하고 있다. 우리는 우리 삶의 저자이며, 우리가 갈 길을 설계한다. 실존적 접근은 전통적 정신분석이나 급진적 행동주의에 대한 반발로 생겨났다. 정신분석은 자유가 무의식적 힘, 비합리적 충동, 과거의 사상들에 의해 제한된다고 보았고, 행동주의 관점은 자유가 사회문화적 조건에 의해 제한된다고 보았다. 반면에 실존적 치료는 이를 어느 정도 인정하되, 환경을 선택할 우리의 자유를 강조한다. 실존적 치료의 기본 전제는 우리는 환경의 희생자가 아니라는 것이다. 왜냐하면 우리는 대부분 되고자 하는 바를 스스로 선택했기 때문이다. 치료의 주된 목적은 내담자로 하여금 삶을 되돌아보게 하고 가능한 대안을 인지하여 그 방법 중에서 적절한 선택지를 고르도록 격려하는 것이다.

내담자 스스로가 어떻게 환경을 통제하기를 단념하고 수동적으로 환경을 수용했는가를 깨닫기 시작하면, 내담자들은 이미 자신의 삶을 의식적으로 형성하는 통로 위에 서 있는 것이다. 그래서 빈스방거는 내담자가 책임을 받아들이는 것이 치료 여정의 첫 단계라고 강조하였다. 사람들이 자기 삶의 곤경을 만들어 내는 자신의 역할을 깨닫게 되면 오직 자신만이 상황을 변화시킬 수 있는 힘을 가지고 있다는 사실을 깨닫게 된다. 실존적 치료의 목표 중 하나는 사람들로 하여금 자기에게 일어난 일에 대해 책임감이 부족했던 것과 인생에서 과도한 요구를 갖는 것에 대해 잘못된 생각을 하지 않도록 하는 것이다.

2) 빈스방거 실존심리학의 의의(意義)

실존심리학의 가장 긍정적인 측면은 우리가 '살고 있는 세계'에 가능한 한 밀착해서 주장을 펼친다는 점이다. 현상학에서도 삶을 살고 있는 그대로 서술하는 엄밀한 방법을 사용해 왔다. 그래서 실존주의와 현상학에서 이론, 통계, 환원론과 실험들은 적어도 얼마 동안 제쳐졌다. 실존주의자들은 우선 우리가 무엇에 대해서 이야기하고 있는가를 스스로 알고 있을 필요가 있다고 말한다. 실존심리학자들은 이러한 실존주의를 응용한다. 실존심리학은 진단학과 심리치료(한국에서는 '정신치료') 분야에서 응용되고 있으며, 교육학 분야에서도 찾아볼 수 있다.

현상학적 탐구를 받아들이는 심리학 학술지도 있으며 몇몇 교육학과 간호학의 학술지에서도 현상학적 탐구에 문호를 열어 놓고 있으나 대다수의 심리학, 특히 영미문화권에서는 이를 거부하고 있을 뿐만 아니라 강력히 반대하고 있다. 특히 산업심리학과 체계심리학이 그러하다. 그들은 현상학적 탐구를 단순하게 생각하고는 비과학적이라고 거부한다. 현상학적 탐구는 가설이나 통계를 포함하고 있지 않을뿐더러, 독립된 변수를 가지고 있지 않으며, 조종하는 집단이나 무작위 샘플을 포함하지 않고 있다는 것이다. 그래서 대부분의 영미권 대학에서는 현상학적 탐구는 석사 학위 논문이나 박사 학위 논문의 주제 및 방법으로 받아들이지 않고 있다(Boeree, 1997: 10). 그러나 실존주의와 현상학적 탐구가 아직 일부 학계에서 존중되지 못하고 있는 난점들은 전적으로 실험 심리학의 잘못이라고 할 수 있다. 특히 실존주의자들은 영어를 사용하는 심리학자들에 의해 오해받고 있는 것으로 보인다. 그러나 최근에는 미국 대학에서도 현상학 연구가 진행되고 있다.

새로운 아이디어가 새로운 언어 및 방식으로 표현되는 것이 어렵다는 것은 불문가지이긴 하나, 실존심리학에서 사용되고 있는 많은 용어들이 불필요할 정도로 모호하다는 것은 부인하기 어렵다. 많은 용어들이 철학의 전통으로부터 나와서 철학자들에게는 익숙하겠지만, 심리학자들에게도 익숙한 것은 아니다. 그 용어들은 독일어나 프랑스어로부터 번역되었으나 잘된 번역이 아니다. 예컨대 독일어 'Erlebnis'는 우리말로 '체험'이라고 번역될 수 있으나, 영어로 'experience'라고 번역하면 제대로 의미 전달이 되지 않는다. 그래서 어떤 용어들은 변덕스럽다든가 현학적이라는 평을 듣기도 한다(Boeree, 1997: 10). 지금 필요한 것은 숙달된 영어를 사용하는 실존주의 저술가다. 영국 케임브리지 대학 교수 데이비드 홀브룩(David Holbrook)은 빈스방거가 사랑에 대해 강조한 문장은 도무지 영어로 번역할 수 없는 술어로 되어 있다고 말하면서, 빈스방거가 한 말을 원문 그대로 인용한다(Holbrook, 1988: 159). 그러나 결국 보통 사람들의 일상적인 체험의 언어는 일상적이어야 하지 않겠는가? 롤로 메이(Rollo May)와 빅토르 프랑클(Victor Frankl)은 이러한 점에서 상당한 노력을 했고 많은 사람들을 이해시키는 데 성공했으나, 좀 더 노력해야 할 것이다.

실존철학자들과 현상학자들은 그들 사이에서도 누가 후설이나 하이데거 등에 대해 바르게 이해했는지 여부를 두고 서로 싸운다. 그래도 실존주의자들은 그들의 접근 방식을 심리학의 주요한 흐름으로 받아들이게 하는 데 괄목할 만한 성공을 거두고 있다. 실존주의는 알프레드 아들러(Alfred Adler), 에리히 프롬(Erich Fromm), 칼 로저스(Carl Rogers), 홀브룩과 그 밖에 정확하게 실존주의자라고 말하기 어려운 연구자와 이론가들에게 주목을 받았으며, 그들에 의해 좀 더 잘 이해되고 있다(Holbrook, 1988: 64-210).[5]

심리학은 넓게 보면 두 개의 문화권을 가지고 있다고 볼 수 있는데, 그 하나는 강경한(hard minded) 실험주의자들에 의해 지배되고 있으며, 다른 하나는 좀 더 인도적으로 기울어진 임상가들에 의해 지배되고 있다. 그러나 임상가들은 실험 위주의 문화를 배척함으로써 심리학의 반을 적대시하고 있는 셈이다. 이 문제점을 실존심리학이 어떻게 해소할 것인가는 앞으로 실존심리학에 달린 과제다. 특히 인간의 삶의 이해를 한층 더 발전시키고 세련되게 표현을 하는 데 노력을 기울여야 할 것이다.

---

5 홀브룩은 이 책에서 실존주의가 인격주의적 심리학과 철학적 인간학에 끼친 영향을 상론하면서, 빈스방거와 롤로 메이, 에르빈 슈트라우스(Erwin Strauss), 마조리 그레네(Marjorie Grene) 등의 인간이해에 대해서 상론한다.

3) 현존재분석의 의미

빈스방거는 단순한 생물학과 인문학 사이의 상충되는 위치에 있는 정신병학에서 확고한 기반을 계속 추구해 왔다. 그는 현상학이 이를 위한 열쇠를 마련해 주기를 희망했다. 그러나 정신병학은 현존재분석이 경험적·현상학적 탐구를 위해 준비해 주는 경험에 기반을 두지 않을 수 없으므로 빈스방거는 현존재분석을 아는 것을 '현존재인식(Daseinserkenntnis)'이라 부르고 이를 밝혀 보려고 했다(Binswanger, 1964: 489).

철학자로서 빈스방거의 중심 과제는 현존재의 인식이다. 그는 칸트, 헤겔, 회닉스발트, 괴테, 하이데거, 후설, 딜타이, 부버, 융 등의 인간이해를 검토한 후 그 나름의 현존재인식을 규명한다. 그가 제시한 현존재인식의 본질을 다음과 같이 간추려 볼 수 있다(Binswanger, 1964: 489-704).

1. 인간현존재분석(menschliches Dasein)은 환자의 삶의 역사를 이해하는 것(과학자처럼 설명하려고 하는 것이 아니다)이며, 그것을 한갓된 이론에 비추어 보는 것이 아니라 세계-내-존재로서 이해하는 것이다.
2. 인간현존재분석은 환자가 자기의 길을 어떻게 잃고 있는가를 환자로 하여금 체험하게 하는 것이며, 등산 안내인처럼 환자를 뒤에서 인도하며 교제를 회복하면서 환자를 보통세계로 되돌려 놓는 것이다.
3. 인간현존재분석은 환자를 단순한 대상으로 다루지 아니하며, 한갓된 환자가 아니라 실존으로, 동료로 대우한다. 치료는 단순한 접촉과는 반대되는 만남을 의미한다.
4. 인간현존재분석은 해석에 의해서가 아니라 세계-내-존재의 언표를 직접 읽는 것에 의해 꿈을 이해한다. 현존재분석은 이렇게 해서 환자에게 세계-내-존재의 길을 밝혀 줄 수 있으며, 그의 실재적 가

능성을 자유롭게 해 줄 수 있다. 여기서는 의식과 잠재의식 사이에 아무런 불화가 없다. 왜냐하면 이러한 발전은 모든 수준에서 일어날 수 있기 때문이다.

5. 인간현존재분석은 부차적으로 심리치료학적 방법을 사용하기도 하나, 항상 환자로 하여금 인간존재를 이해할 수 있게 해 주며 환자의 잠재능력을 풀어놓을 수 있게 해 준다.(Holbrook, 1988: 162)[6]

3. 빈스방거의 정신병리학의 의미

1) 현상학적 정신병리학[7]

빈스방거는 심리치료(psychotherapy, 흔히 '정신치료'라고 한다)와 실존적·현상학적 관념을 종합한 최초의 의사로 평가받는다. 그는 『인간현존재의 근본형상과 인식』에서 실존분석을 인간존재의 개별적·본질적 특성에로 인간학적 접근을 포괄하는 경험과학이라고 설명한다(Spiegelberg, 1972: 197-198). 빈스방거는 후설의 '생활세계'를 환자의 주관적 경험을 이해하는 열쇠로 보았다.

그는 "정신질환에서는 근본적인 구조와 세계-내-존재의 구조적 연계의 변경을 직면한다"고 생각한다. 그러므로 빈스방거에게 정신병 치료란 '시간, 공간, 육체감각과 사회관계에 대한 생생한 경험의 교체를 포함하는 하나의 세계'를 재생시키는 일을 수반한다(Wyss, 1977: 517). 빈스방

6 홀브룩이 빈스방거의 방대한 현존재분석을 간추려 본 것을 필자가 참고한 것이다.
7 이 부분은 진교훈(2007: 391-394)을 참조해 작성하였다.

거는 보스(Medard Boss)와 더불어 실존적-존재론적(existenzial-ontologisch. 빈스방거는 'daseinsanalytisch'라는 표현을 자주 사용한다)인 성향을 가지고 있는 심리병리학[8]의 대표자라는 평가를 받는다. 그러나 빈스방거가 주로 정신병(Psychose; Geisteskrankheit)에 전념했다고 한다면, 보스는 소위 노이로제와 도착증, 심신상관 질병에 전념했다고 할 수 있다. 빈스방거는 후설의 현상학으로부터 하이데거의 실존적 존재론을 따라갔다. 그렇지만 말년에는 다시 후설에 강하게 관심을 보이기도 한다. 심리분석[9]과 특히 프로이트에 대한 그의 시시비비는 평생 동안 그를 따라다닌 화두였으나, 그의 특별한 관심은 정신병학에 현존재분석적 탐구를 정초하고 그것을 촉진하는 것이었다.

빈스방거가 『정신분열증』(*Schizophrenie*)이라는 제목으로 출판한 그의 병력(病歷) 기록부는 조울증에 관한 그의 연구와 함께 그를 추종하는 많은 정신과 전문의와 심리학자에게 모범이 되었다. 또한 그의 주저인 『인간현존재의 근본형상과 인식』에는 프로이트에 대한 비판 외에도 하이데거에 대한 토론을 벌이는 가운데 그의 끝 모를 교양과 심오한 문학지식과 그가 지은 시가 수록되어 있다. 디터 비스(Dieter Wyss)는 이 책이 하이데거의 『존재와 시간』(*Sein und Zeit*)에 필적한다고 평했다(Wyss, 1977: 517 이하).

빈스방거는 그의 정신병리학을 '현상학적 정신병리학'이라고 말하고 나서, 현상학적 인식은 다음과 같이 자연과학적 인식과 구별된다고 말했다.

1. 자연과학적 인식은 실재적(육체적이거나 영적인) 사물과 과정으로부

8 우리나라에서는 '정신병리학'이라고 표현하는데, 이는 잘못된 번역이다.
9 심리는 과학적으로 설명(Erklären) 가능하므로 분석 대상이 될 수 있으나 정신은 과학적으로 충분하게 설명할 수 없으므로 분석 대상이 될 수 없고 다만 이해(Verstehen) 될 수 있다.

터 시작하며, 자연과학 이론(자연법칙 포함)에 맞추어 특징과 요소와 기능에서 개념적 분석의 길을 밟는다.

2. 현상학적 인식은 비실재적인 (그러나 인식론적이거나 형이상학적 이념은 아닌) 본질이나 선서의 초감각적 또는 정언적 지각으로 시작한다. 현상학적 직관, 추상하는 이념화 등은 정언적 지각 또는 직관의 동의어들이다.

3. 개념적 자연인식이 자연사태의 감각지각 위에서 이루어지는 것처럼, 개념적이고 형상적인 인식은 본질이나 선서의 정언적 지각 위에서 이루어진다. 그러나 이러한 인식은 순수하게 기술적(記述的)인 인식처럼, 본질개념과 본질표현의 형성으로 제약된다. 본질인식은 모든 이론과, 무엇보다도 인식론과 결합되는 것을 엄격히 경계한다.

4. 정언적 관조로 파악된 본질들은 모든 이론적 부가물(Zutat)로부터 자유로운 형상화(Ideation)이거나 순수의식의 양태다.(Binswanger, 1957: 45)

빈스방거는 심리(정신)병리학과 현상학 사이의 관계에 대해 다음과 같이 말한다.

> 심리병리학은 항상 경험과학이나 사실과학이기 때문에, 심리병리학은 절대적인 보편성에서 순수한 본질에 관한 직관으로 일어나지 않을 것이며 일어날 수도 없을 것이다. 그러나 심리병리학은 심리병리학 기본 개념들의 현상학적 해명에 의해 심리병리학 자체에 대한 탐구의 촉진과 해명을 기대한다. 환각 체험과 같은 심리병리학적 사례의 분석에서 양쪽 탐구분야의 차이는 다음과 같이 드러난다. 기술(記述)적으로 선행하고 있는 심리병리학자는 낱말의 표현이나 낱말의

의미로부터 그 낱말의 개념을 즉시 형성하며, 이 개념으로부터 판단을 이끌어 낸다. 그리고 이 판단에 의거하여 다시 결론을 이룩하고 이론을 제시하며, 이러한 이론의 도움으로 '증세'를 설명할 수 있게 된다. 심리(정신)분석자의 방법에서도 형식은 이와 같다. 심리병리학적 체험을 분석하고 있는 현상학자는 이와 똑같은 것을 처음부터 어떤 심리병리학적 유(類, Gattung)의 개념적으로 고정된 종(種, Spezies)으로 관찰하는 것이 아니라, 환자의 언어적 표현이 그의 마음속에서 야기하고 익숙해져 있는 의미를 추구하고, 언어적으로 암시되고 있는 비정상적인 영적 현상(Phänomen)을 스스로 들여다보게 하는 것을 추구한다. 영적 측면에서 비정상적으로 나타나는 다른 것과 그것 사이의 관계와 발생조건에 관해 사변(思辨)하는 대신에 그는 당면하고 있는 체험 자체에 내재하고 있고 그 안에서 스스로를 나타내 주고 있는 몇몇 특징만을 추구한다.(Binswanger, 1957: 47)

그러면 빈스방거의 정신병리학에서 환자의 병력에 대한 이해의 중요성에 관해 좀 더 살펴보기로 하자.

2) 병력 이해의 중요성

빈스방거는 후설의 현상학으로부터 하이데거의 실존존재론으로 넘어가는 그의 저술에서 특히 '세계설계(Weltentwurf)'('세계기투[世界企投]'라고 번역되기도 한다)라는 개념을 발전시켰다. 그는 소위 병력에서, 예컨대 정신분열증의 범위 내에서 '세계설계'라는 개념을 전문화하려고 노력했다. 그리고 환자의 세계설계가 어떻게, 그리고 왜 건강한 사람의 세계설계와 구별되는지를 이해하려고 하였다. 그는 정신의학 내에서 건강한 사람의 영적 삶에서는 정신분열증의 감정이입을 할 수 없거나, 도무지 이해할 수 없는 증세와 건강한 사람의 세계설계 사이에 다리를 놓으려고 노력했다.

빈스방거는 결손이 있는 세계설계를 독자들에게 명료하게 하기 위해 사춘기체중감소증(Pubertaetsmagersucht)이 나타나는 시기에 볼 수 있는 식사거부와 변덕스러운 식성 증세를 가졌으며 자폐증(自閉症)을 앓다가 만성정신병 진단을 받고 엘렌 베스트(Ellen West)라는 자신의 이름을 딴 제목으로 책을 출판한, 한 여인을 사례로 든다(Binswanger, 1957). 이는 결손이 있는 세계설계의 대표적인 사례가 된다.

그녀의 병력은 다음과 같이 간략하게 정리해 볼 수 있다(진교훈, 2007: 394-398). 엘렌 베스트는 항상 외톨이로 살아왔다. 그녀는 까다로운 식성을 가지고 있었으며, 누군가가 그녀가 먹고 싶어 하지 않는 것을 먹으라고 강요하면 그녀는 완강하게 저항하곤 했다. 실상은 그녀의 고집이 그녀를 사람들이 멀리하도록 만들었다. 그녀는 자기가 하고 싶은 것만 하려고 했으며, 10대가 되어서도 자기와 가족의 미래를 위한 아무런 준비도 하지 않았다. 열일곱 살이 되었을 때 그녀는 시를 쓰기 시작했으며, 〈바다의 임금에게〉와 〈나에게 죽음과 입맞춤을 하게 해 다오〉 같은 염세적인 시를 발표하였다. 그녀는 시작(詩作)에 몰두했을 때는 일과 삶을 칭송하기도 했으나, 삶의 짧음과 허망함에 몸서리치기도 했다. 스무 살이 되었을 때 이탈리아 시실리 지방으로 여행을 간 그녀는 폭식을 하게 되고, 그녀의 친구들이 놀릴 정도로 과체중이 되었다. 그래서 그녀는 단식을 하기 시작했고 열정적으로 등산을 하기도 했다. 그녀는 비만에 대한 강박관념에 사로잡혀 자신의 몸을 미워했고, 이러한 비참에서 해방될 수 있는 방법은 죽음뿐이라고 생각하기 시작했다.

한동안 그녀는 일에 파묻혀 의기소침에서 벗어나기도 했다. 그러나 그녀는 항상 죽음의 느낌을 짊어지고 다녔다. 그녀는 적극적으로 사회운동에 참여하면서도 마음속으로는 그것이 아무것도 아니라고 믿었다. 그녀가 어떤 대학생과 약혼하려 했을 때 그녀의 부모가 반대하자 그녀는 낭패에 빠졌고, 허약해지고 병든 채 집으로 돌아왔다. 그녀는 자신의 강박관념이 실제로 안녕의 열쇠라고 느꼈다. 담당 의사가 수면제를 처방해 주었고 자신이 다시 과체중이 되자 그녀는 낙담했고 수척해질 정도로 열심히 일했다. 스물여덟 살이 되었을 때 그녀는 결혼이 강박관념에서 벗어나도록 도와줄 것이라는 희망을 가지고 그녀의 사촌과 결혼했다. 결혼 후 그녀는 영양가 있는 음식을 먹지 않으면서도 아기를 가지고 싶어 하는 딜레마에 빠졌다가 유산을 했다. 그녀는 과량의 하제(下劑, laxatives)를 사용하기 시작했으며, 서른세 살이 되었을 무렵에는 하루에 하제 60-70정을 복용했고 밤에는 토하고 낮에는 설사를 했다. 그녀의 몸무게는 92파운드까지 내려갔고, 뼈가 앙상하게 드러났다. 이런 지경에 이르러서야 비로소 정신과 의사를 찾아다녔다. 그녀는 두 번 자살을 기도했으나 실패했다.

그녀는 마침내 크로이츨링겐의 요양원에 입원해 빈스방거의 간호를 받게 되었다. 유지요법과 진정제로 그녀는 육체적으론 건강해졌으나 공포에 대한 압박감을 계속 느꼈다. 그녀가 계속 자살을 시도했기 때문에, 그녀와 그녀의 남편은 폐쇄된 병동에 입원할 것인지 아니면 자유롭게 있을 것인지 결정을 내려야 했다. 그런데 그들은 자유롭게 해방되기를 선택했다. 때마침 그녀는 호전된 기미를 느꼈기 때문이다. 그녀는 행복하게 식사를 했고 13년 만에 초콜릿을 먹었으며 남편과 이야기를 나누고 친구들에게 편지를 쓰기도 했다. 그리고 그녀는 치사량의 독을 먹었다.

이 슬픈 이야기가 유명한 케이스 스터디가 될 수 있었던 이유는 식욕부진(anorexia)이라는 문제가 불행히도 드문 일이 아니거나 특이한 사건 전개를 보였기 때문이 아니라, 엘렌 베스트가 자신의 문제에 대하여 자신의 전망을 표현하는 능력을 가지고 있었으며 그녀의 주치의인 빈스방거가 진실로 그녀에게 귀 기울여야 했다는 사실이다. 그녀가 발표한 시구(詩句) 가운데에는 “대지는 곡식을 잉태하나 나는 내버려진 조개껍질처럼 결실을 맺지 못한다네. 창조주여, 쓸모없는 나를 데려가 주세요”라든가, “하도 울어서 목구멍이 찢어진 새 새끼처럼 울다가 죽고 싶네. 늙고 추하고 둔하고 말 없는 땅 위에 기어다니는 벌레처럼 나는 살고 싶지 않네”라는 대목이 있다. 빈스방거에 의하면 정신과의사라면 이러한 그녀의 시구에 주목했어야 했다.

그녀는 어렸을 때 두 개의 대립되는 진영으로 자신의 삶을 갈라놓았다. 한 진영은 그녀의 육체적·사회적 실존을 포함하는 ‘무덤의 세계’였다. 그녀의 몸은, 적은 필수품을 가진 그녀를 그녀의 인생의 목적으로부터 벗어난 채로, 나날이 늙어 갔다. 그녀의 사회는 배금주의적이며 타락해 있고, 그녀의 주위에 있는 사람들은 모든 악과 고통을 망각하고 있다. 무덤의 세계에서는 모든 것이 타락해 있고, 모든 것이 아래로 끌어내려져 있으며, 무덤 속으로, 지옥으로 내려가고 있다.

다른 진영은 ‘천상의 세계’인데, 이는 영혼의 세계이고, 순수하고 깨끗한 세계이며, 행할 필요가 있는 것은 행해지는 세계이고, 일의 부담에 의해 방해받지 않기 때문에 활동들이 수고를 하지 않아도 되는 세계다. 천상의 세계에서 사람들은 자유롭고 날 수도 있다. 그러나 이 세상에는 천상의 세계를 무시하는 사람들이 있다. 그들은 불안과 책임을 좋아하지 않는다. 어떤 사람들은 오히려 무엇을 할 것인가에 대해 이야기 듣기를 원하는 것 같으며, 그래서 의식(儀式)이나 집단에 가담한다. 그러나 이런 것이 옳지 않다는 것을 알고 있기 때문에 두려워하고 있는 것이다. 그래서 그들은 그들의 인생을 살고 있지 못하며, 따라서 행복하지 않다. 또 다른 사람들은 그들의 몸을 다른 방향에서 바라본다. 그들은 단순한 쾌락을 찾기 시작한다. 그러나 곧 그 쾌락이 김빠진 것이라는 사실을 알게 된다. 그래서 그들은 새로운 약이나 이상한 도착이나 스릴을 시도하지만, 만족하지 못한다. 그들이 실패하는 것은 쾌락이 쾌락답지 못해서가 아니라 그들 영혼의 절반만이 거기에 있기 때문이다.

엘렌은 무덤의 세계를 무시하려고 했다. 그녀는 물질적인 이승의 세계를 넘어 선(善)하고 바르고 순수한 천상의 세계로 날아가기를 원했다. 그리고 그녀는 하나의 작은 범위 안에서 문을 닫아 버렸다. 그녀는 결국 자기 몸을 뼈만 남게 만들었지만, 그것으로 결코 충분하지는 않았다(Boeree, 1997: 11). 우리는 다른 부분 때문에 우리를 있게 하는 부분을 무시할 수는 없다. 좋든 싫든 우리는 우리의 몸이나 우리의 영혼이나 우리를 있게 하는 우리의 어떤 부분도 무시할 수 없다. 어떤 것도 바로 '인간적인 것'이 아니라고 단정할 수 없다.

심리분석치료사는 프로이트처럼 이 여인의 병력을 억압받은 구강기(口腔期)와 항문기(肛門期)의 관점에서 볼 수도 있을 것이다. 탐식은 사랑의 실패에 따른 보상이며, 비만이 되는 것에 대한 두려움은 거식증과 임신에 대한 불안으로 해석될 수 있다. 빈스방거는 여기서 세계설계를 보았다. 그에 의하면 환자의 구조는 환자의 세계설계로 환자의 공허함, 즉 항문과 환자의 정신적 삶과 천상의 세계와는 모순되는 무덤과의 특수한 관계에서 성립한다는 것이다. 엘렌 베스트의 일생은 삶이 무덤으로 변천하는 역사에 지나지 않는다는 것이다. 세계설계는 거듭된 실천에 의해, 특히 천상의 세계에 의해 모순되고 부서질지라도 유효한 것이다. 이 모순은 엘렌 베스트의 금욕적인 경향으로 인한 비자발적 교제에 대한 거부에서 삶에 대한 자발적·비자발적인 거부에 이르는 과정을 잘 보여 준다(Binswanger, 1957: 141).

프로이트의 심리분석과 빈스방거의 현존재분석의 원칙적 차이는 심리(정신)분석적 또는 생물학적으로 상관이 있는 것으로 보이는 리비도의 발전에 관한 존재론적-구조적 해석에 기인한다. 항문기(肛門期)란 현존재 분석에 의한 해석에서 죽음의 세계와 무덤의 세계로 되어 있는 것이다. 빈스방거는 객관적인 자연주의에 기반을 두고 모든 인간적 질(質)을 유기체의 기능으로 환원하는 프로이트에 반대하였다.

이제 앞에서 살펴본 것을 기반으로 빈스방거가 제시한 사랑의 의미를 밝혀 볼 것이다.

4. 빈스방거가 말하는 사랑의 의미

1) 사랑의 위상: 사랑과 정신분열증의 관계

빈스방거는 임상치료사로, 그의 임상은 사랑에 기반을 두고 있다. 사랑은 의사와 환자가 따뜻한 심정을 품고 만나게 해 주는 것이다. 이 만남에 대한 빈스방거의 생각은 그의 요양원을 방문해 "인간실존이란 만남(Begegnung)에 뿌리를 두고 있다"고 역설한 부버의 영향을 받았다. 이를 계기로 빈스방거는 하이데거의 현존재분석을 불만스럽게 생각하게 되었다. 하이데거는 그의 현존재분석에서 공존(Mitsein)에 대해 짤막한 언급을 한 것을 제외하고는 사회적 차원을 포용하는 데 실패했다. 빈스방거는 『인간현존재의 근본형상과 인식』에서 인간실존의 기본형상에 대한 새로운 현상학적 인간학을 보여 주려고 하였다. 그는 제4판 서문에서 『인간현존재의 근본형상과 인식』의 목표는 '사랑의 현상학'이라고 밝힌 바 있다(Binswnager, 1964: 17).

그의 현상학적 인간학은 '너와 나의 상호존재(Miteinandersein von Mir und Dir)'에 뿌리를 두고 두 사람 간의 사랑과 우정의 참여에서 '우리가 되는 것(Wirheit; we-hood)'[10]으로 자세하게 나눠진다. 빈스방거는 인간실존을 두 가지 상태로 구별했다. 다시 말해 의문을 제기하는 자로서 단순한 존재인 실존과 하이데거가 간과했던 두 존재(duales Sein)로서 현존재, 즉 '사랑하고 있는 우리(liebende Wirheit)'로 구별한 것이다. 빈스방거의 『인간 현존재의 근본형상과 인식』은 원래 사랑, 나와 너의 관계, 공동체와 상호성에 바쳐진 저서다(Binswanger, 1964: 22-218).[11] 그에 의하면 사랑은 나와 너의 관계를 의미하고, 인간으로 하여금 염려(Sorge)를 넘어서게 하며, 삶의 공간을 차지하게 하는 방식에 의해 공동체의 형성을 가능하게 해 준다. 빈스방거는 여기서 사랑의 공간적 구조를 암시한다. 그가 말하는 사랑의 주된 기능은 사랑과 염려 간의 갈등을 극복하는 것이다. 빈스방거는 그의 사랑에 대한 관심 때문에 의미와 상징에 관심을 가졌다. 그는 현상학에서 없어서는 안 되는 것으로 상상과 은유를 강조했다. 이것들은 추론적인 과학적 언어와는 대조적으로 본래 현상학과 현존재분석의 언어다. 현상학은 프로이트와는 달리 무의식적 실재에 대한 단순한 상징으로서의 꿈에 대한 정교한 해석을 요구하지 않는다. 꿈이란 그 자체로 말할 수 있는 것이다(Binswanger, 1964: 289-291). 이는 심리적인 것의 창조적 역동성에 근거하여 심리치료에서 새롭고 중요한 것을 강조한 것이다. 이는 또한 이드(Id)와 충동을 의식과 상징과 은유의 현상보다 더 실재적이라고 보는 프로이트의 자연주의적(유물론적) 관점에 대한 거부이기도 하다. 상징과 은유는 이중 의미를 가지고 있는 맹목적인 상징적 술어의 일차적 실재성을 표현한다.

---

10 그가 사용하는 'Wirheit'는 사전에 없는 말인데, 우리말의 '우리'에 해당된다(Spiegelberg, 1972: 200 이하).

11 제1부 제1장의 제목이 "나와 너의 상호존재인 우리(Wirheit; we-hood)"이며, 부제가 "사랑하고 있는 상호존재, 사랑하는 것 속에 있는 우리"다.

빈스방거에게 정신 장애인의 세계에 대한 직관적 이해는 정신 장애인의 내면적 삶의 역사에 대한 연구를 통하여 입수할 수 있는 만큼 많은 주관적 자료를 사용하면서도 더욱 상상적인 방법으로 그것을 해석하는 것이 가능한 것이었다. 빈스방거는 완전히 의미 없는 경험이란 있을 수 없다고 믿었다. 왜냐하면 모든 것은 세계-내-존재 구조의 통합적인 부분이기 때문이다. 이것은 단순히 기록할 수 없는 일종의 해석을 요청한다. 또한 심리분석에서 상징과 상징된 것의 관계에 대한 탐색의 이론을 필요로 한다.

빈스방거의 또 다른 중요한 공헌은 우리라는 것(Wirheit)이 고립된 자아보다는 더 근본적이라는 것과, 이것과 앎의 방식에 대한 관계를 파악한 것이다(Holbrook, 1988: 157-158). 빈스방거는 "사랑의 주변에 인식적인 벽을 쌓기만 하는 객관적 지식과는 대조적으로, 현존재에 대한 앎은 나와 너와 함께 있는 존재에서 그것의 근거와 기초를 찾는 것"(Binswanger, 1964: 21)이라고 말했다. 현존재에 대한 그의 인식은 전적으로 우리의 존재 안에 뿌리를 내리고 있는 '우리가 체험하는 것'을 수반하는 만남에서 착수될 수밖에 없으며, 서로를 사랑하고 있는 것에 대한 체험으로부터 출발한다. 그렇지만 우리는 그것으로부터 우리 자신의 현존재를 뛰어넘는다. '뛰어넘는다'는 말은 사랑을 하는 상상력에 대한 호소와 결합되어 있으며, 우리가 우리 안에서 사랑을 키울 수 있는 상상력이다.

홀브룩은 빈스방거가 사랑을 강조한 대목이 영어로 번역할 수 없는 술어로 되어 있다고 말하면서 빈스방거가 한 말을 원문 그대로 인용한다.

> 사랑은 묻지도 않고 심지어 말도 하지 않는 존재의 충만(充滿)이며, 순수한 충일(充溢)을 하는 존재 안에서 우리를 확고하게 믿고 있는 것이다(fraglose, ja sprachlose Seinsfülle, wirhaft gläubiges Feststehen im Sein reiner Überschwung).(Binswanger, 1964: 490; Holbrook, 1988: 159)

빈스방거의 현상학에서 사랑은 시간과 공간에서 창조적이고 중요한 의미를 발휘한다. 그에 의하면 "사랑은 서로 내주는 것을 함축하는 포옹 속에서 가장 잘 표현되고 있다"(Binswanger, 1964: 26). 또한 사랑은 일시적인 관심을 가지게 되는 배려와는 대조적으로 과거, 현재, 미래에 의거하는 시간의 흐름과는 무관하며 영원과 관련되는 무시간성을 가지고 있다. 사랑은 한 사람의 자아를 넘어서 우리를 우리(Wirheit; we-hood)의 세계로, 즉 세계를 넘어서 있는 존재(über-die-Welt-hinaussein)의 형상으로 이끌어 준다. 여기서 우리는 절대적인 피안에 있거나 초자연적인 피안에 있는 존재가 아니라 사랑의 '영원한 지금(순간)'에 있는 초월적 존재 안에 있는 존재다. 빈스방거는 사랑의 의미를 드러내기 위하여 한편으론 신비주의적 경향을 보여 주면서 괴테, 실러, 레싱, 로버트 브라우닝과 엘리자베스 브라우닝, 릴케 등의 시를 인용한다(Binswanger, 1964: 23-59).[12] 다른 한편으로 그는 엘렌 베스트의 경우에서 그녀의 임의적인 자살이 일종의 방기(放棄)라고 결론 내린다. 그에 따르면 이 방기는 정신분열에 해당하는 임의적인 해석에 의거하여 망상의 우상화에 이르게 되는 풀 수 없는 갈등에 대한 응답이다. 요컨대 빈스방거에 의하면 어떤 사람이 스스로 누구로부터도 사랑받지 못하고 있고, 더 나아가서 아무도 사랑할 수 없다는 망상에 빠지면 병이 난다. 다시 말해 병이란 '사랑의 결핍'이라는 것이다. 이렇듯 빈스방거는 자연주의(유물론)와 기능주의가 만연한 철학과 심리학을 넘어서 '사랑의 현상학'을 이룩하려고 시도했고, 그 점에서 그를 20세기의 가장 모범적인 정신과의사라고 말해도 과찬은 아닐 것이다.

12 여기서 '사랑하고 있는 우리(die Wirheit im Lieben)'를 은유적인 표현을 사용하여 밝혀 보려고 한다.

빈스방거의 동료인 슈트라우스는 빈스방거가 하이데거의 현존재분석으로부터 철학적 인간학을 발전시키려고 시도했고, 그로부터 의식의 지향성이라는 아이디어를 취했으며, 주관과 객관 사이의 간극을 극복하려는 자극을 얻었다고 말한다(Strauss, 1969: 14-15). 실제로 빈스방거는 현존재, 던져져 있음, 염려, 세계-내-존재 등 하이데거로부터 중요한 아이디어를 취했다. 그러나 빈스방거는 하이데거의 허무주의에 대한 반론인 사랑의 현상학을 발전시켰다.

2) 사랑의 내용

(1) 사랑은 부족함을 모른다

빈스방거에 의하면 사랑을 한다고 하면서 무엇인가 부족하다고 한다면, 그러한 경험은 사랑이 아니다. 그래서 사랑은 투사될 수도 있는 가능성을 걱정하지 않는다. 그렇다고 사랑이 현존재가 염려하는 것이 무익하다고 말하지는 않는다. 빈스방거에게 사랑은 궁극적으로 일종의 확언, 즉 다른 사람과 함께 있는 존재로 던져져 있음에 '네'라고 응답하는 것이다. 이는 사랑이 아무런 의혹도 제기하지 않는 이유이기도 하다. 그래서 사랑은 '아직은 아니'라고 하면서 모험을 위협하거나 의문을 제기하지 않는 것으로, 무엇을 요구하지도 않고 두려워하지도 않으며, 판단하지도 않는다(Binswanger, 1964: 139, 159, 193, 442). 그래서 사랑은 이 세상의 법을 무시한다. 사랑하는 사람은 사랑의 현존으로부터 아무런 부족도 모르며, 다가올 어떠한 손실도 모른다(Binswanger, 1964: 81, 102, 502).

(2) 사랑은 모험을 한다

그러면 사랑은 무엇을 모험하는가? 사랑은 존재에 대한 확실한 신앙을 모험한다. 서로를 사랑하는 믿음 없이는 어떤 종교적 신앙도 가질 수 없을 것이다(Binswanger, 1964: 102). 왜냐하면 이 믿음은 첫째로 하나의 도전적인 상상력의 이론이기 때문이다. 이 믿음은 '상상의 실현'을 더듬는다. 상상의 실현이란 서로 사랑하고 사랑받는 우리 사랑의 '이중 기적'을 통해 모두를 위한 모든 사람의 사랑을 일별(一瞥)하게 하는 것이다. 그러나 슈피겔베르크(Herbert Spiegelberg)는 이 신앙 속에서 전적으로 주관적인 신념만을 보는데, 이는 잘못된 해석이다(Binswanger, 1964: 102).[13] 왜냐하면 빈스방거에게 상상은 본질직관(Wesensanschauung)을 통한 상호주관적 표현이기 때문이다.

(3) 사랑은 상상의 실현이다

상상의 실현은 사랑하는 사람의 참여를 요구하지만, 이 참여는 어렴풋한 주관적인 것으로 한번 흘낏 보는 것이 아니라 오히려 인간성의 유일한 객관성을 가능하게 하는 사실을 입증하기 위한 것이며, 너에 대한 사랑이 없다면 나는 결코 알지도 못했고 상상도 못했을 확실한 사랑에 대한 앎이다. 존재를 거쳐가는 길은 이러한 사랑의 견해에 대한 충분조건이 되지는 못할지라도 필연적이다. 그래서 나는 내가 원하는 것을 무엇이든 상상할 수 있다. 그러나 그것은 나의 애인으로서 내가 사랑을 상상하는데 필요조건을 제공한 것이며, 너를 상상한 것이다. 이러한 관점에서 보면, 사랑은 상상(Einbildung)이며 교육이다. 나의 사랑에 대한 너의 응답이 없이는 사랑하려는 나의 존재론적인 탐구는 실제로는 공중으로 날아가고 말는지 모른다(Binswanger, 1964: 585 이하).[14]

---

13 빈스방거는 Spiegelberg(1972: 217)를 인용한다.

14 여기서 그는 푸코의 *Dream, Imagination, and Existence*를 인용하면서 나의 상상이 나

여기서 상상된 것이란 실재보다 더 높이 있지 않는 가능성이다. 가능한 것으로 상상된 모든 것이 여기서는 실재이며, 결코 공상(空想)과 같은 것이 아니다. 실제로 있다는 것은 우리가 상상해 온 전부다. 아무 부족함이 없는 것이 사랑이다. 그러므로 설사 이 세상의 어떤 것이 부족하다고 할지라도 이 부족은 사랑하는 사람에게는 느껴지지 않을 것이다. 이 부족의 경험은 충분한 것을 경험하는 방식으로 있는 것이 아니다. 그래서 사랑은 현혹과 만족을 수반한다(Binswanger, 1964: 157-158).

사랑은 궁극적으로는 상상의 실현이다. 만일 사랑이 전부가 아니라면, 그것은 사랑이 아니다. 만일 사랑이 실재에 이르지 못하거나 실재를 열망하지 않는다면, 거기에는 사랑이 없는 것이다. 다시 말해 빈스방거의 요청은 존재론적인 것이다. 빈스방거에게 사랑의 상상의 실현은 사실상 모든 '창조성'의 원천이자 기원이다. 이 상상에서 인간학적인 본질특성(ein anthropologischer Wesenszug)이 드러난다(Binswanger, 1964: 298).

빈스방거에게 현존재인식의 탐구는 그의 저서 『인간현존재의 근본형상과 인식』의 최종목표이며, 어떻게 배려가 사랑과 하나가 될 수 있으며 또 어떻게 교육과 정신치료(psychotherapy)가 사랑으로 이루어질 수 있는가를 보여 주기 위한 것이다(Binswanger, 1964: 17).

(4) 사랑과 세계의 변증법적 관계

사랑과 세계의 관계는 매우 복잡한 것이다. 사랑을 위해서 여기(da) 있다는 것은 한편으론 염려를 필요로 하지만 염려와는 다른 것이다. 인간의 현존재는 유한한 만큼 무한한 방식으로 오로지 '여기(da)'[15]에만 있을 수 있다.

자신의 세계를 이룩하는 것이라고 말한다.

15 Da는 시공간적인 뜻이 아니라 심리적 접근을 나타내는 말, 즉 마음속에서 '여기'라는

이는 사랑과 세계의 변증법이다(Coulomb, 2006: 141).

사랑은 다른 경험과 현존재가 그런 것처럼 세계에 한정되고 있다. 최상의 경우에는 한꺼번에 사랑하고 염려하지만 세계에서 스스로 "주장(behaupten)"하는 것을 필요로 한다(Binswanger, 1964: 131, 76).

사랑이 세계-내-존재에 없다면, 우리는 아마도 세계와는 다른 그 어떤 것도 상상할 수 없을 것이다. 그래서 "빈스방거의 세계 이해란 그의 사랑의 존재론적 이해에 의해 이미 감염되어 있다"고 제이콥 니들맨(Jacob Needleman)은 말한다(Needleman, 1963: 26, 125).

빈스방거는 여러 번 현시대의 현대 사상가이기를 자처하고 싶어 했지만, 그는 현대의 윤리학과 주아론(solipsism)에 만족하지 못했다. 존재는 아무런 응답도 하지 못하기 때문에 인성의 문제는 이제는 존재론이나 우주론으로 더 이상 해결될 수 없게 되었다는 것이다. 이러한 이유로 빈스방거는 사랑으로 돌아가서 이 문제에 대한 답변을 찾아보려고 했으며, 인간존재는 그와 그녀의 동료와의 관계에서 응답한다는 것이다. 이러한 관계는 윤리적 방법이나 종교적 방법만으로 이해하려고 하면 적절하게 이해되지 못한다는 것이 빈스방거의 견해다. 왜냐하면 "점증하는 세속화는 현대사상을 사랑으로부터 멀어지게 만들었고, 현대사상의 비그리스도교적이거나 반그리스도교적인 경향에도 불구하고 근본적인 인간적 현상을 철저하게 이해하려고 하는 대신에 논리적 사고나 실증적 사고에 치중한 윤리학으로 향하고 있기 때문"이다(Binswanger, 1942: 229, 547).

여기서 우리는 빈스방거가 사람다움을 외면하고 논리적 사고나 실증적 사고에 치중된 현대 윤리학을 비판한 것을 엿볼 수 있다. 빈스방거에 의하면 우리가 인간의 현존재를 이해하려고 하면 하이데거처럼 염

뜻이다.

려뿐만 아니라 사랑 역시 이해할 필요가 있다. 하이데거는 현존재의 사랑을 이해하지 못했다는 것이 확연히 드러났다고 빈스방거는 비판한다(Binswanger, 1964: 69 이하).

이 때문에 빈스방거는 '실존적 선험' 개념을 발전시킨다. 이 실존적 선험은 인간존재에 대한 보편적인 세계가 있다는 의미에서, 또 인간존재마다 각기 세계-내-존재를 다르게 형성하고 건축하고 산다는 의미에서 선험적인 것이다. 현존재마다 세계를 가지고 있듯이 현존재만큼 많은 세계가 있다고 혹자는 말할는지 모른다. 정신과의사인 빈스방거에게 이는 현존재가 있는 만큼 많은 질병이 있을지 모른다는 것을 의미할 수도 있을 것이다.

만일 모든 인간존재가 현존재이고, 모든 인간존재가 같은 방식으로 이 '여기' 있음을 경험하지 못한다면 '존재론적 인간학'은 세계-내-존재를 위해서 무엇을 목표로 삼는가 하는 의문이 남게 된다. 이 여기 있음이 세계를 만들어 내지 못한다고 빈스방거가 말하는 것을 이해하기 위해서는 현대의 세속화와 '사랑이 없는 세대'라는 그의 해명을 살펴보지 않을 수 없다.

우리는 그가 종교적 신앙의 기반으로서 봉사할 수 있는 사랑에서 사람들이 현상학적 신념이라고 부를 수 있는 것을 발전시킨 모습을 찾아볼 수 있다. 그는 현대사상이 인성을 뿌리째 뽑아 버렸다고 주장한다. 존재적으로는 인간존재의 점증하는 도구화를 초래했고, 이는 사랑에 정반대되는 것이며, 그것은 어떤 사람을 물건으로 간주한다는 것이다(Binswanger, 1964: 407, 442). 이러한 경향 때문에 인간의 존재이유에 관한 물음에 대하여 "나는 하느님을 위해서 있다"는 종교적 대답은 빈스방거를 만족시키지 못했으며, 또한 내 현존재의 의미에 대한 물음은 심지어 옛날 방식의 대답을 뿌리째 뽑아 버린 채로 남아 있는 곤혹스러운 상황에 그를 처하게 했다. 그러나 이는 왜 빈스방거가 종교적 신앙의 기반으로 봉사할 수 있는 사랑에 대한 현상학적 신념이라고 할 만한 것을 발전시켰는지를 우리가 찾아보려는 이유가 될 수 있을 것이다.

빈스방거가 현대는 인간존재를 존재론적으로뿐 아니라 존재적으로도 뿌리째 흔들어 버렸다고 말한 것은 숙고해 볼 만하다. 존재적으로 보면 현대는 인간존재의 점증하는 도구화(道具化)의 예명이요, 사랑에 정반대된다. 빈스방거의 말을 빌리면, 현대는 사람을 "어떤 것으로 취급하는 것(nehmen bei etwas)"이다(Binswanger, 1964: 321). 존재론적으로 보면 현대는 상당히 곤혹스럽다. 그래서 인간존재의 문제는 새로운 해결책을 필요로 한다. 만일 우리가 초월 또는 영원한 영역에서 인간존재의 문제를 더 이상 바라볼 수 없다면, 우리는 임시적이고 한정된 영역과 시간과 존재 안에서, 세계-내-존재에서 인간존재를 찾아보는 것을 필요로 할 것이다. 그렇지만 이런 영역에서만으론 모든 것이 해결될 수 없다. 유한성에 적합하지 않을 여지가 남아 있다. 그것은 바로 무한하고 영원한 존재와 하나가 되는, 세상의 유한성을 넘어서는 현존재의 동경(憧憬, Sehnsucht)이다(Binswanger, 1964: 121 이하, 128). 그렇다면 현존재는 세계-내-존재 안에서는 모두 다 해결되지 못한다. 그래서 현존재는 이미 설정되어 있는 세계의 경계를 넘어서 인간존재를 찾아 동경하도록 되어 있다.

동경이란 누군가와 무엇인가에 대한 열망인데, 빈스방거에게는 사랑하는 만남에서만 만족될 수 있는, 근본적으로 '하나되고 전부가 되는 것'에 대한 동경이다. 이 경험적이고 존재적인 너와 만남이 있기 전에 동경은 근본적으로 세계의 방식에 대한 불만을 표현한다(Binswanger, 1964: 33).

사랑과 세계의 변증법이 어떻게 전개되는지 좀 더 살펴보자. 우리는 세계로 되돌아가는 것이 확실하게 뿌리를 박고 있는 것을 동반하는 것에 주목하게 될 것이다. 세계로 던져져 있다는 것은 사랑의 고향의 상실 또는 사랑의 본고장의 상실로, 참으로 파라다이스를 잃어버린 채로 어쩔 수 없이 살게 될 것이라는 것이다. 한 사람만을 위한 사랑이 없는 것처럼, 어떠한 사람도 혼자만의 사랑으론 살지 못하기 때문에, 사람은 소속의 체험과 내쫓긴 존재의 경험으로 살아간다. 만일 이 고향이 현존재의 마음을 암시하거나, 더 나아가 '마음'을 현존재로 암시하며 내가 너에게 소속하고 너가 나에게 소속하는 것이라면 나의 동경과 너의 동경은 이러한 공동-동경 때문에 존재에 속하게 된다(Binswanger, 1964: 24-25).

빈스방거의 사랑의 초월성에 대한 해명도 존재적인 것으로부터 존재론적인 것으로, 경험적인 것으로부터 초월적인 것으로 가는 길을 우리에게 보여 주려고 할 뿐만 아니라, 항상 존재적인 것과 존재론적인 것을 모두 보여 주려는 현존재분석을 행하는 것이다. 그리고 그것이 사랑과 세계의 변증법을 통해서 우리에게 전달된다고 해도 무방할 것이다.

(5) 사랑의 시적 표현

사랑이 말을 하는 것은, 다시 말해 사랑이 마음으로 말하는 것은 세계에 대한 마음(심장)의 리듬을 취하는 것이다. 이러한 관점에서 보면 사랑은 궁극적인 것이다. 왜냐하면 사랑은 인간의 현존재에 방향의 최종적인 의미를 제공하기 때문이다. 사랑은 세계 안에서의 편력(遍歷, Wanderung)을 통해서 변천하며, 소외되는 일 없이 세계 속에서 편력하게 된다.

그러면 우리는 사랑에 대해서 어떻게 아는가? 최선의 경우에 우리는 사랑을 체험함으로써 알 수 있다. 그 밖에 우리는 언어를 통해서 사랑을 이해할 수 있다. 사랑의 문제는 사실상 두 사랑하는 사람들의 전망(展望)으로부터 사랑이 쉽게 소통될 수 없는 '비전(祕傳)의 현상학'이다. 이 표현은 현상학이 사랑의 문제를 다소 부적절하게 언표할 수밖에 없음을 함의한다(Schmid, 2005: 119, 234).

그래서 빈스방거는 사랑에 관한 문학의 현상학적 기술(記述)을 내세운다. 빈스방거가 발전시킨 많은 이론은 실러, 릴케, 괴테의 시적 저술로부터 증류된 것이다. 빈스방거는 수많은 시인을 참고하고 그들의 언어를 통하여 염려의 세계를 흔들어 버리려고 시도했다(Schmid, 2005: 193). 시는 빈스방거에게서 사실상 사랑의 자기-발언(Self-Artikulation)이다. 다시 말해 시는 이 세계에서 존재의 언어로 사랑이 스스로 표현하려는 시도라는 것이다(Schmid, 2005: 247; Binswanger, 1993: 275-290). 그래서 그는 "사랑과 시는 언어에서 목욕을 하며, 시는 자기와 인성의 대화가 이루어지는 매개체"(Binswanger, 1993: 263-264)라고 말하기도 했다.

빈스방거는 『인간현존재의 근본형상과 인식』에서 브라우닝 부부를 28회, 괴테를 70회, 헤르만 헤세를 3회, 뫼리케를 8회, 휠덜린을 10회, 체스터턴을 2회, 뻬귀를 2회, 프루스트를 13회, 릴케를 24회, 발레리를 4회, 실러를 24회, 호프만슈탈을 8회씩이나 인용하며, 영시(英詩)와 프랑스 시는 원문을 그대로 싣고 있다. 여기서 우리는 하이데거가 "인간은 지상에서 시인으로 거주한다"고 한 것을 음미해 볼 수 있을 것이다. 인간의 모순을 잘 드러내고 있는 『구약성서』「욥기」를 괴테가 그토록 좋아한 이유도 빈스방거의 인간이해를 통해서 이해할 수 있을 것이다(진교훈, 2007: 403).

이제 우리는 사랑을 이해하기 위해 빈스방거가 시적 표현을 중시한 이유를 이해할 수 있다. 사람을 사랑하게 되면, 사랑하는 사람은 시인이 되어 영원과 하느님을 찬미하기 마련이다. 왜냐하면 하느님은 사랑의 근원이며 사랑 자체이기 때문이다. 시의 본질은 아름다움이며 거룩함이다. 그러므로 사랑하는 사람은 아름다움을 볼 수 있고 들을 수 있게 된다. 나아가 그는 시인이 되어 영원과 거룩함을 찬미할 수밖에 없을 것이다(진교훈, 2000: 23-24; 진교훈, 1979).

5. 나오는 말

빈스방거는 젊은 시절에 프로이트, 융과 함께 연구를 진행했으나, 실존철학자의 영향을 받으면서 심리분석적(정신분석적) 접근에서 벗어나 실존적이고 현상학적인 입장에서 심리치료를 시도했다. 그래서 그는 최초로 심리치료와 실존철학의 접목을 시도한 정신과의사라는 찬사를 받았다. 그의 실존심리학과 현존재분석(인식)은 인간존재의 주관적이고 영성적인 차원을 강조하는 것이었다. 그는 부버의 영향을 받아 타자와의 상호적 관계를 뜻하는 사랑을 강조했으며, 사랑은 개체성과 관계성의 역동적 균형이라고 보았다. 정신병 환자의 치료에도 깊은 관심을 보였으며, 심리치료는 정신병 상태에서 괴리되어 있는 개체적 자아와 공생적 자아를 통합하도록 돕는 일이라고 보았다.

빈스방거의 가장 중요한 공헌은 메이(Rollo May)와 엘렌베르거(Henri F. Ellenberger) 등이 잘 지적한 것처럼 사랑과 의미와 자유에 대한 그의 강조에 있다. 이것들은 실존에서 필연적인 것으로서 자유의 실존에 깊이 기반을 두고 있기 때문에 또한 자유 자체를 불필요하게 만들 수도 있다. 홀브룩은 "이러한 종류의 패러독스는 시(詩)와 인간의 영혼에서 훨씬 잘 조명되고 있다"(Holbrook, 1988: 162)고 말한다. 빈스방거는 그의 주저 『인간현존재의 근본형상과 인식』에서 사랑을 본질직관을 통해 우리가 쉽게 이해할 수 있도록, 많은 시인들을 인용하였다.

결론적으로 빈스방거에게 사랑은 한 인격을 그 가장 깊은 곳까지 파악할 수 있는 유일한 방법이며, 사랑하는 이의 인격과 잠재능력을 실현할 수 있게 해 주는 것이다. 빈스방거 저술의 특별한 의의는 육체적으로 편중되어 있는 임상적인 정신의학보다 정신과학의 지위를 우위에 둔다는 것이며, 학문적인 심리학과 현상학적 철학에서의 방법론의 절대화를 경험적으로 수정하는 점에 있다고 하겠다. 그러므로 빈스방거 저술을 통해 사랑은 의철학과 의학적 인간학의 연구과제가 될 수 있다고 볼 수 있다.

참고문헌

진교훈. (1979). 「찬미와 시」. 『심상(心象)』 5월호.

진교훈. (2000). 「놀라움과 찬미」. 『철학과 문학의 만남』. 민음사.

진교훈. (2007). 「빈스방거의 인간이해: 현존재분석을 중심으로」. 『서강인문논총』 제22집. 서강대학교 인문과학연구소.

Binswanger, Ludwig. (1957). *Schizophrenie*. Pfullingen: Neske.

Binswanger, Ludwig. (1960). *Melancholie und Manie*. Pfullingen: Neske.

Binswanger, Ludwig. (1964)[1942]. *Grundformen und Erkenntnis menschlichen Daseins*, 4. Aufl. Zürich: Ernst Reinhardt.

Binswanger, Ludwig. (1993). *Dream and Existence*. New Jersey: Humanities Press.

Boeree, George C. (1997). *Personality Theories: Ludwig Binswanger.* (www.ship.edu/cgboeree.html).

Breyer, Thomas Fuchs & Holzhey-Kunz, Alice. (2015). *Ludwig Binswanger und Erwin Straus: Beiträge zur psychiatrischen Phänomenologie*. Freiburg-Wien: Herder.

Chin, Kyo Hun. (1972). "Über das Verhältnis von Person und Liebe bei Max Scheler." Wien: Universität Wien.

Coulomb, Mireille. (2006). *Binswanger, Ludwig, Intersubjectivité Moi Phénoménologie Psychiatrie et Philosophie Subjectivité*. Paris: Collo Pheono.

Herzog, M. (1999). "Ludwig Binswanger." Franco Volpi (Hrsg.), *Grosses Werklexikon der Philosophie*. Stuttgart: Kröner.

Holbrook, David. (1988). *Further Studies in Philosophical Anthropology*. Aldershot England: Avebury.

Needleman, Jacob. (1963). *Selected Papers of Ludwig Binswanger*. New York & London: Basic Books.

Schmid, G. B. (2005). "Phantasy therapy: Use of story in group psychotherapy." *Psychiatric Times*, 68-68.

Spiegelberg, Herbert. (1972). *Phenomenology in Psychology and Psychiatry*. Evanston: Northwestern University Press.

Strauss, Erwin. (1969). *Psychiatry and Philosophy*. New York: Springer.

Wyss, Dieter. (1977). "Die anthropol ogisch-existenzialontologische Psychologie und ihre Auswirkungen auf die die Psychiatrie und die Psychotherapie." *Die Psychologie des 20 Jahrhunderts*, Bd. I. Zürich: Kindler.

3장

사랑에 대한 종교철학적 성찰

사랑의 존재론적 의미와 초월적 사랑

● 박병준

사랑을 주제로 한 논의는 쉬울 것 같으면서도 어렵다. 물론 그 이유는 여러 가지일 것이다. 우리의 삶에 깊숙이 스며들어 크게 영향을 미치는 '사랑'은 그만큼 우리에게는 너무도 친숙하고 낯익은 용어임이 분명하다. 그러나 사랑은 일상언어 안에서의 그 다양한 쓰임에서도 엿볼 수 있듯이, 무수한 의미의 함축과 용어 자체가 내재적으로 지니고 있는 본래의 신

* 이 글은 필자의 「'사랑'에 대한 철학적 성찰」(『해석학연구』 제14권, 한국해석학회, 2004)을 수정·보완한 것이다.

비적이며 초월적인 특성 등으로 인해 이해하기 까다롭다. 사랑을 주제로 한 학문적 논의는 사실 철학뿐만 아니라 여러 분야에 걸쳐 오래전부터 많이 이루어져 왔다. 그런데도 사랑은 여전히 그 다의적 특성과 은폐되어 있는 비주제적 특성으로 인해 우리에게 다시 철학적으로 해석되고 이해되어야 할 과제로 남아 있다.

오늘날 건전한 생각을 가지고 있는 사람치고 사랑의 소중함을 소홀히 하는 사람은 없을 것이다. 폭력과 전쟁, 시기와 질투, 반목과 거부의 끊임없는 반복이기도 한 인간의 역사 안에서, 과거에도 그랬듯이 계속해서 삶을 개선시킬 필요가 있는 우리에게 사랑은 여전히 중요한 화두로 다가온다. 사랑에 대한 올바른 이해와 구현이 우리에게 여전히 어려운 과제로 남아 있음을 절감한다. 이런 어려움은 실존적 결단이 요구되는 사랑의 특성에 기인한 면도 있지만, 무엇보다도 사랑의 근본 본질을 구명하는 철학적 성찰이 부족한 데 그 이유가 있다. 이 글은 사랑의 본질이 무엇인지를 존재론적이고 철학적인 인간학적 관점에서, 그리고 그리스도교 사상에 기초하여 구명하고자 한다.

1. 들어가는 말

사랑은 오늘날 연인 간의 일반적인 사랑, 즉 조금은 통속적인 의미를 함축하고 있는 성애(性愛)를 일컫는 용어로 광범위하게 사용되고 있다. 굳이 정신분석학적 통찰을 끌어들이지 않더라도, 사람들은 사랑을 원초적이고 본능적이며 육체적인 성적 충동이나 욕구와 쉽게 연결시켜 생각한다. 이때 사랑은 단순히 성적인 욕구 외에 다른 것이 아니다. 그러나 사랑은 그 다양한 언어적 쓰임새에서도 알 수 있듯이 많은 경우 성적인 욕구와 전혀 무관한 의미도 담고 있다. 친구나 부모 자식 사이의 사랑은 앞의 예와는 분명히 다른 차원의 사랑을 지시한다. 이런 사랑은 육체적인 성적 관계보다는 정신적이며 인격적인 일치를 지향하는 인격적 관계에 기초한 사랑의 예들이다. 물론 우리는 인격을 사랑하고 자연을 사랑할 수 있을 것이다. 또 어떤 특정한 물건이나 오락, 스포츠, 예술 등을 사랑할 수도 있다. 그러나 이런 사랑은 어디까지나 인격적 사랑에 근거한 유비적 의미에서의 사랑일 뿐이다. 인간의 인격성과 그 관계성은 사랑을 이해하는 핵심 개념으로서 우리가 앞으로 고찰하게 될 주요 관심사 가운데 하나다.

셸러(Max Scheler)에 의하면 사랑은 "정신의 지향적 작용"이다(조정옥, 1999: 74). 인간은 본성적으로 대상을 향한 근원적인 일치를 자기 안에서뿐만 아니라 자기 밖에서도 실행하려 부단히 노력한다. 그런데 사랑은 근원에 있어 초자연적인 것과 관계한다. 사랑은 그 자체로 경이롭고 신비스럽다. 사랑은 존재에 대한 절대적 긍정과 우리의 전인적 변화를 가능케 한다.

대부분의 종교는 사랑의 이런 초자연적 특성을 강조한다. 그리스도교는 초월적이며 절대적인 하느님의 사랑을 모든 사랑의 기초에 놓고 하느님 자신이 사랑이니 그 사랑에 힘입어 인간은 서로 사랑해야 한다고 가르친다. 또한 하느님의 무한한 사랑에 근거할 때 비로소 인간은 자기중심적 욕구를 버리고 이타적인 자기 봉헌의 헌신적 사랑에 봉사할 수 있다고 가르친다. 이에 따르면 하느님의 절대적 사랑 앞에서 인간의 사랑은 유한할 뿐이요, 근원적인 사랑에 대한 인간의 사랑 역시 유비적일 수밖에 없다. 그렇다면 이런 신앙의 철학적 근거는 무엇일까? 이 물음 역시 앞으로 우리가 고찰하게 될 주요 관심사다.

사랑은 고착되고 규정된 본질 개념의 틀을 벗어나 구체적인 상황과 관계 속에서 비로소 구현되는 실존적 특성을 갖는다. 그래서 타자를 향한 구체적인 자기 투신과 자기 증여를 배제한 채 사랑을 논하거나 구현하기란 불가능하다. 사랑을 구현함에 있어 인간은 끊임없는 결단 앞에 놓여 있다고 할 수 있다. 우리는 자주 사랑이란 이름하에서 서로 상반되어 보이는 행위를 하곤 한다. 사랑으로 타인의 허물을 감싸는가 하면, 사랑으로 타인의 허물을 질타하기도 한다. 이런 모습은 사랑을 논의함에 있어 혼란스럽게 하는 면도 있지만 동시에 사랑의 본질을 알려 주기도 한다. 이는 사랑이 단지 개념으로 머물지 않고 인간의 현실작용에 끊임없이 매개됨으로써 비로소 실현되고 완성되는 것임을 암시한다.

2. 사랑의 존재론적 의미

1) 사랑과 절대적 존재 긍정

사랑의 존재론적 의미에 대한 논의는 그 특성상 형이상학과 함께할 수밖에 없다. 사랑의 존재론적 논의가 존재에 대한 형이상학적 주요 원리들에 근거하고 있기 때문이다. 그러나 여기서 여전히 문제가 제기되고 있는 형이상학의 주요 원리들을 하나하나 논의할 수는 없다. 그것은 우리의 주제를 벗어나는 또 다른 광범위한 문제이기 때문이다. 그래서 여기서는 전통 형이상학의 통찰을 바탕으로 사랑의 존재론적 의미를 제한적으로나마 밝히고자 한다. 전통 형이상학에서 존재는 가장 보편적인 개념이요 초월적인 개념이다. 이런 특성으로 인해 존재는 그 자체로서 있는 모든 것의 무조건적(unbedingt)이며 무제약적(unbegrenzt)인 존재론적 절대지평이 된다.[1] 물론 이때 존재의 특성은 단지 논리개념적인 측면만이 아니라 행위 실행(Aktvollzug)의 실제적 측면에서도 그렇다. 이런 이유로 존재는 그 자체로서 모든 존재자의 존재론적인 실재 근거가 된다. 형이상학적 근거요 원리로서 모든 존재자들의 최종 근거인 제1원인(prima causa)(아퀴나스, 1995: 62)과 스스로 존재하는 자립적인 존재로서의 존재 자체를 아퀴나스는 신학의 차원에까지 끌어올려 하느님과 곧바로 동일시한다(아퀴나스, 1995: 66-67).[2] 그래서 지성적 실체를 포함하여 창조된 만물은 모두가 그 존재를 자기로부터 받기보다는 존재의 최종 근거인 하느님으로부터 받아들인다(아퀴나스, 1995: 68-69). 즉 절대적인 존재 긍정이 존재 자체인 하느님에 근거하고 있다.

'있음'은 자기부정이 아닌 자기긍정이요, 타자부정이 아닌 타자긍정이다. 자기를 긍정하고 나아가 타자를 긍정하는 일은 존재 자체에서 발생한다. 존재 자체가 자기를 결코 무화시킬 수 없다는 의미에서 존재 자체는 항상 절대적인 자기긍정이요, 그 존재 자체로부터 여타의 존재자가 존재론적으로 긍정된다는 의미에서 또한 타자긍정이기도 하다. 존재의 절대적 자기긍정과 타자긍정은 궁극적으로 유한한 존재자가 아닌 절대적 존재로부터 온다. 모든 유한한 존재자는 그 본질(essentia)과 존재(esse)가 서로 다름으로 인해 실재에 있어 절대적일 수 없으며 한계를 가진다. 따라서 유한한 존재자의 자기긍정과 타자긍정 또한 유한한 존재자로서

1 여기서 지평(Horizont)은 존재 물음이 근원적으로 제기되는 물음 가능의 지평이요, 동시에 있는 모든 것의 행위 실행이 실제로 이루어지는 존재 지평(Seinshorizont)을 말한다(Coreth, 1963: 547-549; 코레트, 2000: 58-72).

2 존재 개념과 관련하여 존재 자체를 곧바로 하느님과 동일시하는 것을 철학적으로 입증하는 일은 결코 간단하지 않다. 그러나 아퀴나스에 앞서 이미 교부 철학자들은 「탈출기」 3장 14절을 근거로 존재 자체와 하느님을 동일시한 바 있다. 「탈출기」에 따르면 하느님은 모세에게 자신을 "나는 있는 바로 그"라고 밝힌다(Da antwortete Gott dem Mose: Ich bin der 'Ich-bin-da'). 독일어 성경 *Neue Jerusalemer Bibel: Einheitsübersetzung mit dem Kommentar der Jerusalemer Bibel*, "Exodus," 3: 14 및 주해 참조.

의 자신의 본성상 제한적일 수밖에 없다.

사랑은 존재론적으로 절대적 존재 긍정이 일어나는 존재 자체와 밀접한 관련이 있다. 사랑은 존재를 긍정하는 작용 혹은 행위로서 존재가 근원적·절대적으로 긍정되는 곳에서 발생한다. 그런데 스콜라 철학의 보편 명제에 따르면 작용은 항상 존재를 따르기 마련이다("Agere sequitur esse"). 작용은 결코 존재를 떠나 존재와 무관할 수 없다. 그리고 그것은 언제나 존재하고 있는 것의 작용, 즉 주체적 작용을 의미한다. 작용은 항상 주체의 작용이다.[3] 사랑 역시 그렇다. 사랑은 절대적 존재긍정의 실재적 현실 작용으로서 존재를 따르는 주체의 작용이다. 그런데 그런 작용이 절대적인 한 그것은 그 안에서 존재와 본질이 분리되지 않는 존재 자체, 즉 절대적 존재의 주체적 행위여야 할 것이다. 성경은 하느님을 이러한 사랑의 작용적 주체로 언급한다.

> 사랑하는 여러분, 서로 사랑합시다. 사랑은 하느님에게서 오는 것이기 때문입니다. 사랑하는 이는 모두 하느님에게서 태어났으며 하느님을 압니다. 사랑하지 않는 사람은 하느님을 알지 못합니다. 하느님은 사랑이시기 때문입니다. … 하느님은 사랑이십니다. 사랑 안에 머무르는 사람은 하느님 안에 머무르고 하느님께서도 그 사람 안에 머무르십니다.(『신약성경』, 「요한의 첫째 서간」 4: 7-8, 16b)[4]

---

3 유(ens)의 형이상학적 원리로서의 존재(esse)와 존재 자체(esse ipsum)를 구분할 필요가 있다. 우리가 오늘날 보통 존재 일반을 이야기할 때 그것은 전자의 의미에 가까우며, 반면 절대적 자존유(自存有), 즉 "actus essendi in se subsistens"는 후자를 말한다. 형이상학적 원리로서의 존재는 결코 자립적으로 있는 것이 아니며, 가능적이며 조건적인 본질에 의해 제약되는 유한유(有限有)로서나 순수한 존재 현실이며 무조건적인 무한유(無限有)로서 자립한다. 그리고 무한유는 존재의 근거가 절대적으로 자기 자신이라는 의미에서 자존성을 가지고 있다. 따라서 존재의 작용은 엄밀하게 작용적 주체와 밀접한 관련이 있다.

「요한의 첫째 서간」은 하느님은 사랑이요, 하느님의 사랑이야말로 인간이 서로 사랑할 수 있는 근원임을 신앙으로 고백한다. 그러나 거기에는 단지 신앙적 고백만이 있는 것이 아니라 하느님의 본성에 대한 신학적·철학적 성찰과 통찰도 담겨 있다. 하느님이 존재 자체인 한 그분은 모든 존재자의 근거요, 사랑은 그러한 존재 자체의 충만한 존재 작용이라 할 수 있다. 절대적 존재의 충만함은 그의 본질이 다른 것이 아닌 바로 존재 그 자체인 것처럼 언제나 순수한 존재 현실로 드러난다(아퀴나스, 1995: 66-75; 아퀴나스, 2002: 200-211; *Summa Theologica*, I: q.3, a.4). 그뿐만 아니라 그 충만함으로 인해 자기 자신에만 머무르는 존재론적 폐쇄성을 거부한다. 하느님의 충만함은 제한과 경계를 무화하는 적극적인 존재 긍정으로서의 초월을 의미한다. 이때의 초월은 선행하는 제한을 넘어선 초월이기보다는 자기 안에서 원초적으로 제한을 부정하는 초월이다. 또한 자기 긍정만이 아닌 타자긍정으로도 나아가는 초월이다. 하느님은 존재의 충만함으로 인해 본성적으로 자기 안에 머무르지 않고 자기를 넘어 타자를 긍정하는 작용으로 나아간다. 이는 철학적으로는 하느님이 자기 앞에 타자를 정립하는 자기 소외 현상이요, 신학적으로는 하느님이 만물을 실존케 하는 창조 행위를 뜻한다.[5]

하느님의 충만함은 거기에서부터 모든 것이 존재하게 되며, 그렇게 존재하게 된 모든 것이 거기에서부터 바로 지금 이 순간에도 끊임없이 긍정되는 존재의 긍정이요, 존재의 낳음의 작용적 근거다. 이렇게 존재 개념에 있어 자기를 넘어서 타자를 긍정하는 존재 작용이 존재론적 의미

---

4 번역은 『한국 천주교 주교회의 성경』을 참조하였다.

5 모든 유(ens, 존재자)가 존재 자체에 참여하는 아퀴나스의 '분유(participatio)' 개념 역시 존재 자체의 충만함에서 비롯되는 존재 긍정과 나눔의 관점에서 이해할 수 있다.

의 초월적 사랑이라 할 수 있다. 이런 의미에서 그리스도교에서 말하는 하느님에 의한 세상의 창조 행위는 하느님이 자기 본성에 근거하여 자기 안에 머무르지 않고 자기를 넘어서 또 다른 존재를 긍정하는 사랑의 행위라 할 수 있다. 세상의 존재는 목적 없는 우연의 결과이거나 창조주로서의 절대자가 스스로 불완전함을 드러내는 자기모순의 증거이기보다는, 절대적 존재인 하느님의 자기 본성에 기인한 사랑의 결과다. 창조가 존재론적인 의미의 이런 사랑으로 이해되는 한 그리스도교적 의미의 창조는 과거의 사건만이 아니라 현재의 사건이기도 할 것이다. 세상과 우리가 존재하는 한 (하느님의) 사랑은 이미 거기에 깃들어 있다.

2) 사랑과 존재에 대한 개방

초월적 사랑이 절대적 존재 긍정이라는 것은 인간인 우리의 사랑이 존재에 개방되어 있어야 하는 것임을 암시한다. 존재에 대한 개방으로서 사랑은 일차적으로는 존재의 절대적 긍정이 일어나는 존재 자체, 즉 절대적 존재인 하느님에 대한 개방을 의미하며, 이차적으로는 존재 자체에 의해 상대적으로 긍정되는 유한한 존재자에 대한 개방을 의미한다. 사랑이 이처럼 개방성을 요구하는 것은 앞서 인용한 「요한의 첫째 서간」의 구절처럼 사랑 자체가 우리의 측면에서 보자면 원초적인 의미에서 '주는 사랑'이기보다는 절대적 존재인 하느님의 존재 긍정으로부터 유래하는 '오는 사랑' 혹은 '받는 사랑'이기 때문이다.

신앙의 차원에서 하느님 자신이 사랑이요 그 근원인 한 우리가 사랑 안에 머물거나 서로 사랑하기 위해서 필히 하느님 안에 있어야 하는 것은 자연스러운 논리적 귀결일 것이다. 그런데 이는 철학적·형이상학적 성찰과도 모순되지 않는다. 존재는 그 자체로 목적이 될 만큼 그것으로서 선(bonum)인 이상 충분히 욕구할 만한 가치가 있으며(아퀴나스, 2002: 282-295; *Summa Theologica*, I: q. 5, a. 3-a. 4), 모든 것이 그것에 의하여 있게 되는 존재 자체인 하느님은 최고선으로서 당연히 그 자체로 욕구할 만한 가치가 있기 때문이다(아퀴나스, 2002: 312-335; *Summa Theologica*, I: q. 6, a. 1-a. 4).

물론 이러한 욕구는 동시에 형이상학적 존재로서의 인간 정신의 본질 구조에 근거한 존재에 대한 앎(Wissen)을 전제한다.[6] 인간 정신은 앎과 의지(Wollen)라는 이중의 고유한 작용을 통해 정신의 행위실행 안에서 존재와의 동일성을 끊임없이 실행한다. 인간의 정신 수행 안에서 존재와의 동일성이 자기 안에서 이루어질 때 이것을 '앎'이라 하며, 그 동일성이 타자 안에서 이루어질 때 '의지'라고 한다(코레트, 2000: 148-152; 코레트, 1994: 192-205). 존재와의 일치에 있어 앎이 자기중심적 일치라면 의지는 타자중심적 일치라 할 수 있다. 물론 궁극적인 사랑이 자기를 벗어나 타자를 지향하는 의지에 있는 것은 사실이지만, 사랑은 또한 인간의 정신 수행의 측면에서 보자면 어느 하나의 일방적 작용이라기보다는 앎과 의지의 상호작용과 이를 구체적으로 실행하는 행위를 통해서 이루어진다고 할 수 있다. 타자를 이해하고 그 이해한 바를 있는 그대로 긍정하는 일이 이미 인간의 정신적인 앎의 작용 안에서 이루어지고 있기 때문이다. 그리고 그것은 무엇보다도 존재 진리에 대한 적극적인 이해와 긍정이다.

우리가 무엇에 대해 지식을 갖는다는 것은 단순히 그것을 아는 데 그치는 것이 아니라 그것의 참 모습(진리)에 다가서는 것이요, 나의 지식이 그것과 일치하여 그것을 참으로 긍정하는 일이기도 하다. 이러한 이해와

6 인간현존재의 실존을 거기로부터 존재가 물어지고 존재의 진리가 밝혀지는 존재 물음(Seinsfrage)과 관련시키는 대표적인 철학자로는 마르틴 하이데거(Martin Heidegger), 요셉 마레샬(Joseph Maréchal), 요하네스 로츠(Johannes B. Lotz), 칼 라너(Karl Rahner), 에메리히 코레트(Emerich Coreth) 등이 있다(박병준, 1999: 123-155 참조).

긍정을 통해서 우리는 보다 적극적으로 타자에게로 나아갈 수 있다. 우리가 무엇에 대해 참으로 아는 것만큼 우리는 그것과 가까워질 수 있다. 즉 앎은 단순히 자기 자신 안에 머물러 있기보다는 앎의 대상의 본질을 파악함으로써 자기 안에 놓인 타자를 있는 그대로 긍정하고 수용하고 그에 동화하는 욕구를 발동시킨다. 이것이 사랑이다. 나와 타자 사이의 근본적 간격을 줄이고 타자를 이해한 만큼 그것을 그대로 받아들이는 타자로의 자기 개방과 증여와 헌신이야말로 진정한 사랑이라 할 수 있다. 이렇듯 존재 자체가 자기를 개방하여 자기 앞에 타자를 정립하듯, 우리가 그러한 존재에 개방되어 그 본질과 근원적 작용을 이해하는 것은 타자를 적극적으로 긍정하고 공감하는 것으로의 출발, 즉 사랑의 시작이기도 하다.

3. 사랑의 인간학적 의미

1) 관계로서의 인간

하이데거는 그의 대표적 저서 『존재와 시간』(*Sein und Zeit*, 1927)에서 인간 현존재의 실존론적 해석과 관련하여 선존재론적 증거로 고대 로마의 우화 히지누스(Hyginus)의 쿠라(Cura, 염려) 이야기를 인용함으로써 인간이 실존론적으로 '염려(Sorge)'임을 밝히고 있다(하이데거, 1998: 269; Heidegger, 1986: 197-198; 진교훈, 1993: 132-133 참조). 인간이 쿠라(염려)의 자손이라는 표현은 인간의 모든 태도가 "존재적(ontisch)으로 '근심에 가득 차(sorgenvoll)' 있고 어떤 것에 대한 헌신(Hingabe)"(하이데거, 1998: 271; Heidegger, 1986: 199)에 이끌려 있음을 뜻한다. 인간이 무엇에 대한 염려, 무엇에 대한 근심에 가득 차 있다는 것은 실존론적·존재론적(existenzial-ontologisch)으로 세계 내적 존재인 그가 본질상 자신이 내던져 있는 세계 안에서 자기를 기획(Entwurf)하는 가운데 만나는 것들과 긴밀한 관계 속에 있음을 의미한다.

그런데 염려로서의 인간이 관계하는 타자인 인간은 비인격적 존재와는 다른 특별한 의미를 갖고 있다. 그 각자가 고유한 인격체인 타인은 사물과는 달리 우리가 그들과 함께 더불어 있어야 할 "공동현존재(Mitdasein)"(하이데거, 1998: 166; Heidegger, 1986: 118)로서 특별히 "배려(Besorgen)"해야 할, 임의로 처리할 수 없는 "심려(Fürsorge)"(하이데거, 1998: 169; Heidegger, 1986: 121)의 대상이다. 인간현존재는 그 고유한 인격적 특성으로 말미암아 상호 관계하는 방식이 마치 이용할 사물을 대하는 그런 "둘러봄(Umsicht)"의 대상이 아니라 같은 인격체로서 "고려(Rücksicht)"하고 "관용(Nachsicht)"해야 할 심려의 대상이다(하이데거, 1998: 171; Heidegger, 1986: 123).

인간이 관계 속에 있음은 인간 실존의 근본 현상이요, 그것은 인간의 정신에 근거하고 있다. 하이데거에 앞서 현대 실존철학의 효시라 할 수 있는 키르케고르는 『죽음에 이르는 병』(*Sygdommen til Døden*, 1849)에서 인간을 정신이요, 스스로를 "자기 자신에 관계하는 관계"(키르케고르, 1994: 19)라고 규정한 바 있다. 이는 정신인 인간이 그 본질상 맺고 있는 관계, 즉 무한성과 유한성, 영원성과 시간성, 자유와 필연, 영혼과 육체 등의 관계를 자기 자신과 관련시키는 그런 관계를 뜻한다. 그래서 실존론적·존재론적 의미의 관계란 개념적·논리적 차원에서 보듯 단지 둘 사이의 평면적인 관계를 의미하지는 않는다. 그것은 인간학적으로 보다 시원적인 것을 지시하고 있다. 인간이 자기 안에 폐쇄적으로 머물기보다는 자기를 개방하여 어떠한 방식으로든 타자와 관계하고 있는 실존적 존재임을 지시한다. 인간의 실존론적·존재론적 해석에 따르면 관계는 인간을 구성하는 선험적인 조건이다. 관계를 통해 인간은 비로소 인간이 되며 자기의 본래성을 획득한다. 타인은 마치 그 사람 안으로 자기 자신을 투사시키는 "자기 자신의 복사"(하이데거, 1998: 174; Heidegger, 1986: 124)[7]와 같다.

인간이 실존론적·존재론적으로 관계 속에 있다는 통찰은 이보다 앞서 『구약성경』의 인류 창조 이야기에서도 발견된다. 사료 비판(Quellenkritik)보다는 텍스트가 전하고자 하는 내용의 해석학적·인간학적 이해를 통해 우리는 『구약성경』「창세기」의 창조 이야기가 본래 인간이 타자로부터 자기를 발견하고 자기를 규정하는 존재라는 사실을 지시해 주고 있음을 알 수 있다.[8] 이 이야기는 인간이 다른 창조물과는 달리 애당초 홀로 창조되었다가 나중에 둘로 분리되는 조금은 유별난 창조과정을 거친 것으로 묘사함으로써 여타의 창조물과는 다른 특별한 존재임을 부각시킨다. 여기에는「창세기」 저자의 인간 창조 의미에 대한 신학적 통찰만이 아닌 인간 자신에 대한 철학적 통찰도 함께 내재되어 있다. 인간은 처음에 하나로 창조되었다가 나중에 둘로 갈라짐으로써 실존적으로 온전한 하나이기보다는 오히려 반쪽 인간인 듯이 보인다. 아담이 자기의 나머지

7 "Das Seinsverhältnis zu Anderen wird dann zur Projektion des eigenen Seins zu sich selbst 'in ein Anderes'. Der Andere ist eine Dublette des Selbst."

8 "주 하느님께서 땅과 하늘을 만드시던 날 … 주 하느님께서 흙의 먼지로 사람을 빚으시고, 그 코에 생명의 숨을 불어넣으시니, 사람이 생명체가 되었다. … 주 하느님께서 말씀하셨다. '사람이 혼자 있는 것이 좋지 않으니, 그에게 알맞은 협력자를 만들어 주겠다.' … 그래서 주 하느님께서는 사람 위로 깊은 잠이 쏟아지게 하시어 그를 잠들게 하신 다음, 그의 갈빗대 하나를 빼내시고 그 자리를 살로 메우셨다. 주 하느님께서 사람에게서 빼내신 갈빗대로 여자를 지으시고, 그를 사람에게 데려오시자, 사람이 이렇게 부르짖었다. '이야말로 내 뼈에서 나온 뼈요 내 살에서 나온 살이로구나! 남자에게서 나왔으니 여자라 불리리라.' 그러므로 남자는 아버지와 어머니를 떠나 아내와 결합하여, 둘이 한 몸이 된다. 사람과 그 아내는 둘 다 알몸이면서도 부끄러워하지 않았다."(『구약성경』,「창세기」 2:5, 7, 18, 21-25) 이에 앞서「창세기」 1장 27절에 따르면 하느님이 그의 모습대로 사람을 지어내되 쌍인 남자와 여자로 지어냈다고 기록하고 있다. 그러나 이어진 창조 이야기는 하느님이 진흙으로 사람, 즉 아담을 만들고 난 후 나중에 그의 갈빗대를 뽑아 지아비의 상대인 지어미를 만든 것으로 되어 있다. 이 이야기의 구조는 해석학적·인간학적으로 흥미로운 내용을 담고 있다.

반쪽인 하와를 보고 기뻐 반기듯이 타자로부터 마치 자기를 본 듯이 기뻐하고자 하는 존재가 우리 인간이다.

창조 이야기는 비록 하느님에 의해 주도되지만 헤겔의 절대 자아가 보여 주는, 자기 안에서 자기를 소외시키는 형이상학적인 근원적 소외를 인간학적인 차원에서 보여 주고 있다. 이 근원적 소외로부터 인간은 '홀로' 존재가 아닌 '더불어' 존재가 된다. 자기 자신의 잃어버린 다른 한쪽을 찾아 허전한 마음을 달랠 수밖에 없는 고독한 존재, 그리고 자기 밖에서 마치 자기 같은 다른 한쪽을 찾을 때까지 실존적 그리움에 사무치는 존재가 인간이다. 인간은 자기로부터 나왔으나 이미 자기를 떠나 있기에 더 이상 자기일 수 없는 '타자인 자기'를 '자기가 아닌 타자'로부터 찾아야 하는 실존적으로 고독한 존재다. 각자가 고유한 개체인 인간이 존재적으로 결코 타자와 하나일 수 없으면서도 거기로부터 동일한 자기를 발견하고자 '자기인 타자'로서의 근원적 '하나'를 찾아 나설 수밖에 없는 실존적 처지는 그 역설적 운명만큼이나 희랍적 비극처럼 보일 수도 있다. 그러나 인간은 이로부터, 끊임없이 타자와의 관계 속에서 자기를 규정하는 자기 본성의 지향적 관계성이 갖는 긍정적 의미를 발견한다. 인간은 타자와의 동일성을 지향하는 가운데 자신이 본성적으로 사랑하는 존재임을 자각한다. 타자에 대한 그리움, 동경, 열망, 그리고 그와 일치하려는 욕구는 사랑과 다르지 않기 때문이다. 그러나 자기인 타자를 찾는 인간의 애달픔이 항상 진정한 사랑의 모습을 갖추고 있는 것은 아니다. 왜냐하면 그런 애달픔은 한편으로는 타자의 존재 의미를 인식하고 긍정하는 자기 봉헌과 헌신의 사랑으로 고양될 수도 있지만, 다른 한편으로는 그 반대인 타자에 대한 집착과 소유로 퇴보할 수도 있기 때문이다. 그러므로 사랑의 본질을 이해하고 그것을 구체적으로 실행할 수 있기 위해서는 타자와의 관계에 대한 고찰이 매우 중요하다.

2) 사랑과 인격적 관계

세계 내적 존재인 인간은 바로 지금 자기가 몸담고 있는 세계에 의존함과 동시에 세계 내의 타자와의 관계를 통해 자아실현을 완성한다(코레트, 1994: 266). 그런데 인간이 서로 인격으로써 타자와 관계하는 인격적 관계는 일반적인 관계와는 다른 특별한 의미를 지닌다. 인격적 관계는 비인격적·본질론적 관계와는 달리 인격체로서의 한 인간이 온전히 자기 실존을 걸고 다른 인격과 만나 자기를 적극적으로 개방하고 나누는 것을 의미한다. 인격적 관계는 자신을 타자에게 투신하는 공동체적 만남이요 나눔이다. 사랑은 근본적으로 이런 인격적 나눔을 전제한다. 사랑이 존재론적으로 존재에 대한 절대적 개방을 의미하듯, 사랑의 조건으로서의 인격적 나눔은 자기 자신을 타자에게 적극적이며 능동적으로 개방하는 것이다. 인간은 무엇보다도 인격적 만남을 통해 타자의 고유한 개별적 인격의 심연으로 들어가 그를 이해하고 공감하고 수용할 수 있게 된다. 물론 이러한 일은 궁극적으로 존재 그 자체가 주는 긍정적 의미를 자기 자신뿐만 아니라 타자 안에서도 발견하고 받아들일 수 있을 때만이 가능하다. 왜냐하면 사랑은 존재론적·초월적 의미에서 주는 것이기에 앞서 받는 것이기 때문이다.

사랑을 기반으로 하는 인격적 관계는 타자의 고유한 인격의 중심으로 들어가 거기에 동화되는 것으로서, 필연적으로 자기 변화를 수반한다. 인격적 관계가 호혜적인 균등한 나눔을 전제하고 있는 한 인격적 관계에 수반되는 이런 변화는 어느 한쪽의 일방적 변화일 수 없으며, 오히려 양쪽의 변화를 전제한다.[9] 만일 누가 서로 사랑함에도 불구하고 서로에 의

9 아리스토텔레스는 『니코마코스 윤리학』에서 우정(φιλια)을 타자와 더불어 사는 사회적

하여 그 어떤 변화도 감지할 수 없다고 한다면 아마도 그런 사랑은 진정한 사랑일 수 없을 것이다. 왜냐하면 진정한 사랑은 인격적 만남을 통하여 상대의 인격에 동화되는 과정을 겪지 않을 수 없기 때문이다. 사실 인격의 변화를 수반하지 않는 사랑은 거짓되기 쉬우며, 엄밀하게는 가능하지도 않다. 인간학적 통찰에 의하면 정신적 존재인 인간은 본성적으로 주변 환경을 거슬러 자기 자신을 주체적인 자아로서 의식하고 행동할 뿐만 아니라, 동시에 그런 능력을 통해 고유한 개별적 인격체로서 자기 세계를 형성하는 존재다(셸러, 2001: 64 이하). 인격적 관계로서의 사랑은 고유한 인격체가 자기를 그러한 존재로 인식함과 동시에 타자를 그러한 관계로 설정하는 것과 같다. 또한 서로 인격적인 만남을 통해 배타적인 자기의 세계를 허물고 타자의 세계를 받아들임으로써 보다 확장된 세계로 나아가는 것이기도 하다. 이러한 일은 한 인격이 전혀 다른 인격을 만나 그에게 동화되는 것으로서 자기 변화의 전제와 실행 없이는 결코 일어날 수 없다.

인격적 관계로서의 사랑은 인격의 중심을 자기에서 타자에게로 옮기는 것과 같다. "인격-전체(Person-Ganzheit)"로서의 나 자신은 존재적으로 타자와 엄연히 구별되는 고유한 개체임이 분명하지만, "인격-중심(Person-Mitte)"[10]으로서의 나 자신은 자기를 넘어 끊임없이 그 중심을 타자에게로 향하도록 작용함으로써 몰아적인 자기 헌신과 증여의 인격적 사랑을 가능하게 한다(코레트, 1994: 271). 그러나 이러한 몰아적인 사랑은

존재인 인간이 갖추어야 할 중요한 기본 덕목 가운데 하나로서 강조하고, 그것의 기본 조건을 공동체 안에서 상호 균등하며 공통된 호의적 나눔으로 봄으로써 인격적 관계로서의 사랑의 특성을 고찰한다(박병준, 2003: 211-238; 로쯔, 1986: 162-179 참조).

10 에머리히 코레트(Emerich Coreth)는 인격 이해의 두 방식인 "인격-중심"과 "인격-전체"를 상호 조건의 관계로 이해한다. 즉 "인격-중심"은 전체의 중심이요, "인격-전체"는 "인격-중심"에 의해 구성되고 실현됨으로써 완성된다(코레트, 1994: 256-257).

그 "호의(benevolentia)"적 특성(코레트, 1994: 271)에도 불구하고 자기 인격의 중심을 타자의 인격으로 옮김으로써, 마치 자아를 견고하게 에워싸고 있는 섬세한 영혼의 성채(城砦)를 허무는 것과 같은 아픔과 고통을 수반하기도 한다. 사랑하는 과정에서 우리가 겪는 고통 역시 인격적 변화에 자연스럽게 수반되는 인격적 관계의 중요한 본질 요소 가운데 하나다. 진정 우리가 누구를 사랑한다면 그로 인해 종종 고통을 겪을 수밖에 없을 것이다.

타자에게 전적으로 자기를 개방하고 타자를 절대적으로 긍정하는 것은 존재적으로뿐만 아니라 실존적으로도 주체와 객체의 분리의 냉엄함을 인식할 수밖에 없는 유한한 인간에게는 결코 간단한 일이 아니다. 그렇기 때문에 자기희생의 헌신적 사랑은 단지 이해와 의지만으로 할 수 있는 일이 결코 아니다. 타인을 받아들일 수 있는 능력(힘)이 선행되어야 한다. 그런 능력은 사랑의 초월적 특성상 순수하게 내 안에서 오기보다는 밖에서 온다. 사랑하기에 앞서 바로 지금 이 순간 사랑을 받고 있음의 현존 체험, 그리고 그러한 체험의 풍부함만이 우리를 진정한 사랑으로 이끌 수 있기 때문이다. 끊임없이 채워지는 옹기그릇의 물이 자연스럽게 넘쳐흐르듯, 사랑을 받고 있음의 충만한 현존 체험만이 작위적이지 않고 자연스럽게 자기를 에워싸고 있는 성채의 벽을 허물고 나와 타자에게 다가서도록 우리를 이끌 수 있다. 이것이 타자를 이해하고 공감하고 수용하는 사랑의 힘이요, 인격적 관계에 수반되는 아픔을 승화시키고 흡수하는 사랑의 힘이다. 이는 바오로 사도가 말하는 하느님의 절대적인 사랑과 다를 바 없다. 즉 이런 사랑이야말로 "모든 것을 덮어 주고 … 모든 것을 견디어"(『신약성경』, 「코린토 신자들에게 보낸 첫째 서간」 13: 7) 낼 수 있기 때문이다.

3) 사랑의 개방성과 충만성

사랑의 기본 조건으로서의 개방성은 경험적 존재인 인간의 본성과도 부합한다. 사랑은 사랑받는 체험에서 시작된다. 인간은 사랑 자체를 자기 것으로 체험하지 못하는 한 사랑의 참된 의미를 이해할 수도 실천할 수도 없다. 사랑은 외부로부터 오는 내적 충만함이요, 그러한 내적 충만함이 자연스럽게 흘러넘친 것이다. 그래서 사랑을 얻기 위해 우리는 무엇보다도 먼저 사랑에 스스로를 개방할 필요가 있다. 그것은 사랑이 가져다주는 충만함의 긍정 체험을 자기에게 이끄는 것이다. 그러기 위해 존재론적인 사건에 귀를 기울일 필요가 있으며, 거기서 발생하는 긍정적 의미를 나의 것으로 끌어들일 수 있어야 한다. 이런 긍정 체험이 내적으로 풍요해지면 우리는 자연스럽게 사랑을 실행할 수 있는 내적 충만함에 이르게 된다.

여기서 내적 충만함에 의한 사랑의 실행과 자기 개방은 상호 매개되는 특성을 지니고 있다. 사실 내적 충만함 없이 자기 개방은 힘들며, 자기 개방 없는 내적 충만함 또한 불가능하기 때문이다. 그러나 이것은 순환 반복적 의미의 상호 매개성을 의미하지는 않는다. 왜냐하면 충만함은 존재 자체의 본질적 속성으로서, 존재하는 모든 것에는 제한적으로나마 완전성으로서의 충만함이 깃들어 있기 때문이다. 다만 비주제적 직접성으로 다가와 있는 존재의 특성상 존재의 충만함 역시 항상 우리 정신에 의해 매개될 필요가 있다. 그러므로 인간이 사랑하기 위해 개방적 태도를 지닌다는 것은 먼저 존재하는 모든 것에 깃들어 있는 이런 존재의 충만함을 자각하는 것을 의미한다. 이는 이론적인 존재론적 반성에서 시작하여 생명의 충만함을 구체적으로 자각하는 실천적 행위까지 모두 포함한다. 그리고 생명의 충만함을 자각하고 이와 긍정적으로 관계하는 모든 사건의 본래적 의미에 가까이 다가서는 것을 뜻한다. 이는 마치 무수한 관계 속에서 우리 자신을 긍정하고 있는 사건들로 나아가는 것과 같다. 이런 존재에 대한 긍정을 강하게 느끼면 느낄수록 우리는 충만함으로 흘러넘치는 사랑을 체험하게 된다. 결국 존재의 본래 의미로 나아가 생명의 소중함을 자각하고, 자기와 타자가 끊임없이 긍정되고 있는 일상적 체험 속에서 우리는 자연스럽게 자기를 넘어서 타자를 긍정하는 체험으로 나아가는 것이다. 특히 자기를 무화하여 타자에게 무조건적으로 헌신하는 사랑은 이런 체험 없이는 불가능하다.

4. 전인적 표현으로서의 사랑

사랑을 일컫는 다양한 용어들 가운데 고대 그리스 철학과 그리스도교 안에서 정착된 에로스(eros), 필리아(philia), 아가페(agape)는 사랑 이해에 핵심적인 개념들이다. 이들은 특히 사랑의 상이한 단계를 지시하면서도 상호 매개를 통하여 사랑의 전인적 특성을 잘 드러내 주는 개념이라 할 수 있다.[11] 이 절에서는 이 개념들이 지니고 있는 의미를 사랑에 대한 앞의 통찰을 기초로 재조명해 봄으로써 인간이 지향하는 사랑이 근본적으로

11 현대 독일의 형이상학자인 요하네스 로츠는 사랑을 에로스, 필리아, 아가페의 세 단계로 구분하여 설명한다. 그에 의하면 이들은 각기 다른 단계의 사랑을 의미하면서도 서로 침투하는 가운데 모두가 하나로 수렴되는 사랑의 핵심 개념이다. 그는 이 세 단계를 각각 감각적·본능적 사랑(sinnlich-triebhafte Liebe), 정신적·인격적 사랑(geistig-personale Liebe), 신적·은총적 사랑(göttlich-gnadenhafte Liebe)으로 정의한다(로쯔, 1986: 24-27, 132). 이와 관련해서는 한국가톨릭철학회가 '에로스와 아가페'를 주제로 2002년 개최한 심포지엄에서 발표된 논문과 논평이 수록된 『가톨릭철학』 제4호(한국가톨릭철학회, 2002) 참조.

어디에 기초하고 있으며, 그것이 의미하는 바가 무엇인지 간략하게 살펴보고자 한다.

1) 에로스

오늘날 주로 감각적·본능적 사랑으로 이해되고 있는 에로스는 고대 그리스 문화권에서 사랑을 지칭하는 철학 용어 가운데 하나였다. 에로스는 본래 고대 그리스 신화의 우주론적 관점에서 보면 만물을 결합, 생성케 함으로써 우주의 조화를 관장하는 정신적 힘을 상징한다(Schöpf, 1980: 291). 플라톤은 이런 우주론적인 의미의 에로스에 인간학적 의미를 덧붙여 그의 이데아 철학을 지지하는 주요 개념으로 삼는다. 에로스는 이데아를 상기하고 그것을 열망하는 영혼의 근본 작용이다(릭켄, 2000: 161). 인간으로 하여금 무언가 충동케 하여 열정을 갖고 욕구하도록 하는 영혼의 근본 작용 능력인 에로스는 오늘날 우리가 알고 있는 육감적인 욕정과는 조금 거리가 있다. 그것은 오히려 이데아로서의 선(善)과 미(美)를 동경하고 갈망하는 초월적 실재에 대한 정신적 욕구에 더 가깝다(릭켄, 2000: 161-163; 로쯔, 1986: 138-141). 에로스는 그 자체가 좋거나[善] 아름다운 것[美]이기보다는 그것을 통해 인간이 참된 이데아의 세계에 참여하게 하는 영혼의 고유한 능력이다. 즉 에로스는 그 자체가 따로 어떤 이데아를 갖게 되는 형상적 본질이 아니라 이데아를 인식하고 그것을 모사 가능하게 하는 실천적 행위를 위한 영혼의 내적 능력이요 작용일 뿐이다(플라톤, 1983: 267-272). 물론 그렇다 하더라도 형이상학적으로 이런 욕구의 근본 동인은 일차적으로 초월적 실재이기도 한 이데아 자체에 있다. 그리고 나아가서 그것을 욕구할 수 있도록 인식하는 영혼의 지적 능력과 관계가 있다.

에로스가 무엇에 대한 욕구인 한, 에로스는 지향하는 대상과 관련하여 그 본래의 의미를 드러낼 수밖에 없다. 에로스란 욕구하는 대상과 연결되어 그 대상 자체에 대한 가치판단에 일정하게 의존하고 있는 욕구 지향적 사랑이다. 이는 앞서 인간학적 통찰에서 보듯이 정신의 근본 수행으로서의 앎과 의지의 상호관계성 안에 있다는 것과 일치한다. 에로스는 본래 일체의 정신적 가치판단이 배제된 원초적인 본능적 충동과 무관한 것이다. 그러나 한편으로 에로스가 영혼의 본질 작용인 한 그것은 인간의 본질적인 기본 조건과 무관할 수 없다. 비록 에로스가 근본적으로 참된 실재인 이데아를 직관하고자 하는 욕구라 하더라도, 인간이 육체적인 것을 벗어나 있을 수 없는 이상 인간의 욕구 역시 감각적·본능적인 것으로부터 자유로울 수 없는 것처럼 에로스 역시 그렇다. 이것이 에로스가 단지 참된 실재인 이데아를 모사하고 직관하려는 정신적인 욕구만이 아닌, 현실 세계의 감각적이며 본능적인 것을 충족하려는 육체적·감성적 욕구와도 긴밀하게 연결되어 있는 이유다. 그래서 에로스는 실제로 참된 실재보다는 종종 미적인 쾌락을 탐닉하거나 본능적인 충동과 욕망에 사로잡히기도 한다(로쯔, 1986: 151-153).

인간을 영혼과 육체의 합성 실체로 파악하는 것은 아리스토텔레스 이래로 인간을 규정하는 중요한 형이상학적·인간학적 통찰 가운데 하나가 되었다. 에로스의 이중성을 이해하는 것도 여기서 출발해야 할 것 같다. 인간의 본질 규정에 있어 전통적인 입장은 유심론적 일원론이나 유물론적 일원론과 같이 영혼과 육체를 어느 한쪽에 일방적으로 환원하려는 경향성을 조심한다. 그러나 또한 데카르트의 이원론처럼 영혼과 육체를 서로 단절된 것으로 보는 일도 경계한다. 인간은 형이상학적·존재론적 의미에서 영혼과 육체의 단일한 합성 실체요, 그것을 통해 비로소 하나된 전체성을 이루는 단일한 존재이기 때문이다. 여기서 영혼과 육체가 각각 독립된 실체로서가 아니라 전체로서의 인간과의 필연적 관계성으로부터 규정되는 한 이 둘의 구별은 존재적 구별이기보다는 존재론적이며 형이상학적인 구별이어야만 한다. 인간의 몸은 단지 물질적인 육체가 아닌 영혼을 갖는 육체로서 자기를 형상화한다. "영혼은 육체의 형상이다(Anima est forma corporis)"라는 고전적 정의를 빌리지 않더라도 인간은 형태적으로 정신을 통해 자기를 규정하는 정신적인 존재로서의 특성을 드러낸다.[12] 인간이 이렇게 정신적인 존재라는 것은 분명하지만, 인간에 있어 정신은 육체 없이는 결코 작용하거나 표현될 수 없다는 것 또한 엄연한 사실이다. 이는 인간의 현실이요 본질 조건이다. 코레트에 의하면 인간에 있어 육체는 정신의 "작용 매개체(Wirkmedium)"요 "표현 매개체(Ausdrucksmedium)"다(코레트, 1994: 243-249). 인간의 정신은 육체와 불가분의 결합을 통해 작용하며 자기를 실현하고 표현한다. 인간은 정신적인 존재이면서도 육체적인 존재로서 필연적으로 육체를 통해 자기를 표현하는 존재다.

인간의 육체적 제약성을 고려할 때 어떤 충동에 의한 열정, 동경, 열망, 욕구로서의 에로스는 그 지향적 대상이 순수하게 초월적인 것에 머물러 있기보다는 오히려 내재적인 것에 더 가까이 있다고 할 수 있다. 이는 무엇보다도 에로스가 육체로부터 오는 감각적·본능적 충동이나 욕구로부터 결코 자유로울 수 없는 이유가 된다. 또한 우리가 구체적으로 몸을 투신함 없이 사랑을 온전히 표현할 수 없는 이유가 된다. 물론 인간은 정신적 존재로서 자기를 실현하고자 끊임없이 노력한다. 그리고 육체로부터 오는 감각적·본능적 충동이 자주 이러한 정신의 실현에 저항적인 요

12 이를 주장하는 대표적인 현대 인간학자들로는 막스 셸러(Max Scheler), 헬무트 플레스너(Helmuth Plessner), 아놀드 겔렌(Arnold Gehlen) 등이 있다.

소로 다가오는 것도 사실이다. 이러한 긴장 속에서 인간은 에로스에 머무르지 않고 내적으로 조화를 이루는 승화된 사랑을 모색하게 된다.

2) 필리아

필리아는 인격적 차원에서 이루어지는 정신적 사랑을 의미한다. 필리아를 정신적·인격적 사랑으로 이해하는 단초를 제공한 철학자는 아리스토텔레스다. 플라톤이 사랑을 논함에 있어 형이상학적이며 사변적인 관점에서 에로스에 주목했다면 아리스토텔레스는 이와 달리 도덕적이며 실천적인 관점에서 일상 개념에 가까운 필리아에 관심을 가졌다. '필리아(φιλια)'는 어원적으로 친구를 의미하는 '필로스(φιλος)'와 밀접한 관계가 있는 만큼 좁은 의미로 친구 간의 우정을 의미하나, 일반적으로 인격적이며 정신적인 사랑 일체를 지칭하는 넓은 의미로 쓰인다(로쯔, 1986: 51 이하; 권기철, 2002: 165 이하).

사랑의 인격적 측면을 고려할 때 필리아는 사랑의 본질을 이해하는 데 중요한 개념 가운데 하나다. 에로스가 인간의 육체성을 고려한 인간 내면의 감각적·본능적 충동의 사랑을 함축하고 있다면, 필리아는 감각적·본능적 충동을 뛰어넘어 인격적 나눔을 강조하는 보다 정신적인 사랑을 의미하기 때문이다. 이런 이유로 필리아는 남녀노소 구분 없이 인간 상호 간에 가장 폭넓게 행해지는 보편적인 사랑에 적합한 용어다. 그래서 친구 사이뿐만 아니라 부모와 자식, 윗사람과 아랫사람, 어른과 아이, 스승과 제자 사이처럼 인격들 사이에서 포괄적으로 이루어지는 사랑 일체를 아리스토텔레스는 필리아로 규정한 바 있다. 필리아는 무엇보다도 서로 대등한 인격을 전제한 호혜적 관계 안에서 타자와 인격적으로 완전한 일치를 이루고자 하는 열망을 뜻한다. 그런데 그러한 일치가 궁극적으로 타자에 대한 호의(benevolentia)로서 자기를 타자와 일치시키는 방향으로 나아가려 하는 한, 필리아는 소위 자기를 내어주는 몰아적인 헌신적 사랑을 이미 자기 안에 어느 정도 함축하고 있다고 할 수 있다.

필리아의 본질 개념은 정신적 존재인 인간현존재의 본성에 기초한다. 정신적 존재인 인간은 비정신적 존재와는 달리 정신의 본성으로부터 자아를 의식하는 주체적 존재로서뿐만 아니라 자기 안에서 자기를 타자로 놓는 대자적(對自的) 존재가 된다. 인간은 본성적으로 자기 안에서 자기인 타자와 관계하는 가운데 자기를 인식하고 실현하는 존재다. 그러므로 정신 안에서 만나는 타자는 결코 나와 무관한 낯설고 단절된 타자이기보다는 오히려 자기를 규정해 주는 타자다. 인간의 본성적 관계 규정은 동시에 실존적으로도 인간이 어떻게 자기가 아닌 타자와 정신적으로 관계를 설정해야 하는지를 암시한다.

인간이 정신적 존재인 한 타자는 나와 무관하지 않고 항상 나의 정신에 매개되어 나를 규정하는 타자로 있을 수밖에 없다. 앞 절에서 사랑과 관계의 밀접한 관련성을 살펴보았듯이 필리아는 인격적 관계 안에서 이루어지는 사랑의 기본 특성과 본질적으로 일치한다. 필리아는 상대 인격의 유일무이한 고유성을 인식하고 인격적 만남의 소중함을 자각하는 행위이자 상대에게 관심 있는 배려를 아끼지 않는 행위요, 상대에게 자기를 개방하고 상대의 인격으로 인하여 기꺼이 자기가 변화될 것을 예상하고 수용하는 행위이자 상대에게 공감하고 그와 일치되려는 행위다. 물론 인격적 사랑으로서의 필리아가 상대방의 인격뿐만 아니라 궁극적으로 자기 인격의 실현과 완성을 지향하고 있는 한, 아리스토텔레스도 지적하였듯이 거기에는 호혜적 의미의 상호형평성(ἰσότης)과 유사성(ὁμοιότης)이 전제될 수밖에 없을 것이다(박병준, 2003: 222-224). 그래서 필리아는 유사한 인격들의 공동체적인 만남이 오래 지속되고 유지될 때 보다 용이하게 실현되는 특성을 가지고 있다.

그러나 한편으로 우리는 일상의 삶 속에서 지속적인 어울림에도 불구하고 서로 사랑하는 일이 얼마나 어려운가를 체험한다. 공동체적인 삶 속에서마저도 전혀 다른 이상이나 성격의 차이 혹은 자신의 인격적 성숙과 완성에 방해되는 여러 요인들로 인하여 사랑하는 일이 간단하지 않다는 것 또한 우리는 너무도 자주 경험한다. 그렇다면 조건 없이 자기 자신을 타인에게 투신할 수 있는 사랑은 어디로부터 오는 것일까? 여기서 상호 인격 안에서 이루어지는 조건적 사랑으로서의 필리아를 넘어서 보다 고양된 사랑이 요구된다.

3) 아가페

그리스도교 문화권 안에서 '카리타스(caritas)', '딜렉티오(dilectio)'와 함께 일반적으로 하느님의 사랑을 뜻하기 위해 폭넓게 사용되어 온 '아가페'는 신적·은총적 사랑을 의미하는 용어로서 사랑의 시혜적(施惠的) 특성을 보여 주는 중요한 개념이다. 아가페는 에로스나 필리아와는 달리 종교적 배경 아래서 특별한 목적을 갖고 정립된 용어다. 아가페는 『신약성경』의 핵심 단어로서 하느님의 사랑에 참여하는 그리스도교적 의미를 가진 새로운 사랑의 표현이다(로쯔, 1986: 25-26; 최원오, 2002: 47-48). 아가페가 에로스나 필리아와는 다른 의미를 가지고 있다면, 그것은 아마도 아가페가 사랑의 초월적 시원성(始原性)과 시혜성(施惠性)을 그 무엇보다도 강조함으로써 신적·은총적 성격을 드러내는 데 있을 것이다. 그리스도교의 사랑의 원천은 인간 자신도, 이데아로서의 선함이나 아름다움 그 자체도 아닌 오로지 하느님뿐이다. 하느님이야말로 만물의 창조자요 주인이기 때문이다. 물론 이러한 관점은 신앙을 바탕으로 한 것이지만 앞에서 살펴본 것처럼 형이상학적이며 존재론적인 통찰을 통해 우리는 그 철학적 타당성을 찾아볼 수 있다. 절대적 존재인 하느님은 만물의 존재 근거인 존재 자체요, 만물의 존재 이유는 다름 아닌 하느님의 본성인 무조건적 사랑에 근거한다. 물론 인간이 사랑할 수 있음은 정신적 존재로서 이러한 이치를 깨달을 수 있고, 그럼으로써 본성적으로 하느님의 사랑에 참여할 수 있기 때문이다. 사랑은 일회성의 창조적 결과물이기보다는 하느님에 의해 끊임없이 우리에게 은총적으로 시혜되는 존재 현실이자 동시에 우리 마음에 내재하면서 우리가 서로 사랑하도록 이끄는 작용적 힘이다. 정신적인 인간은 자유의지로써 그러한 존재론적 사랑, 즉 만물(萬物)과 만사(萬事)에 내재된 하느님의 사랑에 참여함을 통해 사랑을 행한다.

인간의 관점에서 보면 아가페는 그 원천에 있어 주는 사랑이 아니라 오는 사랑 혹은 받는 사랑이다. 아가페는 하느님으로부터 오는 무조건적이며 일방적인 사랑이자 그러한 사랑의 참여다. 하느님의 사랑은 자기 안에 사랑함 그 자체 외에 또 다른 어떤 목적이나 이유를 갖고 있지 않다. 그것이 수단으로 행해지는 것은 더더욱 아니다. 아가페가 정신적이지만 한편으로 일종의 인격적인 주고받음을 전제로 한 필리아와 근본적으로 다른 이유는 아마도 여기에 있을 것이다. 「요한의 첫째 서간」은 사랑을 언급하면서 우리의 사랑이 하느님의 사랑에 기초해 있음을 강조한다(『신약성경』, 「요한의 첫째 서간」 4:19). 하느님이 우리를 사랑하기에 우리 또한 서로 사랑할 수 있다. 그러나 하느님의 사랑이 존재론적으로 이미 우리와 함께하고 있다고 하더라도, 사랑은 틀에 박힌 형식을 요구하지 않는 내적인 마음의 법칙이기도 하기에 시혜적인 사랑을 깨달아 마음의 충만함을 얻지 못하는 한 사랑을 실제로 실천하는 일은 결코 쉽지 않다. 사실 하느님을 아는 것만큼이나 사랑하는 것도 어렵다. 하느님이 사랑인 한 근본적으로 하느님을 이해하는 것과 사랑을 하는 것은 불가분의 관계를 맺고 있기 때문이다.

아가페는 본질적으로 사랑의 초월적 특성을 지시한다. 그것은 하느님의 사랑에 적극적으로 참여하는 것이요, 그것을 통해 우리가 서로 사랑하게 되는 원천으로 끊임없이 돌아가는 것이다. 우리들의 조건적 사랑은 이러한 아가페적 사랑을 통해 정화되고 승화되어 무조건적 사랑으로 고양된다. 아가페는 조건과 전제 없는 사랑이 가능하도록 우리를 이끈다. 자식을 위해 혹은 친구를 위해 혹은 전혀 이해관계가 없는 타인을 위해 목숨까지도 바치는 자기희생의 헌신적 사랑이야말로 아가페가 보여 주는 절대적인 사랑의 긍정적 표징이요 힘이다.

5. 나오는 말

사랑하지 않는 자는 사랑을 이해할 수 없다. 사랑은 존재 긍정의 역동적 작용이요 존재 긍정에 참여함이다. 존재하는 것의 소중함과 사랑스러움을 느끼지 못하고 진정으로 사랑하기란 어렵다. 사랑은 존재에서 시작되며, 그것을 온몸으로 고스란히 받아들이는 것이다. 우리는 자주 습관적이며 무의식적인 도덕적 강박 관념 속에 빠져들어 도저히 사랑할 수 없는 자신의 처지를 고려하지 않은 채 사랑하지 못하는 자신을 탓하거나 억지로 타인을 사랑하고자 애를 쓰곤 한다. 그러나 사랑의 본질을 이해한다면 진정으로 사랑하기 위해 먼저 다음과 같은 물음들로 고민해야 할 것이다. 사랑은 어디서 오는 것일까? 우리를 사랑으로 이끄는 것은 무엇일까? 사랑을 얻기 위해서 나는 지금 무엇을 해야 하는 것일까? 아마도 사랑하는 일은 그다음의 일이 될 것이다. 사랑은 무에서 생기는 것이 아니며, 강제로 쥐어짜는 것은 더더욱 아니다. 사랑은 내적 충만함의 자연스러운 발현이다. 사랑은 줌이 아니라 받음이요, 그것이 충만하여 흘러넘침이다. 즉 존재 자체의 충만함을 받아들임이요, 타자로부터 나의 존재가 그대로 받아들여지는 존재 긍정의 사건을 직접 체험함이다.

타자는 나를 이해할 수 있는 거울과도 같다. 타자는 나의 반영이요, 자기를 실현하는 장이다. 이런 타자와의 관계 속에서 우리는 구체적으로 사랑을 배우고 사랑을 실천한다. 사랑은 존재와 타자를 지향한다. 그리고 그것과의 실존적 관계 속에서 자기 본질을 밝힌다. 이런 이유로 사랑하는 자는 사랑으로 인해 이렇게 저렇게 행해야만 할 정형화된 형식이나 규칙을 갖기를 거부한다. 사랑은 결코 정형화된 형식이나 규칙이 아니다. 타자와의 구체적인 만남을 통해서, 그리고 거기서 다양한 방식으로 그 존재를 긍정하는 행위들 속에서 사랑은 비로소 자기의 모습을 드러낸다. 내가 타자를 사랑하는 것은 그가 존재하기 때문이요, 그가 의미 있는 존재로 다가오기 때문이다. 그 이상도 이하도 아니다. 상대 또한 이와 같다.

사랑은 몸과 정신을 갖는 인간의 전인적인 표현이다. 인간은 결코 몸으로만 사랑하는 것도 정신으로만 사랑하는 것도 아니다. 진정한 사랑은 몸과 정신을 동시에 수반하는 전인적인 투신을 요구한다. 이런 의미에서 인간의 사랑은 상호 긴밀하게 작용하여 결코 분리되지 않는 '에로스-필리아-아가페'의 삼위일체적 사랑이다. 이들은 서로가 배타적이기보다는 상호 침투하여 서로를 제약하거나 고무함으로써 인간으로 하여금 그 본성에 입각하여 균형 잡힌 사랑을 할 수 있게 만든다. 사랑의 본질은 사랑 자체인 하느님을 우리의 정신이 깨쳐 이해하고 그것을 몸으로 체득하며 표현하는 것이다.

참고문헌

권기철. (2002). 「에로스, 필리아, 아가페: 로츠(J.B. Lotz)의 사랑의 세 단계」. 『가톨릭철학』 제4호. 한국가톨릭철학회.

로쯔, 요한네스. (1986). 『사랑의 세 단계』. 심상태 옮김. 서광사.

릭켄, 프리도. (2000). 『고대 그리스 철학』. 김성진 옮김. 서광사.

박병준. (2003). 「아리스토텔레스의 우정론」. 한국그리스도사상연구소 엮음. 『시간과 영원 사이의 거리』. 가톨릭출판사.

셸러, 막스. (2001). 『우주에서 인간의 지위』. 진교훈 옮김. 아카넷.

아퀴나스, 토마스. (1995). 『유와 본질에 대하여』. 정의채 옮김. 서광사.

아퀴나스, 토마스. (2002). 『신학대전 I』. 정의채 옮김. 바오로딸.

조정옥. (1999). 『감정과 에로스의 철학: 막스 셸러의 철학』. 철학과현실사.

진교훈. (1993). 『철학적인간학연구』. 경문사.

최원오. (2002). 「아우구스티누스의 사랑: 에로스와 아가페」. 『가톨릭철학』 제4호. 한국가톨릭철학회.

코레트, 에머리히. (1994). 『인간이란 무엇인가: 철학적 인간학의 기본 개요』. 안명옥 옮김. 성바오로출판사.

코레트, 에머리히. (2000). 『전통 형이상학의 현대적 이해: 형이상학 개요』. 김진태 옮김. 가톨릭대학교출판부.

키르케고르, 쇠렌. (1994). 『죽음에 이르는 병』. 최석천 옮김. 민성사.

플라톤. (1983). 「향연, 199c-201c」. 『플라톤의 대화』. 최명관 옮김. 종로서적.

하이데거, 마르틴. (1998). 『존재와 시간』. 이기상 옮김. 까치글방.

Coreth, Emerich. (1963). *Metaphysik-Eine methodisch-systematische Grundlegung*. Innsbruck/Wien/München: Tyrolia Verlag.

Deissler, A., Vögtle, A., Johannes M. Nützel, J. M. (Hrsg.), Schütz, U.(Übersetzer). (1990). *Neue Jerusalemer Bibel: Einheitsübersetzung. Mit dem Kommentar der Jerusalemer Bibel*. Freiburg: Herder.

Heidegger, Martin. (1986). *Sein und Zeit*. Tübingen: Max Niemeyer Verlag.

Park, Luis Byoung Jun. (1999). *Anthropologie und Ontologie: Ontologische Grundlegung der transzendental-anthropologischen Philosophie bei Emerich Coreth*. Rome: Editrice Pontificia Università Gregoriana.

Schöpf, A. (1980). "Liebe." J. Ritter und K. Gründer (Hrsg.). *Historisches Wörterbuch der Philosophie*, Vol. 5. Basel/Stuttgart: Schwabe & Co. AG Verlag.

4장

테야르의 사랑론

우주진화의 추동력, 사랑

● 김성동

피에르 테야르 드 샤르댕(Pierre Teilhard de Chardin, 1881-1955, 이하 '테야르')은 1881년 프랑스에서 태어났다. 그는 가톨릭 수도단체인 예수회에 입회하여 1911년 신부가 되었다. 이후 과학자로 훈련받아 지질학자이자 고생물학자로서 20세기 초엽에 북경원인을 발견하는 등 최고 수준의 학자로서 활동하는 한편, 과학적 통찰과 신학적 직관을 조합하여 자신의 고유

* 이 글은 필자의 「떼이야르 드 샤르댕의 사랑에 대한 이해와 그 현대적 의의」(『철학탐구』 제39집, 중앙대학교 중앙철학연구소, 2015)를 본서의 취지에 맞게 재구성한 것이다.

한 사상을 개진하였다. 제2차 세계대전 후까지도 자신의 저술활동에 대한 교단의 허락을 받지 못해 미국에서 활동하였고, 1955년 사망하였다.

그의 이력에서 볼 수 있듯이 그는 종교인이면서 동시에 과학자였다. 이런 까닭으로 그는 순수 과학자나 순수 종교인과는 다른 철학적 입장을 개진하였다. 예컨대 그는 빅뱅이론을 수용하여 우주 진화가 빅뱅에서 시작되었지만 궁극적으로는 마지막 점, 즉 오메가 포인트(Omega Point)에 이르게 되는 진화 과정에 있다고 주장하였다. 이러한 그의 주장은 전통적 보편성에 기초하는 가톨릭 교회의 입장에서는 결코 수용할 수 없는 개별적인 주장일 뿐 아니라 우주가 우연의 산물이라고 보는 경험과학적 입장에서도 결코 수용할 수 없는 형이상학적 주장이다.

이렇게 그는 그와 동시대를 살았던 과학자들과 종교인들 어느 쪽에서도 충분히 긍정적인 수용을 받지 못했다. 그러나 사후 반세기 이상 지난 오늘날 그는 애초에 그가 속했던 과학계와 종교계에서뿐만 아니라 철학계에서도 인류가 행하는 자기이해의 새로운 국면을 개척한 개척자로서 부분적인 인정을 받고 있다. 특히 그는 과학과 종교를 모두 믿는 근대인들이 지닌 정체성의 혼란을 먼저 경험하고, 그러한 혼란에 대한 해결책을 모색·제시한 사상가로서도 독특한 위치를 가지고 있다.

1. 들어가는 말: 우주에 편재하는 사랑

'사랑'이라는 용어의 전통적인 의미는 누구보다도 플라톤에게서 찾아볼 수 있다. 그에 따르면 사랑이란 우리가 어쩔 수 없이 따를 수밖에 없는 욕구로서 두 가지로 나누어지는데, 그 하나는 "쾌락"에 대한 선천적인 욕구이며 다른 하나는 "최선"을 추구하는 후천적인 판단력이다(플라톤, 2013:

41). 일반적으로 표현한다면, 이들을 간단하게 '육체의 사랑'과 '영혼의 사랑'이라고 부를 수도 있을 것이다.

쾌락을, 아니 사실은 그것을 통한 출산을 추구하는 육체의 사랑에 대해 가장 대표적인 논의를 제시한 이는 쇼펜하우어다. 그는 인간의 사랑이 생의 의지에 의해 현혹된 개인이 가지는 환상일 뿐이라고 지적한다 (Schopenhauer, 1909: 361).

최선, 즉 절대적인 가치를 추구하는 영혼의 사랑에 대해 가장 대표적인 논의를 제시한 이는 아우구스티누스와 토마스 아퀴나스다. 아우구스티누스는 스토아학자들이 '이성'이라는 최고 가치에 입각해 살고자 했던 것처럼 '사랑'이라는 최고 가치에 입각해 살고자 했다(파프로트니, 2007: 124). 아퀴나스는 인식은 인식된 것과 인식하려는 것이 하나가 되는 일이지만, 사랑은 사랑하는 사람과 사랑받는 대상이 하나가 되는 일이라고 지적하면서 사랑이 인식보다 우월한 행동이라고 주장한다(파프로트니, 2007: 135).

이러한 것들이 인류가 사랑에 대해 보여 온 전통적인 견해들이다. 하지만 테야르는 다르게 접근한다. 왜냐하면 그는 신학자면서 철학자이기도 했지만 동시에 과학자였기 때문이다. 물론 그도 전통적인 견해를 제시해 온 철학자들과 마찬가지로 인간의 사랑에서부터 자신의 사랑에 대한 논의를 시작한다. 그러나 그는 인간의 사랑이, 다양한 진화 수준을 갖춘 다른 존재들의 사랑과 다른 종류의 것이 아니라 같은 종류의 것이며, 다만 그 복잡성(complexity)의 정도가 다른 것이라고 주장한다.

먼저 그는 인간과 가까운 포유동물들에서 쉽게 인간의 사랑과 비슷한 사랑을 볼 수 있음을 지적하면서, 사랑이 "생명의 일반현상"이며 "그 모습과 정도의 차이가 있지만 모든 유기체에 있는 것"이라고 지적한다(드샤르댕, 1997: 245). 그러나 테야르는 사랑의 외연을 생물계를 넘어서 무생물계로까지 확장한다. 그는 사랑, 즉 존재 간의 친화성(the affinity of being with being)이 생명에만 고유한 것이 아니라 심지어는 물리적 존재에도 있다고 지적한다(de Chardin, 1959: 264). 미립자 간의 친화성이 원자를, 원자들 간의 친화성이 분자를, 분자들 간의 친화성이 유기물을 형성하였다는 것이다. 그러므로 그는 우리에게 사랑이 있다는 것은 모든 존재에 사랑이 있다는 증거라고 주장한다.

> 만일 아주 미약하나마 분자에게도 서로 하나가 되려는 욕구가 없었다면 높은 단계인 우리 사람에게서 사랑이 나타나는 것이 물리적으로 불가능하다. 우리에게 사랑이 있다고 하려면 존재하는 모든 것에 사랑이 있다고 해야 한다.(드 샤르댕, 1997: 245-246)

테야르의 이러한 사랑 이해에 쉽게 동의할 수 없다면, 그것은 우리가 사랑을 인간만의 고유한 것으로서 파악하고, 인간의 사랑을 다른 존재들이 보이는 사랑이나 그것과 유사한 현상들과는 다른 것이라고 생각하기 때문일 것이다. 그리고 또 이렇게 인간들 간의 친화성과 다른 존재들 간의 친화성을 다르게 생각하는 이유는 정신과 물질이 종류가 근본적으로 다른 실체들이라고 생각하기 때문일 것이다.

하지만 테야르는 물질과 정신 사이에, 연장(extension)과 사유(thought) 사이에 근본적인 구분이 있다는 데카르트적 이원론(데카르트, 2007: 207)을 반성적으로 거부할 것을 제안한다. 정신과 물질을 구분할 것이 아니라, 그것들을 한 실체의 두 측면으로 이해하자는 것이다. 이렇게 보면 이원론자인 우리에게 정신이 없는 물질로 보이는 것은 정신이 적은 물질일 뿐이며, 물질이 없는 정신으로 보이는 것도 물질이 적은 정신일 뿐이다.

> 전에는 이렇게들 말했다. "의식은 분명하게 사람에게만 나타나는 것이니 독특한 경우요 과학에서 관심을 둘 분야가 아니다." 그러나 이제는 고쳐서 말해야 한다. "의식은 분명 사람에게 나타난다. 그런데 거기를 잘 들여다보면 그것은 우주로 뻗어 있고 공간과 시간으로 무한히 연장된다."(드 샤르댕, 1997: 64)

테야르의 이러한 통찰은 최근의 인지과학적 연구에서도 긍정되고 있다. 예를 들어 움베르토 마투라나(Humberto R. Maturana)와 프란시스코 바렐라(Francisco J. Varela)도 진화의 과정들을 추적하면서 인간의 의식이 동물들의 본능적 행위와 세포들의 생존 및 복제 메커니즘과 일관성을 가진다고 주장하였다(Maturana & Varela, 1998: 232). 물론 그들은 물리적 존재와의 연관성을 언급하지는 않는다.

테야르에 따르면 사람에게만 나타난다고 우리가 생각하는 의식이 실제로는 시간의 시작과 더불어 물질과 함께 이미 존재해 왔으며, 과거-현재-미래를 통틀어 모든 공간 속에 존재해 있는 것이다. 마찬가지로 테야르에 따르면 이러한 정신-물질을 작동시키는 에너지인 사랑 또한 시간의 시작과 더불어 이미 존재하였으며, 과거-현재-미래를 통틀어 모든 공간 속에 존재해 있는 것이다.

테야르에게 사랑의 우주적 보편성이 이와 같이 설명될 수 있다면, 사랑의 인간적 특수성은 어떻게 설명될 수 있을까? 테야르는 미립자, 원자, 분자, 세포 등 여러 수준의 생명체들을 닫힌 체계라는 뜻에서 '소체'라고 부르고, 이렇게 하위 소체가 친화성의 원리에 따라 뭉쳐서 복잡한 상위 소체가 되는 현상을 '소체화(corpusculization)'라고 불렀다. 이러한 소체화의 진행에서 두 가지 결정적인 단계가 있는데, 그것은 생명과 인간의 등장이다. 하지만 과학자들은 이러한 단계들을 예외적인 현상이라고 이해한다.

> [생명은] 아직도 물리학에서는 … 자연의 큰 흐름을 설명하는 주요 법칙들에 비추어 일종의 예외나 반칙쯤으로 취급받고 있다. … 생명이란 물질의 부대현상이며, 생각은 생명의 부대현상이겠지. 많은 사람이 너무 자주 그렇게 생각하는 것이 사실이 아닌가?(드 샤르댕, 2006: 31)

하지만 테야르는 물질과 정신이 별개의 것이 아니라는 시각에서 보았을 때 생명은 물질과 정신, 그의 표현대로 한다면 "밖(without)"과 "안(within)"(드 샤르댕, 1997: 62)이 서로 도드라지는 중간단계로서, 뜻밖의 것이 아니라고 지적한다. 왜냐하면 소체화 과정을 통한 진화라는 관점에서 보면 "생명이란, 부대현상이 아니라, 현상의 본질 자체"(드 샤르댕, 2006: 32)이기 때문이다.

무생물들은 물질이 도드라진 단계이고 생명은 물질과 정신의 중간단계라면, 인간은 정신이 도드라진 단계다. 물질과 생명의 연속선상에 위치하는 인간 정신의 본질은 무엇인가? 테야르는 그것을 "반성"이라고 지적했다.

> 동물에 비하여 사람의 '뛰어남'을 따져 보려면 … 한 가지 방법밖에 없다. 그것은 … 가장 중심 되는 현상인 '반성' 행위 앞에 서는 것이다.(드 샤르댕, 1997: 160-161)

> 반성이란 그 말이 가리키는 대로 우리 자신에게 돌아가는 의식의 힘이다. 또한 우리 자신을 '대상으로' 놓고 자신의 존재와 가치를 헤아리는 능력이다. 그러므로 반성은 단지 아는 게 아니라 자신을 아는 것이요, 그냥 아는 게 아니라 안다는 것을 아는 것이다.(드 샤르댕, 1997: 161)

반성하는 인간은 자신을 아는 것, 즉 자의식을 가지게 되는데, 이는 단지 자신을 안다는 데 그치는 것이 아니라, 그리하여 자신에 대해 이러저러한 선택을 할 수 있다는 것, 즉 자유를 갖는다는 의미다. 그러기에 셸러는 자의식과 자유를 갖는 인간은 생명적 원리를 뛰어넘어 자살하거나 약속할 수 있는 "세계개방성(Weltoffenheit)"을 갖는다고 지적하기도 했다(Scheler, 1975: 40).

이렇게 보면 인간적 사랑이라는 사랑의 특수성은 보편적으로 퍼져 있는 사랑의 복잡화 수준에서의 차이 때문에 생겨난다. 물리적 세계에서의 사랑의 작용이 임계점을 넘어 생명적 세계의 사랑으로 나타나고 이것이 다시 임계점을 넘어 인간적 세계의 사랑으로 나타났다는 것이다. 인간 정신의 고유성이 반성이기 때문에 이러한 인간적 세계의 사랑은 '반성적 사랑'이다. 그것은 인간이 자신의 사랑의 "존재와 가치를 헤아리"고 그것을 자유롭게 개선해 나갈 수 있다는 의미다.

2. 정신적 에너지로서의 사랑

이처럼 우주에 편재하는 사랑의 정체는 무엇인가? 테야르의 이해에 따르자면 그것은 에너지다. 그가 말하는 에너지는 우리가 최선의 것을 성취하고자 할 때 하는 "노력"과 관련되어 있으며, 물리학자들이 "활동의 능력"이라고 정식화하는 것이다(de Chardin, 1959: 42).

단계적인 소체화를 통한 진화과정에서 물리적 세계의 물질이 생명과 의식으로 진화하듯이, 물리적 세계의 결합력이라는 물리적 힘이 생명의 세계와 의식의 세계로 넘어갈 때 생식이라는 생리적 힘과 인간화된 사랑이라는 정신적 힘으로 드러난다고 이해할 수 있다(de Chardin, 1971: 33).

사랑을 결합력, 생식, 인간화된 사랑이라는 특수성에서 표현하지 않고 보편성에서 표현한다면 물질-정신적 에너지라고 불러야 할 것이다. 그래서 테야르는 우주의 재료가 보여 주는 모든 활동들이 최종적으로 환원되는 물질-정신적 에너지가 바로 사랑이라고 지적한다.

> 우주의 재료가 보여 주는 모든 활동들이 최종적으로 환원되는 이러한 … 물질-도덕적 에너지에 어떤 이름을 부여할 수 있겠는가? … 가능한 유일한 이름은 사랑이다. 우주의 물질적 구조는 사랑이다.(de Chardin, 1971: 72)

물질과 정신을 '정신-물질'이라는 하나의 단어로 부르는 것이 저항감을 일으키듯이, 에너지를 '물질-정신적 에너지'라는 하나의 어구로 부르는 것도 저항감을 불러일으킬 수 있다. 그러나 포퍼가 관찰은 언제나 "이론들의 빛 안에서의 관찰"(포퍼, 1994: 26)이며 목적 없는 관찰이 없다고 말했던 것처럼, 물리적 에너지는 정신적 에너지의 빛 안에 있는 에너지이며, 정신적 에너지 없는 물리적 에너지란 있을 수 없다.

관찰이 없어도 관찰의 대상은 이와 무관하게 존재할 것이다. 그러나 관찰이 있다면 그러한 관찰은 특정한 목적을 전제한다. 마찬가지로 정신적 에너지가 없어도 물질적 에너지는 존재할 것이다. 하지만 인간이 물질적 에너지를 이야기하는 순간 그러한 물질적 에너지는 특정한 정신적 에너지를 전제한다.

그럼에도 불구하고 왜 근대인들은, 혹은 최소한 경직된 물리학자들은 '정신적 에너지'라는 조어가 말이 되지 않는다고 생각하는 것일까? 야금학자이면서 테야르 연구자였던 랄프 크래프트(Ralph W. Kraft)에 따르면 이는 에너지의 출처들(energy sources)과 에너지(energy)를 구분하지 못하기 때문이다.

> … 에너지 출처는 에너지를 제공할 수 있는 어떤 것인 반면, 에너지는 실제로 어떤 출처에서 방출된 무엇이다. … 우리는 에너지의 결과들을 지각할 수는 있지만 에너지 그 자체를 지각할 수는 없다. … 에너지는 하나의 개념이고, 하나의 지성적 구성물이며, 하나의 추상이다. 물질적 에너지는, 실제로 어떤 종류의 에너지도 만져 볼 수 없지만 그럼에도 불구하고 실제적이다. 그래서 음식이나 연료는 에너지의 출처들이지 에너지 그 자체는 아니다.(Kraft, 1988: 4)

크래프트는 이러한 구분에 기초하여 물질적 에너지와 다른 종류의 에너지가 실제로 존재한다고 주장하는데, 그가 예로 든 것은 의사소통 에너지다. 의사소통은 소리·문자·전기신호로 이루어진다. 소리·문자·전기신호는 파동 에너지이거나 빛 에너지이거나 전기 에너지이지만 단순한 물질적 에너지는 아니다. 여기에는 어떤 의미가 개재되어 있다. 크래프트는 발사 후에 사고가 나서 달에 착륙하지 못하고 지구로 돌아온 아폴로 13호를 예로 들면서, 그들은 무선통신이라는 전파 에너지가 없었더라면 돌아올 수 없었겠지만, 크래프트는 전파 에너지에 실려 오는 의사소통 에너지로 "우주선에 남아 있던 물질적 에너지를 활성화하고 조절"(Kraft, 1988: 12)하여 돌아올 수 있었다고 지적한다.

에너지의 존재 양태에 대한 그의 이러한 구분은 사실 테야르로부터 유래한 것이다. 그의 대표작 『인간현상』(*Le phénomène humain*)에서 테야르는 에너지를 탄젠트 에너지(tanzential energy)와 라디우스 에너지(radial energy) 두 종류로 나누었다. 대략적으로 말하자면 탄젠트 에너지는 엔트로피를 증가시키는 물리적 형태의 다양한 에너지를 의미하고, 라디우스 에너지는 그가 말하는 소체화를 진행시키는 정신적 에너지를 의미한다. 크래프트는 생명이 물질과 정신의 중간 단계이듯이 의사소통 에너지가 이 두 에너지의 중간 단계라고 보았다(Kraft, 1988: 10).

테야르는 정신과 물질의 통일성을 지적하면서 "의식은 분명 사람에게 나타난다. 그런데 거기를 잘 들여다보면 그것은 우주로 뻗어 있고 공간과 시간으로 무한히 연장된다"고 말했는데, 여기에 '의식' 대신에 '사랑'을 대입할 때 어떤 의미에서는 그의 우주진화론이 더욱 잘 표현된다. '사랑은 분명 사람에게 나타난다. 그런데 거기를 잘 들여다보면 그것은 우주로 뻗어 있고 공간과 시간으로 무한히 연장된다.' 그는 또한 "우주의 진화를 서술하는 가장 효과적이고 심원한 방식은 의심할 여지 없이 사랑의 진화를 추적하는 것일 게다."(de Chardin, 1971: 33)라고도 적고 있다.

이제까지의 테야르의 논의를 종합하면, 사랑은 편재하는 에너지라고 규정할 수 있다. 이렇게 편재하는 에너지인 사랑의 인간적 특수성을 남은 세 절에서 좀 더 자세히 살펴보고자 한다. 테야르는 이러한 사랑이 인간의 의식에 세 가지 연속적인 단계로 나타난다고 지적한다.

> 우주의 물리적 구조는 사랑이다. 우리의 삶이 엮어진 이러한 근본적인 힘의 현현들을 인지하고 방향을 잡기 위하여 우리 스스로 그것들을 따라가 보자. 나에게는 그것이 그 자신을 우리 의식에 세 가지 연속적인 단계에서, 즉 (남성에 대한) 여성에서, 사회에서, 모든 것에서 성애감, 인류감, 우주감으로 드러난다고 보인다.(de Chardin, 1971: 72)

3. 성애

플라톤의 사랑에 대한 논의에서 볼 수 있었던 것처럼 성애란 자석의 양극이 서로 당기는 것과 같은 남녀 사이의 끌림이며, 쇼펜하우어의 말처럼 자손의 생산을 목적으로 한다. 이와 같은 정의는 예외가 없는 것은 아니지만 일반적으로 받아들여지는 것으로, 테야르도 이를 인정한다.

> 그 처음의 형태들에서, 그리고 생명의 아주 높은 단계에 이르기까지, 성애는 번식과 동일한 것으로 보인다. 존재들이 합쳐서 그들 자신이 아니라 그들이 획득한 것(자손)을 연장한다.(de Chardin, 1971: 73)

이러한 성애로부터 빚어지는 미친 행동에 대해 인류는 경험을 쌓아 왔고 이를 경계해 왔다. 쇼펜하우어의 지적에 따르면 사랑은 "매일 끔찍한 싸움을 일으키며 가장 소중한 관계들을 파괴하고 가장 돈독한 관계를 끊어 버린다. 때로는 사랑 때문에 목숨을 잃거나 건강을 해치기도 하고, 부와 명예, 행복을 포기해야 할 때도 있다"(메리앙, 2011: 197). 이와 같이 성애는 홍역처럼 누구나 일시적으로는 겪는 하나의 정신착란이다.

하지만 테야르가 특히 관심을 가지는 것은 성애의 광란으로부터 이 성적 자기통제를 유지하는 것이 아니다. 그는 물질과 더불어 결합이라는 원리가 우주에 도입되고, 생명과 더불어 번식이라는 원리가 우주에 도입된 것처럼 인간과 더불어 인간화된 사랑의 인격(personality)이라는 원리가 우주에 도입된다는 점에 초점을 맞춘다.

> 성애의 주된 기능은 우선 그 종의 보존을 확실히 하는 것임은 논란의 여지가 없다. 이것은 인격이라는 상태가 인간에게서 수립될 때까지만 그렇다. 인간화라는 결정적인 순간으로부터 사랑에는 다른 보다 본질적인 역할이 발달한다.(de Chardin, 1971: 73)

테야르가 말하는 새로운 차원에서 성애의 역할은 "인간 인격의 구축에서의 두 원리, 즉 남성의 여성의 필연적인 종합(the necessary synthesis)"이다. 우리는 쇼펜하우어를 좇아 보통 인간의 남성과 여성으로서의 완성을 생식과 양육이라고 이해했으며, 남녀의 결합을 이를 위한 수단으로 간주하였다. 그러나 테야르는 인간의 의식이 인간 이전의 생명의 원리를 초월하듯이 의식화된 인간은 생식이라는 원리를 초월할 수 있고, 이렇게 되면 이제까지 성애의 일차적인 특징인 생식적 기능과 이차적인 특징인 양성 종합의 중요성이 "역전"된다고 지적하고 있다(de Chardin, 1971: 73).

인간에게 사랑은 쇼펜하우어가 이야기한 것처럼 번식으로 끝나지 않는다. 인간은 아울러 의식, 더 정확히는 자의식을 통해 그러한 사랑의 능력을 향상시켜 나간다. 그래서 테야르는 우주의 기본 단위를 하나의 인간, 즉 단자(monad)로 이해했던 라이프니츠의 주장을 넘어서서 남자와 여자라는 두 개의 중심을 갖는 타원적인 이중성이 우주의 기본 단위라고 주장한다(de Chardin, 1966: 121).

> 여자는 남자에게 이러한 앞쪽으로의 운동을 방출할 수 있는 확실한 목적이라고 우리는 말해야만 한다. 여자를 통하여, 오직 여자를 통해서만, 남자는 고립에서 벗어날 수 있다. … 우주의 그물눈이, 우리의 경험으로 보면, 생각하는 단자(thinking monad)라고 말하는 것은 더 이상 엄격히 정확하지 않다. 완전한 인간 분자는 이미 우리 주변에 있다. 그것은 개별적인 인격보다 더 종합된 원소이며 애초부터 더 정신화되어 있다. 그것은 이중성, 남성과 여성을 함께 포용하는 이중성이다.(de Chardin, 1971: 74)

테야르는 성애의 우주진화론적 역할이 바로 이중성이라고 주장하면서, 이러한 이중성을 확보하기 위해 우리가 따라야 할 규칙에 대해서도 이야기한다.

> 창조적 결합이라는 일반적인 법칙에 일치하여, 사랑은 사랑이 함께 하도록 만드는 두 존재의 정신적 차별화에 기여한다. 사람은 다른 사람을 흡수하지 말아야 하며, 더더구나 둘은 육체적 소유를 즐기는 데 몰두하지 말아야 한다. 이는 다수성으로 빠져드는 것으로, 허무로 회귀하는 것을 의미한다.(de Chardin, 1971: 74)

흡수하지 말아야 하며 즐기는 데 몰두하지 말아야 한다는 규범의 근거로 테야르가 제시하고 있는 일반적인 법칙인 창조적인 결합(creative union)(de Chardin, 1968: 151-176)은 다른 곳들(de Chardin, 1971: 63, 64, 67, 144, 149, 152)에서는 "결합은 차별화한다(Union differentiates)"고 구체적으로 서술되는 원리다. 이는 친화성에 의한 결합이 결합요소들의 고유성을 박탈하고 결합된 전체에만 새로운 고유성을 부여하는 것이 아니라, 요소들이 가지고 있는 본래의 고유성을 유지하면서도 전체적으로 새로운 고유성을 갖게 한다는 것이다. 테야르는 이런 원리가 물리현상이나 생명현상, 그리고 정신현상에 모두 적용되거나, 적용되어야 한다고 본다. 그래서 테야르는 "진정한 합체는 접합하는 요소들을 융해하지 않는다. … 인간 소재를 경색시키고 중성화하는 것은 이기주의"(드 샤르댕, 2013: 28)라고 지적한다.

이러한 원리는 얼핏 모순되게 보인다. 하지만 이는 어떤 의미에서는 지극히 일상적인 현상이다. 우리가 누구를 사랑한다고 할 때 우리가 하는 행위가 바로 이런 것이기 때문이다.

> 사랑하는 두 사람이 서로 자신을 상대에게 내주지 않고 어떻게 상대

를 완벽하게 가질 수 있겠는가? 남과 하나가 되면서 '내가 된다'는 모순된 행위를 실현하는 것은 사랑이 아닐까?(드 샤르댕, 1997: 246)

사랑에 빠지는 두 사람이 처하게 되는 위험은 사랑의 추동력 때문에 이성적인 자기통제를 상실하는 것에만 있는 것이 아니라, 상대방과 창조적인 결합에 이르지 못하고, 상대방을 자기 속으로 흡수함으로써 상대방과의 인격적 관계, 마르틴 부버(Martin Buber)의 표현을 빌리자면, '나-그것' 관계가 아닌 '나-너' 관계를 가지지 못하는 것에도 있다(부버, 2006: 15). 이러한 사랑은 자기기만적이라고 부를 수 있을 것이며, 테야르가 지적한 것처럼 허무에 이르게 될 것이다. 테야르가 지적하는 또 다른 위험은 진화과정에서 생길 수 있는 개별자의 위험과 같은 종류이자 두 배의 강도를 갖는 "접합 이기주의(joint egoism)"(de Chardin, 1971: 75)다. 간단히 말해 가족이기주의다.

> 그들 사이에 위대한 사랑이 가능한 두 존재가 다른 존재들을 어떻게 하여 만나게 될 때, 그들은 즉각 자신들을 그들의 상호적인 이익이라는 질투심이 강한 상태 속에 가두는 경향이 있다. 그들을 삼켜 버린 (사랑의) 실현에 의해 재촉을 받아, 그들은 본능적으로 자신들을 서로 속에, 다른 사람들을 배제해 버린 채, 가두려고 시도한다.(de Chardin, 1971: 75)

4. 인류감에 근거한 사랑

이러한 위험에서 벗어나기 위해 한 쌍의 남녀는 다른 사람들을 배제할 것이 아니라, 다른 사람들을 향해야 한다. 자신들을 결합시킨 원리와 동일한 원리에 의해, 즉 차별화하는 결합이라는 원리에 의해 한 쌍의 남녀는 다른 쌍의 남녀들과도 결합해야 한다. 물론 이러한 결합은 남녀의 결합과는 다른 방식의 결합이겠지만 그 원리는 동일할 것이다. 원리의 공통성과 방식의 차별성이 있는 이러한 새로운 형태의 결합은 테야르가 사랑의 세 단계 중 성애의 다음 단계로 지적하는 인류감에 근거한다.

> 열정적인 사랑에 의해 제시되는 인격화하는 에너지는 그래서 인간 분자들 전체를 함께 묶을 다른 형태의 매력에 의해 완성되어야 한다. 여기서 전체 정신계에 퍼져 있는, 특별한 형태의 이러한 응집력을 우리는 '인류감(the sense of humanity)'이라고 부른다.(de Chardin, 1971: 78)

그러나 "이러한 매력과 닮은 어떤 것도 자연에는 존재하지 않는 것으로 보인다"(de Chardin, 1971: 78). 인간이 충분히 개인으로 분화되기 전에는 이와 비슷한 응집력이, 예를 들어 친척애나 향토애와 같은 것이 있기는 했지만 그것은 근본적으로 성애와 같은 원리에 의한 것이지 성애적인 남녀가 자신들의 배타성을 극복하고 바깥을 쳐다보는 것과 같은 것은 아니었다. 친척애나 향토애가 배타성을 가진다는 사실에서 우리는 그것이 성애와 같은 원리의 것임을 쉽게 알아챌 수 있다.

근대에서 타자에 대한 이해는 사르트르가 그의 희곡 『닫힌 방』(*Huis Clos*)에서 말한 구절 "타자는 지옥이다(L'enfer, c'est les autres)"로 요약된다. 테야르도 이러한 이해에 동의한다.

> 인간 대중 내에서 지배적인 것은 상호적인 척력이다. 약간의 예외적인 경우를 제외하고, '타자'는 보통 우리 인격체가 그 발달의 전체 과

> 정에서 만나는 최악의 위험으로 보인다. 타자는 성가심이다. 타자는 방해가 안 되게 치워져야만 한다.(de Chardin, 1971: 78)

하지만 그는 이러한 상황이 실제적 상황이라기보다는 그저 "인상(impression)"에 불과한 상황이며, 따라서 인류감이 없는 것도 아니며 발견할 수 없는 것도 아니라는 점을 지적한다. 예컨대 "거리에 있는 사람은 나에게 방해가 된다. 왜냐하면 내가 그와 가능한 경쟁자로서 충돌하기 때문이다. 내가 그를 그러한 투쟁에서의 협동자로 보게 되면 나는 그를 좋아할 것이다"(de Chardin, 1971: 78). 이러한 협동자의 예로 보통 우정이 거론된다.

> 위대한 우정들은 이상을 추구하는 데서, 하나의 대의를 옹호하는 데서, 연구의 부침 속에서 형성된다. 그것들의 발달은 '타자에 의한 어떤 사람에 대한' 침투라기보다는 새로운 세계를 통한 공동 진보(joint progress)다. … 우정은 구조상 계속 커져 가는 다수성(multiplicity)에 열려 있다.(de Chardin, 1971: 79)

우정의 동기는 "공통의 관심(common interest)"이고, 적어도 이러한 조건이 만족되는 대상들에 대해서는 척력이 작용하지 않으며 인력이 작용한다. 사람들은 종종 이를 "원시적인 군거성으로의 회귀"라고 비난하지만, 이는 엄연히 다른 것이다(de Chardin 1971: 79). 개별화된 의식에 기반하는 이러한 현상은 과거의 현상과 비슷하게 보일지는 모르지만 본질적으로 다른 현상인 것이다.

그러나 인류감으로 나아가고 있는 이러한 친화성을 그대로 내버려 두기만 한다면, 성애가 상대방을 삼켜 버리는 것처럼 인격체를 삼켜 버릴 수 있다. 테야르가 차별화하는 결합을 이야기하는 까닭이 바로 여기에 있다. 오늘날 우리가 가지는 불평은 바로 우리를 질식시키는 이러한 조직에 대한 불평이며, 이에 반해 우리는 그러한 조직이 없던 시기를 그리워하기도 한다.

> 오늘날 세계에 보편적인 불평이 있다면 그것은 인간 인격체가, 삶의 무자비한 필연성이 우리로 하여금 우리 주변 어디에서나 수립하게 강제하는 집단적인 괴물들에 의해, 질식당하고 있다는 불평이다. 커다란 도시들, 커다란 기업들, 커다란 경제조직들 … 누군들 자신의 삶의 어떤 시점에서 '황금시대'를, 가족의 뜰을, 마을 일터를, 그리고 심지어 숲을 향수에 젖어 돌아보지 않을 것인가?(de Chardin, 1971: 80)

테야르는 우리가 이를 내버려 두지 않으며, 이러한 경향성을 극복하려고 노력할 수 있고, 이러한 노력을 통해 사랑의 능력이 더욱 강화된다고 지적한다.

> 어떤 다른 결합과 마찬가지로 지구의 집단화는 올바로 수행되면 우리를 하나의 공통된 영혼으로 '초-활동화'할 것이다.(de Chardin, 1971: 80)

"올바로 수행되면"이라는 표현은 내용적으로 그러한 집단화가 차별화되어야 한다는 의미이지만, 양태적으로는 그러한 차별화하는 집단화가 성공할 수도 실패할 수도 있다는 의미다. 지금까지의 진화가 강제적이었다고 하더라도 인간화 이후의 진화는 반성적인 자유로운 진화이며, 그러므로 성공과 실패는 결국 이를 담당하는 인간에게 달려 있다. 이는 결심의 문제이며, 결심을 잘 이끌어 간다면 우리가 진화의 다음 단계에 이를 수 있다는 것이다.

그래서 테야르는 생물학적 진화를 통해 인간의 의식이 생겨났다면, 인간학적 진화를 통해 인간의 의식 이상의 것, 즉 "초-의식(super-consciousness)"(de Chardin, 1971: 103)이 생겨나지 못할 이유가 없다고 주장한다. 테야르에게 '초-'라는 접두어는 보통 인류의 현재 상태를 넘어서 지향해야 할 진화의 다음 단계를 가리킨다.

> 심연의 변두리에 서지 않고 산을 오를 수 없다. 이러한 모험은 재앙이 아니며, 우리는 추락을 피할 수 있다. '유기적 기계(organic machine)'가 인간의 신체에 처음으로 (초-생명적인) 사유를 방출한다. 왜 산업 기계(industrial machine)가 둘째로 인류에게 (초-인간적인) 사유를 방출해서는 안 되는가?(de Chardin, 1971: 81)

그런데 인간의 이러한 결심, 성애적인 사랑을 하는 남녀가 상대방을 삼키거나 자신들을 가두는 대신 자신들의 바깥쪽을 바라보려 하고, 이렇게 바깥쪽을 바라보고 결합한 인격체들이 자신들을 삼켜서 기계화하려는 집단을 조절하여 새로운 세계를 통한 공동의 진보를 이룩하려는 결심과 이러한 창조적 결합과 차별화하는 결합은 도대체 어떻게 가능한 것인가? 이러한 질문이 테야르가 우리의 의식에 드러나는 사랑의 세 단계라고 말한 것들 중 마지막 단계에 이르게 한다.

5. 우주감에 근거한 사랑

테야르에게 '우주감'이란 인간이 숲, 바다, 그리고 별을 대면하고 있는 자신을 보자마자 생겨났을 "우리를 감싸고 있는 모든 것(the All)에 심리학적으로 우리를 묶는 다소간 혼돈된 친화성"을 말한다. 그는 이러한 느낌은 누구나 아는 것이며, 아마도 사유의 시작과 함께 시작되었을 것이라고 짐작한다. 이는 "빛에 대한 우리 눈의 반응처럼, '전체로서의(as a whole)' 세계에 대한 우리의 반응이다"(de Chardin, 1971: 82).

그러나 근대인들에게서 이러한 우주감은 "어떤 다른 정신적 에너지의 빗나간 혹은 유치한 형태"이거나, "이성이 완전히 깨어남과 더불어 사라질 운명의 잔여적인 거의 동물적인 느낌"이라고 제대로 인정받지 못하거나, "우주적 대양에서의 익명적 해소로의 초대"로 오해된다(de Chardin, 1971: 82).

> 다원적인 우주에서 우주감(the cosmic sense)은 태만이나 산만으로의 초대로 해석될 수도 있다. 이제까지 아주 많은 예술적 내지 종교적 범신론들에 의해서는 이러한 의미로 이해되어 왔다. 그들에게는 위대한 '모든 것'에 대한 용인이 자연과의 용해적인 친교를 의미했다.(de Chardin, 1971: 83)

그러나 테야르에게서 이러한 우주감은 본질적으로 "그 속에서 자신이 나머지 모든 것에 더하여지는 반성적 통일체(reflective unity)에 대한 다소간 모호한 의식"(de Chardin, 1971: 82)이다. 이러한 테야르의 우주감에 대한 이해는 그의 우주진화론과 밀접하게 연관되어 있다. 앞에서 요약했던 것처럼, 그의 우주진화론은 시간적으로는 빅뱅에서 오메가 포인트에 이르는 축을 가지고 있으며, 질료적으로는 원자에서 인간에 이르는 복잡화 과정을 가지고 있고, 원리적으로는 이러한 시간적·질료적 차원들 각각에서 친화성에 따르는 결합의 원리를 가지고 있다.

그에 따르면 인간의 자의식이 등장하면서 이러한 결합의 원리인 사랑은 자의식적 사랑에 이르게 되는데, 이는 사랑의 에너지에 의해 결합하던 인간 이전의 존재들이 그러한 사실에 대한 의식 없이 결합한 데 반하여, 이제 자의식적 인간은 자신이 그러한 원리에 의해 결합한다는 것을 반성적으로 알고, 자유롭게 결합하며, 자신이 선택하지 않을 수도 있는 결합이 어디로부터 유래하는지도 감지할 수 있다는 것이다.

테야르에게서 이러한 반성적 사랑이 유래하고 회귀하는 곳이 반성적 통일체인 오메가 포인트다. 그의 그리스도교적 신학에서 보면 그곳은 그리스도교의 하느님이겠지만, 보편적인 인류의 시각에서 보면 인류와 우주의 목적인 지점이라면 어느 곳이든 무방하다. 종교적인 입장을 배제한다면 오메가 포인트는 그가 지적한 대로 빅뱅에서 지금까지 우주의 진화를 이끌어 온, 그리고 앞으로도 진화를 이끌어 갈 재료-원리라고 이해할 수 있다.

사실 이러한 오메가 포인트와 유사한 가설적 요청들은 다른 사상가들에게서도 볼 수 있다. 예를 들어 일종의 시스템 이론인 제임스 러브록(James Lovelock)과 린 마굴리스(Lynn Margulis)의 가이아 이론(Gaia theory)의 입장에서 보면, 지구상의 개별적 생물체들의 적응과 진화는 그러한 생물체들의 환경인 지구, 즉 가이아 자체의 적응과 진화의 일부분이기에(리프킨, 2010: 739), 개별 생명체들과 가이아 간의 관계를 개별 존재들과 오메가 포인트 간의 관계와 비교할 수 있다. 또 쇼펜하우어가 말한 '생의 의지'의 정체가 이기적 유전자라고 해석한 리처드 도킨스(Richard Dawkins)의 입장에서 보자면, 오메가 포인트는 모든 사랑이 유래하고 회귀하는 곳으로서 개개의 유전자가 유래하고 회귀하는 유전자 풀(gene pool)과 같은 곳이라고 이해할 수도 있다(도킨스, 2005: 146).

그러나 아직 우리는 우주의 이러한 중심을 명확히 인지하지 못하고 있다. 우주감을 통하여 그것을 어렴풋이 파악하고 있을 뿐이다. 이렇게 중심을 명확히 이해하지 못한 상황에서 우리는 어떻게 해야만 하는가?

> 우리 내부의 우주감이라는 모호한 자극에 우리가 대응하는 유일한 길은 세계와 우리에 대한 힘든 해석을 그것의 최종적인 한계에까지 밀어붙이는 것이다.(de Chardin, 1971: 83)

오메가 포인트는 아직 우리에게서 완전히 실현되지 않았기 때문에 아직 인식되지 않은 상황을 이제까지의 경험에 근거해서, 전통적인 개념을 활용하여, 서술하는 것은 "힘든" 일이다. 그러나 아직 오지 않은 그러한 상황을 끌어내기 위해서 우리는 과거의 우리 경험을 "최종적인 한계에까지 밀어붙이는" 방법 외에 다른 도리가 없다.

그러한 최종적인 상태가 어떠한 것일지 우리는 아직 확신할 수 없지만, 과거의 경험이 우리에게 말해 주는 것은 그러한 최종 상태가 결합이지만 차별화하는 결합일 수밖에 없다는 것이다. 우주의 초기 진화과정에서 자의식이 아직 등장하지 않았던 단계에서는 그것이 강제적인 '구조적 법칙'이었다. 인간 이전의 존재자들은 그러한 법칙에 따라 형성될 수밖에 없었다. 그러나 인간을 통하여 자의식이 등장한 지금, 그것은 선택할 수도 있고 선택하지 않을 수도 있는 자유로운 '도덕적 완성의 법칙'으로 나타난다. 테야르는 이러한 차별화하는 결합으로서의 모든 것에 대한 사랑이 참된 범신론이라고 지적한다.

> 차별화에 의한 결합과 결합에 의한 차별화. 우리가 우주의 재료 속에서 앞에서 알아차렸던 구조적 법칙이 여기서 도덕적 완성의 법칙으로 다시 나타나는데, 이는 참된 범신론에 대한 유일한 정의다.(de Chardin, 1971: 83)

테야르에 따르면 우리가 우주감을 가지는 것은 바로 사랑의 근거이자 목표인 오메가 포인트 때문이다. 그렇기에 우주감은 이제 애매한 감정이 아니라 인간 심리의 확실하고 근본적인 요소의 예고다.

> 이제까지 우리는 그것(우주감)을 우리의 다른 정서들에서의 깊은 공명으로 지각하였다. 그러나 우리 의식의 지평 위에 보편적 중심(오메가 포인트)이 떠오름에 따라, 우주감이 인간 심리학의 확실하고 근본적인 요소로서 드러나는 그러한 순간이 오고 있다는 사실은 의심의 여지가 없다.(de Chardin, 1971: 83)

그는 오메가 포인트에 대한 확신을 가지고, 인식보다 사랑이 우월하다고 한 아퀴나스의 의미를 이어 그것에 대한 인식과 사랑을 인류에게 촉구했다(de Chardin, 1975: 117). 그는 인류가 그러한 인식과 사랑을 가지게 된다면 우주감에 근거하는 사랑은 인간 심리의 확실하고 근본적인 요소로서 인류의 삶을 지도할 근본원리로 작동할 것이라 보고 있다.

> 은유적으로가 아니라, 그 용어의 최고로 참된 의미에서, 우주감은 사랑의 한 종류이며, 그 밖의 어떤 것이 될 수 없다. 그것은 사랑이다. 왜냐하면 그것은 인격적인 자연이라는 보완적이고 독특한 대상으로 우리를 데려가기 때문이다. … 왜냐하면 그것의 역할은 극점에 달함으로

써 여자에 대한 남자의 사랑을, 모든 다른 인간 존재에 대한 인간 존재의 사랑을, 지배하는 것이기 때문이다. … 그 표현이 비록 이상하게 보일지라도, 우주를 사랑하는 것은 가능하다. 실제로 이러한 행위에서만 사랑은 끝없는 빛과 힘으로 발달할 수 있다.(de Chardin, 1971: 83)

6. 나오는 말: 테야르 사랑론의 의의

테야르의 사랑에 대한 논의는, 철학사에서 거의 본격적인 주제로 다루어지지 않았거나 아니면 기껏 도덕적인 주제로 다루어지던 사랑을 존재론적 주제로 다루었다는 점에 의의가 있다. 그에게 사랑은 남녀의 성적 충동에서 가장 직접적으로 확인할 수 있는 원리이지만, 이러한 원리는 과거와 미래로, 그리고 개인과 사회와 우주로 뻗어 있어 언제 어디에서나 존재하고 어떤 일을 할 수 있는 포괄적인 원리다.

그러나 테야르는 이러한 사랑의 원리가 진화과정에서 볼 때 인간 이전과 이후에 다르게 작동한다는 점을 지적한다. 인간에 이르러 반성을 통해 자의식과 자유가 생겨나고, 사랑도 이전과 달리 자의식적이고 자유로운 사랑이 된다. 여기에서 인간의 반성적 사랑이 주제로 등장하며, 어떻게 사랑할 것인가에 대한 인간의 숙고와 결심이 필요하게 된다. 테야르는 사랑에 대한 자신의 숙고와 결심을 보여 주면서 이를 인류에게 촉구하고 있다.

이러한 새로운 태도들의 근거가 무엇이겠는가? 테야르가 촉구하고 있는 모든 사랑이 비롯되고 회귀하는 오메가 포인트에 대한 인식과 사랑이야말로 이러한 새로운 태도들의 근거일 수 있다. 테야르는 '서로 사랑하라'라는 명제가 이제까지는 불완전해지지 않기 위한 윤리적 규범이었다면 이제부터는 완전해지기 위한 진화의 요청이라고 지적한다. 그리고 그는 이러한 믿음과 사랑을 "초-중심화"라고 표현하기도 했다.

> 우리가 우리를 실현하는 삶을 살아가고자 한다면, 첫째, 우리 자신에 중심(center)을 두어야 하고, 둘째, 탈중심화(decenter)하여 다른 사람에 중심을 두어야 하며, 셋째, 우리보다 더 위대한 존재에 초-중심(super-center)을 두어야 한다.(de Chardin, 1975: 117)

우리가 미래의 도전들에 성공적으로 대응해 나가고자 한다면, 테야르의 사랑에 대한 이해를 그러한 대응을 가능케 하는 하나의 인간학적 통찰로서 깊이 고려할 필요가 있다.

참고문헌

데카르트, 르네. (2007). 『방법서설/성찰/철학의 원리/정념론/정신지도를 위한 규칙』. 소두영 옮김. 동서문화사.

도킨스, 리처드. (2005). 『이기적 유전자』. 홍영남 옮김. 을유문화사.

드 샤르댕, 떼이야르. (1997). 『인간현상』. 양명수 옮김. 한길사.

드 샤르댕, 떼이야르. (2006). 『자연 안에서 인간의 위치』. 이병호 옮김. 분도출판사.

드 샤르댕, 떼이야르. (2013). 『인격적 우주와 인간 에너지』. 이문희 옮김. 분도출판사.

리프킨, 제레미. (2010). 『공감의 시대』. 이경남 옮김. 민음사.

메리앙, 카트린. (2011). 『철학자에게 사랑을 묻다』. 정기헌 옮김. 한얼미디어.

부버, 마르틴. (2006). 『나와 너』. 김천배 옮김. 대한그리스도교서회.

파프로트니, 토어스텐. (2007). 『철학의 유혹자』. 조희진 옮김. 말글빛냄.

포퍼, 칼. (1994). 『과학적 발견의 논리』. 박우석 옮김. 고려원.

플라톤. (2013). 『파이드로스/메논』. 천병희 옮김. 도서출판 숲.

de Chardin, Teilhard. (1959). *The Phenomenon of Man*. Bernard Wall (trans.). New York: Harper & Row.

de Chardin, Teilhard. (1966). *Man's Place in Nature*. René Hague (trans.). New York: Harper & Row.

de Chardin, Teilhard. (1968). *Writings in Time of War*. René Hague (trans.). New York: Harper & Row.

de Chardin, Teilhard. (1971). *Human Energy*. J. M. Cohen (trans.). New York: Harcourt Brace Jovanovich.

de Chardin, Teilhard. (1975). *Toward the Future*. René Hague (trans.). New York: Harcourt Brace Jovanovich.

Kraft, Ralph W. (1988). *Love as Energy*, Teilhard Studies, No 19. Chambersburg: Anima Books.

Maturana, Humberto R. & Varela, Francisco J. (1998). *The Tree of Knowledge*. Robert Paolucci (trans.). Boston: Shambhala.

Scheler, Max. (1975). *Die Stellung des Menschen im Kosmos*. Bern und München: Francke.

Schopenhauer, Arthur. (1909). *The World as Will and Idea*, Vol. III. R. B. Haldane & J. Kemp (trans.). London: Kegan Paul.

찾아보기

ㄱ

가족 26, 38-41, 51, 55-58, 63, 67, 122-124, 130, 225, 235, 237, 239-243, 251, 354, 356, 385, 406, 420, 481, 484
가치 25, 69, 95, 121-122, 145, 158-160, 174, 190, 202, 209, 214, 216, 221, 228, 243, 267-278, 280-291, 293, 296-306, 316, 328-330, 332, 334, 338-342, 345, 374, 394, 458, 470, 473-474, 493
가치갈등 296
가치감 145, 158-160
가치개시 286
가치관조 283-284
가치담지자 252, 287
가치론적 분석 280-281, 286, 306
가치세계 264, 267, 271-273, 275, 277, 283
가치왕국 264
가치윤리학 273
가치해명 286
가치혁명 288-289
감각적·본능적 사랑 456-457
감각적 욕구 185-188, 190-192
감성적 가치 264, 273, 275
감성적 감정 274-275
감정 15-16, 28, 34, 36-37, 50, 61, 79, 128-129, 153, 171, 173-175, 216, 218-220, 224, 230-232, 237, 239-241, 243, 246-248, 250, 254, 261, 264, 267-269, 275-277, 289, 291, 304, 313-316, 325, 371, 393
감정이입 246-258, 261, 289, 420
감정작용 265
감지작용 268, 270
개성화 과정 380, 385, 396
겔렌(Gehlen, Arnold) 459
「견여탄」 138, 140
결혼 210, 212, 225, 239-240, 242, 381, 391, 396, 421
겸애 38, 50, 56-73
『경세유표』 131
경향성 15, 147, 162, 189, 198, 206, 208-215, 221, 225, 231-234, 458, 484
공감 35-37, 41, 43-51, 76-79, 82, 84, 89-90, 138-139, 247, 249-254, 257-258, 261, 291, 311, 448, 452, 454, 461
공리주의 57, 64, 71-73, 81, 87, 95
공수반 71
공자 12-13, 17-30, 36-38, 40, 51, 59, 63-

64, 67, 123, 126, 129, 166, 252, 354
관계 12, 20, 27, 31, 37-39, 44, 55, 57, 61, 66, 76, 78, 80, 85-87, 91, 93, 96, 106, 118, 121, 124, 126, 130, 140, 145, 152, 155, 160-163, 167-170, 172, 178-180, 183, 185, 190, 193, 195, 200, 205, 211, 216-218, 225, 229, 234, 236-243, 247, 250, 255, 258, 270, 281-285, 294-296, 298-300, 309-311, 315-319, 325, 331, 338, 362-369, 371-376, 381-383, 386, 390-392, 394, 396, 404, 408-410, 417-419, 423-426, 436, 449, 451-454, 463-465, 478, 481, 487
관계성 12, 31, 89, 101, 104, 106, 121, 126, 140, 317, 331, 372-374, 386, 391, 436, 441, 451, 458
관능적 가치 277
괴테(Goethe, Johann Wolfgang von) 266, 388, 415, 427, 435
교(教) 99, 108, 115, 118
교육적 사랑 145, 160-163
궁극 목적 196, 202, 289
그리스도교 13-16, 26, 75, 78-82, 86, 95, 183, 197, 200, 226-228, 230, 235, 252, 280, 282-284, 286-288, 294, 353, 386, 396, 431, 440, 445, 456, 462, 487
그림자 51, 156, 381, 385, 388
극기복례 26, 123
극복욕 188-190

ㄴ

노에시스-노에마 구조 285, 299
노자 17-18, 55
『논어』 18-19, 22, 36, 63
니체(Nietzsche, Friedrich Wilhelm) 281-284, 289-290, 294-297, 305, 403
『니코마코스 윤리학』 117, 166-167, 351, 452

ㄷ

다산 18, 20, 121-123, 126-140
닫힌 도덕 345-346, 348, 351, 354-356, 358-359
닫힌 사회 345-346, 351, 354-355, 358-359
달성욕 188-190
답애(答愛) 304
대(待) 99, 108, 116, 118
덕 15, 19-24, 27, 31, 43, 49, 51-53, 64, 75-76, 82, 87, 91, 93-95, 107, 112-114, 117, 121-123, 125-129, 132-136, 139, 144, 146-148, 150-154, 156-158, 161, 166-168, 184, 198, 201-203, 205-207, 209, 212-215, 217-222, 227, 230-232, 234, 242, 250, 258, 280-286, 288-291, 293-295, 297, 300-305, 329, 335, 340, 342, 344-349, 351-356, 358, 378, 413, 420, 453, 460, 464, 475, 488-490
도덕법칙 206, 209, 215, 218, 222, 232
도덕적 특수가치 280, 304
동굴의 비유 156-157, 160
동정 14, 99, 108-110, 213, 231, 289, 370, 388
동정심 109, 213-214, 289
동정 윤리 289
동체의식 76, 84, 95
동체자비 75-76, 84
뒤르켐(Durkheim, Émile) 346-347
디킨스(Dickens, Charles) 80-81

ㄹ
라너(Rahner, Karl) 447
레비나스(Levinas, Emmanuel) 85, 100, 361-366, 368-377
로고스 15, 391-393
로츠(Lotz, Johannes Baptist) 447, 456
르상티망 289-290
립스(Lipps, Theodor) 249, 252, 254

ㅁ
마레샬(Maréchal, Joseph) 447
마르쿠제(Marcuse, Herbert) 328-342
마르크스(Marx, Karl) 5, 77, 309, 316, 324, 330
맹자 18-19, 34, 36-53, 58, 67-68, 124, 126, 128, 130, 252
메이(May, Rollo) 414, 436
명귀(明鬼) 57
모상(模像) 278
『목민심서』 130, 137, 140
묵가 38, 40, 55-66, 69, 70-73, 122
『묵경』 56, 63
묵자 27, 37-38, 40, 50, 56-63, 65-73
미의 이데아 151, 154-156
밀(Mill, John Stuart) 81

ㅂ
바디우(Badiou, Alain) 80, 86
바이셰델(Weischedel, Wilhelm) 206
받는 사랑 446, 463
배려 35, 42, 45, 55, 57, 62, 66, 76, 78, 82, 85, 128, 130-132, 134, 137, 140, 241, 293, 322, 385, 427, 430, 449, 461
배려윤리 90, 95
백성에 대한 사랑 121-122, 124, 130-131, 138, 140
베르그손(Bergson, Henri) 344-359
보충가치 302
부버(Buber, Martin) 399, 408, 415, 424, 436, 481
불교 13, 75-78, 82, 85-87, 89, 91, 94, 108, 345, 354
비공(非攻) 57, 61, 70, 368
비명(非命) 57
비악(非樂) 57, 73
빈스방거(Binswanger, Ludwig) 397-398, 400-403, 407-410, 412, 414-438

ㅅ
사단(四端) 128, 510
사랑 12-16, 18, 20, 26, 30, 34-53, 55-57, 59, 61-63, 65-69, 72, 75, 78-83, 86, 98-101, 103-113, 115-119, 121-132, 137-140, 143-149, 152, 154-156, 160-164, 167, 169-173, 175, 182-185, 188-203, 205-211, 213-222, 224-226, 228-243, 246, 249, 251, 253, 257-261, 280-283, 286-299, 302-306, 308-313, 315-326, 329, 332-335, 338-340, 352-359, 361-367, 369-372, 374-376, 380, 385, 388, 390, 392, 396-398, 400, 423-437, 439-442, 444-448, 451-465, 468-472, 474, 477-482, 484-491
사랑의 개방성 455
『사랑의 기술』 308-310, 323-326
사랑함 12, 40, 65, 69, 109, 116-118, 260, 463
사르트르(Sartre, Jean-Paul) 364, 375, 405, 482
사태가치 280-281, 286, 291, 297, 304

사회적 약자 122-123, 130-131, 140
삼표(三表) 60
상동(尙同) 57
상제 56-57, 60, 65, 122, 128
상현 57, 61
생명 감정 274-275, 277
생명적 가치 263, 273, 275-277, 332
서(恕) 27-28, 99, 108-110, 118, 129, 252
서명(西銘) 124
선의 결여 190, 192
선 일반 187, 191
선진유학 121-123, 125
선천적 위계서열 277
선택받은 자 287
선호작용 269, 271
성리학 18, 121-123, 125, 131, 139
성욕 189, 209, 328, 337-339
셸러(Scheler, Max) 254, 263-269, 273, 278, 283, 299, 397, 399, 441, 453, 459, 474
송명이학 122
쇼펜하우어(Schopenhauer, Arthur) 15, 254, 289-290, 470, 477-479, 487
순수현실태 190
숭고 81, 218, 222, 364
쉼 189, 198
슈타인(Stein, Edith) 246-261
슈트라우스(Straus, Erwin) 399, 401, 414, 428
스키너(Skinner, Burrhus Frederic) 404
스피노자(Spinoza, Baruch de) 266, 316
습관 198, 216, 346, 349-351, 358-359, 464
시(施) 99, 108, 112, 118
시민윤리 75, 78, 81-83, 85-87, 91
실정성 225, 227-235, 242
실존 20, 23, 25, 30, 80, 95, 299, 304, 309, 312, 315, 322, 325, 330, 332, 342, 370, 372-374, 398, 400-403, 405-417, 419, 422, 424, 432, 436, 440, 445, 447-452, 454, 461, 465
실존분석 410, 416
실존심리학 398, 400, 402, 409, 412, 415, 436
실존적 치료 410-412
실질적 합일 193, 195
실천 15, 18, 24, 27, 35, 38, 40, 48, 51, 57, 60, 70, 73, 76-78, 80, 82, 85, 88, 91-94, 96, 98, 118, 121-123, 126, 129, 137, 140, 154, 156, 158, 160, 192, 200, 205-207, 214, 224-226, 228, 230-232, 234-237, 239, 242, 248, 292, 294, 311, 318, 323-326, 329, 336, 340, 423, 455, 457, 460, 463, 465
실천성 121, 126, 140
실천철학 224-226, 228, 230, 234-237, 239, 242, 340
실학 18, 122, 130
심성 19, 24-25, 27, 104, 183, 199-200, 202-203, 233, 272, 396
심적 감정 274-275
심정 135, 263, 275, 285, 289, 291, 297, 304-306, 424
심정가치 291
심정의 지향작용 264

ㅇ

아가페 144-145, 157, 183, 196, 288, 339, 377, 456, 462-465
아니마 380-382, 386-396
아니무스 380-382, 386-396
아리스토텔레스 117, 166-180, 288, 351,

363, 452, 458, 460-461
아모르 182-184, 196-199, 202
아우구스티누스 15, 264, 470
아퀴나스(Aquinas, Thomas) 182-186, 188-191, 193-200, 202, 443, 445-447, 470, 489
악덕 152, 198, 217
앎 150, 159, 187, 265, 426, 429, 447-448, 458
애(愛) 13-14, 35, 55, 62, 100, 107, 109, 118, 122, 124
「애론(愛論)」 98
애무 362, 365-368, 370, 375
「애민 육조」 140
애민의식 130, 138-140
「애절양(哀絶陽)」 139-140
애정관계의 합일 193, 195
양지(良知) 51
에로스 15, 117, 143-151, 153 164, 176, 183, 196, 288, 293, 296, 328, 335-342, 357, 361-377, 388, 390-392, 456-460, 462, 465
에토스 280, 351
연기(緣起) 75, 77
연대 38, 117, 247, 295, 372, 405
연대성의 원리 296
열린 도덕 344-346, 351-356, 358
열망의 도덕성 153-154, 161
예악 22, 24, 56, 58
오는 사랑 49, 363, 446, 463
왕수인 34, 50-53, 511
요셉 381, 384-387, 447
욕구 47, 129, 149-151, 154, 156, 182, 185-194, 198-200, 206-209, 211, 221, 236, 241, 293, 303, 312, 320, 322, 329-335, 337-340, 440, 446-448, 451, 457-459, 469, 471
용(容) 49, 56, 99, 108, 110, 118, 122, 285, 297, 449
우애 52, 124, 127, 166-180, 205, 219-222, 288
우정 117, 162, 166, 361, 372, 401, 425, 452, 460, 483
유학 사상 32, 121-123, 206
육(育) 99, 108, 113, 118
융(Jung, Carl Gustav) 380-381, 384-385, 387-388, 390, 392-394, 396, 436
은미한 증오 289
의무 23, 30, 122, 140, 158, 195, 201, 205, 209, 213-217, 219-221, 230-232, 234, 240, 295, 345-349, 351, 355, 358
의지 15, 41, 60, 63, 69, 92, 106, 122, 124, 128, 130, 133, 136, 159, 182, 185-188, 190, 193, 195, 197-200, 205-207, 209, 213-215, 217-219, 227, 231, 234, 300, 303, 306, 323, 339, 341, 347, 370, 447, 454, 458, 463, 470, 487
이기주의 288, 292, 480-481
이데아 151-161, 264, 283, 305, 457-458, 462
이성작용 264
이웃사랑 202, 206, 213, 216, 221, 258, 280, 282, 286-295, 297, 302, 304
이타주의 288, 292
인(仁) 12-13, 17-24, 26, 29-31, 36, 39, 49, 51, 55, 63, 108, 121-124
인간됨 272, 277, 329, 340
인간사랑 97, 205, 281-283, 292, 294-298, 302, 304-305
인간적 행위 191

인격 25, 53, 60, 88, 122, 129, 145, 163, 202, 207, 210, 216, 219-222, 240, 248, 254-257, 281-283, 288, 290, 294, 297-305, 334, 342, 355, 361, 386-391, 394, 397, 414, 437, 441, 449, 452-454, 456, 460-463, 478, 481-485, 489
인격가치 300-301, 305
인격적 관계 441, 452-454, 461, 481
인격적 만남 452-453, 461
인격적 사랑 145, 163, 202, 281-283, 297-298, 302-305, 441, 453, 456, 460
인격 존재 277, 299
인류감 477, 481-483
인륜성 225, 236-237, 240, 242-243
인륜적 사랑 239-241
인성(仁性) 108
인의예지 126-127
인정 15, 26, 40, 46, 53, 64, 83-86, 90, 93, 118, 124, 129, 202, 225, 232, 236-239, 242, 249, 252, 261, 314, 338, 347, 369, 382, 411, 469, 478, 486
인중천지일 98, 100-103

ㅈ

자기 개방 448, 455
자기긍정 218, 443, 445
자기 변화 452-453
자기사랑 175, 183, 194-196, 199, 205-207, 213
자기인식 382, 386
자기인 타자 451, 461
자비 13, 16, 18, 58, 75-79, 82-86, 88, 90, 94-96, 137, 484
자심(慈心) 108
자위행위 211-212
작용가치 281, 285, 291, 301, 304-305
장자 17-18, 385
장재(張載) 124
재(財)가치 284
재화 가치 277
절대적 존재 442-446, 463
절용(節用) 56-57, 73
절장(節葬) 56-57, 73
정념 14, 184, 186, 188-190, 206, 214, 231
정서적 회상 291
정신 14-16, 63, 77, 82, 87, 132, 150-152, 156, 158-160, 163, 184, 212, 230, 232, 235, 238-241, 243, 248, 250, 252, 254, 259,284, 287, 293, 297, 299, 302, 309, 323-325, 328, 330, 336, 339, 342, 347, 363, 366, 373, 381-383, 385-389, 398-402, 411-413, 415-424, 426-428, 430, 432, 436, 440, 447, 449, 453, 455-461, 463, 465, 471-480, 482, 486
정신작용 263-265, 269, 300
정신적 가치 275-277, 297, 328, 339, 458
정신적 감정 268, 275
정신적 에너지 474-476, 486
정신적·인격적 사랑 456, 460
정약용 49, 121, 126-129, 131-139
정언명법 205, 207
정의 15-16, 28, 46, 63, 71, 77, 80, 84, 86, 90, 99, 111, 151, 159, 162, 167-169, 173, 175, 209, 217, 224, 236-240, 242, 246, 249-251, 254, 282, 289, 296, 299, 304, 310, 316, 323, 353, 371, 381-382, 390, 402, 404, 412, 425, 444, 456, 459, 464, 483, 489
존경 55, 205-207, 209, 211-212, 215-222, 317-319

존재 긍정 442-446, 464-465
존재론 5, 76, 100, 258, 397
존재론적 인간학 432
존재 자체 355, 405, 443-446, 448, 455, 463, 465
주는 사랑 446, 463
주자 18-19, 28, 125-127
주자학 50-51, 125, 128, 139
증여자의 사랑 297
증오 92, 268, 272-274, 277, 289-290
지눌 91-93
지성 97, 105, 159, 186-188, 191, 218, 324, 349, 352, 356, 378, 386, 443, 476
지적 욕구 185-188, 190-192
지향가치 282
지향성 28, 85, 405, 428
진애(盡愛) 63

ㅊ

『참전계경』 98-101, 103-110, 112-116, 118
천(天) 26, 28, 60
『천부경』 98, 100-101, 117
천지(天志) 60
초월 24-26, 28, 67, 81, 124, 155, 256, 291, 293-294, 304-305, 323, 354, 362, 366, 369-375, 377, 388, 400, 427, 433, 439-442, 445-446, 452, 454, 457, 459, 462, 464, 479
초월성 24-25, 28, 371-374, 377, 434
초월적 사랑 439, 445-446
최고선 196-197, 446
최소윤리 94-95
추기급인(推己及人) 27
충서 129
측은지심 34, 36-37, 39, 41-43, 108, 124, 127-128, 252, 289
친밀성 195, 368
친애 39, 50, 52, 167, 174, 183, 194-196, 199-200

ㅋ

카리타스 182-184, 196-203, 462
칸트(Kant, Immanuel) 15, 158, 205-222, 225, 230-232, 234, 249, 306, 335, 342, 348, 399, 415
코레트(Coreth, Emerich) 20, 443, 447, 452-454, 459
쿤데라(Kundera, Milan) 367-368, 378
크래프트(Kraft, Ralph Wayne) 475-476
키르케고르(Kierkegaard, Søren Aabye) 403, 405, 449

ㅌ

타나토스 329, 337, 339-341
타자 15-16, 75-78, 82-87, 89-91, 95, 103, 217, 234, 237-239, 249, 255, 299, 302, 340, 362-366, 368-377, 400, 436, 441, 443, 445, 447-454, 456, 460, 465, 482
타자성 362, 365, 369-371, 373, 376-377
타자인 자기 451
탈가치화 298-299
탈중심성 24-25, 27
테야르(Teilhard, Pierre de Chardin) 468, 470-491
테일러(Taylor, Charles Margrave) 87, 89
토대 관계 284
특수한 선 187

ㅍ

파스칼(Pascal, Blaise) 265-267, 363

『파이드로스』 145-146, 151, 155
페르소나 381-382, 387, 394
평화 38, 46, 55, 73, 90, 329-332, 339, 341
푸코(Foucault, Michel) 374, 430
프로이트(Freud, Sigmund) 15, 252, 309, 318, 321, 330-331, 336-338, 342, 381, 383, 399, 411, 417, 423-426, 436
프롬(Fromm, Erich Seligmann) 308-326, 331, 414, 512
플라톤 15, 117, 143-146, 148, 151, 153, 157-159, 161, 164, 249, 282, 288, 293, 296, 305, 345, 357-358, 362-364, 390, 457, 460, 469, 477
플레스너(Plessner, Helmuth) 459
필리아 117, 144-145, 162-163, 456, 460-463, 465

ㅎ

하르트만(Hartmann, Nicolai) 159, 280-283-287, 289-293, 295-300, 302-306
하이데거(Heidegger, Martin) 330, 399-401, 405, 407, 409, 414, 417, 419, 424, 428, 432, 435, 447-449
한계가치 283
한철학 98-101, 108, 112-113, 117
합일 15, 193, 195, 199-201, 220, 225, 228-231, 233-237, 239-243, 312, 315, 321, 323, 362, 376, 488
행복 14, 36, 45, 81, 84, 87, 95, 147, 157, 167, 173, 178, 196-202, 206, 212, 217, 219, 235, 286, 289, 303, 320, 325, 392, 421, 423, 478
『향연』 117, 145, 148, 162, 345, 357, 378
헤겔(Hegel, G. W. F.) 15, 224-243, 330, 415, 450
헤르조크(Herzog, Max) 402
현상학 159, 239, 248, 258, 285, 299-300, 330, 398-400, 402-405, 412-419, 425, 427-428, 432-433, 435-437
현존재분석 400-401, 403, 415-417, 424-425, 428, 434, 436, 438
홀브룩(Holbrook, David) 414, 416, 426, 436
홍익인간 99-100
환과독고(鰥寡獨孤) 130
환대 373
효도 52, 58, 124-125, 127-128
효제 26-27, 38, 39, 123, 125, 128
효제자 128
『흠흠신서』 130

저자 소개(가나다순)

금교영 셸러의 사랑론

영남대학교 대학원에서 현대 독일철학의 한 분야인 현상학적 윤리학과 철학적 인간학을 전공하여 철학박사학위를 받았다. 현재 대구한의대학교 기초교양대학 교수로 재직 중이다. 주요 저서로 『인격주의 윤리학』, 『생명의 위기』(공저), 『인격교양의 인성교육』 등이 있고, 주요 번역서로 『인식과 윤리』(공역), 『윤리학에 있어서 형식주의와 실질적 가치윤리학』(공역), 『막스 셸러 철학의 이해』 등이 있으며, 셸러 철학의 '가치', '감정', '사랑', '인격'을 주제로 한 다수의 논문이 있다.

김남준 헤겔의 사랑 이해

서울대학교 윤리교육과를 졸업하고 동 대학원에서 석·박사과정을 수료한 뒤 독일 뮌스터 대학교 철학과에서 윤리학 전공으로 철학박사학위를 받았다. 목포대학교 사범대학 윤리교육과 교수를 거쳐, 현재 충북대학교 윤리교육과 교수로 재직 중이다. 주요 논저로는 『양심』(공저), 「아크라시아 가능성 논쟁: 소크라테스와 아리스토텔레스를 중심으로」, 「현대윤리학에서 심리주의와 반심리주의 논쟁」, 「현대윤리학에서 아크라시아 가능성 논쟁」, 「신경과학 시대의 규범윤리학: 도덕적 설명은 도덕적 정당화를 대체할 수 있는가?」 등이 있다. 윤리학 이론에서는 도덕적 행위 동기화 논쟁에, 응용윤리 분야에서는 환경윤리에 학문적 관심을 가지고 연구하고 있다.

김성동 테야르의 사랑론

서울대학교에서 철학과 윤리학을 공부하고, 동 대학원에서 철학박사학위를 받았다. 현재 호서대학교 문화기획학과 교수로 재직 중이다. 『4차 산업혁명과 인간』, 『테야르 드 샤르댕』, 『테야르 드 샤르댕의 「인간현상」 읽기』, 『현대사회와 인문학』, 『돈 아이디』, 열두 이야기 시리즈로 『인간』, 『문화』, 『소비』, 『영화』, 『기술』 등의 저서와 『숲속의 평등』, 『예술은 무엇을 위해 존재하는가』, 『기술철학』, 『실천윤리학』(공역) 등의 역서가 있다. 그 밖에 철학적 인간학, 기술철학, 문화철학과 관련된 다수의 논문을 발표했다.

김연숙 한철학의 사랑론 / 레비나스의 에로스론
충북대학교 윤리교육과를 졸업하고 서울대학교 대학원 윤리교육과에서 석·박사학위를 받았다. 현재 충북대학교 윤리교육과 교수로 재직 중이다. 주요 저서로 『레비나스의 타자윤리학』, 『레비나스의 '존재와 다르게-본질의 저편' 읽기』 등이 있고, 번역서로 『존재와 다르게』(공역) 등이 있으며, 공저로 『시간과 철학』, 『오늘의 철학적 인간학』, 『인격』, 『양심』, 『서양 근·현대 윤리학』, 『도덕치유와 윤리상담』 등이 있다. 주요 논문으로는 「레비나스의 죽음론에 관한 한 연구」, 「레비나스 무한의 영광에 관한 한 연구」 등을 비롯하여 비교철학적 관점에서 쓴 몇 편의 논문과 도덕·윤리교육에 관한 논문이 있다.

박병기 불교의 자비와 사랑, 시민윤리
서울대학교 윤리교육과를 졸업하고 동 대학원에서 석·박사학위를 받았다. 불교원전전문학림 삼학원(三學院)을 수료하였고, 전주교육대학교 교수를 거쳐 현재 한국교원대학교 윤리교육과 교수이자 대학원장으로 재직 중이다. 계간 『불교평론』 편집위원장을 맡고 있으며, 주요 논문으로 「도덕 교과와 철학, 그 연속성과 불연속성」, 「한국불교의 계율정신에 근거한 생태윤리의 모색」 외 다수가 있다. 주요 저서로 『윤리학과 도덕교육 1, 2』, 『동양 도덕교육론의 현대적 해석』, 『의미의 시대와 불교윤리』 등이 있으며, 주요 번역서로 『근대수신교과서1』, 『도덕적 감정과 직관』 등이 있다.

박병준 사랑에 대한 종교철학적 성찰
가톨릭대학교 신학부를 졸업하고, 오스트리아 인스브루크대학교에서 철학석사 및 리첸티아투스 학위, 로마 교황청립 그레고리오대학교에서 철학박사학위를 받았다. 현재 서강대학교 국제인문학부 철학전공 교수로 재직 중이며, 가톨릭 예수회 신부다. 서강대학교 교목처장과 철학연구소장, 한국해석학회와 한국가톨릭철학회의 회장을 역임했으며, 현재 한국철학상담치료학회 회장이며 수련감독이다. 저서로는 *Anthropologie und Ontologie*, 『아픈 영혼을 철학으로 치유하기: 철학상담을 위한 공감적 대화와 초월 기법』(공저), 『고령화 사회를 위한 행복의 인문학』(공저), 『죽음 그리고 자살』(공저), 『철학상담 방법론』(공저) 등이 있다. 「'공감'과 철학상담: 막스 셸러의 '공감' 개념을 중심으로」, 「불안과 철학상담: 불행을 넘어서는 '치유의 행복학'의 관점에서」, 「'진리' 이해의 문제에 대한 오늘날의 해석학적 흐름」, 「해석학과 존재론」 외 다수의 논문을 집필했다.

박찬구 칸트의 사랑 이해

서울대학교 철학과와 동 대학원 윤리교육과를 졸업한 뒤 독일 튀빙겐대학교에서 철학박사학위를 받았다. 한국외국어대학교 철학과 교수를 역임하고, 현재 서울대학교 윤리교육과 명예교수이다. 한국윤리학회, 한국생명윤리학회, 한국철학적인간학회 회장을 역임했다. 저서로 『개념과 주제로 본 우리들의 윤리학』, 『우리들의 응용윤리학』, 『칸트의 〈도덕형이상학 정초〉 읽기』, 『생활속의 응용윤리』, 『청소년을 위한 〈생활과 윤리〉』(공저) 등이 있고, 번역서로 『윤리학의 다섯 가지 유형』, 『도덕과 윤리에 관한 철학적 사유』(공역), 『인간복제, 무엇이 문제인가』(공역), 『윤리학: 옳고 그름의 발견』(공역), 『생명의료윤리의 원칙들』(공역) 등이 있다.

백춘현 베르그손의 사랑 이해

성균관대학교 철학과를 졸업하고 동 대학원에서 문학석사학위를 받았다. 서울대학교 사범대학 윤리교육과에서 교육학석사학위를 받은 후 의사소통 윤리 연구로 박사학위를 취득했다. 민족사관고등학교 교사를 거쳐 현재 충북대학교, 제주대학교 등에서 강의를 하고 있다. 저서로는 『민사고 논술: 입문』, 『민사고 논술: 인문사회 II』, 『생각하는 십대를 위한 토론 콘서트: 윤리』 등이 있고, 주요 논문으로 「도덕적 의사소통 가능 근거 연구: 칼-오토 아펠의 선험 화용론적 제1철학을 중심으로」, 「수행 모순 원리와 담론 윤리」 등이 있다.

윤무학 묵가의 사랑과 평화

성균관대학교 철학과를 졸업하고, 동 대학원 동양철학과에서 「묵가의 논리학」으로 박사학위를 받았다. 사단법인 퇴계학연구원에서 상임연구원으로 재직했으며, 성균관대학교 유학동양학부 및 동아시아학술원에서 연구교수로 있었다. 현재 동방문화대학원대학교 미래예측학과 교수로 재직 중이다. 주요 저서로 『묵가철학연구』(공저), 『중국철학방법론』, 『순자: 통일제국을 위한 비판철학자』, 『묵자가 들려주는 겸애 이야기』, 『순자: 하나, 둘, 셋의 비밀』 등이 있고, 역서로는 『중국고대의 논리』(공역), 『중국논리학사』, 『묵자 II』 등이 있다.

윤영돈 플라톤의 에로스론 / 융의 사랑론

서울대학교 사범대학 윤리교육과를 졸업하고, 동 대학원에서 「칸트에 있어서 도덕교육과 미적 도덕성의 문제」로 박사학위를 받았다. 현재 인천대학교 윤리교육과 교수이자 사범대학장으로 재직 중이다. 주요 논저로 『다문화시대 도덕교육의 프리즘과 스펙트럼』(학술원 우수도서), 『성경과 함께하는 윤리학 산책』, 『성경과 함께하는 철학 산책』, 『인성건강과 인문치료』, 『전통 인성교육이 해답이다』(공저), 「미적 도덕성의 스펙트럼과 도덕교육」, 「플라톤의 『국가』에 나타난 도덕교육론」, 「신명령론의 계보학적 탐구」, 「창세기에 나타난 그리스도교의 자연관과 인간의 책임 문제」, 「융의 분석심리학에서 본 화해와 용서의 문제」 등이 있다. 미학, 종교철학, 인문치료학 등에 관심을 가지고 이를 도덕윤리교육에 적용하는 연구를 수행하고 있다.

이경재 아퀴나스의 사랑 개념

연세대학교 철학과를 졸업하고, 동 대학원에서 서양 중세 토마스 아퀴나스 형이상학으로 철학박사학위를 받았다. 중앙일보 산하 월간 『에머지』 편집장을 거쳐 현재 백석대학교 기독교학부 교수로 재직 중이다. 저서로 『중세는 정말 암흑기였나』, 『열가지 물음으로 보는 아퀴나스 철학』이 있고, 공저로 『폭력에 관한 철학적 성찰』, 『기독교 문화콘텐츠의 현황과 전망』, 『인격』, 『양심』이 있으며, 번역서로 토마스 아퀴나스의 『영혼에 관한 토론문제』(공역) 등이 있다. 최근에는 기독교 세계관과 그 적용에 대한 연구를 진행 중이다.

이은영 슈타인의 사랑론

대구가톨릭대학교에서 「에디트 슈타인의 현상학적 "인격 이해"」로 철학박사학위를 받았다. 서강대학교 신학대학원에서 POST-DOC, 서강대학교 철학연구소에서 학술연구교수로 재직했으며, 현재 부산가톨릭대학교 인성교양학부 교수로 재직 중이다. 저서로는 『에디트 슈타인과 중세 스콜라철학의 수용』 등이 있고, 주요 논문으로는 「에디트 슈타인은 데카르트의 주체철학을 어떻게 극복하였는가?」, 「외로움과 관계단절로부터 야기되는 자살은 고독사로 지정될 수 있는가?」, 「에디트 슈타인과 감정이입: 에디트 슈타인의 감정이입의 인간학」 등이 있다. 슈타인의 철학적 사상에 천착하면서 그것과 연관된 현상학, 호스피스 철학과 철학인문치료, 의료인문학에, 그리고 슈타인의 종교, 신학적 측면과 유대주의와의 연관성에 관심을 가지고 연구하고 있다.

이을상 하르트만의 사랑론

부산대학교 철학과 졸업하고, 동아대학교 대학원에서 철학박사학위를 취득했다. 현재 부산대학교 한국민족문화연구소 전임연구원이다. 저서로 『죽음과 윤리』, 『사회생물학, 인간의 본성을 말하다』(공저), 『인격』(공저), 『양심』(공저), 『생명과학의 철학』, 『나는 긍정심리학을 긍정할 수밖에 없다』 등이 있고, 번역서로는 『현대의 철학적 인간학』, 『윤리학에 있어서 형식주의와 실질적 가치윤리학』(공역), 『인간학적 탐구』, 『행위철학』, 『공리주의』, 『우주에 있어서 인간의 위치』, 『공감의 본질과 형식』, 『인간 - 그 본성과 세계에서의 위치』, 『지식의 형태와 사회』, 『신경과학의 철학적 토대』, 『도덕적 인식의 기원』 등이 있다. 제4회 만포학술상(새한철학회, 1996)과 제5회 운제철학상(대한철학회, 2014)을 수상했다.

이혜경 측은지심의 사랑: 맹자와 왕수인

서울대학교 독어독문학과를 졸업했다. 서울대학교 대학원에서 동양철학전공으로 석·박사 과정을 수료한 뒤, 일본 교토(京都)대학에서 중국근대사상사에 관한 논문으로 박사학위를 받았다. 현재 서울대학교 인문학연구원 부교수로 재직 중이며, 동아시아 근대화 과정의 윤리 변화에 관심을 가지고 연구하고 있다. 저서로는 『천하관과 근대화론: 양계초를 중심으로』, 『량치차오: 문명과 유학에 얽힌 애증의 서사』, 『맹자, 진정한 보수주의자의 길』, 『덕의 귀환: 동서양 덕의 역사 동양편』(공저), 『황종희가 꿈꾸는 도덕정치: 연대와 성장의 민주주의』 등이 있으며, 『역사 속에 살아 있는 중국 사상』, 『송명유학사상사』(공역), 『맹자사설』, 『신민설』 등을 번역·주해했다.

임채광 마르쿠제의 에로스 개념

한남대학교에서 철학을 공부한 후, 1991년 독일로 유학하여 괴팅엔대학과 카셀대학에서 철학과 사회학을 전공했으며, 카셀대학의 슈미트-코바르치(Wolfd. Schmied-Kowarzik) 교수의 지도 아래 철학박사학위를 취득했다. 전남대학교 학술연구교수와 한남대학교 강의전담교수를 거쳐 현재는 대전신학대학교 신학과 교수로 재직 중이다. 학위논문 "Institution-Befreiung-Kommunikation" 외에 주요 저서로는 『아놀드 게엘렌의 문화 철학』, 『마르쿠제의 〈일차원적 인간〉 읽기』 등이 있으며, 현대 문화와 기술문명에 관심을 가지고 연구하고 있다.

장승구 다산 사상에서 사랑의 의미

서울대학교 윤리교육과를 졸업하고 한국학중앙연구원 대학원에서 동양철학 전공으로 석사 및 박사학위 취득했다. 세명대학교 교양대학 교수로 재직 중이며, 동양윤리와 한국철학에 관심을 가지고 연구하고 있다. 한국철학사연구회 회장을 역임했으며, 한중철학회 부회장과 『茶山學』(다산학술문화재단) 편집위원을 맡고 있다. 『다산, 행복의 기술』, 『삶과 철학』, 『정약용과 실천의 철학』을 저술했고, 공저로는 『민본주의를 넘어서』, 『인격』, 『동양사상의 이해』, 『중용의 덕과 합리성』, 『다산경학의 현대적 이해』, 『다산의 사상과 그 현대적 의미』, 『인간과 현대적 삶』 등 다수가 있으며, 공역서로 『관자』가 있다.

장승희 공자 사상에서 사랑의 의미

서울대학교 윤리교육과를 졸업하고 동 대학원에서 석사 및 박사학위를 받았다. 성균관대학교 대학원 동양철학과 박사과정을 수료했으며, 민족문화추진회(현 한국고전번역원) 국역연수원에서 3년간 수학하였다. 현재 제주대학교 교육대학 윤리교육전공 교수로 재직 중이다. 저서로 『다산 윤리사상 연구』(2006년 학술원 우수학술도서), 『전통윤리교육론』(2008년 학술원 우수학술도서), 『도덕교육, 그 성찰과 모색』, 『유교와 도덕교육의 만남』,

『유교사상의 현재성과 윤리교육』(2014년 세종도서 우수도서), 『불교사상의 현재성과 윤리교육』 등이 있다. 동양윤리교육, 특히 유교윤리교육에 관심을 가지고 연구해 왔으며, 최근에는 불교윤리교육에도 관심을 가지고 연구 중이다.

진교훈 빈스방거의 사랑 이해
서울대학교 철학과를 졸업하고, 오스트리아 빈(Wien)대학교에서 철학박사학위를 취득했다. 서울대학교 중앙도서관장, 과학기술부 생명윤리자문위원회 위원장, 한국생명윤리학회와 한국철학적인간학회 회장을 역임하였고, 현재 서울대학교 윤리교육과 명예교수이다. 주요 저서로 『철학적 인간학(I, II)』(서우철학상 저술부문 수상), 『의학적 인간학』(가톨릭학술상 수상), 『환경윤리』, *Angewandte Ethik*(공저), 『현대사회윤리연구』(가톨릭 생명의 신비상 학술분야 수상) 등이 있고, 역서로는 『철학적 인간학』(M. 란트만), 『철학적 인간학』(E. 코레트), 『가치론』(J. 헤센), 『우주에서 인간의 지위』(M. 셸러) 등이 있으며, 수상록으로 『살며 생각하며』, 『살며 기도하며』, 『살며 사랑하며』, 『윤리, 사람다움의 길을 찾아서』, 『행복한 삶의 길』 등이 있다. 한국철학적인간학회 회원들과 함께 집필한 공저로 『오늘의 철학적 인간학』, 『윤리학과 윤리교육』, 『인간과 현대적 삶』, 『인격』, 『양심』 등이 있다.

추정완 프롬의 사랑론
서울대학교 사범대학 윤리교육과를 졸업하고 동 대학원에서 석사 및 박사학위를 취득했다. 이화여자대학교 생명의료법연구소 박사후연구원, 한양대학교 강의전담교수, 목포대학교 윤리교육과 교수를 거쳐 현재 춘천교육대학교 윤리교육과 부교수로 재직 중이다. 『생명의료윤리의 원칙들』(공역) 등의 번역서와 「동물권 옹호론과 영장류 실험에 대한 윤리적 검토」, 「메타윤리학의 도덕교육적 함의」, 「윤리학적 비판을 통한 사회생물학의 도덕교육적 문제」, 「대학 생명윤리위원회의 심의 기준에 관한 연구」, 「장애와 의료 기술의 관계에 대한 윤리적 성찰」, 「사회행동과학연구의 특성에 따른 심의」, 「흡연규제의 정당성 문제: 구딘의 흡연규제 옹호 논증과 그 비판을 중심으로」, 「실험동물과 윤리: 윤리적 동물실험의 기초를 위하여」 등의 논문이 있다. 생명의료 분야를 중심으로 한 응용윤리 영역과 메타윤리 분야에 관심을 두고 연구 중이다.

홍석영 아리스토텔레스의 우애론
서울대학교 윤리교육과를 졸업하고 동 대학원에서 석사 및 박사학위를 받았다. 현재 경상대학교 윤리교육과 교수로 재직 중이다. 주요 논저로는 『서양근현대윤리학』(공저), 『인격주의 생명윤리학』, 『인격』(공저), 『양심』(공저), 『융복합 시대의 인간과 윤리』(공저), 「중등 도덕과에서 생명윤리교육의 위상과 과제」, 「현대의 철학적 인간학」, 「카롤 보이티와의 인간이해와 도덕·윤리과 교육에의 함의」, 「인성 개념 및 인성의 교육 가능성에 대한 고찰」, 「사형제도에 대한 윤리학적 숙고」, 「현대의 정의론 고찰: R. Nozick의 Anarchy, State, and Utopia를 중심으로」 등이 있고, 풀어쓴 책으로 『니코마코스 윤리학: 아들에게 들려주는 행복의 길』이 있다. 철학적 인간학, 서양윤리사상, 생명윤리, 도덕·윤리 교과교육, 인성교육에 관심을 가지고 연구하고 있다.